Stammbuch

der

neueren Verkehrsmittel,

Eisenbahnen, Dampfschiffe, Telegraphen und Luftschiffe.

Eine Sammlung

von

Liedern und Gedichten, Aufsätzen und Schilderungen.

Herausgegeben

von

C. Löper.

Lahr.

Druck und Verlag von Moritz Schauenburg.

1881.

Reprint der Originalausgabe 1881 nach dem
Exemplar der Sächsischen Landesbibliothek Dresden

ISBN 3-7685-4084-7

Druck: Druck und Kulturwaren Leipzig
Betrieb der VOB National
Printed in the German Democratic Republic
Ag 509/54/1984

Vorwort.

Das „Poststammbuch“ hat in den Kreisen der Verkehrs-Beamten sowie des grösseren Publikums sich mit Recht des lebhaftesten Beifalls zu erfreuen gehabt. Die ihm zu Grunde liegende Idee ist seitdem der Ausgangspunkt zur Veröffentlichung einer ganzen Reihe culturhistorischer „Stammbücher“ geworden.

Die neuen Verkehrsmittel — Dampfschiffe, Eisenbahnen und Telegraphen — darüber kann wohl kein Zweifel mehr sein, haben nicht nur die gesellschaftlichen, sondern auch die nationalen und internationalen Verhältnisse auf das tiefgreifendste umgestaltet; sie bilden nach dem treffenden Ausspruche des Culturhistorikers Honegger „die mächtigsten Kosmopoliten der Erde“.

Dem Bestreben, aus dem Schatze der Literatur das Bedeutendere beizubringen, in welcher Weise hervorragende Männer über die neuen Verkehrsmittel, ihre Anfänge und Entwickelung sowie ihre Wirkungen sich geäussert haben, verdankt diese Sammlung ihr Entstehen. Auf Vollständigkeit kann dieselbe natürlich keinen Anspruch machen. Von Deutschland abgesehen, sind es hauptsächlich nur England, Frankreich, Belgien, Niederland, die Schweiz, Italien und

Nord-Amerika, welche Beiträge dazu lieferten. Aus anderen Ländern musste die Ausbeute schon um deshalb weniger reichlich fliessen, weil die Ausbildung des Verkehrswesens dort einen weniger hohen Grad erreicht hat. Eine grössere Vollständigkeit dieser Sammlung könnte überhaupt nur durch das Mitwirken Vieler und zwar thunlichst aus den verschiedenen Cultur-Ländern erreicht werden.

Dem Herausgeber lag im Besonderen auch daran, mittels geeigneter Beiträge zu veranschaulichen, welchen Eindruck die gigantische Dampfkraft anfänglich auf die verschiedenen Klassen der Gesellschaft machte. Demgemäss hat er nebenbei auch aus dem Kindesalter der Dampfschiffe und Eisenbahnen entsprechende Belege beizubringen gesucht, zumal in ihnen der Reiz der Neuheit sich spiegelt. Einzelnes ist schliesslich auch aufgenommen, weniger wegen seines inneren Werthes, als um die Anschauungen der betreffenden Zeitperiode möglichst treu wiederzugeben.

Die Verwandtschaft des optischen mit dem elektrischen Telegraphen gab Veranlassung, auch dem ersteren Verkehrsmittel gerecht zu werden.

An die Luftschifffahrt, wenngleich sie heutzutage noch nicht als vollberechtigtes Glied in der Reihe der modernen Verkehrsmittel angesehen werden kann, knüpfen sich nichtsdestoweniger gewisse Erwartungen, welche nicht ohne Weiteres als chimärische bezeichnet werden dürfen. Dies ist der Grund, weshalb ihr ebenfalls ein Platz, wenn auch nur im Anhange, eingeräumt wurde.

Demgemäss erhielt die vorliegende Schrift die Bezeichnung „Stammbuch der neueren Verkehrsmittel etc.“

Aus Mangel an Raum sind mehrere Beiträge aus fremden Sprachen entweder nur im Original oder nur in Uebersetzung gegeben worden; zwölf Gedichte bezw. Lieder erscheinen hier zum ersten Male in einer Umdichtung.

Herrn Post-Revisor Schöttle in Stuttgart fühle ich mich gedrungen, für seine wirksame Unterstützung meinen lebhaften Dank auszusprechen.

Herrn Buchdruckerei-Besitzer Schauenburg in Lahr habe ich schliesslich noch für die gefällige Ausstattung der Schrift bestens zu danken.

Markirch (Elsass), im März 1881.

Der Herausgeber.

Inhalt.

Die neue Zeit und ihre Verkehrsmittel.

Jetzt rennt der Dampf, jetzt brennt der Wind,
Jetzt gilt kein Früh und Spat,
Die Sonne malt und blitzgeschwind
Briefschreibt der Kupferdraht.

V. Scheffel, „Der letzte Postillon".

Die junge Zeit.

Von Emanuel Geibel.

(1847.)

Wohl schwillt mir hoch die Brust mit raschem Klopfen,
Seh' ich, im Angesicht des Schweisses Tropfen,
Die junge Zeit, wie sie gewaltsam ringt,
Wie sie, zu stetem Werk geschürzt die Lenden,
Ein neuer Herkules, mit Kinderhänden
Das Ungeheure schon vollbringt.

In tausend Schmieden bei der Essen Brande
Giesst sie das Erz, und schweisst in Eisenbande
Die weiten Länder, die ihr unterthan;
Vom müden Saumross, das sich wund getragen,
Nimmt sie das Joch, und schirrt vor ihrem Wagen
Den Dampf, den wilden Riesen, an.

Durch Felsenschachte wühlt sie ihm die Gänge,
Gewölbt und fest, dass in der düstern Enge
Des Schlotes Feuer roth wie Fackeln sprüh'n;
Sie schlägt ihm über's Thal mit Strom und Weilern
Wie einen Aquädukt auf hundert Pfeilern
Von Berg zu Berg die Brücke kühn.

Im Schiff, das keck entgegen jedem Winde
Ihr Dämon treibt, durchfliegt sie pfeilgeschwinde

Zum fremden Küstenland die salz'ge Bahn;
Stolz flattert wie ein Busch von schwarzen Federn
Der Rauch am Mast, und grollend in den Rädern
Knirscht der bezwung'ne Ocean.

Des frost'gen Nords, des heissen Südens Sterne
Schlingt sie zum Kranz, schon giebt es keine Ferne;
Vor'm Hammerschlage ihrer mächt'gen Hand,
Wie einst vor Israels Posaunenschalle
Die Mauern Jerichos, zerbarst im Falle
Des Raumes ehrne Scheidewand.

Und sieh, nun braust es her auf tausend Wegen:
Was nie sich schaute, tritt sich keck entgegen,
Bunt sind die Trachten, das Gedräng' ist dicht —
Der Bergschütz grüsst den Reitersmann im Panzer,
Der deutsche Bauer sieht dem Steppenpflanzer
In's tiefgebräunte Angesicht.

O welch ein endlos Wühlen, welch ein Rauschen!
O welch ein Markt, welch Hinundwiedertauschen
Von Schätzen, wie sie jede Zon' erzieht!
Jeder ist Kaufmann, und mit ew'gem Schwanken
Von Mann zu Mann geh'n Waaren und Gedanken,
Des Juden Gold, des Sängers Lied.

Der todte Buchstab weicht lebend'ger Rede,
Gekämpft wird Blick in Blick der Geister Fehde,
Und wieder schliesst sich Hand in Hand der Bund;
Frohlockend spürt der Stamm im Bruderstamme
Sein eigen Blut, es schwebt wie eine Flamme
Der Freiheit Wort auf jedem Mund.

Glückauf, und magst du's stets im Herzen tragen
Bei deiner Hast, bei deinem Mühn und Wagen!
Glückauf, Glückauf, du junge Zeit von Erz!
Und doch — muss ich so ganz versenkt dich schauen
In Stoff und Wucht — beschleicht mit leisem Grauen
Mir oftmals eine Furcht das Herz:

Du möchtest einst im Rauche deiner Essen,
Im Trotze deines Riesenwerks vergessen,
Dass droben Einer sitzt auf ew'gem Thron,
So lang vergessen, bis er in Gewittern
Hinabsteigt, was du bautest, zu zersplittern,
Wie jenen Thurm von Babylon.

Geschwindigkeit.

Von Ludwig Achim von Arnim.

Göttlich ist auf Erden die Geschwindigkeit,
Sie besiegt den weiten Raum, die enge Zeit,
Gegenwärtig macht sie überall zugleich
Spiegelnd hoher Götter ewig Reich;
Mit dem Anfang eint das Ende ihre Hand
Sich zum Siegeskranze, wie der Feuerbrand,
Schnell geschwungen, wird zum Feuerkreise,
So erscheinen ihres Wagens Gleise;
Eh' das Auge aufblickt, ist ihr Bogen
Durch die weite Rennbahn hingezogen.
Ihr gehört die Schönheit, weil sie flüchtig,
Der Gestirne Wallen, ruhlos richtig,
Ihr vertraut der Gott die mächt'gen Worte
In dem Blitzstrahl aus der Himmelspforte,
Die da aufschlägt, Schauende verblendet,
Eh' sie zuschlägt, schon ihr Leben endet.
Träger rollen sich die schwarzen Wolken auf
Nach des glühen Donnerwagens Lauf;
Ja die Welt erschiene todt in Leere,
Hübe nicht Geschwindigkeit die Schwere.

Vorwärts.

Von August Schumacher.

(1865.)

Das Posthorn war sonst krumm gewunden
Den Wegen gleich, beim Schritte drang

Durch Berg und Thal zu nächt'gen Stunden
Mit Trennungsweh sein weicher Klang.

Nun hat's gestreckt sich zur Trompete,
Gestreckter Trab will Takt und Ton,
Von ehedem der Schleichkarrete
Spricht eilend die Berline Hohn.

Noch schärfer treibt die schrille Pfeife
Das Feuerross der Eisenbahn;
Der Wagen rollt auf glattem Reife
Und brausend hörst den Zug du nah'n.

Dem Schiffe war die Eil' des Windes
Bei Wetterlaunen sonst genug,
Und mit dem Unbestand des Kindes
Nahm's hier und dorthin seinen Flug.

Jetzt stürmt entgegen Wind und Wellen
Das Wasserrad nach seinem Ziel,
Es hält den schäumenden Gesellen
Der Donner nur in dem Ventil.

Du hörst Pedanten und Philister
„O tempora, o mores," schrei'n,
Die Theologen und Magister
Der Welt das Ende prophezeih'n.

Nur vorwärts! es hat nichts zu sagen,
Verlasst den alten Schlendrian!
Die Welt ist jung in unsern Tagen,
Und bricht sich eine neue Bahn.

Sind Erde, Sonne, Mond und Sterne
Doch längst in dem gewalt'gen Schwung!
Schaut froh und muthig in die Ferne,
Sie bringt uns nur Verbesserung.

(„Jagd und Pferd".)

Die gesammten Verkehrsmittel.

Von A. Vogtherr, ehemaligem Redakteur der Nachrichten über das Transportwesen.

(1858.)

Wer wohl das erste Lastthier war?
Herr Adam ist's gewesen.
Man soll, bei Leib', vom Ehejoch
Kein sterbend Wort hier lesen,
Buchstäblich ist's gemeint; wenn er
Gebraucht von vielen Dingen,
Zu Speis' und Trank und für's Gewand,
Wer sollt's dem Adam bringen?

Die Adamssöhne merkten bald,
Dass schwer die Lasten drücken
Und dass auch Pferd, Kameel und Ochs
Und Esel hätten Rücken;
Und sie beluden das Gethier,
So war das Transportiren
Erfunden und der Grund gelegt
Für — unser Redigiren.

Der Wind, das Wasser ward hierauf
Auch in den Dienst genommen;
Hier zog und trug Gethier das Gut
Und dorten kam's geschwommen.
Das hat Jahrtausende gewährt,
Und bis vor fünfzig Jahren,
Bis schnaubend kam der Herrscher Dampf
Zu Land und Strom gefahren.

Darnach, wie schwer die Lasten sind,
Thut Mosje Dampf nicht fragen,
Und Lungen hat er, dass er kann
Mit Windeseile jagen;
Doch hat er in der Schnelligkeit
Auch seinen Mann gefunden:
Der Telegraphen-Funke kam,
Da war er überwunden.

Es trägt der Mensch, es zieht das Thier,
Es schleppt der Dampf im Eilen,
Minuten braucht der Telegraph
Für Hunderte von Meilen —
So viele Diener des Transports!
Ob sie denn nöthig wären?
Wir sind verwöhnt, und keiner ist
Von uns mehr zu entbehren.

(Nachrichten über das Transportwesen.)

Dampfschiff und Zeitgeist.

Von Albert Weinholz.

(Zu Bonn 1861.)

Feuerspeiend, kommt gezogen
Dort der schnaubende Delphin.
Wie in jäher Hast die Wogen,
Angsterfüllt, zum Ufer flieh'n!

Doch das steinige Gestade
Nimmt die Flüchtigen nicht auf,
Stösst sie, treibt sie ohne Gnade
In des Feindes Näh' zu Hauf'.

Angstvoll in der Ferne ziehen
Sie dem glüh'nden Riesen nach;
Aber Angst und Unruh' fliehen;
Milder scheint ihr Ungemach.

Endlich ruhig, eben gleiten
Sie dahin auf fremder Bahn,
Muthig, fröhlich, bis zum weiten,
Unermess'nen Ocean.

Dem Delphin auf Dampfes Schwingen
Gleicht ihm nicht der Geist der Zeit?
Säuselnd nicht — mit heissem Ringen,
Schäumend, er die Welt befreit.

Angstvoll flieh'n der Menschen viele,
Die sein Sturmes-Flug erschreckt,
Heim zum Strand der Kinderspiele,
Wo sie Lieb' und Lust geweckt.

Doch der Menschheit Kindergarten
Thut sich nimmer wieder auf;
Seine Mauern, seine harten,
Treiben sie zurück zu Hauf.

Und sie schau'n in's Antlitz muthig
Dem gefeiten Geist der Zeit,
Sehen, dass sein Pfad nicht blutig,
Dass sein Kämpfen gottgeweiht.

Trachtet nicht, ihr Menschenwellen,
Nach der alten, sanften Zeit.
Euer Träumen muss zerschellen
An der eh'rnen Wirklichkeit.

Ohne Grauen, ohne Beben
Folgt des Zeitgeist's schäum'ger Spur.
In dem rüst'gen Vorwärts-Streben
Spriesset wahres Wohlsein nur.

(Gedichte. Bonn 1869.)

Ce siècle est grand et fort. (Dies Jahrhundert ist gewaltig und gross.)

Von Victor Hugo.

(1837.)

Ce siècle est grand et fort; un noble instinct le mène.
Partout on voit marcher l'Idée en mission;
Et le bruit du travail, plein de parole humaine
Se mêle au bruit divin de la création.

O poëtes! le fer et la vapeur ardente
Effacent de la terre, à l'heure où vous rêvez,
L'antique pesanteur, à tout object pendante,
Qui sous les lourds essieux broyait les durs pavés.

L'homme se fait servir par l'aveugle matière.
Il pense, il cherche, il crée! A son souffle vivant
Les germes dispersés dans la nature entière
Tremblent comme frissonne une forêt au vent!

Oui, tout va, tout s'accroît. Les heures fugitives
Laissent toutes leur trace. Un grand siècle a surgi.
Et, contemplant de loin de lumineuses rives,
L'homme voit son destin comme un fleuve élargi.

(Les voix intérieures.)

(Ja, dies Jahrhundert ist gewaltig, gross, durchdrungen
Von edlem Trieb, und Fleisch wird die Idee und Bein.
Der Arbeit Schall, das Wort, dem Menschengeist entsprungen,
Stimmt in den hohen Ton der Schöpfung Gottes ein.

Ihr Dichter, Dampf und Erz verleihen luft'ge Schwingen
Zur Stunde, wo im Traum ihr wandelt euren Pfad,
Der alten Schwere, die anklebt den ird'schen Dingen
Und die den Pflasterstein zerrieb mit plumpem Rad.

Die Stoffe knechtet kühn der Mensch, die träge schliefen,
Er denkt, er forscht, er schafft; von seinem Odem sind
Belebt die Keime, rings verstreut in Höh'n und Tiefen,
Sie zittern, schauern, wie ein junger Wald im Wind.

Ja, Alles regt sich, wächst, die Spuren fleiss'ger Hände
Ringsum, die Zeit ist da, die wir so lang' ersehnt.
Der Mensch, betrachtend fern das leuchtende Gelände,
Sieht sein Geschick, das wie ein breiter Strom sich dehnt.)

(Uebersetzt von L. Seeger.)

Die neue Aera.

Gespräch eines Realisten und eines Träumers. Von Bernardino Zendrini.

(1871.)

Aus dem Italienischen übertragen von B. J.

Realist.

Ist's denn umsonst, dass selbst durch Meeresgründe
Der Telegraph geheime Kunde bringt?

Umsonst, dass er zum neuen Welttheil dringt
Und brüderlich dem alten ihn verbinde?
Bewundern Sie mit stolzem Selbstgefühl
Die Fäden nicht, die jede Lebensregung,
Ein Druck versetzt in schwingende Bewegung,
Wie einer Riesenleier Saitenspiel?

Träumer.

Den Menschen kann ich nicht genug erheben:
Der Erde mächtigen Pygmalion!
Umarmt er glühend doch den Leib von Thon,
Und haucht der Starren Seele ein und Leben!
Er gab ihr Nerven, Nerven von Metall,
O Wundersegen!
Um Nichts erzittern gleich sie überall,
Doch ob auch werthe Dinge sie bewegen?
Bewund'rung zoll' ich der magnet'schen Leitung,
Gar köstlich ist sie für des Erdballs Runde;
Mir fehlt nur Eins — verzeiht die schlichte Deutung,
Die sie verbreiten soll — die Freudenkunde!

Realist.

Wie? Nichtige Kurzweil dünkt die Ebb' und Fluth
Der Börse Sie, des Spiels um Hab' und Gut?

Träumer.

Zwei Welten sollte dies Gespräch bewegen?
Und solche Tageskunde sie erregen?
Gedankenschnelle freilich hat ihr Flug,
Lieh' doch einmal das Herz ihr seine Schwingen!
Weil bess're Botschaft durfte Paulus bringen,
Die er zu Fuss und auf den Lippen trug!
Was sag' ich viel, wie sie die Zukunft weben,
Die zarten Fäden, so geheim geführt:
Den Wandervögeln mögen Rast sie geben,
Doch Amor's Flügel hat sie nie berührt!
Es hält die Riesenharfe jetzt Merkur,
Der ungestüm in ihre Saiten greift.

Die neuen Verkehrsmittel und ihre Wirkungen.

I.

Durch die neuen Transportmittel wird der Mensch ein unendlich glücklicheres, vermögenderes, vollkommeneres Wesen. Er, dessen Thätigkeit und Kraft zuvor auf einen engen Kreis beschränkt war, vermag sie nun auf ganze Länder und Meere und auf entfernte Welttheile auszudehnen, und eine Masse von Wohlthaten, die bis jetzt nur Wenigen zu Theil geworden, werden durch sie dem ganzen Publicum in einem weit vollkommeneren Grade erreichbar. Man verliert sich in's Unendliche, wenn man über die Wirkungen und Wohlthaten dieser Göttergeschenke nachdenkt; sie erstrecken sich auf alle menschlichen Zustände, von den tausend kleinen der Individuen und Familien, bis auf die grossartigen ganzer Völker und Länder, bis auf die Interessen der gesammten Menschheit.

Wie vieler Kummer wird nicht erspart, wie viele Freuden werden nicht gewonnen, wenn entfernte Verwandte und Freunde sich mit Blitzesschnelle von ihren Zuständen und Begegnissen Nachricht geben können, und ihnen das Wiedersehen um so viel leichter erreichbar ist.

Wie viele Schmerzen werden nicht gestillt, wenn auch der minder Bemittelte durch Zerstreuung und Luftveränderung, durch die regelmässige und sanfte Bewegung der Dampfwagen, durch die Reisen nach einer Heilquelle oder in's Seebad, durch Versetzung in ein milderes Klima oder in die frische Bergluft die verlorene Gesundheit, ohne die er sich und seiner Familie den Lebensunterhalt nicht zu erwerben im Stande ist, für eine Reihe von Jahren wieder restauriren kann, während er bei den jetzigen Transport-Verhältnissen aus Mangel an Mitteln, oder weil er die Beschwerlichkeiten der Reise, zumal das Nachtfahren, nicht ertragen kann, mit seiner Familie elendiglich verkümmern muss.

Wie vieler Sorgen werden nicht die Eltern überhoben, wenn ihnen nun ein so weiter Kreis eröffnet ist, um den Kindern, die ihren Vermögensumständen und Wünschen und den Anlagen und Neigungen der Kinder entsprechende Bestimmungen zu geben.

Um wie viel leichter werden Diejenigen, die in ihrer Heimat kein zureichendes Auskommen finden und die hier dem gemeinen Wesen zur Last fallen, sich und ihre Familien in andere Gegenden, Länder und Welttheile versetzen, um dort eine neue und glücklichere Existenz zu gründen.

Wie unendlich wird die Cultur der Völker gewinnen, wenn sie in Massen einander kennen lernen und ihre Ideen, Kenntnisse, Geschicklichkeiten, Erfahrungen und Verbesserungen sich wechselseitig mittheilen. Wie schnell werden bei den cultivirten Völkern Nationalvorurtheile, Nationalhass und Nationalselbstsucht besseren Einsichten und Gefühlen Raum geben, wenn die Individuen verschiedener Nationen durch tausend Bande der Wissenschaft und Kunst, des Handels und der Industrie, der Freundschaft und Familienverwandtschaft mit einander verbunden sind.

Friedrich List, Deutschlands National-Transportsystem. 1837.

2.

Man ist gewohnt, der Entdeckung neuer Länder einen grossartigen Anstoss zur Entwickelung des Menschengeschlechts zuzuschreiben; einen noch grösseren Einfluss aber übt die Verbesserung des Transportwesens, weil jene Entdeckungen auch von der Verbesserung der Schifffahrt abhängen. Man kann daher ohne Zaudern behaupten, dass die Culturentwickelung sich wesentlich nach der Stufe richtet, auf welcher das Transportwesen steht, und dass die neue Zeit durch ihre Dampfschifffahrt, Eisenstrassen und Telegraphen eben so hoch über den Römern steht, als diese durch ihre Steinstrassen über den asiatischen Völkern; dass die relativ bedeutende Cultur, durch welche die Chinesen vor Letzteren sich auszeichnen, ihrem entwickelten Canalsystem im Innern des Landes zu verdanken ist.

Max Wirth, deutsche Geschichte im Zeitalter germanischer Staatsbildung. 1862.

3.

Alles, was in älteren Cultur-Epochen an Romantik, an Kühnheit des Gedankens und Thatkraft dem Handel anhing, ist heutzutage in das Transportwesen übergegangen. Der civilisirte

Kaufmann von heutzutage riskirt nicht mehr sein Leben wie Sindbad der Seefahrer, sondern überlässt das seinen Capitainen und Matrosen, er schützt nicht mehr mit bewaffneter Faust seinen Frachtwagen gegen die Stegreifritter und Schnapphähne der mittelaltrigen Landstrasse, sondern dirigirt aus seinem Comptoir die Bewegung seiner Waaren, die ihm von fernen Bahnzügen und Expeditionen besorgt wird.

Dr. Max Haushofer, Eisenbahn-Geographie.

4.

Of all inventions, the alphabet and the printing-press alone excepted, those inventions which abridge distance have done most for the civilization of our species ... Every improvement of the means of locomotion benefits mankind, morally and intellectually, as well as materially.

Th. Babington Macaulay, history of England.

(Mit alleiniger Ausnahme des Alphabets und der Buchdrucker-Presse haben diejenigen Erfindungen, welche die Entfernung abkürzen, zur Civilisation unseres Geschlechts am meisten beigetragen. . . . Jede Vervollkommnung der Verkehrsmittel bringt der Menschheit sowohl in materieller, als auch in moralischer und intellectueller Hinsicht Nutzen.)

5.

Die bewegenden Kräfte bewirkten eine gänzliche Umgestaltung im Weltverkehr.

Unsere Dampfschiffe führen die Producte aller fünf Welttheile über den Ocean, der den Alten so unermesslich und undurchdringlich schien, dass sie ihn für die Grenze des Alls ansahen.

Was in einem der grössten Geister des Mittelalters, Roger Bacon, als ferne Idee lebte, dass „sich Wagen herstellen lassen, die mit unglaublicher Schnelligkeit ohne thierische Kräfte dahin fahren,“ [1]) das hat die Jetztzeit zur Wirklichkeit gemacht. Die

[1]) Currus possunt fieri, ut sine animali moveantur cum impetu inaestimabili. (Baco, de mirabili potestate artis et naturae.)

ganzen Lasten levantinischer Karawanen führt eine unserer Locomotiven mit Leichtigkeit und Flugesschnelle an ihren Bestimmungsort. Wir schlagen festgegründede Brücken über den Rhein und die Weichsel, wir eilen im Fluge über den Gipfel des Semmering und durchbohren die Felsen des Mont-Cenis, um dem Beförderungsmittel der Cultur und des Völkerfriedens einen Weg durch jene Alpen zu bahnen, deren Höhen die Kriegsheere Hannibals und Napoleons überschritten. Welch ein Zeitgewinn, welch ein Reichthum des Güter- und Ideen-Austausches, welch ein lebendiges Element erweiterter Bildung und friedlicher Annäherung der Nationen! Der Diplomat auf dem Congress, der Fabrikant auf der Welt-Industrieausstellung, der Künstler im Vatican, sie haben heute schon Früchte ihrer Geschäfte und Studien geerntet, ehe sonst kaum die nöthige Reise zurückgelegt war.

Nicht mehr hindert die Ferne die augenblickliche Mittheilung des Gedankens: durch die Weiten der Wüste und die Gründe des Meers trägt ihn der elektrische Strom.

H. Stephan, Geschichte der Preussischen Post. 1859.

Die Eisenbahnen als Begründer einer neuen Zeitperiode.

Von Heinrich Heine.

Paris, den 5. Mai 1843.

Die Eröffnung der beiden neuen Eisenbahnen, wovon die eine nach Orleans, die andere nach Rouen führt, verursacht hier eine Erschütterung, die Jeder mitempfindet, wenn er nicht etwa auf einem socialen Isolirschemel steht. Die ganze Bevölkerung von Paris bildet in diesem Augenblick gleichsam eine Kette, wo Einer dem Andern den elektrischen Schlag mittheilt. Während aber die grosse Menge verdutzt und betäubt die äussere Erscheinung der grossen Bewegungsmächte anstarrt, erfasst den Denker ein unheimliches Grauen, wie wir es immer empfinden, wenn das Ungeheuerste, das Unerhörteste geschieht, dessen Folgen unabsehbar und unberechenbar sind. Wir merken bloss, dass unsre ganze Existenz in neue Gleise fortgerissen, fortgeschleudert wird, dass neue Verhältnisse, Freuden und Drangsale uns erwarten, und das Unbekannte übt seinen schauerlichen Reiz, verlockend und zugleich beängstigend. So muss unsern Vätern zu Muth gewesen sein, als Amerika entdeckt wurde, als die Erfindung des Pulvers sich durch ihre ersten Schüsse ankündigte, als die Buchdruckerei die ersten Aushängebogen des göttlichen Wortes in die Welt schickte. Die Eisenbahnen sind wieder ein solches providentielles Ereigniss, das der Menschheit einen neuen Umschwung giebt, das die Farbe und Gestalt des Lebens verändert; es beginnt ein neuer Abschnitt in der Weltgeschichte, und unsre Generation darf sich rühmen, dass sie dabei gewesen. Welche Veränderungen müssen jetzt eintreten in unsern Anschauungsweisen und in unsern Vorstellungen! Sogar die Elementarbegriffe von Zeit und Raum sind schwankend geworden. Durch die Eisenbahnen wird der Raum getödtet, und es bleibt uns nur noch die Zeit übrig. Hätten wir nur Geld genug, um auch letztere anständig zu tödten! In vierthalb Stunden reist man jetzt nach Orleans, in eben so viel Stunden nach Rouen. Was wird Das erst geben, wenn die Linien nach Belgien und Deutschland ausgeführt und mit den dortigen Bahnen verbunden sein werden! Mir ist, als kämen die Berge und Wälder aller Länder auf Paris angerückt. Ich rieche schon den Duft der deutschen Linden; vor meiner Thür brandet die Nordsee.

(Französische Zustände.)

Die alten und die neuen Kräfte des Verkehrswesens.

Von Berthold Auerbach.

Der erste Mensch, der ein Thier zähmte, d. h. unterjochte, dass es ihn trug, führte, nährte, hat die Herrschaft des Menschen begonnen. Ein anderes Thier tödten, kann das Thier auch, ein anderes zu seinem Nutzen leben lassen, nicht. Es giebt keine neuen Thiere mehr, die sich zähmen lassen. Nun wird die Menschheit in Wahrheit zum Dichter, sie verdichtet unfassbare Kräfte, spricht zum Dampf, zur Luft, zum elektrischen Funken: „Komm', diene mir!"

Der Uebergang aus der alten in die neue Cultur-Epoche.

(1862.)

Wie die Araber diejenigen ihrer Vorfahren, welche beim Auftreten des Propheten bereits ein reiferes Alter erreicht hatten, die Beidlebigen nennen, weil sie, im Heidenthum geboren, noch die Tage des Islam schauten, ebenso ist das Geschlecht, dem wir jetzt angehören, auch ein beidlebiges im Sinne der Eisenbahnen, da wir noch im Zeitalter der Chausseen, der Post- und Eilwagen, der Retourchaisen geboren wurden, während die andere Hälfte unseres Lebens dem Zeitalter der Eisenbahnen angehört. Deshalb sollten wir uns immer erinnern, dass wir als Zeitgenossen dieser merkwürdigen Entwickelung von späteren Geschlechtern vielleicht beneidet werden, wie wir etwa die Zeitgenossen eines Bartholomeo Diaz, Cristobal Colon und Fernan Magelhaens beneiden, welche der bewegten Zeit der grossen maritimen Entdeckungen angehörten. Es mag vielleicht Manchem paradox klingen, wenn wir behaupten, dass schon jetzt bei uns jede richtige Vorstellung der Zustände in den dreissiger Jahren verwischt ist, und dass die neuen Einrichtungen durch die neuen Bedürfnisse, die sie erweckt haben, uns bereits so unentbehrlich geworden sind, dass wir uns gar nicht mehr klar vorzustellen vermögen, wie wir ohne Eisenbahnen früher unsere Geschäfte betrieben haben. Es wäre ein Traumbild, aber ein unterhaltender Traum, wenn wir jetzt mitten wieder in die dreissiger Jahre hineinspringen und uns selbst belauschen könnten, was wir damals über die Zukunft gedacht haben, die eben für das Festland angebrochen. . . . .

(Zeitung des Vereins d. Eisenb.-Verw. für 1861.)

Der heutige Völker-Verkehr — ein vielgestaltiges Kunstwerk.

Von Johannes **Falke.**

Unsere Gegenwart hat den Handelsverkehr zu einem Umfang und einer Vielseitigkeit, zu einer Sicherheit und Regelmässigkeit ausgebildet, wie keine Zeit, auch die glänzendste nicht, ihn vorher erlebt hat.

Durch das ganze Europa, das bildungsarme Russland und die bildungsunfähige Türkei ausgenommen, fliesst derselbe ununterbrochen und ungehindert in Kanälen von Land zu Land, von Stadt zu Stadt, und es ist fast kein Dorf noch Einöde, ausser sie liege im unzugänglichen Hochgebirge, wohin nicht zu bestimmter Stunde, wöchentlich wenigstens einmal, wenn auch nur in winzigster Abzweigung, die Strömung des Verkehrs treffe. Ein in erschöpfender Vielseitigkeit das ganze Europa überspinnendes Strassennetz, dem die Eisenbahn, diese glücklich vollzogene Einigung von Strasse und Fuhrwerk, von bewegender Kraft und umfassender Tragfähigkeit, sich zugesellt hat; ein Postwesen, das mit der Regelmässigkeit eines Uhrwerks über feindliche und freundliche Länder hinweg alle Gruppen und Schichten der Gesellschaft verbindet; ein Telegraphenwesen, das, als die wunderbarste Vollendung dieses Postwesens, den Gedanken fast mit Gedankenschnelle über Hunderte von Meilen dem Entferntesten mittheilt; dazu endlich eine Schifffahrt, die mit Steuerkunst und Dampfkraft Strom und Meer zwingt, dass sie, den Forderungen menschlicher Cultur gehorchend, sich auch an Tag und Stunde gewöhnen und fast mit derselben Regelmässigkeit, wie der unbewegliche Schienenstrang der Locomotive, so das Dampfschiff zur heimatlichen Hafenmauer tragen — dieses sind die grössten und hauptsächlichsten Mittel, wodurch unsere Gegenwart den Völkerverkehr über die ganze Erde zu einem Kunstwerke umgestaltet hat, wie noch keins war.

(„Stapel und Börse". Deutsches Museum 1860.)

Die Dampfkraft.

Der Dampf ist König uns're Zeiten,
Sein Flammenscepter lenkt die Welt;
Wir können wie die Riesen schreiten,
Weil uns der Dampf von dannen schnellt.

B. Reber. 1844.

Poesie des Dampfes.

Von Anastasius Grün (Anton Alexander Graf v. Auersperg).

(1837.)

Ich höre Lieder, ehrenwerthe, klagen,
Seh' edle Angesichter sich verschleiern,
Prophetisch trauernd, dass in unsern Tagen
Der Prosa Weltreich seinen Sieg will feiern.

Dass Poesie, entsetzt, nun fliehen werde,
Auf schnurgerader Eisenbahn entjagen,
Entführt auf Dampffregatten unsrer Erde,
Auf Dampfkarossen ferne fortgetragen,

Ei, wart ihr denn so hold den krummen Wegen,
Dass ihr so sehr die graden scheuen könnet?
Und ist's auch Poesie, auf Holperstegen
Zu kriechen, wenn zu fliegen euch vergönnet?

So macht euch auf, wohlan, auf alten Gleisen
Der Poesie, der flücht'gen, nachzujagen!
Und knebelt mit Gebiss und Strang und Eisen
Das Ross, das edle, freie, vor den Wagen!

Die Haid' entlang! Lasst eures Leibs Gebeine
Des Auferstehungstages Rütteln ahnen,
Der Rosse Schnauben, Peitschenknall und Steine
Im Staubgewölk euch der Verlornen mahnen!

Springt dort in's Boot, lasst rudern stromhernieder!
In saurem Schweiss den Schiffer lasst nicht zagen!
Ob euch die Ruderknechte, eure Brüder,
Von der verlornen Poesie nicht sagen?

Besteigt ein Schiff und fangt die Launenspende
Des wind'gen Windgotts auf im Segeltuche,
Als ob ein Bettler mit dem Hut behende
Des Wandrers milden Sold zu haschen suche!

Will er's, so ruht windstill mit schlaffem Segel!
Seid festgefroren in den Sommertagen!
Vielleicht, dass Delphin euch und Seegevögel
Von jener, so ihr suchet, weiss zu sagen.

Ich will indess hinab die Bahn des Rheines
Auf schwarzem Schwan, dem Dampfschiff, singend schwimmen,
Den Becher schwingend voll des gold'nen Weines
Dir, Menschengeist, den Siegeshymnus singen,

Wie dir der Feuergeist die Flammenkrone
Herab vom stolzen Haupt hat reichen müssen,
Wie du dem Erdengeiste, seinem Sohne,
Das eh'rne Herz kühn aus der Brust gerissen,

Wie du zu beiden sprachst: Ihr sollt nicht rasten!
Dass fürder Mensch nicht Menschen knechten möge,
Geh', Feuer, du, und trage seine Lasten!
Leb', Eisen du, und wandle seine Wege!

Ich weiss, dass deines Wandelns Flammengleise
Kein Blümchen im Poetenhain bedrängen,
So wie des Heil'genscheines Glutenkreise
Kein Löckchen am Madonnenhaupt versengen.

Nein, Amt der Poesie in allen Tagen
Ist's, hoher Geist, dein Siegfest zu verschönen,

Wie der Viktoria Goldbild über'm Wagen
  Des Triumphators schwebt', um ihn zu krönen. —

Schon seh ich dort entlang des Gaues Strassen
  Die dampfgetrieb'nen Wagenburgen fliegen,
Wie scheugeword'ne Elephantenmassen
  Thürm' und Geschwader tragen fort zu Siegen.

Der schwarzen Rüssel Schlöte hoch erhoben,
  Dampfschnaubend, rollend, wie die Wetterwolke!
Die Mannen siegestrunken, jauchzend oben!
  Weitum gelichtet alle Bahn vom Volke!

Wenn auch aus seinem alten Lindenfrieden
  Sie dort den alten Dorfespatriarchen stören,
Nichts schadet's, muss er, was der Geist beschieden,
  Die Mütze lüftend, staunend jetzt verehren;

Wenn er das muss, was er vorbei sah tosen,
  Als wandelnden Altar des Geist's erkennen,
Wenn er im Rauchkoloss, dem flücht'gen, losen,
  Die Glut, die ew'ge, die ihn zeugt, sieht brennen!

Und wenn er betend fleht, dass die Minerve,
  Die jetzt des Volks Olymp'schem Haupt entsprungen,
Nie gen den Vater der Geschosse werfe,
  Nie sei von seiner Dränger Sold gedungen,

Und wenn er ahnt, dass sie in schönern Tagen,
  Wofür er selbst einst feststand im Gefechte,
Dem Enkel werde zu ersiegen wagen
  Ein glorreich Vaterland und heil'ge Rechte!

Lasst beten ihn und ahnen so im Stillen,
  Bis sich gesenkt vor uns des Dampfes Wolke
Als heil'ger Tempelvorhang, zu verhüllen
  Der Zukunft Schickungen dem jetz'gen Volke.

Mythus vom Dampf.

Von Emanuel Geibel.

(1857.)

Es ruht auf klarem Perlenthrone
Die Meerfey im Krystallpallast,
Der Feuergeist mit güld'ner Krone
Durchschweift die Lüfte sonder Rast;
Sie meiden sich mit finsterm Grollen,
Sie stören, was des andern ist;
So lang des Erdballs Achsen rollen,
Währt unversöhnt ihr grimmer Zwist.

Da fängt in erzgetrieb'nen Schranken
Der Mensch, der Schöpfung Herr, die zwei,
Dass dienstbar seines Haupts Gedanken
Ihr ungestümes Walten sei.
Er bändigt ihren Grimm gelassen,
Er giebt dem dumpfen Trieb das Ziel;
In's Brautbett zwingt er die sich hassen,
Zu unerhörtem Minnespiel.

Und sieh', aus ihrem dunkeln Bunde,
Aus Lieb' und Abscheu, Brunst und Kampf
Erwächst in mitternächt'ger Stunde
Das starke Riesenkind, der Dampf.
Mit wildem Tosen, hochgestaltig
Entspringt er aus der Wiege Haft,
Durch all' sein Wesen gährt gewaltig
Des Vaters Zorn, der Mutter Kraft.

Er fühlt's in seinen Adern sieden,
Ihn dünkt kein Werk zu schwer, zu gross.
Doch ach, es ward ihm nicht beschieden
Ein Feld des Ruhms, ein Heldenloos.
Nicht darf er in die Wolken greifen,
Nicht spielen mit des Blitzes Loh'n,
In Lüften nicht die Welt durchschweifen,
Ein freigeborner Königssohn.

Nein; wo der Mensch von Eisenschienen
Sein unabsehbar Netz gespannt,
Da muss in hartem Frohn er dienen,
Ein Herkules in Knechtsgewand;
Da muss er mit des Windes Flügel
Wettlaufen in erglühter Hast,
Und über Haide, Strom und Hügel
Dahinzieh'n die gethürmte Last.

Des Mühlrads ungeheure Speichen
Muss er im Schwunge rastlos dreh'n,
An's Schiff geschmiedet muss er keichen
Als Ruderknecht bei Sturmesweh'n;
Er muss den Riesenhammer führen
Zu ewig wiederholtem Schlag,
Des Webstuhls Spulen sausend rühren;
Ein neues Werk bringt jeder Tag.

Seit Jahren trägt er's; doch im Stillen
Gedenkt er seines Stammes noch,
Und feindlich allem Menschenwillen,
Ingrimmig knirscht er in sein Joch.
O wenn von seiner Kraft getrieben
Ihr Nachts durchflogt ein weit Gebiet,
Vernahmt ihr bei der Funken Stieben,
Vernahmt ihr nie sein dräuend Lied?

„Frohlocket nur, ihr Herrn der Erde!
Ihr Staubgebilde bläht euch nur,
Dass ihr uns herzwangt zur Beschwerde,
Die alten Götter der Natur!
Ein schnöder Raub ist eure Krone,
Ein Hochverrath ist euer Ruhm;
Denn uns verstiesset ihr vom Throne
Und theiltet unser Fürstenthum.

„Wohl dienen wir euch nun als Knechte,
Und dulden eurer Geissel Schlag;
Doch murren wir im Schooss der Nächte
Und harren auf der Schöpfung Tag.

Es bleibt des Glückes Sonnenwende
Für kein Geschlecht von Herrschern aus;
Auch euer Reich hat einst ein Ende,
Auch euer Bau zerfällt in Graus.

„Wenn ihr dereinst in Eisenbande
Des letzten Eilands Wildniss schlugt,
Wenn prunkend ihr durch alle Lande
Die Fackel stolzer Weisheit trugt;
Wenn dann von euren Königssesseln
Ihr greifet nach des Himmels Schein:
Dann springen jählings uns're Fesseln.
Dann bricht der Tag des Zorns herein.

„Dann wird des Vaters Krone blitzen,
Und jeder Blitz ist Weltenbrand;
Dann wird bis zu der Berge Spitzen
Die Mutter zieh'n ihr Schaumgewand;
Dann will ich selbst auf freier Schwinge
Durch's All, Zerstörung brausend, weh'n,
Und über'm Trümmersturz der Dinge
Aufjauchzen. und in's Nichts vergeh'n."

Die Entdecker der Dampfkraft, und die Erfinder der Dampfmaschine.

1.

Von James Cleland.

(1829)

Die Dampfmaschine wurde vom Marquis von Worcester während der Regierungszeit Karls II. von England (1660—85) erfunden.[1]) Im Jahre 1663 gab derselbe ein kleines Buch heraus, betitelt „Century of Inventions" oder mit anderen Worten einen

---

[1]) Der Prediger Mathesius in seiner Bergpredigt „Sarepta" (Nürnberg 1562) bittet schon für einen Mann, der Wasser durch Feuer und Luft hebt, was für eine frühzeitige Anwendung der Dampfkraft in Deutschland zu sprechen scheint.

Bericht über hundert Erfindungen, die er sich zuschrieb. Sein Bericht über die Dampfmaschine — der 68te — lautet wie folgt:

„This admirable method which I propose of raising water by the force of fire, has no bounds, if the vessels be strong enough, for I have taken a cannon, and filled it three-fourths full of water, and shut up its muzzle and touch-hole, and exposed it to the fire for 24 hours, it burst with great explosion. Having afterwards discovered a method of fortifying vessels intervally, and combined them in such a way that they filled and acted alternaly, I have made the water spout in an uninterrupted stream, 40 feet high, and one vessel of rarified water raised 40 feet of cold water. The person who conducted the operation, had nothing to do but turn two cocks, so that one vessel of water being consumed, another begins to force, and then to fill itself with cold water, and so on in succession."

Obgleich der Marquis als theoretischer Erfinder bekannt war, so verstand er doch wenig von praktischen Einzelheiten. Nachdem das „century of inventions" eine Anzahl Jahre sich in den Händen des Publikums befunden hatte, nahm der Capitain Savary den Gegenstand auf und nach etlichen von ihm angestellten Versuchen zur Verbesserung der Maschine des Marquis, veröffentlichte er 1696 eine Schrift unter dem Titel „The Miner's Friend", in welcher er die Grundzüge seiner Verbesserungen beschrieb und sich dafür ein Patent verschaffte.

Um die Zeit, als der Capitain Savary sein Patent erhielt, erfand Dr. Papin, ein Franzose, eine Methode, Knochen und andere thierische feste Theile in Wasser aufzulösen, indem er sie in geschlossenen Gefässen absperrte, die er Digester nannte. (Später stellte er eine Theorie der Dampfmaschine auf, welcher er zugleich die Zeichnung einer solchen nach eigener Construction beifügte.) Newcomen, ein Schmied in Dortmouth in Devonshire, brachte an der Maschine des Savary grosse Verbesserungen an . . . .

Die bedeutendste Verbesserung der Dampfmaschine war indessen James[1]) Watt vorbehalten.

(Historical account of the Steam Engine.)

---

[1]) Der Name „James" entspricht unserm „Jacob".

2.

Der wahre Entdecker der Dampfkraft soll von dem Cardinal Richelieu, weil er demselben seine Erfindung hatte aufdringen wollen, als Verrückter im Bicetre eingesperrt worden sein, wo Lord Worcester, der bisher für den Erfinder gegolten, seine Bekanntschaft gemacht habe. Er sei im Bicetre gestorben — der Mann, der dem Menschen die Kraft von hundert Riesen verliehen!

Fr. List, Eisenbahn-Journal Nr. 1 für 1835.

Dr. James Watt.

Ein Lebensbild von Friedrich List.

(1835.)

In Nr. 3 des von Friedrich List herausgegebenen Eisenbahn-Journals für 1835 befindet sich unter einem Holzschnitt-Portrait von James Watt der folgende, offenbar von List selbst herrührende interessante Lebens-Abriss jenes geistvollen Mannes:

„Wir können die Gallerie der um die nützlichen Künste und Wissenschaften besonders verdienten Männer, welche wir hier aufzustellen gedenken, nicht zweckmässiger eröffnen, als mit dem Bildnisse des berühmten James Watt, dessen Verbesserung der Dampfmaschine England und die Welt hauptsächlich verdankt, was in unsern Tagen diese Maschine Grosses leistet. Georg III., der Watt sehr lieb gewonnen hatte, fragte ihn einst, womit er sich gegenwärtig beschäftige. Ich suche, was die Könige sehr lieben, Majestät, antwortete Watt. — Und was wäre dies? — „Macht!" (power, zugleich Kraft). — Der König lächelte wohlwollend.

Watt vervollkommnete ausserdem die Windmühlen und andere Räderwerke, und das Verfahren des durch Berthollet erfundenen Bleichens mittels Salzsäure. Er erfand den Micrometer und Polygraphen. Die Chemie verdankt ihm mannigfaltige und erfolgreiche Verbesserungen. Er projectirte den grossen Forth- und Clyde-Kanal und trug Vieles zur Ausführung und zum Gelingen anderer Kanäle bei.

Aber Watt ward nur ein geringer Theil der Früchte seiner

Arbeit zu Theil. Gewinnsüchtige und gemeine Seelen, mit welchen er sich in Unternehmungen eingelassen hatte, betrogen den blos nach dem Höhern Strebenden, und sein Leben lang hatte er mit Patent-Räubern zu kämpfen.

Geboren 1738 in Greenock in Schottland, Sohn eines dortigen Kaufmanns, starb er erst 1819, reich an Ehren und Würden, obschon er seine Laufbahn nur als Instrumentenmacher begonnen hatte. Nicht nur war er zum Mitgliede der königl. Societät, sondern auch von der Universität Glasgow zum Doctor der Rechte ernannt worden. Seine Gebeine ruhen in der Westminster-Abtei, und die Nation ehrt ihn als einen ihrer grössten Wohlthäter.

Doctoren der Rechte! sehet hier euren Collegen! Syndici! beleidigt nicht seinen Schatten!"

James Watt und die Condensation des Dampfes.

Von Franz Arago.

(1829.)

„James", sagte eines Tages dessen Tante, Frau Muirhead, zu ihrem Neffen, „ich habe nie einen trägeren jungen Menschen gesehen als Dich. Seit länger als einer Stunde hast Du nicht ein einziges Wort gesprochen. Weisst Du, was Du in dieser langen Zeit gethan hast? — Du hast den Deckel von der Theekanne abgenommen, hast in den Dampf, der da herauskommt, bald eine Untertasse, bald einen silbernen Löffel gehalten, hast Dich abgemüht, die Tröpfchen, welche durch Condensation des Dampfes an der Oberfläche des Porcellans oder des polirten Metalles entstanden, zu betrachten, sie mit einander zu vereinigen und aufzufangen. Ist es nicht eine Schande, so seine Zeit hinzubringen?"

Jeder würde vielleicht im Jahre 1750 an der Stelle von Frau Muirhead dieselbe Sprache geführt haben, aber die Welt ist fortgeschritten, unsere Kenntnisse sind gewachsen, und so werden die Vorwürfe der Frau Muirhead unserem Geiste in einem ganz anderen Lichte erscheinen, wenn nachgewiesen wird, dass die hauptsächlichste Entdeckung Watt's in einem besonderen Mittel, den Dampf in Wasser zu zerwandeln, bestanden hat, und der kleine James vor der Theekanne wird für uns der grosse Ingenieur beim Vorspiel zu den Entdeckungen, die ihn unsterblich machen sollten, und Jeder wird es unzweifelhaft bemerkenswerth finden, dass die Worte:

„Condensation des Dampfes“

in der Geschichte der ersten Kindheit Watt's auf natürliche Weise eine Stelle gefunden hat. Uebrigens könnte man sich über die Sonderbarkeit der erzählten Anecdote getäuscht haben, ohne dass dieselbe darum weniger verdiente, erhalten zu werden . . . .

(Eloge historique de Watt.)

James Watt und seine Verdienste.

I.

(1827.)

Amidst this company stood Mr. Watt, the man whose genius discovered the means of multiplying our national resources to a degree perhaps even beyond his own stupendous powers of calculation and combination; bringing the treasures of the abyss to the summit of the earth — giving the feeble arm of man the momentum of an Afrite — commanding manufactures to rise, as the rod of the prophet produced water in the desert — affording the means of dispensing with that time and tide which wait for no man, and of sailing without that wind which defied the commands and threats of Xerxes himself.[1] This potent commander of the elements — this abridger of time and space — this magician, whose cloudy machinery has produced a change on the world, the effects of which, extraordinary as they are, are perhaps only now beginning to be felt — was not only the most profound man of science, the most successful combiner of powers and calculator of numbers as adapted to practical purposes, —

---

[1]) Note by Captain Clutterbuck: Probably the ingenious author alludes to the national adage:

The king said sail.
But the wind said no.

was not only one of the most generally well-informed, — but one of the best and kindest of human beings . . . .

Sir Walter Scott, the monastery, introductory epistle.

(In dieser Gesellschaft befand sich auch Herr Watt, der Mann, dessen Genie es gelungen ist, die Mittel ausfindig zu machen, unsere National-Hilfsquellen in einem Umfange zu vermehren, der vielleicht selbst seine ausserordentliche Stärke in Berechnungen und Verbindungen übertroffen hat; indem er die Schätze aus dem Abgrunde der Erde in die Höhe bringt, dem schwachen Arm des Menschen den Nachdruck eines Afriten giebt, den Fabriken befiehlt, zu entstehen, gleichwie die Ruthe des Propheten Wasser in der Wüste hervorrief; indem er Mittel gewährt, sogar der Zeit und des Raumes zu entbehren, die sich nach keines Menschen Sinn fügen, und auf den Gewässern zu segeln, ohne den Wind zu gebrauchen, welcher doch selbst den Befehlen und Drohungen eines Xerxes Trotz geboten hatte. [1]) Dieser mächtige Gebieter der Elemente, dieser Kürzer der Zeit und des Raum's, dieser Zauberer, dessen dampfendes Maschinenwesen in der ganzen Welt eine Aenderung erzeugte, deren Wirkungen, so sonderbar sie sind, vielleicht erst jetzt anfangen empfunden zu werden, war nicht nur ein sehr gründlich wissenschaftlicher Mann, der erfolgreichste Verbinder der Kräfte und Berechner der Zahlen, wie solche zu praktischen Zwecken dienlich sind; er war nicht nur einer der wohl unterrichtetsten, sondern auch einer der besten und wohlwollendsten Menschen. . . . .)

(Uebersetzt von C. Mogg.)

2.

(1824.)

The Archimedes of the ancient world by his mechanical inventions, arrested the course of the Romans, and stayed for a time the downfall of his country. How much more has our modern Archimedes — James Watt — done. He has permanently

[1]) **Anmerkung des Hauptmanns Clutterbuck: Vermuthlich macht der sinnreiche Schriftsteller Anspielung auf das National-Sprichwort:**

„Der König sagte: segle,
Aber der Wind sagte: nein.“

elevated the strength and wealth of this great Empire; and during the last long war, his inventions, and their application were amongst the great means, which enabled Britain to display power and resources so infinitely above what might have been expected from the numerical strength of her population. Archimedes valued principally abstract science; James Watt on the contrary, brought every principle to same practical use; and, as it were, made science descend from heaven to earth. The great inventions of the Syracusan died with him — those of our Philosopher live, and their utility and importance are daily more felt; they are among the grand results which place civilized above savage man — which secure the triumph of intellect, and exalt genius and moral force, over mere brutal strength, courage, and numbers. The memory of James Watt will live as long as civilized Society exists. . . . . Sir Humphrey Davy.

(Der Archimedes der alten Welt hemmte mittels mechanischer Erfindungen den Kriegslauf der Römer und hielt für einige Zeit den Untergang seines Landes auf. Wie viel mehr hat unser moderner Archimedes — James Watt — gethan. Er hat die Macht und den Wohlstand dieses grossen Reiches dauernd aufgerichtet, und während des letzten langen Krieges zählten seine Erfindungen und deren Anwendung zu den grossen Mitteln, welche Britannien befähigten, Macht und Hilfsquellen so unendlich hoch über Alles, was man von der numerischen Kraft Englands erwartet hatte, zu entfalten: Archimedes beschäftigte sich hauptsächlich mit der abstracten Wissenschaft (?), James Watt dagegen brachte jedes Princip zu irgend einer praktischen Anwendung und somit liess er gewissermassen die Wissenschaft vom Himmel zur Erde herniedersteigen. Die grossen Erfindungen des Syrakusaners starben mit ihm; diejenigen unseres Naturforschers leben, und ihr Nutzen und ihre Wichtigkeit werden täglich mehr erkannt; sie gehören zu den grossen Erfolgen, welche den civilisirten Menschen über den uncivilisirten stellen, die den Sieg des Verstandes sichern, Genie und sittliche Kraft über blosse brutale Gewalt, Muth und Kopfzahl erheben. Das Andenken des James Watt wird lebendig bleiben, so lange es eine civilisirte Gesellschaft giebt.)

Inschrift auf dem Piedestal von Watt's Denkmal

in der Westminster-Abtei zu London.

Verfasst von Lord Brougham.

Not to perpetuate a name,
which must endure while the peaceful arts flourish,
but to show
that mankind have learned to honour those
who best deserve their gratitude,
The King,
his ministers, and many of the Nobles
and Commoners of the Realm
raised this monument to
James Watt
who directing the force of an original genius,
early excercised in philosophic research,
to the improvement of
the Steam Engine,
enlarged the resources of his country
increased the power of man
and rose to an eminent place
among the most illustrious followers of science
and the real benefactors of the world.
Born at Greenock MDCCXXXVI,
Died at Heathfield in Straffordshire MDCCCXIX.

(Nicht um einen Namen zu verewigen,
welcher so lange währen muss, als die Künste des Friedens blühen werden,
sondern um zu zeigen,
dass die Menschen es verstehen, Jene zu ehren,
welche ihre Dankbarkeit am meisten verdienen,
haben der König,
seine Minister und viele Edelleute
sowie andere Bürger des Königreichs
dieses Denkmal gesetzt dem
James Watt,
welcher die Kraft eines schöpferischen,
in wissenschaftlichen Forschungen früh geübten Geistes
auf die Verbesserung
der Dampfmaschine wandte,
dadurch die Hilfsquellen seines Landes vermehrte,
die Kraft des Menschen vergrösserte, und
sich zu einer hervorragenden Stellung erhob
unter den berühmtesten Männern der Wissenschaft
und den wahren Wohlthätern der Welt.
Geboren zu Greenock 1736,
gestorben zu Heathfield in Staffordshire 1819.)

Die Dampfmaschine.

Von James Ewing.

(1829.)

Gegenüber den von James Watt an der Dampfmaschine vorgenommenen Verbesserungen müssen wir bei ihrem Anblick stets an die Schilderung des Schlachtrosses im Buche Hiob denken: „Aus seinen Nüstern kommt Rauch [1]) und es ist freudig in seiner Kraft.“ Immer sollten wir aber beim Anblick dieser wunderbaren Maschine uns an die klassischen Erzählungen von den Riesen erinnern und uns die Kämpfe der Söhne Titan's oder die Arbeiten des Herkules vorstellen. Den bekannten Ausspruch, dass Wissen Macht sei, hier angewendet, kann mit Recht behauptet werden, dass Watt diesem Reiche (England) einen grösseren Zuwachs an wirklicher, productiver, andauernder Macht gebracht hat, als, um die Redensart Swift's zu gebrauchen, die ganze Sippschaft der Politiker zusammengenommen.

Die Dampfmaschine oder der Kampf der Elemente.

Von J. A. Stumpff.

(Mit einigen Verbesserungen von Goethe.)

Gott sah, was er gemacht, und siehe, es war gut.
So schrieb ein Mann von grossem Geist und Muth,

---

[1]) Der erste Theil des Ausspruchs („out of his nostrils cometh smoke“) bezieht sich übrigens nicht auf das Schlachtross (Hiob 39, 19 bis 25), sondern auf das Meer-Ungeheuer, den Leviathan (Hiob 41, 11 und 12), woselbst es heisst: „Aus seiner Nase gehet Rauch, wie von heissen Töpfen und Kesseln. Sein Odem ist wie lichte Lohe, und aus seinem Munde gehen Flammen.“

Nach dieser Schilderung des „Leviathan“ wurde das grosse englische Dampfschiff „Great Eastern“ auch einige Zeit hindurch „Leviathan“ genannt.

Doch diese Lehre will der Welt nicht mehr behagen,
Der Zweifler macht bedenklich bittre Klagen. [1])
Er ruft: Man werfe nur, nur einen flücht'gen Blick
In's Lebensspiel, was blickt man? Menschenglück?
Nein, Noth und Tod und Elend sieht man hausen,
Die Elemente stets im Wechselkampfe brausen,
Und Sturm der Leidenschaft, die ewig Feindschaft brüten.
So murrt gar Mancher trüb, raubt sich des Lebens Frieden! [2])

Warum denn wurden wir so rund umgeben
Vom rohen Stoff, von Kräften aller Art?
Was will in unsrer Brust das stete Streben,
Das sich mit ewig reger Neugierd' paart?
Gestalten soll der Herr der Erden?
Harrt hier nicht Alles auf des Bildners Hand?
Ein Schöpfer soll der Mensch, wie Gott wohlthätig werden?
D'rum gab er ihm Stoff, Kräfte und Verstand. —

So jener Mann, dem manches Werk gelungen, [3])
Und dessen Geist nach Wahrheit, Licht gerungen, [4])
Geprüft des Feuers, des Wassers Macht,
Kurz, der zuerst das Werk erdacht,
Wie durch der Elemente Kampf
Des Feuers Wuth, des Wassers Dampf
Der Mensch Gewinn und nicht Verderben fand.

Die Wuth des Feu'rs, des Wassers Macht,
Hat er in seine Gewalt gebracht, [5])
Er trennt durch eine dünne Wand
Die Feinde, die von Wuth entbrannt.
Die Flammen an dem Kessel wüthen,
In dem voll Zorn die Wellen sieden,
Und streben sich am Feind zu rächen,
Den starken Kerker zu zerbrechen.

---

[1]) Dieser Vers lautete ursprünglich:
„Der Zweifler macht gar weisheitsvolle Fragen."

[2]) „So murrt gar mancher Mensch u. s. w."

[3]) „Ein Mann u. s. w."

[4]) „Und dessen Geist nach Wahrheit stets gerungen."

[5]) „Ward von dem Künstler angefacht."

Ein blanker Stab steigt magisch hoch empor
Vom Dampf verfolgt durch ein gewaltig' Rohr;
Im Nu stürzt in die heisse Fluth
Ein kalter Strom, schreckt seine Wuth;
Gleich sinkt der Stab — im Augenblick
Scheucht ihn der heisse Kampf zurück.
Der blanke Stahl steigt auf und nieder,
Belebt zum Streben alle Glieder
Nach einem Ziel. Der grosse Bau
Folgt stets des Meisters Sinn genau. —

„Wie Mancher tadelt nicht den Wunderlauf der Dinge,
Und ungeprüft schilt, was er nicht versteht:
Der Forscher sieht entzückt, wie in der Wesen Ringe
Sich Theil und Ganzes stets im schönsten Bunde dreht.“

(Zuerst abgedruckt im Jahrgange 1831 der von Ottilie Goethe — Schwiegertochter des Dichters — herausgegebenen Zeitschrift: Chaos.)

„Und der Geist schwebte über den Wassern!“

(1. Mose Kap. 1, Vers 2.)

Von Karl Siebel.

(1836—68.)

Luftgebilde,
Zart und milde,
Dampf und Rauch! —
Ein Strahl vom Sonnenaug',
Des Zephyrs leiser Zug
Bestimmen ihren Flug; —
Des Menschen Hand
Hat sie gebannt
In eiserne Gefangenschaft,
Da ist in Kerkers Nacht,
Zu weltbewegender That erwacht,
Des Dampfes Kraft.

So schwebt und kreist
Der ewige Geist
Kraftlos über dem Meere,
Bis er sich selbst in Fesseln schlägt,

Sich in der engen Schöpfung regt
Und die Kraft entfaltet, die hehre,
Die die Sterne treibt die weite Bahn,
Feuer speit aus dem Vulkan
Und in menschlich engen Schranken
Schafft die ewigen Gedanken.

(Dichtungen.)

Lied der Dampfmaschinen-Heizer.

Von Charles Lever.

Auf Veranlassung des Verfassers aus dem Englischen übersetzt von Dr. Walther.

(1848)

Kratzt, kratzt, kratzt,
Asche, Kohlen, Schlacken!
Uns'res Feuers Glut
Brenn' mit neuer Wuth,
Wie das Feuer im Höllenschlund!

Hurrah! Hochaufbäumt das Meer
An des Schiffes Bug!
Doch nicht der Brandung Geheul,
Noch des Löwen Gebrüll
Gleicht dem tobenden Güterzug.

Unter der Sonne Glut kocht unser Blut;
Nirgends Wasser zu lindern den Brand.
Uns're lechzende Zunge klagt,
Jede Kühlung ist ihr versagt,
Wenn der Kessel nicht springt.

Das schnelle Ross, der Trompete Stoss
Seufzen vergeblich uns nach.
Selbst der heulende Wind
Ist nicht so geschwind
Wie des Eilzuges Kraft.

Mit schneller Hast über den wilden Morast, —
Sei die Nacht auch dunkel und schwarz!
Wo die Schnepfe fliegt,
Uns're Strasse liegt;
Niemand darf folgen dem Pfad!

Eine Minute die Meile [1]) — dröhnt uns're Eile;
  Hurrah! unser schäumendes Ross!
Sein kohlschwarzer Schweif,
Sein feuriger Reif!
  Und sein Hauch — eines Ofens Rauch!

Immer munter, bis die Sonne unter,
  Fort mit des Kobolds Gestampf.
Und die Städt' in der Nacht
Erschrecken, wenn erwacht,
  Bei dem lautaufzischenden Dampf.

Poch, poch, poch!
  Schüttle, zitt're, bebe!
Uns'rer Füsse Klang
Ist des Kolbens Gang,
  Unser Stöhnen das off'ne Ventil.

Uns're Flagge ist die rauchende Wolke,
  Welche dick aus dem Schornstein quillt,
Unser tanzendes Boot
Ueber verborgener Noth
  Ist von menschlichen Seelen schwer.

Kratzt, kratzt, kratzt,
  Asche, Kohlen, Schlacken!
Uns'res Feuers Glut
Brenn' mit neuer Wuth,
  Wie das Feuer im Höllenschlund!

(Eisenbahn - Geschichten.)

Der Mensch und die Industrie.

Von Michel Chevalier.

(1847.)

Die Industrie, welche nichts Anderes ist, als die Verkörperung der Idee, die den Erdball zu beherrschen und auszubeuten sucht, die Industrie hat eine wunderbare Macht erlangt. Ihre täglichen

---

[1]) Englische Meile ($1\frac{2}{3}$ Kilom.)

Fortschritte übertreffen Alles, was vor einigen Jahrhunderten die kühnste Einbildungskraft hoffen konnte. Der Dichter, welcher den Menschen die Macht zu fliegen höhnend absprach, was würde er sagen, wenn er, nicht unsere Luftballone, aber unsere Locomotiven sähe, welche ganzen Menschenmassen unermüdliche Flügel verleihen? Die Kräfte, über welche die moderne Industrie verfügt, stehen unvergleichlich weit über denjenigen, die sie früher aufmarschiren lassen konnte. . . . .

Einer der grössten Geister des Alterthums, Aristoteles, bemerkt in seiner „Politik“, als er die Lage der Sklaven prüft, dass, wenn Spindel und Meissel allein arbeiten könnten, die Sklaverei unnöthig wäre. Er fühlte, dass der Mensch nur deshalb dem Menschen unterworfen ist, weil die Civilisation, im Kampfe mit der stofflichen Welt, zu ohnmächtig war, diese zu besiegen und sie sich dienstbar zu machen. Heute ist die stoffliche Welt besiegt; sie ist unser Diener, unser Sklave geworden. Man kann sagen, dass Spindel und Meissel nahezu allein arbeiten . .

(Cours d'économie politique.)

Die Dampfkraft und die Industrie.

Par Auguste Barbier.

(1837.)

1.

Là tous les instruments qui vibrent à l'oreille
Sont enfants vigoureux du cuivre ou de l'airain:
Ce sont des balanciers dont la force est pareille
A cent chevaux frappés d'un aiguillon soudain;
Ici, comme un taureau, la vapeur prisonnière
Hurle, mugit au fond d'une vaste chaudière,
Et, poussant au dehors deux immenses pistons,
Fait crier cent rouets à chacun de leurs bonds.
Plus loin, à travers l'air, des milliers de bobines
Tournant avec vitesse et sans qu'on puisse voir,
Comme mille serpens aux langues assassines
Dardent leurs siffiements du matin jusqu'au soir.
C'est un choc éternel d'étages en étages,
Un mélange confus de leviers, de rouages,

De chaînes, de crampons se croisant, se heurtant,
Un concert infernal qui va toujours grondant.

(„La lyre d'airain". Revue des deux mondes 1837.)

2.

By Ebenezer Elliott. [1])

(1781—1849.)

Come, blind old Andrew Turner! link in mine
Thy time-tried arm, and cross the town with me;
For there are wonders mightier far than thine:
Watt! and his million-feeding enginry!
Steam-miracles of demi-deity!
Thon canst not see, unnumber'd chimneys o'er,
From chimneys tall the smoky cloud aspire;
But thou canst hear the unwearied crash and roar
Of iron powers, that, urg'd by restless fire,
Toil ceaseless, day and night, yet never tire,
Or say to greedy man, „Thou dost amiss."

Oh, there is glorious harmony in this
Tempestuous music of the giant, Steam,
Commingling growl, and roar, and stamp, and hiss,
With flame and darkness! Like a Cyclop's dream,
It stuns our wondering souls, that start and scream
With joy and terror; while, like gold on snow
Is morning's beam on Andrew's hoary hair!
Like gold on pearl is morning on his brow!
His hat is in his hand, his head is bare;
And, rolling wide his sightless eyes, he stands
Before this metal god; that yet shall chase
The tyrant idols of remotest lands,
Preach science to the desert, and efface
The barren curse from every pathless placc
Where virtues have not yet atoned for crimes.
He loves the thunder of machinery!

[1]) Elliott war Autodidakt und hat als Schmied im Dorfe Masbro bei Sheffield gelebt. Er heisst der Korngesetzdichter, weil die Gedichtsammlung, womit er 1832 Aufsehen erregte, den Titel „Corn-Law-Rhymes" führte.

It is beneficent thunder, though, at times,
Like heaven's red bolt, it lightens fatally.
Poor blind old man! what would the give to see
This bloodless Waterloo, this hell of wheels;
This dreadful speed, that seems to sleep and snore,
And dream of earthquake! In his brain he feels
The mighty arm of mist, that shakes the shore
Along the throng'd canal, in ceaseless roar
Urging the heavy forge, the clanking mill,
The rapid tilt, and screaming, sparkling stone.
Is this the spot where stoop'd the ash-crown'd hill
To meet the vale, when bee-lov'd banks, o'ergrown
With broom and woodbine, heard the cushat lone
Coo for her absent love? — Oh, ne'er again
Will Andrew pluck the freckled foxglove here!
How like a monster, with a league-long mane,
Or Titan's rocket, in its high career,
Towers the dense smoke! The falcon, wheeling near,
Turns, and the angry crow seeks purer skies.

At first, with lifted hands in mute surprise.
Old Andrew listens to the mingled sound
Of hammer, roll and wheel. His sightless eyes
Brighten with generous pride, that man hath found
Redemption from the manacles which bound
His powers for many an age. A poor man's boy
Constructed these grand works! Lo! like the sun,
Shines knowledge now on all! He thinks with joy
Of that futurity which is begun —
Of that great victory which shall be won
By Truth o'er Falsehood; and already feels
Earth shaken by the conflict.

(From „Steam at Sheffield.")

Die Dampfkraft — eine mächtige Zauberin.

Von Pierre Dupont.

(1855.)

Mais l'Industrie est ici la maîtresse,
Et la vapeur, la fée enchanteresse,

Qui de ce corps est le cerveau.
Mille taureaux sont moins robustes qu'elle,
Elle dépasse au vol une hirondelle;
C'est l'âme du monde nouveau.

(L'Exposition universelle à vol d'oiseau.)

Eine merkwürdige, zum Theil eingetroffene Weissagung aus dem Jahre 1791.

von Erasmus Darwin.[1])

Soon shall thy arm, unconquer'd steam! afar
Drag the slow barg, or drive the rapid car;
Or on wide-waving wings expanded bear
The flying-chariot through the fields of air.
— Fair crews triumphant, leaning from above,
Shall wave their flutt'ring kerchiefs as they move
Or warrior bands alarm the gaping crowd.
And armies shrink beneath the shadowy cloud.
So mighty Hercules o'er many a clime
Waved his vast mace in Virtue's cause sublime,
Unmeasured strength with early art combined,
Awed, served, protected, and amazed mankind.

(The botanic garden I, 289—296.)

(Bald, unbesiegter Dampf, treibt deine Macht
Den schweren Wagen und die eil'ge Yacht.
Mit weitgespreizten Schwingen seh' ich ihn
Den flücht'gen Wagen durch die Lüfte ziehn.
Die Reis'gen, die d'rin kühn vorüberschweben,
Seh' ich zum Gruss die falt'gen Tücher heben,
Auch Kriegerschaaren, rings verbreitend Schrecken,
Den Wolkenschwärmen gleich, den Himmel decken.
Geschickt, wie du, gewalt'ger Riese Dampf,
Schwang Hercules die Keule einst im Kampf,

[1]) Erasmus Darwin, Grossvater des Carl Robert Darwin, war ein Zeitgenosse und Freund von James Watt und Boulton.

Mit Heldenkraft erschreckend, schirmend, schützend,
Der Tugend dienend und der Menschheit nützend.)

(Nach: Erasmus Darwin von E. Krause und C. Darwin.)

Die Dampfkraft und der Fortschritt.

Von Josef Freiherrn von Eötvös.

(1864.)

Es ist allerdings wahr, dass der Dampf den Kessel zersprengen, dass der Zug bei schneller Fahrt aus dem Geleise springen oder mit einem andern zusammenstossen kann, und dass, wenn man die Locomotive nicht heizte, auch keine Spannung des Dampfes im Kessel vorhanden und dann auch keine Gefahr zu befürchten wäre. Dies gilt auch vom Fortschritte. Die Kraft, welche ihn bewirkt, ja auch der Fortschritt selbst, ist stets mit Gefahren verbunden, und jede Nation, welche ohne Vertrauen in ihre eigene Kraft vor jedem Hindernisse scheu stehen bleibt, kann eben so sicher sein wie jene ungeheizte Locomotive, nur dass sie dann auch ihrer Aufgabe ganz in derselben Weise entsprechen wird.

(„Gedanken".)

Die Dampfmaschine zu Schiff und auf Rädern.

Von Franz Arago.

(1839.)

Die auf Schiffen benutzte Dampfmaschine wird daselbst hundertmal die dreifachen, vierfachen Reihen der Ruderer ersetzen, von welchen noch unsere Väter Anstrengungen verlangten, die zu den Strafen der grössten Missethäter gezählt wurden.

Mit Hilfe einiger Kilogramme Kohle wird der Mensch die Elemente besiegen; die Windstille, die entgegenwirkenden Winde und Stürme wird er mit Leichtigkeit überwältigen.

Die Ueberfahrten (über das Meer) werden viel schneller als ehedem vor sich gehen; der Augenblick der Ankunft der Packetboote (Dampfschiffe) wird vorausberechnet werden können, gleichwie derjenige der öffentlichen Fuhrwerke; man wird nicht mehr Wochen, ganze Monate hindurch am Strande hin und her gehen, das Herz gefoltert von Angst, um mit unstetem Blicke an den Grenzen des Horizonts die ungewissen Spuren des Schiffes aufzusuchen, das Euch einen Vater, eine Mutter, einen Bruder, einen Freund wiederbringen soll.

Die Dampfmaschine endlich wird auf den eisernen Schienen, indem sie hinter sich Tausende von Reisenden zieht, schneller als das beste Race-Pferd mit seinem leichten Jockei dahinrennen.

(Éloge historique de Watt.)

Die Jahrhunderte des Papin und des Watt.

Von Franz Arago.

(1839.)

On disait jadis, le siècle d'Auguste, le siecle de Louis XIV. Des esprits éminents ont déjà soutenu qu'il serait juste de dire le siècle de Voltaire, de Rousseau, de Montesquieu. Suivant moi, je n'hésite pas à l'annoncer, lorsqu'aux immenses services déjà rendus par la machine à vapeur se seront ajoutées toutes les merveilles qu'elle nous promet encore, les populations reconnaissantes parleront aussi des siècles de Papin et de Watt.

(Éloge historique de Watt.)

(Man sprach ehedem vom Jahrhundert des Augustus, Ludwig's XIV. Hervorragende Geister haben sich schon dahin geäussert, dass es richtig wäre, zu sagen: das Jahrhundert des Voltaire, Rousseau, Montesquieu. Nach meiner Ansicht, ich zögere nicht, es auszusprechen, dass, wenn zu den von der Dampfmaschine geleisteten Diensten alle Wunder hinzugetreten sein werden, die sie uns noch verspricht, die erkenntlichen Völker auch von den Jahrhunderten des Papin und des James Watt sprechen werden.)

Humoristisches.

Die Vermählung des Dampfes mit der Maschine des James Watt.

Ein Trinkspruch auf die Säcularfeier dieses Ereignisses.

Von Dr Ernst Engel.

Der Gatte ist ein ächtes Kind der Natur, uralter Herkunft. Seine Ahnen wollen schon bei der ersten und grossartigsten aller Gründungen, der Schöpfung der Welt, als Zeugen gedient haben. Sämmtliche Sprösslinge dieses Geschlechts haben das mit einander gemein, dass sie sehr aufbrausend sind. Unser Jubilar ward zwar bei Eingehung seiner Ehe gezwungen, etwas manierlich zu sein, und er ist es auch im Grossen und Ganzen; jedoch zuweilen, wenn man sich nicht um ihn kümmert, und namentlich, wenn man ihn zu knapp im Getränke hält, macht sich sein angeborenes Temperament Luft; er schlägt dann rund herum Alles kurz und klein, und schont nichts, was ihm im Wege steht. Weder, dass ihn die Polizei, ja selbst der Staatsanwalt, hierüber zuweilen scharf in's Gebet nimmt, noch dass unser Schriftführer, Herr Reuleaux, dergleichen Unthaten des Jubilars im Vereinsblatt an die grosse Glocke hängt, hat ihn bis jetzt um einen Deut gebessert. Das wirksamste Mittel, diesen zeitweiligen Wuthausbrüchen des alten Herrn zu begegnen, ist ihn kalt zu behandeln; dann fällt er auf den Boden und rührt sich nicht mehr. Damit ist leider aber auch Niemandem gedient, am wenigsten der lieben Ehehälfte. Sonach bleibt weiter nichts übrig, als sich in seine Launen zu fügen. Das versteht die Letztere insbesondere meisterhaft, und hält damit ihren Herrn Gemahl vollständig unter dem Pantoffel; er huscht in ihre Gemächer und entfernt sich daraus, wann und wie sie winkt, während er der Meinung ist, sie tanze wie er pfeife. Gewiss ein guter Mann!

Die Gattin ist ganz anderer Art. Ihr Geschlecht ist viel jünger, als das ihres Mannes, obschon auch ihre Ahnen es allenfalls mit dem Alter der Freytag'schen aufnehmen können. Sie waren aber in der grauen Vorzeit sehr einfache und unbeholfene Leute. Auch das ganze Mittelalter weiss nicht viel von ihnen zu erzählen. Das heute blühende Geschlecht unserer Jubilarin ist eigentlich erst, wie dies häufig zu geschehen pflegt, durch die Verehelichung dieses ihres Mitgliedes zu Ansehen und Einfluss gekommen. Bedauerlicherweise haben aber die anderen Glieder desselben in Folge dessen, in nicht unerheblichem Grade, die Alluren von Parvenus angenommen. Nicht nur, dass sie habsüchtig Alles an sich zu reissen suchen, was in ihren Bereich kommt, so lieben sie unter Anderem auch die Mode bis zu dem Grade, dass sie nicht bloss Schränke und Zimmer, sondern Magazine und Böden grosser Häuser brauchen, um ihre ausrangirten Hüllen und Mäntel, Hüte und Hauben aufzubewahren. Schön geputzt und mit feinsten Oelen gesalbt einherzugehen, ist ihr halbes Leben. Sich im Kreise drehen, graciöse Bewegungen ausführen, gehört zu ihren Lieblingsbeschäftigungen. Doch Alles, was wahr ist: im Uebrigen sind sie sehr sparsam, und die Gattin unsers Gatten geht hierin mit dem besten Beispiele voran. Lebten deren Verwandte bisher meist vom Wasser, so lebt diese lediglich von der Luft.

Viel Zeit verging, ehe die beiden Jubilare sich gegenseitig fanden und Neigung zu einander fassten. Sie führten sich lange, ehe sie sich heiratheten. Man, d. h. die grosse Menge, zweifelte deshalb, dass aus dem offenkundigen Verhältniss noch eine vernünftige Ehe werden würde. Nur wenige hervorragende, zu ihrer Zeit leider für verrückt gehaltene Geister waren anderer Ansicht; kein Wunder daher, dass ihre Mühen eine Copulation zu Stande zu bringen, erfolglos blieben. Die Schuld des fortwährenden Aufschubs der Vermählung lag — was man kaum glauben sollte — mehr an der Braut als am Bräutigam. Sie kränkelte und stand öffentlich im Verdacht erheblicher organischer Fehler.

Nur ein Frauenarzt ersten Ranges konnte ihr dauernd helfen. Ein solcher fand sich glücklicherweise in der Mitte der 60 Jahre des vorigen Jahrhunderts in der Person eines jungen, höchst intelligenten englischen Mechanicus, der sich nach dem Studiren unter Anderem auch auf's Curiren von Damen aus der Verwandtschaft der Jubilarin gelegt hatte. Als er deren Krankheit richtig erkannt und das Mittel zur Heilung gefunden zu haben glaubte, capricirte er sich darauf, seine Patientin unter die Haube zu bringen. 1769 meldete er das erste Aufgebot beim Standesamt seines Bezirks an; das zweite und dritte folgten bald nach.

Da die Verlobten von Haus aus mittellos waren, blieb unserem jungen Arzt nichts Anderes übrig, als nun auch noch deren Ausstattung zu übernehmen. Weil ohne eigenes Vermögen, musste er die Hilfe eines ausgezeichneten Freundes hierzu in Anspruch nehmen, die dieser ihm in reichem Masse leistete. Sie bauten 1774 für das junge Paar gemeinschaftlich ein eigenes grossartiges Gebäude, und 1775 wurde die Hochzeit darin gefeiert. Es war auch wirklich hohe Zeit; denn sie fiel, horribile dictu, mit der ersten Kindtaufe zusammen.

Hundert Jahre sind seitdem vergangen. Die im Jahre 1775 vollzogene Ehe ist, trotz der grossen Verschiedenheiten von Mann und Frau, eine der glücklichsten auf dem ganzen Erdenrund und besteht noch heute. Sie ist aber auch die fruchtbarste. Ihre Sprösslinge zählen nach Hunderttausenden. Mit sehr wenigen Ausnahmen sind diese die wohlerzogensten, fleissigsten und willigsten Geschöpfe. Sie kennen keine Ruhe bei Tag und Nacht und sind wahre Muster von Fügsamkeit und Genügsamkeit. Einige bleiben Jahrelang auf einem Fleck stehen oder liegen, ja, lassen sich sogar an die Wand hängen, ohne bei ihrer schweren Arbeit viel zu murren und zu knurren. Andere laufen, schneller als der Wind, die weitesten Strecken hin und her und finden mit ihren feurigen Augen selbst in stockfinsterer Nacht sicher ihren Weg. Dass sie stolpern, gehört zu den grössten Seltenheiten. Noch Andere sind die reinen Wassernixen, denen es ein Leichtes ist, nicht bloss über Flüsse und Seen, sondern selbst über Oceane zu schwimmen, ohne dass ihnen ein einzigesmal die Puste ausgeht. Von der Mutter erbten die Nachkommen, ohne Ausnahme, die graciöse Beweglichkeit, von dem Vater die Arbeitslust und Fügsamkeit bei guter Behandlung, zugleich aber auch das schonungslose Verfahren gegen alles das, was ihnen zu nahe tritt. Trotzdem sind die Nachkommen unseres Ehepaars allenthalben hochwillkommen. Wo man ihnen Hütten baut und sie richtig zu nehmen weiss, folgt Glück und Segen ihrem Einzug auf dem Fusse.

(Augsb. Allg. Zeitung Nr. 333 für 1880.)

Das Dampfschiff.

Das Dampfschiff Fulton's. 1807.

Sieh', wie im Kampf mit dem Sturm schwerkeuchend
das Dampfschiff hinstampft,
Und den Titanen der Mensch durch Titanen bezwingt.
E. Geibel.

Leibniz und das Dampfschiff des Professors Papin.

Es ist völlig zweifellos, dass Papin (Professor der Physik in Marburg) am 27. September 1707 mit einem von ihm angegebenen Ruderradschiffe, wobei der Wasserdampf als bewegende Kraft benutzt wurde, auf der Fulda von Cassel nach (Hannoversch) Münden gefahren ist.

Der Nachweis dieser Thatsache findet sich in den (zur Zeit) noch ungedruckten Handschriften des grossen Leibniz (in der königlichen Archivbibliothek zu Hannover), wobei der Briefwechsel von besonderem Werthe ist, welchen Papin mit Leibniz deshalb führte, um von den hannoverschen Behörden die besondere Erlaubniss (gewisser Privilegien der Mündener Schiffer wegen) auszuwirken, mit seinem Dampfschiffe in Münden von der Fulda in die Weser gelangen zu können.

Zwei dieser Briefe lauten:

I. Schreiben von Leibniz an den Churfürstlichen Hannoverschen Geheimen Rath.

„Dyonisius Papin, Rath und Medicus bei des H. Landgrafen zu Cassel Durchl., auch Professor Matheseos zu Marpurg, ist begriffen ein Schiff von sonderbarer Invention die Weser herab nacher Bremen zu schicken. Weil er aber vernimmt, dass die Schiffe so von Cassel oder sonst aus der Fulda kommen, insgemein nicht in die Weser gehen, sondern zu Münden ausgeladen werden und also einige schwierigkeit besorget, gleichwohl es mit solchem Schiffe eine besondere Bewendniss hat, und solches auf keine wahren angesehen.

So bittet er unterthänigst, es möchte solche gnädigste verordnung ergehen, dass solch Schiff allda und überall in Churfürstl. Landen diess mahls herab passiren möge; weswegen ich auch sein verlangen in unterthänigkeit ansuche sollen.

Hannover, den 13. Juli 1707.

G. W. Leibniz.

Pro Memoria unterthänigst
die passirung eines Schiffes aus der Fulda in die Weser betr.

II. Antwortschreiben des Geheimen Rathes an Leibniz.

Die H. G. Räthe haben jedoch ohne sich zu expliciren worin es bestehe, mir gesaget und zu berichten aufgetragen, dass bei obigem petiti ein völliges bedenken gefunden werde, und es dahero von C. F. Dl. abgeschlagen sei.

H. Reiche.

A Monsieur Monsieur de Leibniz Conseiller
– privé de Justice de S. A. E."

Papin beabsichtigte nämlich, mit diesem Schiffchen nach England überzusetzen, um seine Erfindung (als Mitglied der Royal Society) der Königin Anna von England vorzuführen und dadurch sich und der Schifffahrt nützen zu können.

Nach anderen in französischer Sprache geschriebenen Briefen ist Papin wirklich am 27. September 1707 mit seinem Dampfschiffe in Münden angekommen und scheint er, da ihm die Regierungserlaubniss zum Passiren desselben nicht ertheilt worden war, den Durchgang mit Gewalt versucht zu haben, wobei ihm die dortigen Schiffer (nach einem Schreiben des Amtmanns Zeuner an Leibniz) sein Fahrzeug zerstörten.

Dr. Moritz Rühlmann, allgem. Maschinenlehre 4. Band.

Zur Eröffnung der Dampfschifffahrt auf dem Mittel-Rhein [1]) durch König Friedrich Wilhelm III. von Preussen.

Die Huldigung des Rheins.

Von August Wilhelm von Schlegel.

(„Zum Andenken an die glückliche Schifffahrt des Königs, als Se. Majestät auf einem Dampfboote unter dem Jubel des versammelten Volkes am 14. September 1825 bei Bonn vorbeifuhr.“).

Jenseits raget ein Fels hoch über die gleitenden Wellen,
Burgenumthürmt, wo einst grimmig ein Drache gehaust.
Da liegt heimlich, am Ufer, des Rheins willkommenste Ruhstatt;
Aus leichtbrüchigem Tuff wölbet die Grotte sich ihm.
Da pflegt gern in der Kühle der Greis mittäglichen Schlummers,
Während die schwülere Luft Traubengelände umweht.
Aber bestürzt hebt plötzlich das Haupt von dem Lager der Flussgott,
Ruft, vorschauend, sodann aus dem umschattenden Schilf:
Welch' ein Geräusch, fernher sich verkündigend? Will der gesalznen
Tiefe Tyrann mein Reich fordern in stolzen Besitz!
Siehe! der Strom schwoll auf von dem Schwung' umrollender Räder;
Weithin zeichnet ein Streif schäumender Wirbel die Bahn,
Ob an der Meergöttin Thronwagen gespannt die Delphine
Bald eintauchen, und bald bäumen den Nacken empor?
Oder Neptuns Dreizack unbändige Rosse herantreibt,
Welche das bläuliche Nass stampfen mit Flossen am Huf?
Sah ich es? täuschet der Blick? Nicht spielendes Wild der Gewässer,
Nicht vierfüssige Kraft ziehet das fremde Geschirr;
Noch stellt Masten es auf, noch breitet es Segel den Winden;
Wühlet die Fluth nicht um unter der Ruderer Schlag.
Sondern es eilt freiwillig dahin mit beweglichen Kreisen,
Gleichwie dädalische Kunst lebende Bilder geformt.

[1]) Im Jahre 1817 fuhr, von London kommend, das erste Dampfschiff, als Weltwunder angestaunt, bei hohem Wasserstande auf dem Rhein bis Coblenz.

Aber ich seh' auch Wolken des Rauchs, hochsprühende Funken:
Dränget der wilde Vulkan etwa die Wellen zurück?
Welch' ein Heroen-Geschlecht, dem so viel Wunder gehorchen,
Welchem der Schifffahrt Lauf ordnete göttlicher Wink?
Jetzo erkenn' ich und ehre die Huld in des Nahenden Antlitz.
Heil Dir, König! Noch nie trug ich so herrlichen Gast.
Um den Erhabenen rings steh'n hold aufblühende Sprossen:
Wahrlich! es trägt dies Schiff Fülle der Wonne, des Ruhms.
Dass ich ein gallischer Strom nicht blieb, Du hast es erkämpfet;
Wenn Du, Held, mich beschirmst, wälz' ich germanische Flut.
Gegen der Römer Triumph, ich, vormals hemmende Schranke,
Ach! was duldet' ich nicht jüngst in den Tagen der Schmach!
Sorglos jetzt, in des Friedens Gewähr, mein Leiden vergessend,
Pfleg' ich die Ernten des Korns, pflege die Herbste des Weins.
Euch nun ruf' ich, verbrüderte Flüss', euch, Nymphen des Thales,
Süsse Genossinnen mir! Eilet, ihr alle, herbei!
Führet den festlichen Reih'n, webt Ehrengezelte von Laubwerk,
Knüpfet zu Tauen dem Schiff rankiges Rebengeflecht.
Auf! Trankopfer gespendet dem Genius unsers Gebieters!
Auf! mit dem edelsten Nass goldne Pokale gefüllt!
Fürstliche Schaar, Ihr aber, verschmäht nicht Gaben des Bacchus,
Deren ja selber der Nil, siebengemündet, entbehrt.
Neidet' ich wohl paktolisches Gold und die Schätze des Phasis?
Auch in den Strudeln des Rheins blinket ein köstlicher Sand.
Vor den gepriesensten Flüssen der Welt, stolz heb' ich die Scheitel,
Wenn Du mein Dich erfreust, König und Vater des Volks!

[Rhenus Principem adorans hospitem.

Faustam navigationem regis augustissimi et potentissimi Friderici Guilelmi III., quum, universo populo acclamante, navi vaporibus acta Bonnam praeterveheretur d. XIV. sept. MDCCCXXV, publice pieque celebrat carmine

Augustus Guilelmus a Schlegel.

Vertice turrigero labentibus imminet undis
Rupes: a saevo dicta dracone fuit.
Hic molli in ripa sunt grata cubilia Rheno,
Antra levi topho tectaque pumicibus.

Hic juvat aestivos grandaevum ducere somnos,
  Dum mulcet colles aura racemiferos.
At subito attonitus divum caput extulit antro,
  Prospiciensque altis infit arundinibus:
Quis fragor insuetas aures ferit? An mea regna
  Invasit salsi trux pelagi dominus?
Intumuit fluctus pulsu strepituque rotarum,
  Et longe spumant aequora vorticibus:
Delphinas curru seu junxerit Amphitrite,
  Dorso qui pando subsiliunt agiles;
Seu Neptunus equos immissis pellat habenis,
  Calcantes rorem pinnigeris pedibus.
Num vidi? an fallor? Non ludens bellua ponti,
  Non traxere istam quadrupedesve ratem.
Nec malum erigit haec, nec pandit carbasa ventis,
  Nec ruit aequali caerula remigio.
Currit sponte sua, motoque volubilis orbe,
  Ceu ficta ingenio machina Daedaleo.
Cerno at enim fumos, alte volitante favilla:
  Forte refudit aquas Mulciber igne suo.
Quod genus heroum est, cui tot miracula parent?
  Quod tantis Divûm navigat auspiciis?
Jam vultum agnosco propius, venerorque benignum.
  Salve, Rex! Quanto glorior hospitio!
Nec non Magnanimum circumstetit aurea proles.
  Haec navis regni spemque decusque vehit.
Tu meruisti armis, ferrer ne Gallicus amnis;
  Te volvam fluctus vindice Teutonicos.
Ille ego, Romanis olim qui claustra triumphis
  Objeci, heu! nuper qualia passus eram!
Liber et oblitus, secura pace, laborum,
  Nunc Bacchi et Cereris munera laeta colo.
At vos, connubio junctae, mea gaudia, Nymphae,
  Fraternique amnes, huc, agite! ite simul.
Jam celebrate choros, umbracula texite fronde,
  Funibus et proram nectite pampineis,
Principis et Genio puros libate liquores,
  Implete et succis pocula nobilibus.

Vos, Augusta Cohors, ne spernite dona Lyaei,
  Queis septemgeminus Nilus et ipse caret.
Cur Pactoli equidem invideam Phasisque fluentis?
  His quoque gurgitibus dives arena micat.
Cunctis prae fluviis attollam cornua Rhenus,
  Si tibi sat placui, Rex, Patriaeque Pater!]

Das Dampfschiff.

Von J. Dresel.

Vorbei, vorbei
Wie leicht und frei!
Wie stolz, wie kühn
Dahier, dahin!
Wie von zaubrischen Mächten beflügelt;
Wie die Riesenkraft
Unablässig schafft,
Mit unendlicher Wuth
Zornglüht die Fluth,
Elemente beugt
Und nimmer weicht —
Nur von menschlicher Obmacht gezügelt!
Ob der Strom auch schäumt,
Sich hoch aufbäumt,
Ob die Welle sich thürmt,
Und die Windsbraut stürmt,
Unerschüttert strebt es voran, voran,
Wie ein Stern über Donnergewölk seine Bahn.

O welche Wandlung, seit der Vater Rhein
Vor Cäsars Legionen schützend brauste,
Als der Germane noch in Wüstenei'n
Wild wie der Ur an seinen Ufern hauste!
Als Kaiser Karl mit allgewalt'gem Arm
Zum Spiel durch den empörten Fluss geschwommen,
Und der Normannen grausenvoller Schwarm
Entsetzlich wie der Blitz zum Raub gekommen.

Jetzt eilt vom Meere, das den Dänen trug,
Wo Albions Söhne rasche Segel spannen,
Ein feindlich Schiff im fabelhaften Flug
Durch blühend Land zum Forst der Alemannen.
Wohl manche Stadt, die stolz ihr Bild geschaut,
Sank längst danieder wie des Stromes Fluthen,
Und jene Helden, die so kühn gebaut,
Erloschen wie am Thurm die Abendgluthen.

Da rauscht es hin, wie schön, in Majestät,
Durchfurcht die Wogen, die beschäumt entwallen;
Der Flussgott, der bestürzt vorübergeht,
Flieht bebend nach den innersten Krystallen.
Vorüber fliegt es nun mit Herrscherlust,
Stumm grüsst die Burg, laut hallen alle Hügel,
Im ew'gen Drange taucht die muth'ge Brust
Sich kühlend in den grünen, klaren Spiegel.

Geschlechter schwanden, blühten neu heran,
Eh' man gewagt, mit wilder See zu kämpfen;
Jetzt haben über Sturm und Ocean
Wir obgesiegt mit leichten Wasserdämpfen.
Erhab'ner Anblick, herrlich ragt es gross,
Dies Denkmal, zeugend stets für uns're Zeiten,
So reissen wir uns von den Fesseln los,
Die Menschenwahn und die Natur bereiten.

Gedankenvoll sieht an dem starken Bug
Der Mann den Strom sich ewig aufwärts bäumen,
Doch durch die Wasser hin mit sich'rem Zug
Vorwärts das Schiff und unerschüttert schäumen;
Da fühlt er wie das Herz im Busen schwillt:
Als mahnend Zeichen für das ganze Leben,
Sieht er des freien Geistes mächtig Bild
Stolz triumphirend durch die Zeiten streben.

Eine Reise mit dem Dampfschiff den Rhein hinab.

Von Friedrich von Matthisson.

Auf dem Dampfschiff Concordia, 16. Mai 1827.

Das Bild unserer Seefahrt, lieber Bonstetten, von Genf nach Lausanne im prächtigen Winkelried, trat wieder mit brennendem Kolorit vor meine Seele. Erinnerung, beseligende Göttin, der man auf allen Höhen, wo Reben grünen, Altäre weihen sollte, was wären wir ohne dich!

Man kann sich nichts Eleganteres und Bequemeres denken als dieses Dampfschiff, welches den schönen Namen von Schillers Glocke führt. Es überbietet in vieler Hinsicht sogar den Winkelried, welches allerdings viel gesagt ist. Vom Morgen bis zum Abend kannst Du für Leib und Seele das gemächlichste Leben darin treiben. Ständen die alten Sybariten wieder auf, sie würden es kaum irgendwo sich besser wünschen. Für Alles ist gesorgt. Auch eine kleine Bibliothek steht dem Reisenden zu Gebote. Die Möbel sind so zierlich, wie man sie nur in Pallästen zu sehen gewohnt ist. — — Gegen Mittag waren wir bei dem schönsten Sonnenschein vor Koblenz, wo das Zauberschiff eine Stunde lang Halt machte. Kaum war der fahrende Gasthof wieder im Fluge, als die Tischglocke geläutet wurde. Die Tafel war so bestellt, dass es mir vorkam, als hätten höhere Gewalten dem Frankfurter Schwan seine angeborene Schwimmnatur wieder gegeben.

Angenehmer sich durch die Welt bewegen, als auf einem solchen Dampfschiffe, mag auch der lebhaftesten Phantasie kaum erträumbar sein!“

(Morgenblatt für gebildete Stände.)

Das Dampfschiff.

Von M. Beer.

(1835.)

Die Dämpfe steigen, die Säule raucht,
Nun wird die Fahrt beginnen!

Wenn in die Flut das Rad sich taucht
Und seine Kräfte rasselnd braucht,
  Dann fliegt es schnell von hinnen.

Die Woge knirscht in stummer Wuth,
  Will sich nicht zwingen lassen,
Möcht' gern das Schiff mit seinem Gut
Und seiner ganzen Menschenbrut
  In ihre Strudel fassen.

Das Schiff fliegt ruhig stolz dahin
  Und spricht mit schnellen Schwingen:
Wohl fühl' ich, Welle, was ich bin,
Erzeugt vom regen Menschensinn,
  Geschickt mit dir zu ringen.

Beflügelt hat der Mensch den Kiel,
  Der Herrscher ird'scher Geister;
Er macht den Kampf mit dir zum Spiel,
Führt ruhig mich an's ferne Ziel.
  Meer, weiche deinem Meister!

Das Dampfschiff.

Von Ludwig Spach in Strassburg i. E.

(1828.)

Gesang der Matrosen.

Es gischet der Dampf, es brauset der Rauch;
Lasst Segel und Ruder zurück!
Wir fahren nicht mehr nach altem Brauch,
Wir zwingen und meistern das Glück!

Ein Gelehrter.

Den lieben Flakkus hör' ich warnen:
„Nicht weiter, meine Lalage!
„Lass dich vom Meere nicht umgarnen;
„Dein wartet tausendfaches Weh.
„Und bin ich dir nur etwas theuer,
„So fürchte jene Ungeheuer,

„Die tief am Meeresgrunde ziehn.
„Europa nicht mit ihrem Freier,
„Dem Götterkönig, konnte fliehn.
„Sie stiegen aus dem finstern Schlunde,
„Unzählig wie die Fluthen auf;
„Und mit dem zähngefletschten Munde
„Verhöhnten sie des Mädchens Lauf.

„Und mehr noch fürchte Windeslaunen
„Und hochgehobnen Wogendrang,
„Als deines Dichters finstre Braunen
„Und seinen strafenden Gesang.“

Und Lalage verschüchtert lässt sich halten,
Das kecke Römermädchen bebt.
O hätte sie mit uns gelebt,
Sie sänge spöttelnd so zu ihrem Alten:

„Wir trotzen dem Sturm und seiner Wuth;
„Es rollen die Räder geschwind.
„Es schäumet durchschnitten die bebende Fluth;
„Wir fahren gen Wellen und Wind.“

Chor der Matrosen.

Wir trotzen dem Sturm und seiner Wuth,
Es rollen die Räder geschwind.
Es schäumet durchschnitten die bebende Fluth;
Wir fahren gen Wellen und Wind.

Gesang eines Scheidenden.

Sie schaut herunter vom Balkone
Die Theure, wie sie mir's versprach;
Und winkt mir, wie vom Wolkenthrone,
Als Königin den Abschied nach.
Ein flücht'ger Wink mit ihrer Rechten . . . .
Und schon erblick' ich sie nicht mehr;
Denn wie von unsichtbaren Mächten
Getrieben, rollt das Schiff einher.
Ein dumpfes und verworrnes Brausen,
Wie Hammerschlag und Windessausen,

Beflügelt unsre Vogelflucht;
Vergebens, dass der Blick mit ungestümem Sehnen,
Und feucht von bangen Liebesthränen
Den längst entflohnen Altan sucht!
Vergebens, dass er sich um widerwärt'ge Winde
Nach allen Zonen ängstlich kehrt,
Und den verscholl'nen Liebesgott beschwört,
Ob er vielleicht noch Aufschub finde!
Der Dampf ist Herr! Ihm dient das göttliche Gesinde!

Chor der Matrosen.

Fort! siede nur, höllisches Element,
Uns bist du ein freundliches Kind.
Es gischet der Dampf, das Feuer brennt,
Die Räder, sie rollen geschwind.

Ein Casuist.

Wahr ist's, immer, immer weiter
Läuft die gottvergessne Welt;
Jauchzet und hohnlächelt leider,
Wenn das Alte morsch zerfällt.
Aber uns, den einzig Frommen,
Nützet, was der Teufel schafft;
Selber in Ruinen kommen
Wir zu neuer Jugendkraft.
Gleite, flinkes Schifflein, gleite,
Durch das Feuer frisch beseelt,
Den verkannten Märt'rer leite
In das Ferne, in das Weite,
Wo kein Philosoph ihn quält.
Drüben am entlegnen Strande,
Schlägt der schändlich hier verkannte
Starke Wurzel, hofft auf Glück.
Und mit diesem Feuerschiffe
Sendet er die heil'gen Kniffe,
Und der Kirche Mutterfluch zurück.

Chor der Matrosen.

Wir pflegen und hegen das grelle Getöse,
Und schüren die Flamme, und warten der Pflicht,

Wir führen, was gut ist, wir führen, was böse,
Gleichgültig hinüber, das kümmert uns nicht.

Ein Handelsmann.

Gepriesen sei, wer dich erfunden
Und Welttheil eng an Welttheil band.
Du führest sicher, ungebunden,
Die Schätze mir zum fremden Land.
Durch Meereswell' und Wind und Dünste,
Bewahrst du meines Glückes Keim,
Und bringst mir so die glänzenden Gewinnste,
Wohl hundertfältig wieder heim.
Auch spähen wir vom hohen Hafendamme
Nach keines Mastes Riesenstamme,
Der doch im Sturm wie Lilienstengel bricht;
Nach weissen Segeln späh'n wir nicht.
Doch wenn am Horizont der graue Dampf sich hebt,
Da rinnt der Freude Gluth durch uns're Glieder;
Wie froh des Landmanns Brust erbebt,
Sieht er den Rauch der Heimatshütte wieder.

Chor der Matrosen.

Der Waaren sind viel, die Waaren sind schwer;
Sie füllen die Seiten, sie füllen den Grund;
Wohl möchte sie das gierige Meer;
Doch höhnet das Feuer dem Wasserschlund.

Der Dichter.

Und führen wir mit Feuerkähnen,
Wie Vögel schnell, hoch durch die Wolkenbahn,
Des Menschen Gluthgedanken sehnen
Sich immer schneller noch voran.
Er hegt in seiner Brust ein Fieber,
Das ungesättigt ihn zerreibt,
Und über Raum und Zeit hinüber
Dämonenartig vorwärts treibt.
Heut' beugt er seine Knie' vor einem neuen Götzen,
Der Dampf bewegt das Räderwerk der Welt!

Wie Hunde, die das Wild im Winterforste hetzen,
Bis sie den trock'nen Gaum im warmen Blute letzen,
So rast der Menschentross nach Sinnenglück und Geld.
Es peitschet ihn Fluss auf und Fluss hernieder,
Und über Meeresarm und Meeresflächen weg;
Polypenartig reckt er seine Glieder
Auf jede Flanke hin, gradaus und schräg;
Der Vater ruft dem Sohn: „Sei mir nicht träg'!
„Besteig das Schiff, und reich nur kehre wieder." —
Ja! wie einst Israel, der Feuersäule,
Der, gottgesandten, folgsam sich erwies,
So ziehen wir durch Fluth, durch Sturmgeheule,
Und mit wahnsinn'ger Eile
Der Rauchkolonne nach, in unser Paradies;
In das gelobte Land, wo die Maschine klirrend,
Das Herz ertödtend, sinnverwirrend,
Uns unerschöpflich neue Schätze webt;
Wo, statt der kananit'schen Traube
In grüner sonnenfroher Laube,
Der Wechselkurs an kahlen Wänden klebt;
Und wo nur eines fehlt: Der Väter frommer Glaube.

Chor der Matrosen und Reisenden.

Wir spotten der aberwitz'gen Propheten
Und weisen sie in die Kajüte zurück;
Wir lassen sie murren, wir lassen sie beten,
Wir zwingen und meistern das Glück.

(Gedichte.)

Am Rhein.

Von Nikolaus Lenau.

(1832.)

Wir reisten zusammen mit Andern
Zu Schiff hinunter den Rhein,
Es war ein seliges Wandern;
Doch waren wir selten allein.

Sie traten heran zu lauschen,
Du liessest nur hier und dort
Mir fallen unter das Rauschen
Des Stromes ein heimliches Wort.

Ich sprach: bald trennt uns die Reise!
Ob hier wir uns wiedersehn?
„Dort vielleicht einst!“ sagtest du leise,
Ich konnte dich kaum verstehn.

Wir flogen vorüber am Strande,
Der Dampf durchbrauste den Schlot,
Wie ein zorniger Neger die Bande
Wildschnaubend zu sprengen droht.

Und sie begannen zu preisen,
Wie schnell man sich heute bewegt,
Und wie das rührige Eisen
Man über die Strassen legt;

Als wollten zu Grabe sie tragen
Des Elends thürmenden Wust,
Und wieder das Eden erjagen
Den uralt bittern Verlust.

Es hat doch den rechten Fergen
Das Schifflein lange noch nicht,
So lange noch Liebe verbergen
Sich muss wie ein Sündergesicht.

Noch lange nicht hat, ihr Gesellen,
Das Eisen den rechten Guss,
Wenn sich die Liebe bestellen
Noch hinter die Gräber muss!

So dacht' ich und blickte verdrossen
Hinab in die rollende Fluth;
Dich umringten deine Genossen
Und scherzten, die hatten es gut.

Die Nacht war dunkelnd gekommen,
Da stiegen am Strande wir aus,
Ich folgte dir stumm und beklommen
Von ferne bis an dein Haus.

Handel und Schiffs-Verkehr.

Von Wolfgang Müller von Königswinter.

(1846.)

Cöln.

Mein kühner Schiffer, treib' an's Land den Kahn!
Vom Strande locken frischbewegte Klänge.
Das ist des Handels wagnisskühne Bahn!
Welch' Markten, Dingen, Fragen im Gedränge!
Am Werfte lieget Schiff an Schiff gereiht;
Der Träger Schreien, der Matrosen Sänge
Erklingen schrill. Wem wird hier lang die Zeit?
Dort führen Ross und Wagen laute Rufer.
Lasst schweifen nur die Blicke weit und breit;
Wohin Ihr spähet, ist belebt das Ufer!

Hier hat der Kaufherr seiner Waaren Acht,
Die ihm aus fernen fremden Landen kamen,
Er rüstet hier die wohlgewogne Fracht
Für übersee'sche Völker, deren Namen
Wir kaum gehört. Er rechnet, plant und sinnt,
Was er für sich, was er für seinen Samen
Im klugen wohlbedachten Kauf gewinnt.
Die Dämpfer keuchen, Fremde geh'n und kommen;
Kaum, dass euch eine Stunde hier entrinnt,
Und auf dem Rhein kommt Neues angeschwommen.

(Rheinfahrt, ein Gedicht. Frankfurt a. M. 1846.)

Eine Fahrt auf dem Bodensee.

Von J. G. Fischer.

(1852.)

Wie sich im Hafen die Dämpfer spreiten,
Tiefgehend unter ihrer Last!
Wie über die Fluthen jene schreiten,
Den Menschen dienstbar ohne Rast!
Verknüpfen Städte mit leichtem Faden;
Sollten ja heilen allen Schaden,
Sollten tilgen den Hass und Zwist,
Wenn man alltäglich der Nachbar ist.

Weit hinten, schüchtern und bescheiden,
Als wollten's nicht die andern leiden,
Seh' ich ein Segelschifflein kommen,
Hat auf die Achsel still genommen,
Was nicht die stolzern mochten tragen,
Will sich wie ich durch's Leben schlagen,
Ist aus dem Volk ein rührig Kind,
Und lebt von Gottes freiem Wind.

Wenn ich von hohem Geblüte wäre,
Thät ich auf solchem Schifflein heute
Mich freundlich mischen unter die Leute;
Den Niedrigen aber soll die Fähre
Des Königs tragen auf seiner Fahrt;
Er möchte in Einem Tage gerne
Alle die Ufer, nah und ferne,
Verbinden in Eine Gegenwart.

Wie schillert, du schöne Wasserfrau,
So hoffnungsreich dein Wellenkleid!
Dein Aug', so treu und innig blau,
Blickt mir vom Herzen alles Leid.
Glückauf! das Triebrad rührt die Tatzen,
Die Wogen schäumen, weichen und platzen.
Auf Wiedersehen, mein liebes Schwaben!
Willkomm zu Schiffe, ihr Männer und Knaben!

Willkomm, ihr Mädchen und ihr Frauen,
Meerwunder mit mir anzuschauen!
Seid sicher, selbst ihr schmucken Laffen,
Ich lass' euch heute ruhig gaffen,
Heut' stört mir Nichts die Lust, die süsse,
Des Friedens Glück und der Liebe Reiz,
Bringe ich doch der Heimat Grüsse
Allem Volk am ganzen Strande,
Dem biedern Tyrol und der freien Schweiz,
Dem Oesterreicher- und Bayerlande.

(Gedichte, 2. Aufl., 1858.)

Bilderwahl.

Von Karl Mayer.

(1856.)

Der Schwan, der Pfeil, der Jura rennen,
Und wie die Boote sonst sich nennen,
Alltäglich, dampfend durch den See, [1])
An dem ich gerne schauend steh'.
Da will des Wassers Spiegel klar,
Gebirge, schneevoll immerdar,
Und selbst der Segel weisses Linnen
Ein preisend Wort mir abgewinnen.
Der Dampf, gesandt vom Weltgeschicke,
Liegt noch zu ernst vor meinem Blicke.
Ich lobe mir als treuer Hüter
Noch meiner Jugend Lebensgüter,
Noch meiner Jugend Bilderglück
Und führ' es liebend mir zurück,
Ob es auch nur als Fischerkahn
Sich schaukle durch den Wellenplan.

(Gedichte, 3. Auflage.)

[1]) Wahrscheinlich ist der Neuenburger-See in der Schweiz gemeint.

Im Hafen von Rotterdam.

Von Gottfried Kinkel.

(1863.)

Ich stand auf dem Schiff am Lenzestag,
Das früh nach England ging,
Und neben dem mächtigen Dampfer lag
Von Schiff ein zierliches Ding.
Auf dem Deck die Kajüte, ein gläsernes Zelt,
Und hübsche Frauen am Bord,
Die Flagge vom kosenden West geschwellt,
Der Steu'rmann fertig am Ort.

So schmuck war Alles, so festlich und fein,
Den Matrosen fragt' ich um's Schiff:
„Ein Flussboot", sprach er „und geht nach dem Rhein"
Nach dem Rhein! Wie der Laut mich ergriff!
Nach dem Rhein, wo im Grünen die Wiege mir stand,
Wo die Jugend in Träumen mir ruht,
Nach dem Rhein, in das sonnige wonnige Land,
Wo so stürmend mir wallte das Blut!

Die Glocke tönt! Den Freunden dort
Trag, Schiff, den Gruss mir hin;
Mich aber führt zum fremden Port
Der ungebeugte Sinn.
Schon fasst das Rad wie Schicksalsfaust
Den Strom mit Eisengriff,
Es schäumt die Fluth, der Dampf erbraust —
Fahr wohl, glückselig Schiff!

Themsefahrt.

Von Franz Dingelstedt.

(1845.)

Nun thu' dich auf, mein deutsches Herz,
Nun ist die Welt der Wunder dein,

Nun stürm' durch Brücken hin von Erz,
Durch Brücken hin von Quaderstein.

Erhebe stolz dich in die Luft,
Wie Thürm' und Segel rings umher,
Verlier' dich wie ein Mährchenduft
Im Kohlendampf, im Nebelmeer.

Hier auf dem Strome fleucht ein Schiff,
Tief drunter zeucht und keucht ein Ross,
Hoch drüber, ohne Rosse, pfiff
Ein schwarzer, schwerer Wagentross.

Und mitten in der Riesenstadt
Winkt plötzlich ein Idyll dir zu,
Ein grüner Park, ein grünes Blatt,
Ein Schäflein, eine bunte Kuh.

Ja, Wunder fern und Wunder nah,
Du gehst, du stehst recht mitten drin:
Links liegt der alte Tower, da
Saint-Paul, der Kirchen Königin.

Dort unten flammt das Feuermahl,
Wie ein Komet durch Wolken bricht,
Im Dock, da flaggen ohne Zahl
Die Masten, thurmhoch, waldesdicht.

Dampfschiff.

Von K. R. Hagenbach.[1])

(1863.)

Seh' ich durch des Sees Wellen
Hin und her den Dämpfer streichen,
Seh' ich, wie ihm schon von Weitem
Aus die Schiff' und Schifflein weichen;

---

[1]) Prof. der Theologie in Basel.

Wohl naht hie und da ein Nachen
Nur mit Zittern auf sein Klingen,
Einen Wand'rer fortzunehmen,
Einen andern ihm zu bringen:

Seh' ich, wie er unbekümmert
Von sich lässt den einen Wand'rer,
Und wie dann an dessen Stelle
Uebermüthig tritt ein And'rer;

Seh' ich, wie mit stolzem Schnauben
Seinen Rauch er von sich dämpfet,
Während dort mit Wind und Wellen
Manch' ein kleines Schifflein kämpfet,

Dann erscheint mir bald der Dämpfer
Als das Haupt der Pantheisten,
Und die kleinen stillen Kämpfer
Als ein Häuflein frommer Christen,

Und mein Trost ist, dass im Himmel
Nicht nur gilt die Einheitsregel,
Und dass Gottes Auge zählet
All' die Ruder, all' die Segel.

Und ich schaue mit Vergnügen
Auf das fröhliche Gewimmel,
Wenn der schwarze Qualm des Dämpfers
Sich verliert im heitern Himmel.

(Gedichte. Bd. II. Basel 1863.)

Les canots.

Par Henry Maystre.

(1880.)

Le vapeur arrive. Deux flots
Soulevés sur ses flancs blanchissent;
Sa fumée, aux vents qui fraichissent,
Mouchette l'air de noirs ilots.

Effarouchés, les canots frêles,
Par un dur remous ballotés,
Se dispersent de tous côtés.
Leurs rames deviennent des ailes.

Mais, dès que le monstre a passé,
Un coup de la rame emperlée
Fait virer la troupe affolée
Et les yeux ont recommencé.

Ah! quand ainsi la mort traverse
Les groupes d'amis beaux et gais;
Regardez le vol des projets,
Comme en tous sens il se disperse:

Cependant lè triste sillon
S'est refermé; l'effroi s'envole.
Sur le gouffre la troupe folle
Reprend ses jeux de papillon!

(Poésies. Genève 1880.)

Meerfahrt.

Von Moritz, Graf von Strachwitz.

(1847.)

Den Leuchtthurm vorbei und den Hafendamm,
O Herrin im Süden, ade!
Hochspringend über den Wellenkamm
Erhebt sich das meerdurchschweifende,
Schwarzbusige, weitausgreifende,
Dampfschnaubende Ross der See.

Und zwischen dem Ufer hinterwärts,
Wie wird das Meer so breit!
Es stürzt sich das Schiff wie ein Jünglingsherz
Hinaus in das Unermessliche,
O Herrin, Unvergessliche,
Wie bin ich von dir so weit!

O Herrin im Süd, über Nordlandsflut,
Wie ein Nordlicht zucke mein Lied

Und zaubere mit Morgana's Glut
Urplötzlich vor die Träumende
Das Meer, das hochaufbäumende,
Und den, der drüber zieht.

Auf hoher See.

Von H. Leuthold.

Ein unsichtbares Ungethüm
Herblies der Mistral schneidend scharf,
Der Schaum und Flut mit Ungestüm
An Corsica's Gestade warf.
In dunkeln Wirbeln schnob der Dampf
Ohnmächtig brausend aus dem Schlot;
Das eine Rad war ausser Kampf,
Und auf der Seite lag das Boot.

Das war ein namenloser Schreck,
Ein Fluchen, Klagen und Geschrei!
Ich aber stand auf dem Verdeck
Und bot die Brust dem Sturme frei.
Das Leben giebt — fühlt' ich zur Stund —
Mein zahlungsfähig Ich nicht hin,
So lang ich für so manches Pfund
Saumselig noch sein Schuldner bin.

Un „Steamer".

Par Théophile Gautier.

C'est le soir, le couchant allumant ses fournaises
Semble un fondeur penché qui ravive des braises;
Comme un bouclier d'or à la forge rougi,
Par un brouillard sanglant le soleil élargi
Plonge dans un amas de nuages étranges
Qui font traîner sur l'eau la pourpre de leurs franges.
Le rivage est désert; — pour tout bruit l'on entend
La respiration du gouffre haletant.

En montant au sommet de la haute falaise
D'où sur la pleine mer le regard plane à l'aise,
N'apercevez-vous pas, là-bas, à l'horizon
Où du jour qui s'éteint luit le dernier tison,
Un point presque effacé?

Sans doute une mouette
Faisant au bout d'un flot sa folle pirouette;
De l'ouragan futur, un albatros, joyeux,
Une aile dans la mer et l'autre dans les cieux;
Ou bien une dorade, un requin en voyage
Trahissant à fleur d'eau son dos gris qui surnage . . .

Non pas. — C'est un steamer et déjà l'on peut voir,
Comme au cimier d'un casque an long panache noir,
S'écheveler au vent l'aigrette de fumée
Que pousse la vapeur de sa gueule enflammée.
Le voilà qui s'approche et se range aux îlots,
Et sa roue a cessé de souffleter les flots.

Du navire immobile un canot se détache.
L'eau, qui s'enfle et s'abaisse, et le montre et le cache
Par instants, dans l'abîme on le croit englouti;
Mais de l'âcre vallon péniblement sorti.
Bientôt il reparaît à la créte des lames,
Ouvrant et refermant l'éventail de ses rames.

(Jettatura, fragment de poëme. Poésies complètes.)

Vom Dampfer.

Drei Gedichte von Alexander Kaufmann.

(1852.)

1.

Es ruht das Boot, weil allzu dicht
Der Nebel rings verhüllt das Land,
Ich träume still, mein Angesicht
Nach deiner Heimat zugewandt.

O, Segen diesem Nebelmeer,
Das noch die Fahrt gebunden hält!
Bei Sonnenschein — o Gott, ich wär'
Wie weit von dir in öder Welt!

2.

Morgenfahrt.

Wie morgenstill die weite Welt!
Die Nacht ist kaum vergangen;
Noch liegen Berg und Fluss und Feld
Vom Nebel dicht umhangen.

Ich hab' mich auf's Verdeck gesetzt,
Der Stunde zu geniessen,
Obwohl noch oft sich feucht benetzt
Die müden Augen schliessen.

Dazwischen dampft der wilde Schlot,
Die Schaufelräder rasen,
Und lustig in das Morgenroth
Vom Land die Wächter blasen.

3.

Vorüberfahrt.

Der Dampfer kommt; ein Mädchen schaut
So prächtig nieder vom Verdecke,
Doch in den Buchten wird es laut,
Es rauscht ein Nachen um die Ecke.

Frischkeckes Volk von Buben d'rin,
Die raschen Flugs vorüberfahren;
Das schöne Mädchen beugt sich hin
Und winkt und grüsst: „Glück zu, Korsaren!"

Die Buben jauchzen — lust'ger Klang!
Die Räder klatschen, Flaggen rauschen —
Das schöne Mädchen schwand schon lang,
Doch immer noch die Buben lauschen.

Leviathan.[1])

Von Victor Hugo.

(1859.)

Auf der Themse sah das letzte
Jahrhundert den Koloss entsteh'n und wachsen,
Der für endlose Meere schien geschaffen.
Ganz London blickte lange Zeit zum Babel
Des Meers hinauf, das auf dem Werft sich dehnte.
Mit sieben Masten und fünf Schloten, die
Aufwieherten beim Stoss der wilden Wogen,
Mitschleppend, wie der Nord auch brausen mochte.
Zehntausend Menschen, stürzte der Titane
Sich jauchzend in das aufgewühlte Meer.
Sein Mast war höher als der Dom Sankt-Pauls.
Der Menschengeist, als Herrscher auf dem Deck
Die Arme kreuzend, setzt' in Furcht und Staunen
Das Meer, das nun nicht mehr war als ein See.
Der alte Ocean, dem jedes Senkblei
Ein Gräuel, sah unruhig durch das Glas
Der Wellen dieses Riesenschiff, erbaut
Von Riesenmenschen, nicht geheuer ward
Es ihm beim Anblick dieses Ungethüms,
Die Wogen schäumten auf vor Zorn, dass sie
Ihn auf dem breiten Rücken tragen mussten;
Des Schiffs Stückpforten brüllten; zwei Schaluppen,
Nein, Schiffe hingen ihm herab zur Seite.
Metall von jeder Art war seine Rüstung.
Mit einem Riesenkabel war gesäumt
Sein grosses Segel. Wenn der Leviathan
Bedeckt mit Segeln, rauchend sich bewegte;
Dann zitterte die Luft von seinem Schnauben,

---

[1]) Später „Great Eastern" genannt. Dies Schiff wurde hauptsächlich zum Legen der Telegraphen-Kabel verwendet. Nur ein solcher Koloss war im Stande, das ganze Tau, welches den atlantischen Ocean überbrücken sollte, in seinem Innern zu bergen.

Ein Schauer überfiel das Meer, so mächtig,
So donnerähnlich war sein Wogengang.
Nachts glich er einem rothen Meteor,
Sein Segelwerk, in dem herum die Winde
Sich zankten, tummelten und balgten, seine
Mastkörbe, Taue, Halsen und Zugwinden,
Der eingefangnen Winde Kerker war
Das ganze Takelwerk. Sein Anker war
Schwer wie ein Thurm. Hinaus in's Weite strebte
Das Schiff, dem jeder Hafen war zu eng.
Das grösste Schiff erschien in seinem Schatten
Ein Zwerg. Sein Sprachrohr war ein Telegraph,
Wie mächt'ge Hämmer schlugen seine Räder
Das Meer. Die Wogen schmiegten unterthänig
Sich an, wenn obenhin, ein Triumphator,
Sich schaukelnd der Koloss bewegte, plump
Zugleich und flügelschnell das Meer durchfliegend.

(La légende des siècles; deutsch von L. Seeger.)

Der Auswanderer Ueberfahrt.

Von Adolf Stöver.

(1838.)

Halloh! zur Abfahrt ruft die Kanon' —
Leb wohl, Europa's Küste!
Es rennt das entlassene Dampfboot schon
Wie ein Strauss in die Meereswüste.

Vom Schlot die schwarze Wolke dampft,
Die Schaufelräder sausen;
Die Wogen, weit zurückgestampft,
Wie grimmige Tiger brausen.

Wohl schauen die Passagiere hinab
Mit Grausen aus der Kajüte,
Getrennt vom bodenlosen Grab
Nur durch die bretterne Hütte.

Doch bald ermannt sich der wachsende Muth;
Ob auch die Wände schwanken,
Erwartungsvoll und sinnend ruht
Das Haupt an den festen Planken.

Sie denken an die neue Welt,
Die ziehenden Nomaden,
Sie bauen sich träumend schon ihr Zelt,
Gewebt aus goldenem Faden.

Der Eine rüstet sein Werkzeug aus,
Am künftigen Glück zu zimmern;
Der Andere sieht schon um Hof und Haus
Reichfruchtende Felder schimmern.

So denken sie nur an's neue Land —
Als wäre das Schiff geborgen:
Des alten Steurers kluge Hand,
Die lassen sie dafür sorgen.

Du hast im alten Heimathland
Das Hüttchen umgehauen,
Um's dir am freien Meeresstrand
Von Neuem aufzubauen —:

Unstete Seele! gedenkst du auch,
Dass du einem neuen Leben
Mit jedem verwehten Stundenhauch
Musst näher entgegenschweben?

Hast du nach jener neuen Welt
Auch solch ein innig Gelüsten?
Und hast du Alles wohl bestellt,
Dein Glück dort auszurüsten?

Du traust auf deiner Ueberfahrt
Dem Steuermann im Schiffe,
Dass er dich führe, wohlbewahrt,
Durch Strudel und Felsenriffe —

Hast du im Leben auch immerdar
Solch' ein Vertrauen geschenket
Dem Steuermann, der unsichtbar,
Doch wunderbarlich lenket?

Fahr' wohl, o Schiff! geleite Gott
Dich glücklich zum neuen Strande!
Fahr' wohl! dich, Seele, bereite Gott
Zu seinem ewigen Lande!

(Erwinia, Strassburg.)

Le vieux capitaine.

Par Adrien Dézamy.

(1879.)

Sur les hauteurs de Sainte-Adresse,
Dominant le Hâvre et son port,
Une blanche villa se dresse
A l'abri des souffles du Nord.

C'est dans ce nid, sous le feuillage,
Qu'un vieux capitaine au long cours,
Après quarante ans de voyage,
Tristement achève ses jours.

Comme un albatros que l'orage
Est venu frapper en plein vol,
Vaincu par la goutte, il enrage
D'être ainsi cloué sur le sol.

Sa vie inactive s'écoule
Entre ses nièces et son chien:
Lui qui jadis bravait la houle
N'a plus qu'un bâton pour soutien.

Dans un fauteuil, sur la terrasse,
Il vient rêver, les soirs d'été;
Et de là son regard embrasse
L'eblouissante immensité.

Il suit les bateaux dans la brume,
Il voit la rade, le chantier,
Le port, le paquebot, qui fume,
Prêt à courir le monde entier. . . , .

Et de sa paupière rougie
Tombe parfois un pleur amer,
Tant son coeur a la nostalgie
Du grand bercement de la mer.

Der rechte Capitän.

Von Ludwig Würkert. [1])

(1866.)

1.

Ein Schiff, neu, stark und festgebaut,
Will fort auf's Meer — und froh und laut
Ertönt vom Capitän der Gruss:
„Nun glückliche Fahrt!
Nun Muth bewahrt!“
Und Hunderte geben den Abschiedskuss.
Die Fahrtgenossen steigen ein;
Es muss ja doch geschieden sein. —
„Lebt wohl! lebt wohl!“ schallt's hundertfach
Und nochmals, — nun Kanonenkrach,
Hier „Hurrah!“ und dort klagend „Ach!“

2.

Wenig Tage zieh'n vorüber, wenig Nächte friedlich nah'n,
Und die Sterne zünden schweigend sich am Winterhimmel an,
Da mit Eins — und aus den Wellen, die bis jetzt so leis und lind,
Wölbet Woge sich um Woge und zum Sturme wird der Wind.

---

[1]) Aus einem Vortrage, den der Verfasser dieser Dichtung in Leipzig zum Gedächtniss der durch Schiffbruch des Dampfboots „London“ am 11. Januar 1866 Verunglückten gehalten hat.

„Fürchtet nichts!“ So trösten muthig Steuermann und Capitän,
„Stürme kommen, Stürme gehen, mein Schiff wird den Sturm besteh'n!“
Und die Fahrtgenossen alle hören gern auf dieses Wort, —
Doch die Wogen schlagen höher, und der Sturm braust heulend fort.

3.

O Capitän, o Steuermann!
Wo ist das Schiff,
Das Wog' und Riff,
Das den Sturm besteh'n und ihm trotzen kann?
Das Wort — es trog,
Denn bergehoch
Hebt sich das Meer,
Stürzt als schnaubender Riese daher,
Ohne Gnad', ohn' Erbarmen
Packt er mit gigantischen Armen
Das kämpfende Schiff an Fleisch und Knochen,
Giebt Stoss auf Stoss
Und lässt es nicht los
Und würgt auf und nieder,
Bis er des Schiffes Leib und Glieder
Verrenkt und zerbrochen; —
Die Wogen donnern, schäumen und kochen.

Schon bersten die Planken, —
Die Rettungssterne jetzt sinken — — sie sanken,
Zweihundert Menschen erwarten mit Grau'n
Das Wort des Capitäns, auf den sie schau'n.

4.

Da tritt der Capitän hervor und spricht:
„An euch erfüll' ich die traurige Pflicht
Und bringe die Kunde! bald naht das Verderben,
Das Schiff muss sinken, — wir müssen sterben,
Es lässt sich keine Hülfe erspäh'n,
Hilft nicht der rechte Capitän!

Wer sich vertraut dem schwankenden Boot:
Vielleicht, vielleicht entrinnt er dem Tod;
Ich aber bleibe, ich halte aus,
Ich sterb' als Capitän in meinem Haus!"

Und lautlos hören sie's Alle an,
Nur Wenige wählen den leichten Kahn;
Das Schiff, auf dem muthig der Führer steht,
Das Schiff, selbst wenn es untergeht,
Es war ja das Haus, das zuletzt sie barg,
Drum wählen sie es schweigend zum Sarg.

Und wenige bange Minuten nur —
Da versinkt das Schiff — — nun keine Spur
Von Capitän und Passagier,
Hinab in's grausige Revier
Des wilden Meeres tauchten sie;
Tief ist das Grab — man schmückt es nie.

5.

So schlafet wohl da unten,
Ihr Fahrtgenossen, nun,
Der Capitän mag friedlich
In eurer Mitte ruh'n!

Schmückt keine Hand der Menschen
Den Sarg und das feuchte Grab,
So streut doch lichte Blumen
Der Himmel auf euch herab.

Es sind die ewigen Sterne,
Die leuchten auf Meer und Land,
Die leuchten auf Wieg' und Särge,
Wo immer der Mensch sie fand.

Schlaft wohl! wir senden Grüsse
In Liebe noch euch zu,
Bis unser Lebensschifflein
Einst findet den Hafen der Ruh'.

Wir steuern noch durch Stürme,
Es fällt noch Thräne auf Thrän' —
Doch hoch über Sternen und Sonnen
Lebt ja der Capitän!

Auch euer Schiff hat er geführet, —
Wir wollen den Curs nicht schmäh'n,
Am Compass stand der rechte,
Der ewige Capitän!

(Gartenlaube für 1866.)

Robert Fulton und das Dampfschiff.

1.

Von Friedrich List.

(1835.)

Von irländischen Eltern in der grösstentheils von Deutschen bewohnten Grafschaft Lancaster in Pennsylvanien 1765 geboren, lernte er durch sich selbst die Malerkunst und trieb sie mit solchem Erfolge, dass er im 21. Jahre seiner armen Mutter ein Landgut kaufen konnte. Nach England versetzt, wo sein berühmter Landsmann, Benjamin West, ihn sehr lieb gewann, folgte er seiner angebornen Neigung zur Mechanik, und seine besondere Vorliebe für den Kanalbau, durch dessen Einführung er einst seinem Vaterlande nützlich zu werden hoffte, brachte ihn in sehr genaue Bekanntschaft mit dem berühmten Herzog von Bridgewater, dem Vater des englischen Kanalsytems. In der Stadt Birmingham studirte er noch in seinem 30. Jahre die Mechanik. Dort schon erfand er die doppelte schiefe Fläche und die Marmorsägemühle, die jetzt in den Vereinigten Staaten so grosse Dienste leistet. Ueber Kanäle, den Hauptgegenstand seines Studiums, schrieb er Vieles und bewies insbesondere, dass bei beschränktem Verkehr die ganz schmalen am besten rentiren. Nachdem er viele andere mechanische Erfindungen gemacht hatte, begab er sich 1797 nach Paris, um die höhere Mathematik, die Physik und Chemie zu studiren. Hier erfand er das Panorama und das Tauchboot. Von 1793 bis 1806, wo er sein erstes Patent darauf nahm, beschäftigte er sich in London, Paris und Neu-York mit der Realisirung der schon früher an's Licht getretenen Idee des Dampfbootes. 1807 befuhr er zum ersten Male den Hudson mit seiner neuen Maschine. [1]) Alle Ufer waren von Einwohnern des Staates Neu-York bedeckt, als dieser Heros der neuen Zeit zum ersten Male Wind und Wellen bekämpfte; überall begrüsste den kühnen Sieger ein schallendes Hurrah! Später erbaute er für die Vereinigten Staaten eine Dampffregatte und trug viel zur Anlage des Erie-Kanals bei. Auch ihm verbitterten Patenträuber und Neider das Leben. Er starb am 24. Februar 1815. Die Welt ist voll von seinem Namen.

(Eisenbahn-Journal für 1835.)

2.

Fulton hat das Verdienst, den Dampf zum wirklichen dauernden Nutzen der Schifffahrt eingeführt zu haben, wenn er auch nicht der Erfinder des Systems war, welches das Schiff überhaupt bildete, da die Dampfmaschine von Watt, die Ruderräder nach Miller, die Combination ersterer beiden ähnlich Symington ausgeführt, und endlich die Gestalt des Schiffskörpers vorzugsweise auf Beaufoy's Versuche gestützt, bestimmt worden war.

Rühlmann, allgemeine Maschinenlehre 4. Band 1875.

Die Post-Dampfschiff-Verbindung zwischen Deutschland und Schweden.

Von Karl Ferd. Friedr. von Nagler, Preuss. General-Postmeister.

(1830.)

Wir hatten früher Post-Segelschiffe unterhalten. Der Fortschritt machte es zur Ehrensache, Dampfschiffe [2]) zu

[1]) Von diesem Dampfschiffe bringen wir nach dem Werke „Maschinenlehre" von Dr. Rühlmann einen Holzschnitt, s. Seite 49.

[2]) Am 1. Mai 1824 hisste das erste Post-Dampfschiff auf der Ostsee, zugleich das erste Dampfschiff, welches dieses Meer befuhr, seine Flagge auf. (A. o. O.)

substituiren und wenn der Herr Geheimrath Schmückert 1821 den ersten Vertrag darüber zu Stande gebracht hat, so hat er, was die Nothwendigkeit geboten hatte, zur Ehre von Preussen zur Ausführung befördert. Er hat die grösste Oeconomie bewährt. Denn wären damals die Mittel nicht so beschränkt gewesen, so wäre für die Schwedische Linie sogleich die Anschaffung eines grösseren Dampfschiffes, die nunmehr nach dem jetzigen Vertrage erfolgen soll, und eines Reserveschiffes einzuleiten gewesen. Preussen hat von dieser Dampfschifffahrt Ehre und Ruf gehabt, und wenn bei der nothwendigen Realisirung dessen, was Staatsbedürfniss, Cultur und Fortschritt erheischten, gar keine Einnahmen, sondern neue Ausgaben sich herausstellten, so käme darauf gar nichts an. Ich lege auf die Sorgfalt und Umsicht, die der Herr Geheimrath Schmückert auch in dieser Angelegenheit, wie immer, bewiesen hat, so grossen Werth, dass ich die schwierige Aufgabe für glücklich gelöst halte und der Meinung bin, dass derselbe bei Anschaffung und Anwendung der Mittel und Wege zur Errichtung und Vervollkommnung des sehr nützlichen, rühmlichen und namentlich für den Preussischen Staat und seine Verhältnisse vortrefflichen Dampfschiff-Institutes Alles geleistet hat, was irgend zu leisten war.

(**Amtliches Schriftstück**, abgedr. in Stephan, Gesch. der Preuss. Post.)

Die erste Dampfschiff-Verbindung zwischen Nord-Deutschland und Frankreich.

„Hamburg, den 17. März 1835.

Unsere gute Stadt staunt seit gestern, und in kurzer Zeit wird es das ganze nördliche Europa thun; denn das unmöglich Geglaubte hat stattgefunden! Das gestern Nachmittag um halb vier Uhr von Havre hier angekommene Dampf-Packetschiff Hamburg hat die Fahrt von Stadt zu Stadt in 52 Stunden gemacht, und bringt uns Zeitungen und Briefe aus Paris, datirt vom 13. d. 5 Uhr Nachmittags! Wir sehen uns also, was noch nie zuvor der Fall gewesen ist, innerhalb dreier Tage mit

Frankreichs Hauptstadt in Verbindung gebracht! Der stärkste Courier-Ritt von Paris hierher, der je gemacht worden ist, nahm vier Tage Zeit. Von Havre, also aus dem Seehafen, dauerte es natürlich noch länger! Das ganze nördliche Europa darf sich zu einem Unternehmen Glück wünschen, welches auf den Handel zwischen Deutschland und Frankreich einen so wichtigen und wohlthätigen Einfluss ausüben wird, und welches mit einem so glänzenden Erfolg eröffnet worden ist.

Die Fahrt des „Hamburg" hat alle möglichen Erwartungen übertroffen; Alles strömt nach dem Schiffe, und Kenner und Nichtkenner sind darin einig, dass man in Form und Bau hier nie so etwas Vollkommenes gesehen habe."

Das obige Unternehmen war von den Herren Albrecht und Comp. in Havre in's Werk gesetzt worden. Für die Verbindung zwischen diesem Orte und Hamburg wurden zwei nach den neuesten Erfahrungen erbaute Dampfschiffe von je 120 Pferdekraft verwendet; sie dienten zur Beförderung von Personen, Briefen und Gütern.

(Herrfeld, Archiv der Postwissenschaft, Jahrgang 1835.)

Eine Fahrt mit dem Dampfschiff zwischen Königsberg i. P. und Pillau

im Jahre 1845.

Von Dr. Alexander Jung.

Es waren zwei Dampfschiffe und drei Bordinge, welche die Königsberger Bürger an Bord nahmen. Die beiden Dampfer wie muthige, schnaubende Meeresrosse voran, die Bordinge folgten von ihnen spielend gezogen. Es war dieser Zug zugleich eine sinnreiche Allegorie. Die neue Zeit nahm die alte in's Schlepptau, und siehe, diese musste ihr doch zuletzt folgen, sie mochte wollen oder nicht; denn dass die Menschheit vorwärts komme, ist doch nicht mehr dem Belieben des Einzelnen anheimgestellt, sondern ist der Wille und das Gesetz des Geistes, der das Universum durchdringt. Die Bürger sangen dem jungen Morgen des Tages und des Jahrhunderts und der Menschheit einen Hymnus entgegen, und sangen ihn der Freiheit entgegen, und die Instrumentalmusik schmetterte darein, dass es eine allgemeine Lust, dass es ein donnernder Jubel war.

So gelangten wir auf's frische Haff. Die äussersten Baken von Holstein schwinden im Fluge dahin. Das Haff hat das schönste Meeresblau angelegt. Die Freiheitsgesänge der Bürger und die kleineren Vorträge und die Debatte und die Conversation und selbst die sehr reichlich versehene Restauration am Büffet der Kajüte, Alles verwandelt dieses Schiffsleben in einen Aufenthalt in dem Altstädtischen Gemeindegarten. Oder es ist, als schiffte hier die ganze Königsberger Bürgergesellschaft europamüde nach der Mosquitoküste. Man starb in der alten Welt, um in der neuen wieder aufzuleben. Dies seltsame Knattern und Keuchen und Rollen und Walzen der Maschine bringt uns vorwärts in andere Regionen. Man sieht von oben mitten aus dem lachenden Sonnenscheine des Morgens tief hinunter wie in den feurigen Bauch des Aetna oder gar eines infernalen Nachtstücks. Mit Zangen und Schaufeln und Gabeln wühlen sie in den flammenden Eingeweiden des Schiffs. Die Welle braust unterdess lustig am Kiel mit der Schnelligkeit des Gedankens vorüber. Die Zeit fliegt in dem Grade schnell, als die Schiffe den Raum durchschneiden. . . . .

Begnügen wir uns zunächst mit Pillau. Schon sehen wir ganz deutlich die Nehrung vor uns, welche das frische Haff von der Ostsee trennt. Schon kommt uns aus jener ätherischen, luftigen Durchfahrt tief in's Meer hinaus, auf dem Flügel des Nordwests ein frischer, pikanter Seegeruch entgegen. Schon glauben wir dort links den Dampf zu gewahren, welcher unser Fischhauser und Braunsberger und Elbinger uns verkündigt. Der Leuchtthurm von Pillau macht uns in schlanker Haltung, in Mitte fremdländischer Schiffs-Flaggen, die Honneurs. Ein mächtiges Hurrah erschallt den zahlreich versammelten Pillauern, und wird von ihnen freundlichst erwiedert. Da wären wir denn in Pillau! . . . .

Man scheidet von einander. Der humanen Gastfreundschaft der Pillauer wird noch auf dem Markte ein Vivat gebracht. Einzelnen noch besonders.

Die Bürger nehmen nochmals von einander Abschied, und gehen an Bord ihrer respektiven Fahrzeuge. Die Dampfschiffe geben auf der Pfeife jenes schrille, jenes Mark und Bein durchdringende Signal der Abfahrt, welches die Energie ausdrückt des Dampfers über alle Mächte des Aeolus und vollends über die Kindermuschel der Tritonen; es ist ein Ton, der mit seinem quos ego weit in das Meer hinausschallt, dass die Delphine erbeben und die Segelschiffe die Flucht ergreifen. Die Tuba der Römer mit all ihren Schrecken war eine wahre Kinderei und Kindertrompete gegen diesen Pfeifenton des Dampfers, wenn er abgeht und wenn er ankommt. . . . .

Da erwachen neue Gesänge, neue Zukunftsgedanken, neue Garantien, neue Ahnungen eines grossen Jahrhunderts, eines grossen Berufs der Menschheit, im Angesichte der herrlichen Natur!

(Königsberg und die Königsberger.)

Die vermeintliche Unmöglichkeit einer unmittelbaren Dampfschiff-Verbindung zwischen Europa und Amerika.

(1836.)

Dr. Lardner sagte in einer neueren Vorlesung: eines der grössten Projecte, welches je den menschlichen Geist beschäftigt habe, sei der Ausführung nahe. Er meine die Verbindung von Neu-York mit London, der beiden Hauptstädte der alten und neuen Welt, vermittelst Dampfschifffahrt. Ein Theil dieser Verbindung sei sogar gegenwärtig schon im Werk, nämlich die Stationen von London nach Birmingham und von Birmingham nach Liverpool. (Die London-Liverpool-Eisenbahn.) Von Liverpool führe der Weg nach Dublin vermittelst Dampfboote. An eine Eisenbahn von Dublin nach Valentia aber habe man neuerlich erst gedacht. Irland sei ein Land, das neben grossen politischen Gebrechen auch unermessliche natürliche Vortheile besitze, unter andern eine Menge der vortrefflichsten Seehäfen, wovon mehrere für einen Dampfboot-Verkehr mit Nordamerika geeignet wären, keiner aber so gut wie der von Valentia, der, im äussersten

Westen von Irland gelegen, vortrefflichen Ankergrund darbiete. Von Dublin sei dieser Punkt nicht mehr als zweihundert Meilen entfernt, welche auf einer Eisenbahn in 8 Stunden zurückgelegt werden könnten. Der der Westküste von Irland am nächsten gelegene Punkt an der Ostküste von Nordamerika sei St. Johns in Neufundland. Die Entfernung beider Punkte betrage ungefähr 1900 englische Meilen. St. Johns sei von Halifax in Neu-Schottland nicht weiter als 550 Meilen entfernt. Die Fahrt von Halifax nach Neu-York biete keine Schwierigkeiten dar. Die schwierigste Station auf dieser Route sei also die von Valentia nach St. Johns, aber die Entfernung dieser beiden Punkte sei nicht bedeutend grösser, als die Reise von Dublin nach Bordeaux und zurück, welche zwischen 1600 und 1700 Meilen betrage, und für welche man in Dublin den ganzen Bedarf an Kohle einnehme. Hierdurch sei die Thunlichkeit einer Dampfbootschifffahrt zwischen Valentia und St. Johns ausser Zweifel gestellt. Sollte sie aber dennoch als zu schwierig befunden werden, so könnten die Azoren als Halbwegstation gewählt werden. Was aber das Projekt betreffe, eine unmittelbare Dampfboot-Linie zwischen Neu-York und Liverpool herzustellen, wovon man neuerlich so Vieles in den Zeitungen habe lesen müssen, so glaube er unbedenklich dasselbe für eine Chimäre erklären zu dürfen. Man könnte eben so gut das Project aufbringen, von Neu-York oder Liverpool nach dem Monde zu fahren.

(Friedrich List, Eisenbahn-Journal und National-Magazin.)

Reisen mit Dampfschiffen im Vergleich mit Segelschiffen.

Von Dr. Neigebaur.

(1829.

Die Seereise selbst hat durch die Erfindung der Dampfschifffahrt einen ganz anderen Charakter angenommen. Selbst in den Seehäfen, von denen Postschiffe oder Packetboote nach England regelmässig abgingen, konnte man sonst selten auf den festgesetzten Tag der Abreise und der Ankunft mit voller Bestimmtheit rechnen. Denn wenn auch die Ueberfahrt selbst, bei stets geübten Seefahrern, sicher genug war, so hat doch das Auslaufen aus den meisten Seehäfen eine besondere Schwierigkeit, indem die Fluth und der Wind zu gleicher Zeit günstig sein müssen; so dass nicht selten das Auslaufen bis auf die Rhede einen Aufenthalt von oft mehreren Tagen herbeiführte. Jetzt haben beinahe alle bedeutenden Seehäfen Europa's, aus denen ein bedeutender Verkehr mit England stattfindet, eine regelmässige Dampfboot-Verbindung, und in anderen findet wenigstens eine leichtere Beförderung des Auslaufens dadurch statt, dass ein Dampfboot jedes andere Schiff am Schlepptau aus dem Hafen zu jeder Zeit herausbugsiren kann. — Es giebt zwar noch Reisende, welche die Reise auf dem Dampfboote fürchten. — Schon besorgt, sich dem schwankenden, mit keinen Balken versehenen Element hingeben zu müssen, wollen sie sich nicht ausserdem einer feuergefährlichen, noch leichteren Substanz, den Dämpfen, anvertrauen. Dieser Besorgniss widersprechen besonders alte Seeleute am wenigsten, welche sich noch gar nicht darin finden können, dass ihnen das Schiff unter den Beinen wegläuft, ohne die Segel aufspannen zu dürfen. Allein nur die ersten Versuche waren gefährlich. Jetzt ist diese wichtige Erfindung schon so sehr vervollkommnet, dass es in England der zartesten Dame nicht mehr einfällt, beim Besteigen eines Dampfbootes das mindeste Bedenken zu haben. Wie sehr diese ausserordentliche Erfindung auf das ganze Wesen der Schifffahrt gewirkt, kann man daraus abnehmen, dass ein englischer Schiffscapitän von der Linie (du haut-bord) im April 1826 zu dem Verfasser sagte: er sei gegenwärtig erst seit 10 Jahren auf halbem Solde oder Inactivitätsgehalte, aber wenn er jetzt wieder in die Marine eintreten sollte, müsste er die Schifffahrtskunde abermals ganz von vorn anfangen, so sehr habe sich Alles geändert. — Wer daher nicht gerade gezwungen ist, aus einem Hafen auszusegeln, wo noch keine Dampfschifffahrts-Verbindung mit England eingerichtet ist, der mache lieber zu Lande einen bedeutenden Umweg, um von einem Hafen abgehen zu können, wo sich ein Dampfboot befindet. . . . .

(**Handbuch für Reisende in England.**)

Das Dampfschiff und die Entstehung einer Seestadt.

Von Eugène Pelletan.

(1876.)

Royan [1]) hatte an der Landseite keinen Ausgang und nach der anderen Seite besass es nur den Weg nach Amerika. Sein letzter Markstein nach Westen war der Leuchtthurm von Corduan, diese im Meere aufgestellte Lampe auf der von schäumenden Wogen umsäumten Küste. Jeden Abend drehte dieselbe ihr Gesicht nach den vier Hauptrichtungen, als wenn sie dazu bestimmt wäre, im Raume den unbekannten Messias aufzusuchen, der diesen kleinen, auf seinem Felsen vergessenen Flecken beleben sollte. Es war in der That zu jener Zeit, als die noch unsichtbare Bundeslade auftauchte, welche die Bestimmung hatte, eines Tages Royan mit der Cultur zu verbinden.

Eines Morgens — es war im Juli — prangte der Himmel von einem Ende des Horizonts zum andern mit einem tadellosen Blau; der geübteste Blick hätte vergebens eine Spur Dunst oder eine Wolke entdeckt; der Wind blies vom Lande mit so grosser Saumseligkeit, dass der Flügel der Windmühle kaum eine Viertels-Bewegung bei jedem Windstosse machte; er wartete alsdann den folgenden Stoss des Windes ab, um das Drehen wieder von vorn anzufangen. Das weithin schäumende Meer ruhte friedlich im Sonnenschein ohne eine Bewegung der Oberfläche.

Der Hafen-Capitain Beau Temps — so genannt, weil er

---

[1]) Royan, ein kleiner Flecken am Golf von Gascogne, in der Nähe von Bordeaux, hat sich in wenigen Jahren zu einer Stadt von etwa 6000 Einwohnern entwickelt, die zur Sommerszeit von einer grösseren Anzahl Badegäste — bis 40,000 — besucht wird. Der Schriftsteller Pelletan hat in diesem Orte einen Theil seiner Jugend verlebt. Royan kann übrigens als Typus eines kleinen, an der Küste gelegenen Fleckens dienen, der mit anderen Orten nur geringe Beziehungen unterhielt, sich aber demnächst entwickelte.

täglich einen meteorologischen Bericht erstattete, der gewöhnlich mit „schönes Wetter“ anfing — hatte sein Fernrohr unter dem Arm, um den Zustand des Flusses zu besichtigen. Niemals hatte er eine bessere Gelegenheit, seinen Namen zu verdienen. Er ging mit dem ältesten der Lootsenaufseher, in Erwartung des Mittagsessens spazieren. . . . . Beide drehten sich seit einer Stunde auf einer Stelle um, als der Capitain Beau Temps, einen letzten Blick auf das Meer werfend, hinter dem Leuchtthurm von Corduan einen leichten schwarzen Fleck am blauen Himmel bemerkte. Er prüfte anfänglich mit unbewaffnetem Auge diese im Meerbusen von Gascogne bisher unbekannte meteorologische Erscheinung. Nach und nach wurde der Fleck grösser, stieg, schlängelte sich einige Zeit am Himmel entlang und senkte sich alsdann. Der Capitain öffnete sein Fernrohr und betrachtete eine Minute diese pechartige Säule, welche an der Linie des Horizonts sich zu bewegen schien.

„Es ist ein brennendes Schiff“, sagte er. Und er gab das Fernrohr dem Lootsenaufseher.

Der Lootse prüfte auch seinerseits diesen Streifen Rauch und wiederholte:

„„Es ist ein Schiff, dessen Mast brennt““. Der Capitain Beau Temps wollte dem Fortschritt des Brandes folgen. Aber kaum hatte er von Neuem das Fernrohr gerichtet, als er es bestürzt zurückfallen liess.

„Sieh du hin“, sagte er zum Lootsen; „ich glaube, dass mein Blick mich trügt.“

„Das Schiff läuft in den Fluss ein,“ sagte er, plötzlich geht es von Westen nach Osten, jetzt rennt es bei Corduan vorbei. Begreifst du das“? fragte der Capitain Beau Temps.

„„Weniger als Ihr, Capitain; das Schiff ist ohne Mast wie ein Ponton. Es hat keinen Zipfel Leinwand draussen und wenn es seine sämmtlichen Segel bis zum letzten Reff herausgesteckt hätte, so könnte es bei dieser kleinen Brise aus Nord-Nord-Ost nicht einlaufen.““

„Und doch“, entgegnete der Capitain, „kommt es näher; die Strömung sollte es entfernen und, wenn ich den Weg berechne, den es schon gemacht hat, so muss es mindestens zehn Knoten gegen Wind und Fluth zurücklegen.“

„„Das wird das Schiff des Teufels sein"", fügte der Lootse hinzu, „„welches unmittelbar aus der Hölle kommt, denn es raucht, ohne zu brennen und schrammt, ohne zu straucheln, die Sandbank von Saint Palais, wo ich in meiner Schaluppe schon zehnmal würde gestrandet sein.""

Eine Stunde nach dieser Unterredung betrachtete die auf dem Felsenriffe versammelte Bevölkerung Royans eine merkwürdige Sache, ein Wunder, eine Wahrsagung, eine sichtbare Offenbarung, eine Thatsache der Humanität, den Ruhm einer Generation, kurz einen Sieg, welchen die Vorsehung dem Fortschritt in zwanzig Jahrhunderten kaum an einem Tage gewährt. Das Schiff streifte schon die Küste Royans mit unvergleichlicher Leichtigkeit und mit unbegreiflicher Schnelligkeit. Es berührte bereits den Fuss des Felsens, indem es an seiner Seite mit zwei mächtigen Flossen arbeitete, die das Meer mit Wuth peitschten und es weit hinaus in Schaum verwandelten. Von Zeit zu Zeit ward ein tiefes Stöhnen von einem Geräusch von Hämmern begleitet, das aus geheimnissvollen Flanken des Schiffs drang. Man hörte ein Geräusch von Eisenschaufeln, welche gegen das Blech knirschten, als wenn unsichtbare Cyclopen die glühenden Kohlen eines Kraters forträumten.

Plötzlich schwieg der schwimmende Vulkan und bewegte sich langsam weiter. Die beiden Flossen hielten an und nach einem Augenblicke Ruhe drehten sie sich in entgegengesetzter Richtung. Das Schiff ging zurück und blieb nunmehr unbeweglich wie auf dem Ankerplatze. Ein langer weisser Dampf sprühte aus dem Schornstein mit einem zischenden Geräusch, welches die Zuschauer in panischen Schrecken versetzte. Eine Flamme blitzte aus der Schiessscharte hervor, und ein Kanonenschuss, welcher von den Felsen als Echo zurückgeprallt wurde, trug an die Küste entlang die grösste Neuigkeit des neunzehnten Jahrhunderts. Das Schiff hisste gleichzeitig die englische Flagge auf, begleitet von einem zweiten Kanonenschusse und verlangte einen Lootsen.

Ein Lootse besass Muth genug, um an Bord dieses phantastischen Schiffes zu steigen, welches irgend ein Geheimniss der Zauberei enthalten sollte.

Als das Schiff sich alsdann mit Leichtigkeit herumdrehte,

zeigte es der höchst erstaunten Bevölkerung von Royan sein breites Hintertheil, woselbst mit Goldlettern die einfache Inschrift: „James Watt“ sich befand. Beim Weiterfahren warf es einen Strom von Dampf aus, als wenn es stolz seinen Federbusch schüttelte.

Einige Barken versuchten mit Rudern dem rauchenden Kolosse zu folgen, der mit voller Schnelligkeit entfloh. Aber nachdem sie sich einen Augenblick in den Wirbeln der Wasserfurchen gedreht und darauf getanzt hatten, sahen die Ruderer wohl ein, dass ihre Arme vom Rudern erlahmt sein würden, ehe sie einen so kräftigen Renner erreicht hätten.

Sicherlich gab es in dieser erstaunten Menge, welche den Blick auf die sich bewegende Wolke, die das Schiff begleitete, richtete, Keinen, welcher mit der Kraft des Sehers begabt, die Vermuthung auszusprechen, die Möglichkeit zu durchdenken wagte, dass dieser brüllende, wie durch einen Geist gelenkte Leviathan mit dem Vorbeiziehen einer Dampfwolke an die Küste eine neue Stadt an Stelle des alten Royan werfen würde: Man würde auch Jeden wegen einer solchen Verwegenheit, wie es sich gebührt, des Wahnsinns beschuldigt und ihn desselben überführt haben. Wie konnte man auch denken, dass ein einfacher Ponton, der als Mast einen Schornstein hatte, in einer Minute auf einem, bis dahin vom anderen Theile des Königreichs abgesonderten Felsen alle Fortschritte der Cultur bringen würde: Gasthäuser, Häuser, Villen, Strassen, Diligencen, Restaurants, Apotheken, Bibliotheken, Lesezimmer, Orchester, Pianos, Billards, Neuigkeiten, Uhrmacher, Pastetenbäcker, Goldschmiede, Schulen, Klöster, Capellen, neue und alte Lehren, Orgeln, Ingenieure, Violinen, Dichter, Gendarmen und was weiss ich noch.

Diese Weissagung würde jedoch die Wahrheit angekündigt haben. An demjenigen Tage, an welchem das erste Dampfschiff vor Royan vorbeifuhr, nahm dieser Ort eine andere Gestalt an, als wenn er durch den Stab eines Zauberers umgeändert worden wäre.

(Royan, la naissance d'une ville.)

See- und Fluss-Dampfschiffe in Amerika.

Von John Cassel.

(1862)

Die angenehmste Art zu reisen ist in Amerika die mit dem Dampfschiff, vorausgesetzt natürlich, dass man nicht durch eine Dampfkessel-Explosion gen Himmel, oder durch einen Zusammenstoss auf den Grund des Sees oder Flusses gesandt wird. Nehmen wir an, dass wir den ganzen Tag auf der Eisenbahn gefahren sind, und, anstatt in einem Hotel zu übernachten, auf einem Dampfboot weiter zu reisen gedenken, welches eben nach einem einige 100 Meilen entfernter liegenden Punkt abzufahren im Begriff ist.

Nachdem wir unsere Bagagezettel einem Träger gegeben haben, der zum Boot gehört, gehen wir sogleich an Bord. Die Einrichtungen sind hier so ziemlich dieselben, wie in einem Hotel. Wir treten in ein Comtoir und bezahlen für unsere „Staatszimmer", wovon uns zwei gegen Zahlung eines Extradollars angewiesen werden. Der Schreiber ruft einen Jungen, und wir werden in unser Quartier geführt, wo wir unsere Toilette machen. Damit fertig, sehen wir zu, dass unser Gepäck in Sicherheit ist, und machen dann einen Spaziergang um das Schiff herum, welches, nehmen wir an, eines von den Erie-See-Booten ist. Finsterniss überschattet die weite Ausdehnung des Wassers um uns, aber das Fahrzeug ist glänzend erleuchtet. In dem Hauptsalon, der auf Pfeilern über dem Deck steht, hängen zahlreiche brillante Lampen, welche den Effect der leichten und eleganten Dekorationen noch steigern — die vergoldeten Stukkaturen und das künstliche Schnitzwerk an den Wänden. Eine Reihe von Thüren dehnt sich auf jeder Seite des Salons aus, sie führen in die Staatszimmer, wovon jedes auch eine Thür und ein Fenster hat, welche nach einem Seitendeck hinausgehen und die Aussicht nach dem Wasser haben. Reiche Teppiche und üppige Sophas und Lehnstühle bilden das Meublement des Salons, der ein eben so komfortables Zimmer sein würde, wie irgend ein Drawingroom in irgend einem Hôtel erster Klasse, ohne das beständige Erzittern des Fahrzeugs.

Unter dem Salon ist das Deck, auf welchem die in einem Maschinenhaus eingeschlossene Maschine steht. Das Deck ist der Aufenthalt für Alles, lebendig oder todt, was nicht im Salon Aufnahme findet. Kornsäcke, Ballen von weichen Waaren, Päcke mit harten Waaren, Schweine und arme Auswanderer sind hier in der allergrössten Verwirrung durcheinandergewürfelt. Von den letzteren bemerken wir mehrere Familien, die auf dem Wege nach dem fernen Westen sind, und welche die Bezahlung für den Salon nicht erschwingen können. Ein kleiner Raum ist in der Mitte zwischen den Waaren frei gelassen und eine Matratze ist darauf ausgebreitet, auf welcher die Mutter und die Kinder schlafen, während der Vater neben ihnen sitzt, sein Kinn in der Hand, an die unbestimmte, unsichere, vor ihm liegende Zukunft denkend, oder vielleicht auch über Erinnerungen an eine glückliche Vergangenheit brütend.

Der scheussliche Lärm des Gong zum Abendessen — ohne Zweifel ein angenehmer Ton für hungrige Leute — ertönt durch das Schiff, und eine allgemeine Bewegung nach der Region unter dem Mitteldeck findet statt. Auf der Treppe ist ein Gedränge von Männern, die, da sie keine Damen bei sich haben, sehr passender Weise ersucht werden, zu warten, bis alle die Paare Platz gefunden haben. Die unglücklichen Junggesellen stürzen dann nach den noch nicht eingenommenen Sitzen, und wem es nicht gelingt, einen zu erobern, der wartet in düsterem Schweigen bis zur zweiten Tafel. Die Scene in dem Speisezimmer ist sehr überraschend und eigenthümlich. Zwei lange Tische, die sich längs der ganzen Länge des Zimmers erstrecken, sind mit einer Verschwendung von Licht, Silber und Blumen besetzt, und jede paar Schritte steht ein äusserst reinlich und sehr hübsch gekleideter Neger-Aufwärter. Das Abendessen am Bord dieser Seedampfboote ist vortrefflich; Thee und Kaffee, frische Fische, Schinken und Eier, Beafsteak und Cotelettes, Eis, Crêmes, Gelée's und Früchte sind häufig für den mässigen Preis von einem halben Dollar aufgetischt.

Ist das Souper vorüber und die Nacht schön, dann können wir auf dem oberen Deck sitzen und die kühle Brise geniessen, oder im Salon über einem Buche duseln. Die Wirkung des Soupers und der warmen Luft nach einem Reisetag ist derart, dass man froh ist, in sein Zimmer zu kommen und in sein Bett zu kriechen.

Am andern Morgen machen wir vielleicht wieder einen Spaziergang um das Fahrzeug. Den Seitengang entlang gehend, treten wir in die Barbierstube, in welcher drei oder vier Neger eifrig beschäftigt sind, drei oder vier Passagiere zu barbieren. Diese Barbierstuben sind elegant eingerichtet, und es ist eine Wollust, sich von der Hand eines dieser geschickten Diener barbieren zu lassen. Der Gong ruft uns nun zum Frühstück, welches, in Bezug auf den Speisezettel, eine blosse Wiederholung des Soupers ist, und eine eben solche Geduldprobe für die Junggesellen mit sich bringt. Ist das Frühstück vorüber, dann bilden sich kleine Gruppen von Passagieren, die sich unterhalten, lesen oder im Salon, oder auf dem äusseren Deck herumlungern. Wahrscheinlich ist das Land verschwunden, und das Auge findet nichts, worauf es ruhen könnte, als tiefes grünes Wasser — denn hier giebt es keine jener Seevögel, deren wilde Schwenkungen manchmal die Einförmigkeit einer Seereise unterbrechen. Nichts Lebendes erscheint weder in Luft noch Wasser.

Ob nun die Passagiere auf den Dampfschiffen jeder vernünftigen Unterhaltung unfähig sind, oder ob die Eigenthümer das nur voraussetzen, wollen wir nicht untersuchen; aber sogleich macht man einen Versuch, uns durch eine „Negerunterhaltung“ zu amüsiren, die mehr oder weniger musikalisch ist. Die schwarzen Barbiere, die das Rasirmesser mit dem „Banjo“ und den „Knochen“ vertauscht haben, treten in den Salon und kündigen uns durch ihre Instrumente an, dass sie eine „Vorstellung“ beabsichtigen. Es ist unnütz, zu sagen, dass dies ächte Negerminstrels sind, und keine durch gebrannten Kork entstellte Weisse. Die Gesellschaft setzt sich, und die Vorstellung beginnt; sie besteht aus Gesängen, untermischt mit lächerlichen Zwiegesprächen und excentrischen Grimassen. Noch ein paar Stunden Strecken und Dehnen und Geplauder, und das Land kommt in Sicht, und wir erreichen unsern Bestimmungsort.

(Amerika wie es ist.)

Das Wettrennen zweier Dampfschiffe auf dem Mississippi.

Von Charles Sealsfield.

(1846.)

„War gerade zwei Uhr Nachmittags am siebenten Tage unserer Abfahrt, als wir die Wolfsinsel im Rücken hatten, die, wie Ihr wisst, oberhalb Neu-Madrid liegt, unterhalb des Einflusses des Ohio in den Mississippi. Ist seitdem aufgeflogen, die arme Helen Mc. Gregor, wie Ihr wisst, gerade bei Neu-Madrid, und hat ein halbes hundert Passagiere in die andere Welt hinübergebrüht, gerade vor Neu-Madrid. Kamen also bei der Wolfsinsel an, wo wir den Ploughboy, die Huntress, den Louisville, und noch ein paar Dampfschiffe einholten. War eine artige Flotille. Sassen just hinter der Damenkajüte mit Miss Warren und dem alten Gentleman (ihrem Vater), waren beide sehr einsilbig — da heisst es, der George Washington kommt. Ist Euch ein glorreicher Dampfer, dieser George. Glänzt und funkelt Euch dieser schwimmende Palast schon von weitem, und fliegt Euch so heran, so leicht, so gelenkig, wie eine Ente! Ist Euch eine wirkliche Freude, einen solchen Riesenbau heranschwimmen zu sehen. Sass noch immer bei Miss Warren; aber gestehe es Euch, fast wie auf Kohlen. Woher kommt es doch, dass wir Männer vor den petticoats [1]) einen so gewaltig mächtigen Respect haben? Auf einmal heisst es, der Washington kommt uns vor. Ich springe auf, — renne auf das Oberdeck, und richtig da kommt er, einhergezogen mit aller Macht und Pracht, Trarara Trarara! und sausend und brausend, und feuerspeiend, wie der Kaiser Nap an der Spitze seiner Garden und Reiter und Feuerschlünde. Prächtig war er anzuschauen, der George, war mitten unter den fünf Dampfern, der Louisville, Huntress und den übrigen — hatte sie bereits eingeholt. Standen da und schauten, Alle die wir auf der Helen Mc. Gregor waren, und sage Euch, das Herz schlug uns Allen stärker und stärker; sahet allen Gesichtern die Spannung an. Die Glocke rief zur Mittags-

[1]) Petticoat, Weiberröckchen, Robe.

tafel, aber kein Fuss bewegte sich. Kapitän, schrei' ich — wir dürfen den George nicht vorlassen, wir können nicht mit Ehren zurückbleiben, sag' ich. Müssen zeigen, dass wir Mississippimänner sind. Mister Doughby, sagt er, es ist der George Washington, zweihundert und zwanzig Pferdekraft, sagt er. — Und das andere ist Münze, sag' ich, hat keine zweihundert und zwanzig Pferdekraft, sag' ich. Sagt es nur, um dem Wettrennen zu entgehen. Und hätte der alte George dreihundert Pferdekraft, wollte doch meine Steigbügel kürzen, und meinem Renner den Sporn geben.

„Und dem Kapitän wurde es heiss, wie ich so sage, sah es ihm an, seine Augen hingen starr an dem feindlichen Schiffe, das die fünf andern bereits zurückgelassen hatte, und nun an uns herankam, als wären wir bockslederne, rindshäutige Britten, und sie frische, freie Amerikaner, die den Teufel um die Welt fragen. Und wie Euch der Kapitän so nach dem George hinabsah, wurde er Euch doch roth und blau und grün, wechselte, wie der Delphin, alle Farben, seine Zähne knirschten, und er biss sich in die Lippen, dass das Blut über das Kinn herabrann. Und stärker brauste der Washington heran, und stärker zischte der Dampf, und Hurrahs auf Hurrahs kamen herüber, und gellten uns in den Ohren. Kapitän, schrie ich, der Washington kommt uns vor, mit der Ehre der Helen Mc. Gregor ist's vorbei. Der Kapitän aber stand wie mit Kalk übergossen, der Angstschweiss auf seiner Stirne, das Blut ihm in die Augen schiessend. — Hatte die fünf Dampfer überfahren, die Hurrahs for Washington nachbrüllten und bereits mächtig jubelten, die Helen Mc. Gregor nun ihrerseits gedemüthigt zu sehen. Kapitän, rief ich nochmals, wollt ihr Euch aus dem Feld schlagen lassen, ohne auch nur das Weisse im Auge gezeigt zu haben? Die Helen Mc. Gregor ist ein neues Schiff, lasst aufkrachen! Da rannte er hinab, und schrie, legt an, legt an! high pressure, high pressure! — feuert Jungens, schrie ich, feuert darauf los. Und die Jungen feuerten und feuerten, dass ihnen der Schweiss herablief wie Wasserhosen; und schürten Euch mit den Feuerzangen, und aus unsern Röhren begann es nun zu pfeifen, dass es eine Freude war. Wir fuhren gerade in den Ohio ein, der Washington war uns beinahe zur Seite, da kommt der alte Warren und Emilie auf das Verdeck heraufgerannt, und schreien, Mister Doughby, ums Himmelswillen! Mister Doughby, Kapitän, um Gotteswillen! Mister Doughby, Kapitän! und so schreien sie, Mister Doughby! ich fordere Sie auf! Wollen Sie sich, das Dampfschiff, ihre Mitbürger in's Verderben bringen? wollen Sie wettrennen mit dem George Washington? Um Gotteswillen, Mister Doughby! schreit die Miss — Mister Doughby! schreit der alte Gentleman, ich fordere Sie auf, ihren Einfluss anzuwenden, dass der Kapitän vom Wettrennen absteht. Pah, sag' ich, es ist nichts, wollen nicht wettrennen mit dem George Washington — wollen bloss sehen, welches Schiff schneller geht. Das darf nicht sein, ich protestire, die Sicherheit unserer Mitbürger, unsere eigene — wenn der Kessel springt? Pah, Sicherheit unserer Mitbürger, sag' ich, unsere Mitbürger sind in Sicherheit. Wollen kein Wettrennen, Mister Warren, sage ich, wollen bloss einen Augenblick sehen, welches Schiff schneller geht. Mister Doughby, schreit Emilie halb ausser sich, und wirft sich in meine Arme, und zerrt mich, und will mich zur Maschine hinab drängen, und hängt sich an mich, und fleht: Mister Doughby, wenn Sie mich auch nur im geringsten lieben, achten, wollte ich sagen, so gebrauchen Sie Ihren Einfluss, verhindern Sie; — dann reisst sie sich wieder los und läuft auf den Kapitän zu, der neben dem Engineer [1]) stand. Der Washington war dicht hinter uns; — wir, wie gesagt, fuhren gerade in den Ohio ein. Nun wisset Ihr aber, dass die Mississippiströmung, wie er in gerader Linie von oben herabkommt, den Ohio wohl einige Meilen weit gegen Trinity [2]) zurückdrängt. Einen schöneren Wasserspiegel zu einem Knall- und Fall-Wettrennen giebt es Euch nicht mehr in der weiten Welt. Die beiden Ströme haben just die rechte Breite, zusammen ein vier bis fünf Meilen, und bilden Euch nachgerade einen Wassercircus, den die Ufer von Illinois, dem alten Kentuck und ihrer Tochter Missouri [3]) einfassen. Die Strömung ist ganz

---

[1]) Engineer, Ingenieur.

[2]) Trinity, der letzte Ort am Ohio, fünf Meilen oberhalb der Mündung desselben in den Mississippi.

[3]) Tochter Missouri. Dieser Staat, der grösste nach Virginien, wurde beinahe ausschliessend von Kentuckiern angesiedelt, weshalb auch die Sklaverei, ungeachtet des Widerspruchs der nördlichen Staaten, endlich vom Kongresse garantirt werden musste.

zu Euern Gunsten, wenn Ihr in den Ohio einfahrt, eben weil ihn der Mississippi von oben zurückdrängt. Wir waren näher der Illinoisseite, und hatten daher noch einen Vortheil vor unserem Gegner voraus, der sich auf der Kentuckyseite hielt, und immer stärker brausend herankam, hinter ihm die andern fünf Dampfer, die gleichfalls ihre Sporen angelegt hatten. Unsere Helen Mc. Gregor war aber noch voran. Der Henker hätte da nicht wettrennen sollen! Die Luft zitterte vor Hitze, Dampf, Gesause, Gebrause, Gebrüll. Jetzt war der Feind uns hart im Rücken. Das Spiegelbild Vater Georgs in gleicher Linie mit unserem Stern. Helen Mc. Gregor halte dich brav, schrie ich — hole aus, legt an Burschen, schrei' ich, zehn Dollars, so Ihr brav feuert — Hurrah! schreien die hundert Passagiere, Hurrah! der Washington verliert — bleibt zurück. Der Kapitän schaute, konnte aber kein Wort hervorbringen, seine Lippen waren zusammengepresst, als wären sie aneinander genagelt; stand Euch wie eine Bildsäule. Wir gingen zwanzig Knoten, und mussten nun aushalten, oder hintendrein in den Tross der Huntress, des Ploughboy. Alle Fugen krachten, die Maschine dröhnte, brüllte, der Dampf heulte, zischte. Die Helen Mc. Gregor, schrei' ich, ist ein braves Weib, eine brave Schottin, hat Feuer im Leibe. Und sie hatte es wirklich! Sie griff aus wie ein Blutrenner, dem in seinem Leben zum erstenmal der Sporn in die Flanken gesetzt wird. Sie schwamm nicht mehr, sie flog wie ein Vogel, oder wie ein wilder Panther, ein Elennthier, das angeschossen ist; wie der Sturm, der herausgebraust kommt, flog sie; die Gewässer des milchweissen Ohio schossen herab, als kämen sie aus Fulton's Dampfraketen herausgeschossen; immer wilder wurde ihr Lauf, die Kentuckyufer rechts mit dem Anfluge von Cottonbäumen schossen an uns wie rasend vorbei, der Wald flog vorüber, als ob ein panischer Schrecken in ihn gefahren wäre; die Illinoisufer links tanzten vor uns hinab; wie wilde Hexen, die auf ihren Besenstielen geritten kommen, tanzten auch die ungeheuren Baumstämme vorüber. Hinter uns schwanden die hohen Missouriufer mit ihren Wäldern im Hintergrunde, und die Pflanzung des grossen Kentuckiers [1]) im Vordergrunde, sie wurde kleiner in

[1]) **Colonel Boon. Einer der ersten Ansiedler des Staates Kentucky, bekannt durch seine verzweifelten Kämpfe mit den Indianern.**

jeder Sekunde, in einer Minute erschien sie noch so gross wie ein Taubenhaus. Alles schwamm vor, hinter uns, Alles eilte, trieb, flog, brauste. Wir hatten Alle Sehen und Hören verloren. Hurrahs zu Tausenden, sieben Dampfer, sausend, brausend, dröhnend, kochend, feuerspeiend, Alles schwand vor unsern Augen, Sinnen.

„Der Wald unter Trinity flog uns entgegen, fort ging es, die Ruder krachten, die Leute heulten, vor uns, hinter uns Hurrah! Hurrah! — Es war eine Galoppade, ein Riesenkampf, Trinity, das Ziel vor uns, wir beinahe Sieger. Auf einmal schreit der Kapitän: er ist uns vor; und dann schaut er so stier, und erfasst das Geländer so starr, und beisst sich die Lippen so blutig zusammen! Kapitän, sage ich, er ist nicht vor. Schaut, Mister Doughby, sagt er, schaut! — Ich schaue, und wie ich so schaue, wurde es mir schwirr vor den Augen. Griff Euch wunderbar aus, dieser George Washington. Sah nun wohl, er würde uns in zwei Minuten beim Schoss haben. Und es dauerte nicht zwei Minuten.

„Bei meiner Seele, er ist vor, schrie ich. Er ist vor, wiederholte der Kapitän mit leiser Stimme; er war todtenbleich. Ich konnte kein Wort reden. Und er, so wahr ich lebe, er musste sich an das Verdeckgeländer halten, sonst wäre er zusammengesunken. Half alles nichts, sein Spiegelbild war jetzt in gleicher Linie mit unserem Stern, zehn Sekunden später war ein Drittheil seiner Schiffslänge mit der unsrigen in gleicher Linie — zehn Sekunden später, zwei, und in weniger denn einer Minute fliegt er stolz vor uns her, und brüllte uns sein Hurrah in die Ohren, und die fünf Dampfer hinter uns fallen ein, und wir hörten nichts als Hurrahs und Hurrahs. — Ah, tausend Dollars hätte ich im Augenblicke gegeben, wenn wir Trinity zwei Minuten eher erreicht hätten. Auf einmal schrie es von unten herauf, der Dampfkessel springt! der Dampfkessel springt! Und ein Gekrache, und gleich darauf ein Gesause und Gebrause. Glückliche Reise in die Ewigkeit, schrie ich, und dachte, jetzt kommt das heisse Bad. War aber nichts; der Schrei kam von ein paar Negern, die ihn Miss Emilien und Mister Warren und dem alten Weibervolk in der Ladies-Cabin nachschrieen. Beide waren hinab zum Engineer, hatten ihn gebeten, beschworen, und all das Weibervolk zusammen dem Manne den Kopf so heiss gemacht, dass er nachgiebt und die Ventile öffnet, und wir waren nur noch eine halbe Meile von Trinity. — Glaube alles Ernstes, hätte der feige Bösewicht das nicht gethan, wir hätten mit dem Washington gleichen Lauf gehalten! denn er kam keine zwei Minuten vor uns an. — Ich fiel über ihn her; war Euch doch so toll; wären der Kapitän und noch ein paar gute Bekannte nicht gewesen, hätte ihn zur Stelle geledert, und sollte es mich tausend Dollars gekostet haben; verdiente es, der ehrlose Bösewicht. Wir waren nun in Trinity, hatten die fünf Meilen in weniger denn zwölf Minuten zurückgelegt; aber Miss Warren war so böse, und der alte Gentleman so bitterböse und steif, eine Feuerzange ist nichts dagegen. Konnt' aber nicht helfen. Ehre geht über Alles."

„Aber Ihr waret doch zu tollkühn", bemerkte Richards.

„Tollkühn?" versetzte Doughby unwillig. „Tollkühn, wenn die Ehre eines Schiffes auf dem Spiele steht?"

„Pah, die Ehre eines Dampfschiffes!"

„Pah, sagt Ihr, Richards! Wenn ich Euch nicht als einen tüchtigen Alt-Virginier kennte, bei meiner Seele! sollte fast glauben, Ihr seid so ein seifenartiger Creole. Pah, sagt Ihr! die Ehre eines Dampfschiffes! Ein Dampfer, sage ich Euch aber, ist auch ein Schiff, und ein grosses dazu, und ein amerikanisches, ächt amerikanisches obendrein! Ist unser Schiff, haben wir es erfunden. Die alte Welt hätte lange stehen können, hätte es doch nicht herausgebracht — wir aber haben es Jungens, sage ich."

„Pah, sagt Ihr", fuhr er hitzig fort. „Und hätte Percy Pah gesagt am Erie-See, oder Lawrence, am Champlain, oder Rogers, oder Porter; — könnt zu Allem Pah sagen, zur Ehre eines Dampfers, eines Schiffes, eines Staates. Sage Euch aber, wer Pah sagt, wenn sein Schiff überfahren wird, wird auch Pah sagen, wenn es genommen wird; und wem nicht warm wird, wenn er vor seinem Schiffe ein anderes stolz vorbeisegeln sieht, der — ich sag' es Euch, dieser Stolz ist Wetteifer, und dieser Wetteifer ist das wahre Ding."

„Aber das Leben so vieler Menschen?"

„Sage Euch, von den hundert und zwanzig Passagieren, die

wir auf der Helen hatten, waren nicht drei, den alten, ledernen Mister Warren, und das Weibervolk ausgenommen, die sich einen Strohhalm darum gekümmart hätten, wären sie mit einer Tonne heissen Wassers abgebrüht worden; vorausgesetzt, sie wären zwei Minuten früher in Trinity angelangt.

Wir mussten über den Kentucky Bull lachen; aber im Grunde genommen — der Wahrheit seiner Versicherung Gerechtigkeit widerfahren lassen. So gleichmüthig-kalt, sinnig gelassen Uncle Sam [1]) sonst Dinge zu nehmen pflegt, bei solchen Veranlassungen verliert er in der Regel seine amphibische Natur und im Drange, sein Schiff das erste am Ziele zu sehen, vergisst er, was er sonst nicht leicht zu thun pflegt, Weib und Kind, Hab' und Gut; sein eigenes Leben kommt gar nicht in Anschlag. Er ist ein Rasender, der Alles auf einen Wurf setzt. Und die fünfhundert bis tausend Bürgerleben, die ihm das verzweifelte Wettlaufen alljährlich kostet, scheinen seine Fieberhitze nur mehr zu steigern. [2])

(Ralph Doughby's Esq. Brautfahrt.)

Das Dampfschiff.

Von einem chinesischen Dichter.

Während des Krieges Englands mit China — am Ende der Dreissiger und am Anfange der Vierziger Jahre — strandete ein englisches Dampfschiff in der Nähe von Canton. Damals wurde in dieser Stadt ein fliegendes Blatt in tausenden von Exemplaren verkauft, auf welchem das Bild eines solchen Schiffes mit folgender Beschreibung desselben von einem chinesischen Dichter sich befand:

---

[1]) **Uncle Sam, Onkel Samuel; das Sobriquet, in dem die Eigenthümlichkeiten der amerikanischen Nation gewissermassen bezeichnet liegen; der Ursprung desselben ist in den Anfangsbuchstaben von United States, U. S., zu suchen.**

[2]) **Nach dem amtlichen Berichte des Staatssekretärs der Finanzen vom 13. Dezember 1838 verunglückten seit der Einführung der Dampfschifffahrt bis zum Sommer 1838 oder während 20 Jahre 260 Dampfschiffe mit etwa 2000 Reisenden.**

„Es ist dreissig Changs (120 Fuss) lang;
Es ist drei Changs breit und hoch;
Es ist mit eisernen Nägeln verbunden, um es fester zu machen;
Sein ganzer Rumpf ist schwarz angestrichen;
Es kommt und geht wie das Weberschiffchen;
An seinen Flanken befinden sich zwei Räder;
Es gebraucht Kohle, um sein Feuer zu unterhalten;
Dann bewegt es sich nach allen Richtungen wie ein Seepferd;
Es hat Segel von weisser Leinwand, um sich vor der Sonne zu schützen;
Es geht nach allen Richtungen vorwärts, mit und gegen den Wind;
Auf dem Vordertheile des Schiffes ist das Bild des Seegottes;
Vorn und hinten befinden sich Kanonen, die um eine Angel sich drehen;
Sein Aussehen genügt thatsächlich schon, um die Leute zu erschrecken;
Der Gott der Himmel hat seine Macht bekundet (indem er einen Sturm sandte);
Der Gott der Erde hat das Dampfschiff auf einen Felsen geworfen;
Daraus kann man die himmlische Gerechtigkeit erkennen;
Den Fremden war es unmöglich geworden, etwas zu thun,
Was das Herz aller Menschen angenehm berührte."

(Journal des débats 1846.)

Das Dampfschiff und die Eisenbahn.

Von A. Lammers.

(1875.)

Eisenbahn und Dampfschiff sind beide ohne Frage gewaltige Hebel der Culturbewegung; welcher von beiden der grössere, wäre schwer zu entscheiden. Aber während die Eisenbahn mehr im Innern der Culturvölker revolutionirend wirkt, unterwirft das Dampfschiff mehr neue barbarische Gebiete den Einflüssen der modernen Civilisation. Vermöge der Allgegenwart des Wassers, die ihm ohne Weiteres Strasse ist, dringt es rascher überall hin und bürgert sich leichter ein, als die Locomotive, der ihr Weg erst mit grösseren Mühen und Kosten geschaffen werden muss. Trockenen Fusses auf geschienter Bahn wird der Mensch die Erde schwerlich jemals überfliegen, auch wenn die Behringsstrasse und andere kleine nasse Hindernisse überbrückt gedacht werden; dagegen trägt ihn das Dampfschiff ohne jede Hilfe eines anderen Verkehrsmittels heute schon in wenig mehr als der kürzest-möglichen Frist herum.

(„Die Entwickelung der Dampfschifffahrt auf hoher See".
Deutsche Rundschau.)

Staat und Dampfschiff.

Von Heinrich Heine.

(1828.)

Einst waren die Verhältnisse in der Welt weit einfacher, und die sinnigen Dichter verglichen den Staat mit einem Schiffe und den Minister mit dessen Steuermann. Jetzt aber ist Alles complicirter und verwickelter, das gewöhnliche Staatsschiff ist ein Dampfboot geworden, und der Minister hat nicht mehr ein einfaches Ruder zu regieren, sondern als verantwortlicher Ingenieur steht er unten zwischen dem ungeheuren Maschinenwerk, untersucht ängstlich jedes Eisenstiftchen, jedes Rädchen, wodurch etwa eine Stockung entstehen könnte, schaut Tag und Nacht in die lodernde Feueresse, und schwitzt vor Hitze und Sorge — sintemalen durch das geringste Versehen von seiner Seite der grosse Kessel zerspringen, und bei dieser Gelegenheit Schiff und Mannschaft zu Grunde gehen könnten. Der Kapitän und die Passagiere ergehen sich unterdessen ruhig auf dem Verdecke, ruhig flattert die Flagge auf dem Seitenmast, und wer das Boot so ruhig dahinschwimmen sieht, ahnt nicht, welche gefährliche Maschinerie und welche Sorge und Noth in seinem Bauche verborgen ist.

(Englische Fragmente.)

Das älteste Dampfschiff der Schweiz.

Die Eisenbahn.

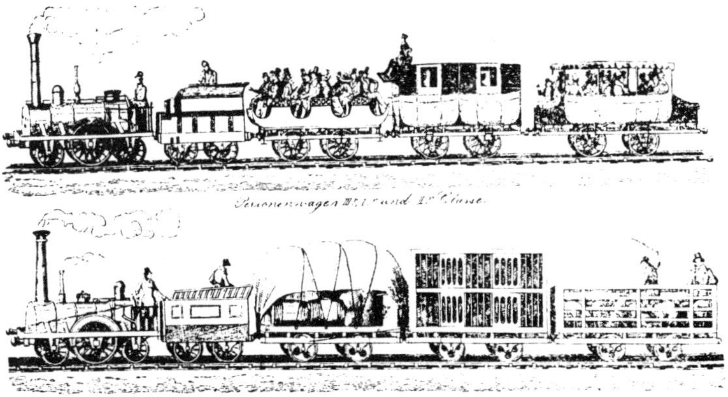

Die erste deutsche Eisenbahn mit Locomotiv-Betrieb von Nürnberg nach Fürth im December 1835.

Und donnernd rollt der Wagenzug
Vorbei den alten Meilensteinen,
Wie Blitz des Zeus und Geisterflug,
Der Erde Völker zu vereinen.

Hermann Lingg, die Römerstrasse.

Die Eisenbahn.

Von Karl Beck.

(1838.)

Gleich ist's den Philistern allen,
 Was zu Markt die Zeiten bringen;
In die Ohren muss es schallen,
 In die Augen muss es springen.
Ihres Mundes Thor ist offen;
 Dort in bangen Mutterwehen
Schleicht die Neugier, schleicht das Hoffen
 Rings umher auf tausend Zehen.

Wie sie rechnen, wie sie sinnen:
 Unsre Gelder — in Papieren,
Freunde, werden wir gewinnen?
 Freunde, werden wir verlieren?
Fluch den Neuerungen! eifert
 Jener mit erhitzter Wange,
Grade meine Flur begeifert,
 Meine Saat die Eisenschlange!

Tobt ihr nun im tollen Fieber?
 Möcht' es euch danieder raffen!
Kleine Münzen sind euch lieber
 Als des Geistes höchstes Schaffen.

Regen ist euch eben Regen,
Kiese sind euch eben Kiese,
Doch im Regen träuft der Segen
Und im Kies des Feuers Riese.

Nur der Dichter steht im Bunde
Mit den Geistern, kann sie hören,
Kann, ein Faust, aus jedem Hunde
Einen Geist heraufbeschwören.
Und nach neuen Welten tastet
Er mit jedem Herzensschlage,
Baut, zerstört und baut — und rastet
Nicht, wie Gott am letzten Tage.

Die Papiere, feil geboten,
Steigen, fallen — o Gemeinheit!
Mir sind die Papiere Noten,
Ausgestellt auf Deutschlands Einheit,
Diese Schienen Hochzeitsbänder,
Trauungsringe, blankgegossen;
Liebend tauschen sie die Länder,
Und die Ehe wird geschlossen.

Eisen! du bist zahm geworden;
Sonst gewohnt, mit wildem Dröhnen
Hinzuwettern, hinzumorden,
Liessest endlich dich versöhnen;
Magst nicht mehr dem Tode dienen,
Liebst am Leben fest zu hangen,
Und auf deinen spröden Schienen
Wird ein Hochzeitsfest begangen.

Hört Ihr brausen die Karossen?
Deutsche Länder sitzen drinnen,
Halten brünstig sich umschlossen,
Wie sie kosen! Wie sie minnen!
Und des Glöckleins helles Klingen
Sagt uns, dass die Paare kamen,
Und die Wolkenpfaffen singen
Drauf ein donnernd dumpfes Amen.

Rasend rauschen rings die Räder,
  Rollend, grollend, stürmisch sausend;
Tief im innersten Geäder
  Kämpft der Zeitgeist freiheitsbrausend.
Stemmen Steine sich entgegen,
  Reibt er sie zu Sand zusammen,
Seinen Fluch und seinen Segen
  Speit er aus in Rauch und Flammen.

(„Gepanzerte Lieder." 1838.)

An den Frühling 1838.

Von Nicolaus Lenau.

Lieber Frühling, sage mir,
Denn du bist Prophet,
Ob man auf dem Wege hier
Einst zum Heile geht?

Mitten durch den grünen Hain,
Ungestümer Hast,
Frisst die Eisenbahn herein,
Dir ein schlimmer Gast.

Bäume fallen links und rechts,
Wo sie vorwärts bricht,
Deines blühenden Geschlechts
Schont die rauhe nicht.

Auch die Eiche wird gefällt,
Die den frommen Schild
Ihrem Feind entgegenhält,
Das Marienbild.

Küsse deinen letzten Kuss,
Frühling süss und warm!
Eiche und Maria muss
Fort aus deinem Arm!

Pfeilgeschwind und schnurgerad
Nimmt der Wagen bald
Blüth' und Andacht unter's Rad,
Sausend durch den Wald.

Lieber Lenz, ich frage dich,
Holt, wie er vertraut,
Hier der Mensch die Freiheit sich,
Die ersehnte Braut?

Lohnt ein schöner Freudenkranz
Deine Opfer einst,
Wenn du mit dem Sonnenglanz
Ueber Freie scheinst?

Oder ist dies Wort ein Wahn,
Und erjagen wir
Nur auf unsrer Sturmesbahn
Gold und Sinnengier?

Zieht der alte Fesselschmied
Jetzt von Land zu Land,
Hämmernd, schweissend Glied an Glied
Unser Eisenband?

Braust dem Zug dein Segen zu,
Wenn's vorüberschnaubt?
Oder, Frühling, schüttelst du
Traurig einst dein Haupt?

Doch du lächelst freudenvoll
Auf das Werk des Beils,
Dass ich lieber glauben soll
An die Bahn des Heils.

Amselruf und Finkenschlag
Jubeln drein so laut,
Dass ich lieber hoffen mag
Die ersehnte Braut.

(Gedichte.)

Die Eisenbahn.

Von Emilio **Praga.**[1])

(1860.)

Aus dem Italienischen übersetzt von B. J.

Lebt wohl nun ihr Felder, im Haine
Ihr Eschen, ihr schattigen kühlen,
Leb' wohl mein Dorf, das vom Spielen
Der Kinder schon Morgens erklang.

Lebt wohl auch, ihr einsamen Raine,
Ihr träumend beschrittenen Stege,
Schon richten zum eisernen Wege
Die Männer den grünenden Hang.

Durch's alte Convent wird er dringen:
Gott weiss, ob's den Mönchlein wohl grauste,
— Wenn sie nicht die Hölle behauste —
Dass man ihre Gräber entweiht!

Die Hallen, wo müssiges Singen
Zum bunten Gewölbe gestiegen,
Wird pfeifend und rastlos durchfliegen
Der Genius der sceptischen Zeit.

Wie fasst da die Vögel, die kleinen,
Im Nestchen ein Bangen und Staunen,
Welch' Flüstern und Zwitschern und Raunen
In Hütten und Nestern umher!

Und was wird des Wunders Erscheinen
Den Leutchen zu grübeln erst geben!
Geduld: euch schafft Athem und Leben
Die eiserne Strasse hieher!

Was werden die Elenden denken,
Beladen mit Arbeit und Sorgen,
Die Hunger und Kummer am Morgen
Erwecken zu täglichem Kampf,

---

[1]) Sammlung: Trasparenze. Torino, Casanova 1878.

Wenn neben dem Pflug, den sie lenken,
Der schwer durch die Furchen und stöhnend
Einherkriecht, wie Träge verhöhnend,
Dahinstürmt der brausende Dampf?

— Der Pflug, ach, der liebe, verehrte,
Wie hält er wohl Stand dem Vergleiche!
Ja, Flügel erkaufte der Reiche,
Was schafft er für Gold nicht herbei! —

Und wenn man zur Hütte dann kehrte,
Vergass man für heute der Lieder;
Im Traum kam das Wunder dann wieder
Und pfiff sein Räthsel auf's Neu!

Und Mädchen, so schlank und so blühend,
Die heut' noch nicht Säuglinge wiegen,
Und denen so Viel noch verschwiegen,
Was schwer sie in Zukunft bedrückt,

Und Bursche, vor Staunen erglühend,
Die starr sich die Blitze beschauen,
Und alternde spinnende Frauen,
Mit grämlicher Weisheit geschmückt,

Wie werden die rufend sich schaaren
Am stattlich hinbrausenden Zuge,
Und meinen, sie sähen im Fluge
Die Schwingen, „die Satanas Brauch".

Und wenn er vorüber gefahren,
Da werden sie lange noch stehen,
Und staunend dem Rauch im Verwehen
Nachrufen: „Nein, das ist kein Rauch!" —

Doch Schlauere flüstern wohl leise:
„Rauch ist's, doch er tödtet die Reben,
Kein Baum, keine Pflanze kann leben,
Wo er auf die Fluren sich senkt.

Das ist nicht des Herrgottes Weise,
Nein, mich soll der Dampf nicht bethören!

Gevattern: den Esel in Ehren!
Den hat uns der Herrgott geschenkt!" —

Und mögt ihr zum Stichblatt den Witzen
Des vornehmen Pöbels auch dienen,
Ihr Armen, mir säht ihr die Mienen
Nicht spöttisch von Lächeln erhellt.

Wo plaudernd dann Fröhliche sitzen,
Erschien ich wohl, nicht um verstohlen
Mir flüchtige Küsse zu holen,
Nein, ernst zu den Männern gesellt,

So sprach' ich: „Dies Pfeifen verbündet
Die Menschheit in künftigen Tagen,
Bekränzt nur mit Blumen den Wagen,
Und rufet ihm Beifall ringsher;

Die Arche, die neue, verkündet
Des Friedens beglückende Zeiten,
Nicht Länder verheerendes Streiten
Und sclavischer Arbeit Beschwer.

Es werden in neuen Verträgen
Sich Landmann und Städter vergleichen,
Zum herrlichen Bau giebt dem Reichen
Die Arbeit versöhnlich die Hand.

Dem Elend zu tröstlichem Segen
Sagt euch mit bescheidenem Munde
Viel Heil'ges die einfache Kunde,
Was nimmer ein Priester gekannt:

— Dass heilig auf heimischer Erde
Des Redlichen Schweiss, wie die Thaten,
Der Todesmuth wack'rer Soldaten,
Wie heilig ein königlich Wort.

Dass nicht mehr als schutzlose Herde
Die Furchen ihr bauet, die theuren,
Dass ewige Rechte die eu'ren
Und dass ein Gesetz euer Hort!"

Eisenbahn und immer Eisenbahn.

Von C. F. Scherenberg.[1])

(1845.)

Sie schirrten todte Rosse auf
Aus wildem Elementsgespann,
Ihr Leib ist Erz und Dampf der Schnauf,
Und Feu'r der Sporn und Sturm der Lauf;
Das Leben hängt als Schweif sich an
Mit Ketten, Riegeln und Verschluss,
Dass es dem Tode folgen muss.

Mit Todten-Schnelle geht es fort,
Kein Schwager knallt hinein,
Kein Weges-Gruss, kein schelmisch Wort,
Kein Posthorn weckt den müden Ort
Und klingt zum Traume ein.

O Eisenbahn, was bist du kommen,
Hast unser Posthorn uns genommen!

Sonst blühte uns wohl noch einmal
Ein Blümchen auf dem Wege,
Und wechselnd schlug der weiche Pfad
Sich über Auen, Berg und Thal;
Die Heerde theilte traulich unsre Stege
Und spielte sorglos um das Rad,
Es lauscht' das Reh im nahen Laubgehege,
Es sang der Baum, die stille Saat.
Ihr Hufschlag wirft die Blumen aus dem Wege,
Ihr Athem stösst den Vogel aus dem Flug,

---

[1]) Der Dichter, ein Zweiundachtziger, theilte dem Herausgeber auf gehaltene Anfrage nach dem Jahre der Entstehung dieses Gedichts wörtlich Folgendes mit: „Alte liebe Erinnerungen an Fahrten, die ich meine halbe Lebenszeit mit dem blasenden Schwager in gemüthlicher Eile mit Weile gemacht, hatte mich in die elegische Stimmung, deren Ausdruck das Gedicht giebt, versetzt, wenn ich auch gern dem dampfbeschwingten Nachfolger seine Vorzüge lasse."

Jedwedes Leben scheucht der schnelle Leichenzug.
Kein Weg ist leer und hart genug,
Noch Eisen unterm Eisenrade,
Sind ehern ihre kalten Pfade,
Wie das Gesetz der Noth:
Abweichen — Tod.

O Eisenbahn, was bist du kommen,
Hast unsre Wege uns genommen!

Hin jagt das Ross durch Erden-Nacht,
Zieht unter dem Bette der Wogen fort,
Hat zu den Wolken sich aufgemacht;
Und jagen wir hier, und jagen wir dort,
Wir haben nicht Tiefen, wir haben nicht Höhen,
In's Flache, in's Flache muss Alles vergehen.
Die Felder, sie fliegen, die Bäume, der See,
Die Farben verschwimmen in Massen des Lichts,
Es schreien die Pfade, es zittert die Höh',
Wir sehen Alles und sehen doch Nichts.
Kaum hat das Auge die Fernen erflogen,
Die grauen Thürme im dämmernden Thal,
Zu den Bergen, den blauen, die Sehnsucht gezogen,
Sind wir hinter Bergen und Thürmen zumal.
Und eh' wir es ahnen, da liegt es uns offen
Und nahe, was unsern Träumen so weit,
Wir können nichts hinter den Bergen mehr hoffen:
Verloren der Wahn an die Wirklichkeit.

O Eisenbahn, was bist du kommen,
Hast Wandrers Sehnen uns genommen!

Dort schattet der Wald, hier grüsset ein Dach,
Hier hab' ich verkehrt und dort wohl geruht,
Die alten Plätze schau'n traurig mir nach,
Dass tief in die Seele es weh mir thut.
Wir können nicht rasten, wir können nicht weilen,
Die Andern wollen, wir müssen eilen,
Aus Gewühl heraus, in Gewühl hinein,
Und das Gewühl saust mit uns hin,

Wähnen wir einem entronnen zu sein,
Sind wir im andern nur drin.

O Eisenbahn, was bist du kommen,
Hast Wandrers Ruhe uns genommen!

Die Stunde pfeift, in Massen schiebt man sich hinein,
Die Stunde pfeift, in Massen schiebt man sich hinaus,
Humor, der alte Reis'cumpan, steigt nicht mehr ein
Und nicht als Lieb' und Freundschaft wieder aus.
Man hat mitsammen nicht geweint, gelacht,
Nicht Noth, nicht Glück, kein Lust, kein Leid
Hat enger Herz an Herz gebracht:
Zu Lieb' und Freundschaft war ja keine Zeit.
Und kehren heim wir auch von weit hinaus,
Es ist nicht mehr der alte Gruss:
Wir bringen keine Wunder mehr in's Haus,
Wie's kam, so's Jedem kommen muss.
Gedruckt ist's längst, schon Alles wissen wir,
In Uniform geht Glück und Unglück hier.
Um ihre Ferne kommen Stadt und Lande,
Um ihre stille Hoheit Wüste, Meer,
Die ganze Erde unterm Eisenbande
Um die Unendlichkeit von grauen Tagen her.
Zusammen eng geschmiedet wird der Raum,
Gebrochen seine Rechte an die Zeit,
Die Wirklichkeit, sie wird zum Traum,
Und unser Traum stirbt an der Wirklichkeit.

O Eisenbahn, was bist du kommen,
Hast unsre Erde uns genommen!

(Gedichte.)

Auf der Eisenbahn.

Von Luise von Plönnies.

(1844.)

Rascher Blitz, der hin mich trägt,
Pfeilschnell von der Glut bewegt,

Sausend durch des Tages Pracht,
Brausend durch die dunkle Nacht,
Donnernd über Stromesschäumen,
Blitzend an des Abgrunds Säumen,
Durch der Berge mächt'ge Grüfte,
Durch der Thäler nächt'ge Klüfte,
Durch der Saaten goldne Wogen,
Ueber stolze Brückenbogen,
Durch der Dörfer munter Leben,
Durch der Städte buntes Weben. —
Könnt', wie du, das freie Wort
Sausend zieh'n von Ort zu Ort!
Alle Herzen, die ihm schlagen,
Stürmisch so von dannen tragen,
So aus einem Land zum andern
Siegend die Gedanken wandern!
Freies Wort, wer gründet Schienen,
Deinem Bahnzug stark zu dienen?

Auf der Eisenbahn.

Von A. von Leutrum.

(1850.)

Zieh'n die Körper, schwer beladen,
Pfeilgeschwind auf Schienen-Zügen —
D'rüber an metallnem Faden
Lichtschnell die Gedanken fliegen!

Doch wozu die tolle Eile,
Das Gerenn der Trödelbude?
Hat Mylord nur Langeweile,
Fragt nach Cursen nur der Jude?

Herrlich hat der Mensch gefunden
Seiner Freiheit bess're Stätte:
Raum und Zeit sind überwunden
Durch Gewalt der Eisenkette.

Eisenbahn.

Von C. F. Hartmann in Strassburg i. E.

(1847.)

Kraftbild im leichten Dampf,
Wunder erzeugt im Kampf
Zwischen Hephästos Glut
Und der Naïden Flut;

Flügelwerk, Zauberbahn,
Kühnen Sinn's Riesenplan,
Wo spricht Natur zu dir:
Weiter nicht! Ziel ist hier?

Menschensinn eilt so weit
Siegend im Flug der Zeit;
Zeigt in so mancher Spur
Meister sich der Natur.

Flügelwerk, Zauberbahn,
Kühnen Sinn's Riesenplan,
Wird wohl dein schnell Gedeih'n
Heil auch der Menschheit sein?!

O dass in bald'ger Stund'
Forscher uns brächt' die Kund',
Wie er mit neuer Beut'
Segnend die Welt erfreut:

Wie er erfunden hat,
Dass, wenn von Stadt zu Stadt
Schnell auf der neuen Bahn
Menschen sich Menschen nah'n,

Jetzt auch ein neuer Geist
Menschennatur durchkreist,
Der auf des Lebens Bahn
Herzen lehrt Herzen nah'n.

(Alsat. Saitenklänge, Strassburg.)

Schienenweg.

Von Dr. Gustav **Mühl** in Strassburg i. E.

(1852.)

. . . .

Und schon drängt sich das Volk im hohen, geräumigen Saale,
Wogend in Ungeduld mit laut ertosenden Stimmen;
Fordernd fliegen die Blicke zur Bahn. Sie aber, dort drüben,
Vor den verschlossenen Pforten, stumm lieget sie noch und einsam,
Wie ein verzauberter Weg, der nimmer für menschliche Tritte;
Traun, fast möchte sie scheinen ein Weg für mächt'gere Geister! —
Jetzt, in der Nähe, horch! erdröhnet so schrilles Gewieher
Wie von riesigen Rossen, in jauchzendem Uebermüthen
Schlägt's wild gellend empor, erfüllend die weitesten Räume,
Und mit jähem Geschrei aufhallet erschrocken das Echo.
Freudig vernimmt das Volk das Zeichen baldigen Aufbruchs,
Drängt sich hin zu den Pforten, zu schau'n das erwachende Dampfross.
Langsam schnaubet heran der eiserne, mächtige Riese,
Welchen die Neuzeit schuf. Wie Knechte begleiten den König,
Rollet gehorsam nach der festgefügeten Wagen
Lang sich dehnender, lärmender Zug. — Nun hemmet der Renner
Nochmals grollend den Schwung, still harrt er mit seinem Gefolge.

Ha, wie steht's jetzt hier so schwer und gewaltig, das Unthier,
Welches nach kurzen Minuten schon ferne die Fluren durchfliegет
Jubelnd in Adlerlust! — Oft will unheimliches Grauen
Plötzlich in seiner Nähe den menschlichen Busen erfassen,
Seltsam Denken ersteh'n bei dieses Riesen Betrachtung.
Ja, dann mahnet er gerne mich an die Kolosse der Urzeit,
Wie sie die Erde dereinst geboren in stürmischer Jugend,
Und nicht flüchtiges Spiel nur bleibt mir diese Vergleichung,
Denn nicht mag ich es nennen alleinige Laune des Zufalls,
Tieferer Deutung baar, wenn plötzlich in unsern Tagen,
Wo's in der Menschheit gährt wie einstiges Kreissen der Schöpfung,
Solch' ein Renner erstund urthümlichen, feurigen Dranges. —

Schau' den gepanzerten Leib geschwängert mit heulenden Dämpfen,
Schaue den düster qualmenden Hals, der hoch ihm entsteiget,
Alles wie fremd und wundersam! Und immer gefräss'ger
Prasselt die flammige Glut im Schlunde des Dämons; hastig
Schlingt er die Nahrung hinein, der Urwelt reichliche Spende,
Welche Jahrtausende schon die Erde bewahrte dem Spätling.
Und so braus' er mit uns durch diese bewegeten Zeiten!
Einstmal, wenn sich die Geister erholen vom keuchenden Streben,
Schwindet verdrängt auch er vor stilleren, neuen Gebilden.

Plötzlich jedoch verstummt das ungeduldige Grollen
Tief in des Riesen Brust; einhält er den dampfenden Gluthauch,
Spannt die volleste Kraft in dumpfem, verheissendem Schweigen.
Schon auch öffneten sich des Saales Pforten der Menge,
Eifrigen Muthes erklimmt ihr lustiges Gewimmel die Wagen.

. . . .

Und nun wandelt der Zug voran. In mächtigen Pulsen
Schiesst der befreiete Dampf jetzt wieder hinauf in die Lüfte,
Rauhen Gezisches, wild, und ballet sich wirbelnd zur Wolke.
Wohl noch bändigt vorerst sein Drängen der Renner, und dennoch
Hinter ihm schwindet sogleich das emsige Leben des Bahnhofs,
Fliehen bereits in der Ferne die stattlichen Häuser und Thürme,
Wie hat Alles sich nun mit einem Male verändert!
Eben der Strassen Getümmel und jetzt, als wär' es ein Zauber,
Einsam grünende Trift, allwärts vom Himmel umfangen.
Aber nicht grüsset sie heut' das Herz in gemüthlichem Sinnen:
Vorwärts, vorwärts keuchet der Renner und immer gewalt'ger,
Immer entfesselter stürmt er im Wehen der freieren Lüfte,
Weckt die Gefilde weit aus ihrer traulichen Stille.

. . . .

Plötzlich entschwindet, ein flüchtiger Traum, die blühende Landschaft,
Vor uns klüftet der Boden sich auf, im hallenden Hohlweg
Windet der lange Zug sich durch, gleich riesiger Schlange.
Dann entschwebet er wieder, auf stolz geschwungener Brücke,
Hoch im Reiche der Luft, als trüg' ihn alleine die Windsbraut;
Unter uns tief aufblicken so fremd die Wellen des Stromes,
Neidisch streben empor des Thalgrunds höhere Wipfel.

Und noch wächst beständig die Kraft des rasenden Renners,
Alles Bewegung nur! Weit um uns, selbst an des Himmels
Heiliger Wölbung jetzt so seltsam jagender Reigen;
Oft fast wähnet der Blick, es wichen die Fugen der Erde.
Schau', wie fliehen vorüber die Städte, die freundlichen Dörfer
Winkend vergeblich zurück in ihre traute Beschränkung!
Nur im Flug, mit stolzem Gejauchz, begrüsst sie der Renner;
Mählig schwinden sie alle, verschlungen von dämmriger Ferne.
. . . .
Mahnet dein Jagen mich auch, unbändiger, flüchtiger Wandrer,
Oft an das jetzige Treiben, wo Jegliches neu sich verrücket,
Manches so traurig sich löst, der frommen Ruh' sich entreissend,
Scheuchet dein Donner auch, aufschreckend, aus Fluren und Hainen,
Aus der Seele mir selbst die traulichen Geister des Friedens,
Dennoch liebt dich der Sänger! — Wie sollte, was sämmtliche Fernen
Wunderbarlich vereint, nicht enger verknüpfen die Menschheit?
Auch dein Brausen, Gewalt'ger, ist Gottes schaffender Odem!

(Aus dem Elsass.)

Im Eisenbahnhofe.

Von Justinus Kerner.

(1852.)

Hört ihr den Pfiff, den wilden, grellen,
Es schnaubt, es rüstet sich das Thier,
Das eiserne, zum Zug, zum schnellen,
Herbraust's wie ein Gewitter schier.

In seinem Bauche schafft ein Feuer,
Das schwarzen Qualm zum Himmel treibt;
Ein Bild scheint's von dem Ungeheuer,
Von dem die Offenbarung schreibt.

Jetzt welch' ein Rennen, welch' Getümmel,
Bis sich gefüllt der Wagen Raum!
Drauf „fertig!" schreit's, und Erd' und Himmel
Hinfliegen, ein dämon'scher Traum.

Dampfschnaubend Thier! seit du geboren,
Die Poesie des Reisens flieht;
Zu Ross mit Mantelsack und Sporen
Kein Kaufherr mehr zur Messe zieht

Kein Handwerksbursche bald die Strasse
Mehr wandert froh im Regen, Wind,
Legt müd' sich hin und träumt im Grase
Von seiner Heimath schönem Kind.

Kein Postzug nimmt mit lust'gem Knallen
Bald durch die Stadt mehr seinen Lauf,
Und wecket mit des Posthorns Schallen
Zum Mondenschein den Städter auf.

Auch bald kein trautes Paar die Strasse,
Gemüthlich fährt im Wagen mehr,
Aus dem der Mann steigt und vom Grase
Der Frau holt eine Blume her.

Kein Wand'rer bald auf hoher Stelle,
Zu schauen Gottes Welt, mehr weilt,
Bald Alles mit des Blitzes Schnelle
An der Natur vorüber eilt.

Ich klage: Mensch, mit deinen Künsten
Wie machst du Erd' und Himmel kalt!
Wär' ich, eh' du gespielt mit Dünsten,
Geboren doch im wild'sten Wald!

Wo keine Axt mehr schallt, geboren,
Könnt's sein, in Meeres stillem Grund,
Dass nie geworden meinen Ohren
Je was von deinen Wundern kund.

Fahr' zu, o Mensch! treib's auf die Spitze,
Vom Dampfschiff bis zum Schiff der Luft!
Flieg' mit dem Aar, flieg' mit dem Blitze!
Kommst weiter nicht, als bis zur Gruft.

(Der letzte Blüthenstrauss.)

Exkursion am Bodensee.

(Zweiter Gesang.)

Von J. G. Fischer.

(1852.)

Wie nenn' ich dich, du Wunderwagen,
Der in die Ferne mich soll tragen?
Ein wenig Wasser über'm Feuer,
Und seine Dämpfe wohl gespannt,
So kommst du, schnaubend Ungeheuer,
Auf Eisen durch die Welt gerannt;
Lässest dir aus der Erde Tiefen
Verkohlter Forste Lager spalten,
Die manch' Jahrtausend drunten schliefen,
Um deinen Hauch zu unterhalten;
Und nimmst so leichtlich jedes Ding,
So obenhin und so gering,
Ganz wie die schnelle Modewelt,
Der keine Tiefe mehr gefällt.
Den Menschen selbst, der dich gebaut
Und deiner Achse sich vertraut,
Nimmt hin wie andere leichte Waaren
Dein trotzig hastiges Gebahren.
Wie weisst zu kürzen du das Weinen,
Wenn sich zwei Seelen schmerzlich trennen!
Kannst Menschen in einem Käfig einen,
Die sich nicht lieben und nicht kennen,
Raffst deine Beute ohne Wahl,
Den Städten vorbei und der grünen Flur,
Als wär' ein flüchtiger Schemen nur
Die Erde umher mit Berg und. Thal.

Nun komm' ich selbst mit dir geflogen
Das Land empor an des Neckars Wogen;
Nur mache mich, dass bitt' ich blos,
Bald deines Hudelwerkes los,
Und lass in Sphären, frisch und rein,
Ein freier Mensch mich wieder sein.

Ich grüss' euch flüchtig, all' ihr Berge,
Gewes'ner Stärke Riesensärge,
Dich, zwischen deiner Wälder Traufen,
Du feierabendlicher Staufen,
Den ich die Nachbarn seh' umgeben
Mit ihrem nachgebornen Leben,
Wie sich an hohe Festgelage
Anlehnen klein're Feiertage.
Hab' auch im frischen Pappelweh'n,
Thal meiner Wiege, dich geseh'n,
Und blickte hinauf zur Glockenstuben,
Die so oft mir hallte, dem rüstigen Buben,
Mit ahnungsreich erhabnem Grauen
Weit in die Lande mich liess schauen.

Doch schon, vorüber am „Helfenstein",
Reisst's in die Thalschlucht mich hinein,
Und schleppt in wuchtig vollem Lauf
Die Bergwand keuchend mich hinauf,
Der es mit Spaten und Karrenlaufen,
Mit Stössen und Schlägen abgewonnen
Der Menschenhände Spinnenhaufen,
Und ihr den Rücken übersponnen
Mit fadem Netz der Eisenschienen,
Der Flucht des Lebens bass zu dienen.
Nun renne, Dampfross, meinethalb
Im Fluge durch die Schwabenalb,
Und bring' mich in's gelobte Land,
Zur Münsterstadt am Donaustrand,
An den lachenden Augen mich zu laben,
Die immer Sonn- und Festtag haben,
Dann, auf dem Pfad so grad und platt,
Zu Wielands Abderitenstadt!
Zu Schwabens Ravenna, der thürmereichen,
Wo schon des See's Gevögel streichen,
Von andrem Duft die Ferne zittert
Und reichern Thau die Erde wittert!

Doch welch' ein Farbenglutgetön!
Herr Gott! sie sind's, die Alpenfirnen;
Wie lodern brennend die Purpurstirnen!
Ja, deine Welt ist gross und schön!

Jetzt welch ein luftig lindes Hauchen!
Wie fühl' ich süsser Stärkung Wehn
Vergnügend mir zur Seele gehn!
Welch Auf und Nieder, Schwimmen und Tauchen!
Es glänzt, es zittert, wird lebendig,
Greift mir entgegen tausendhändig:
Auf rauscht vor mir, eh' ich's gedacht,
Ein junges Meer in seiner Pracht;
Gott grüss dich, ich bin am Ziel,
Du ewigfrisches Wogenspiel!
Und gerne will ich dir's vergessen,
Gewalt des Dampfs, wie du mit mir
So flüchtig all das Land durchmessen;
Fand ich ein Eden doch mit dir!
Will Alles unbescholten lassen,
Was Du, Gebiet'rische, erzwingst;
Noch kann's die Zeit vielleicht nicht fassen,
Was Grosses du dereinst vollbringst.

(Gedichte.)

Auf der Eisenbahn.

Von Hermann Lingg.

(1868.)

Zur Schiene niederdampfte
Der Feueresse Flug,
Und ihr Gespann durchstampfte
Den Wald und Höhenzug.

Urplötzlich aus den Tannen
Schlug über Feld und Moor,
Wie fern in den Savanen,
Ein Brand vor uns empor.

Es stund ein Dorf in Flammen,
  Und hülflos vor der Gluth
Lief armes Volk zusammen,
  Bejammernd all sein Gut.

Wir konnten die Gewalten,
  Die dort verheerten, nicht,
Noch die uns fortriss, halten,
  Rief gleich die Menschenpflicht.

Bis zu dem Händeringen
  Vermochte weder Wort
Noch Hülfe hinzudringen,
  So rasend ging es fort.

Und fort in gleicher Eile,
  Wie dort der Feuerbrand,
Im Fluge Meil' auf Meile,
  Bis Alles längst entschwand.

Noch spät, beim Licht der Sterne,
  War mir es immer doch,
Als hört' ich durch die Ferne
  Den Ruf um Hülfe noch

(Gedichte. 2. Band.)

Der Postillon und die Eisenbahn.

Von C. F. Hartmann.

(1848.)

Der Postillon, er gibt so krank
Und trüb des Hörnleins Ton.
War sonst so reich an Lied und Schwank;
Quält Liebe wohl ihn schon?

Mag auch der Lieb' verwandter Schmerz
Nicht unbekannt ihm sein;
Es drückt des armen Burschen Herz
Wohl andre Liebespein.

Er seufzet, weil sein alt Gespann
Der neuen Welt missfällt,
Und mit ihm, ach! sein Heil sodann
In's Reich der Träume fällt.

In seines Postherrn Küche harrt,
Treu ihm verlobt zur Eh',
Sein Liebchen bleichgeweint — drum ward
Ihm längst so bang, so weh.

Zwei Jährlein noch, und Mägdlein wär'
Dem Postillon getraut;
Sie hatten sich in Lust und Ehr'
Ihr Nestchen froh gebaut.

Nun aber bricht sein Glück wie Glas:
Im Dampf sieht er's verweh'n —
Verödet soll die alte Strass'
Ihm nächst zum Jammer stehn.

Und' Pferd' und Wagen, Peitsch' und Horn,
Maid, Wirthshaus, Lob und Lohn
Versiegen all' im Lebensborn
Dem armen Postillon.

O liebe böse Eisenbahn,
Wie manch' ein redlich Aug'
Nicht ohne Thränen schauen kann
In deinen Wunderrauch!

Der Postillon, er gibt so krank
Und trüb des Hörnleins Ton;
Wär's, weil vergessen Lied und Schwank,
Wohl Hörnleins Schwanlied schon?

(Alsat. Saitenklange.)

Der letzte Postillon.

Von J. V. v. Scheffel.

Bald ist, soweit die Menschheit haust,
Der Schienenweg gespannt;
Es keucht und schnaubt und stampft und saust
Das Dampfross rings durch's Land.

Und wied'rum in fünfhundert Jahr
Weiss der Gelahrt'ste nicht
Zu sagen, was ein Haud'rer war,
Was Fuhrmanns Recht und Pflicht.

Nur in der Nacht der Sonnenwend',
Wo dunkle Schemen geh'n,
Wird zwischen Erd' und Firmament
Ein fremd' Gespann geseh'n.

Der Schimmel trabt, die Peitsche schwirrt,
Laut schmettert Posthornton,
Als Geist kommt durch die Luft kutschirt
Ein greiser Postillon.

Fahl glänzt am gelben Sperlingsfrack
Thurn Taxis' Wappenknopf,
Er raucht uralten Rauchtabak
Aus braunem Ulmerkopf.

Er raucht und spricht: „O Erdenball,
Wie anders schaust du drein,
Seit ich mit Sang und Peitschenknall
Reichspostdienst that am Rhein!

„O Zeit des Passgangs und des Trabs,
Des Trinkgelds und des Trunks,
Des Poststalls und des Wanderstabs,
Des idealen Schwungs!

„Jetzt geht die Welt aus Rand und Band,
Die Besten zieh'n davon,
Und mit dem letzten Hausknecht schwand
Der letzte Postillon.

„Jetzt rennt der Dampf, jetzt brennt der Wind,
Jetzt gilt kein Fruh und Spat,
Die Sonne malt und blitzgeschwind
Briefschreibt der Kupferdraht.

„O neues Rüstzeug, alter Kampf!
Wo treff' ich Glück und Ruh? . . .
O Erdenphosphor, Gas und Dampf!
Fahr zu, mein Schimmel, fahr zu!"

(„Gaudeamus.")

Der Fuhrmann und die Eisenbahn.

Von Charles Lever.

Aus dem Englischen übersetzt von Dr. Walther.

(1848.)

Fuhrmann.

Einst mit der schweren Last
Bedächtig schlich die Reise,
Nach jede Meile — Rast,
Dann fort im alten Gleise
Auf der zerfahr'nen Bahn. —
Schon früh am grauen Morgen,
Bis, wenn die Sterne nah'n,
Wir ruhten aus von Sorgen.

Wir lebten wie ein Wurm;
Jetzt endet unser Kampf!
Mit Ofenglut und Dampf
Gleicht unser Flug dem Sturm.

Frau.

Schön war's — ich denke hin
An viele traute Stunden,
Wo sich der Blätter Grün
Zum Laubdach eng verbunden
Wir hörten Stimmenklang,
Wo sie den Acker roden,
Und heller Kehlen Sang;
Es dampft' der frische Boden.

Und schwieg des Tages Lust,
  Hüllt sich der Weg in Dunkel,
Dann schlief an meiner Brust
  Mein Knab' im Sterngefunkel;
Und zuckte rasch sein Mund,
  Glaubt' ich, er rief den Thieren
Und wollte schon zur Stund'
  Wohl gar die Peitsche führen.

War's keine schöne Reise?
  So sprach das Weib und blickte
Ihn fragend an. Er nickte —
  Und murmelt' dennoch leise:
„Wir lebten wie ein Wurm;
  Jetzt endet unser Kampf!
Mit Ofenglut und Dampf
  Gleicht unser Flug dem Sturm!"

Der Lohnkutscher und die Eisenbahn.

(1836.)

Wer das Project der Eisenbahnen
Zuerst hat auf's Tapet gebracht,
Der hat — Gott woll' es ihm verzeihen —
An die Lohnkutscher nicht gedacht.
Der hat nie oder unempfindlich
Ihr Thun und Treiben angeseh'n.
Wie sie vor Durst in Sommertagen,
Vor Frost im Winter fast vergeh'n!
Wie oft sieht man sie ganz verlassen
Bei Wirthen stehen vor dem Haus!
Sie gucken sich nach Passagieren
Die Augen aus dem Kopf heraus.
Kommt nun noch eine Dampfmaschine,
Die uns im Flug nach Augsburg bringt,
Dass selbst dem Vogel hoch in Lüften
Ein schnell'res Reisen nicht gelingt;

Was muss erst dann aus ihnen werden?
D'rum gebt doch auf den schlimmen Plan;
Und habt Ihr nicht ein Herz von Eisen,
So denkt an keine Eisenbahn.
Doch bleibt Ihr taub für diese Bitte,
So wird ein grosser Schritt gescheh'n,
Den kein Fiakergaul noch wagte,
Das heisst, man zwingt sie . . . durchzugeh'n.

Herrfeldt, Archiv für das Postwesen. Frankfurt am Main.

Pferd und Esel.

Von Heinrich Heine.

(Um 1854.)

Auf eisernen Schienen, so schnell wie der Blitz,
Dampfwagen und Dampfkutschen
Mit dem schwarzbewimpelten Rauchfangmast
Prasselnd vorüberrutschen.

Der Tross kam einem Gehöfte vorbei,
Wo über die Hecke guckte
Langhalsig ein Schimmel; neben ihm stand
Ein Esel, der Disteln schluckte.

Mit stierem Blick sah lange das Pferd
Dem Zuge nach. Es zittert
An allen Gliedern, und seufzt und spricht.
„Der Anblick hat mich erschüttert!

„Wahrhaftig, wär' ich nicht von Natur
Bereits gewesen ein Schimmel,
Erbleichend vor Schrecken wär' mir die Haut
Jetzt weiss geworden, — o Himmel!

„Bedroht ist das ganze Pferdegeschlecht
Von schrecklichen Schicksalsschlägen,
Obgleich ein Schimmel, schau' ich doch
Einer schwarzen Zukunft entgegen.

„Uns Pferde tödtet die Konkurrenz
Von diesen Dampfmaschinen —

Zum Reiten, zum Fahren wird sich der Mensch
Des eisernen Viehes bedienen.

„Und kann der Mensch zum Reiten uns,
Zum Fahren uns entbehren —
Ade der Hafer! Ade das Heu,
Wer wird uns dann ernähren?

„Des Menschen Herz ist hart wie Stein;
Der Mensch giebt keinen Bissen
Umsonst. Man jagt uns aus dem Stall,
Wir werden verhungern müssen.

„Wir können nicht borgen und stehlen nicht,
Wie jene Menschenkinder.
Auch schmeicheln nicht, wie der Mensch und der Hund —
Wir sind verfallen dem Schinder.“

So klagte das Ross, und seufzte tief.
Der Langohr unterdessen
Hat mit der gemüthlichsten Seelenruh'
Zwei Distelköpfe gefressen.

Er leckte die Schnauze mit der Zung',
Und gemüthlich begann er zu sprechen:
„Ich will mir wegen der Zukunft nicht
Schon heute den Kopf zerbrechen.

„Ihr stolzen Rosse seid freilich bedroht
Von einem schrecklichen Morgen.
Für uns bescheid'ne Esel jedoch
Ist keine Gefahr zu besorgen.

„So Schimmel wie Rappen, so Schecken wie Fuchs,
Ihr seid am Ende entbehrlich;
Uns Esel jedoch ersetzt Hans Dampf
Mit seinem Schornstein schwerlich.

„Wie klug auch die Maschinen sind,
Welche die Menschen schmieden,
Dem Esel bleibt zu jeder Zeit
Sein sicheres Dasein beschieden.

„Der Himmel verlässt seine Esel nicht,
Die ruhig im Pflichtgefühle,
Wie ihre frommen Väter gethan,
Tagtäglich traben zur Mühle.

„Das Mühlrad klappert, der Müller mahlt,
Und schüttet das Mehl in die Säcke;
Das trag ich zum Bäcker, der Bäcker backt,
Und der Mensch frisst Bröde und Wecke.

„In diesem uralten Naturkreislauf
Wird ewig die Welt sich drehen,
Und ewig unwandelbar, wie die Natur,
Wird auch der Esel bestehen.“

Moral.

Die Ritterzeit hat aufgehört,
Und hungern muss das stolze Pferd.
Dem armen Luder, dem Esel, aber
Wird niemals fehlen sein Heu und Haber.

(Sämmtl. Werke. 4. Theil, letzte Gedichte.)

Eisenbahn-Fahrt.

Von Carl Christian Tenner.

(1844.)

Es jagt der Gnom mit dem Thiere dahin,
Dass in Dampf und Gestöhne die Funken sprüh'n;
Und mit gellender Pfeife tos't nebenher
Sein leichtes, flinkes Gesellenheer.
Welch' herrlicher Flug, welch' herrlicher Lauf!
Die Sonne geht unter, der Mond geht auf,
Und kaum, kaum winken die Sterne mir,
Da sitz' ich beim Liebchen und kose mit ihr!

Wie fliegen die Büsche, die Bäume, hei!
Wie fliegen die Felder und Wiesen vorbei!

Das Dörflein hier — und der Hügel dort,
Ein Pfiff, ein Klapp — und beide sind fort!
Welch' herrlicher Flug! u. s. w.

Nun geht's in den Berg mit Saus und Braus.
Ich merke, Zwerg, hier bist du zu Haus!
Du streichst durch die Höhle mit Jung und Alt,
Dass dröhnend dein Erznest wiederhallt.
Welch' herrlicher Flug! u. s. w.

Nun geht's durch den Wald nach dem Erlenthal,
Wo jüngst die Lose das Herz mir stahl.
Schon schweifen da drüben im Tanze, husch, husch!
Die luftigen Elfen von Busch zu Busch.
Welch' herrlicher Flug, welch' herrlicher Lauf!
Die Sonne geht unter, der Mond geht auf,
Und kaum, kaum winken die Sterne mir,
Da sitz' ich beim Liebchen und kose mit ihr.

(Elsässische Neujahrsblätter.)

Im Eisenbahnwagen.

Von Fried. Theod. Vischer.

(1879.)

Jetzt schnaube nur, Dampf, und brause!
Jetzt rolle nur, Rad, und sause!
Es geht nach Hause, nach Hause!

Du kannst nicht jagen, o Wagen,
Wie meine Pulse mir schlagen!
Zur Geliebten sollst du mich tragen.

Vorüber, ihr ragenden Stangen!
Verschwindet, ihr Meilen, ihr langen!
Wer ahnt mein Verlangen und Bangen!

Auf den Bänken, wie sie sich dehnen!
Wie sie schwatzen und gaffen und gähnen!
Es ist nichts, wonach sie sich sehnen.

Dort raset der Sturm durch die Tannen,
Zum Dampfe noch möcht' ich ihn spannen,
Dass er rascher mich reisse von dannen!

Hinweg aus dem plappernden Schwarme,
O, hin an die Brust, an die warme,
In die offnen, die liebenden Arme!

(„Auch Einer", eine Reisebekanntschaft.)

Die Bahnstation.

An einem Herbstmorgen.

(Alcäisch.)

Aus dem Italienischen, den Odi Barbare des Giosué Carducci [1]).

(1878.)

Ach wie verdriesslich seh'n die Laternen dort
Hinter den Bäumen aus, wie sie in langen Reih'n
Durch tropfend regennasse Zweige
Gähnend ihr Licht in den Pfützen spiegeln.

Trübselig schrill-durchdringendes Zischen fährt
Jetzt aus dem Dampfross, bleierner Himmel hängt
Herab in den Novembermorgen,
Wie ein gespenstischer Nebelriese.

Wohin, wozu eilt, drängt sich die Menge dort
Lautlos heran zum düstern Wagentross?
Entgegen unbekannten Schmerzen,
Oder den Täuschungen ferner Hoffnung?

Und sinnend, Lydia, bietest auch du der Fahrt
Abzeichen jetzt dem Schaffner zum Einschnitt dar;

---

[1]) G. Carducci, geb. 1836 in Val di Castello, einem kleinem Orte in der Provinz Pisa, lebt als Professor der klassischen Literatur in Bologna. Prof. Carl Hillebrand nennt ihn einen der bedeutendsten, vielleicht den ersten unter den Dichtern, welche Europa seit dem Tode Heinrich Heine's hervorgebracht hat.

So trennt die Zeit von schönen Jahren
Uns, von Erinnerung sel'ger Stunden.

Den Zug entlang mit dunkeln Kaputzen geh'n
Die Wächter, achtsam, schwärzlichen Schatten gleich;
Sie tragen matte Handlaternen,
Eiserne Stäbe dazu, und schlagen

Wie prüfend, laut die eisernen Fesseln an;
Ach, und ein Echo tiefster Verdrossenheit
Erweckt in mir das düstre Dröhnen,
Dass wie im Krampfe die Nerven zucken.

Und jede hart zufallende Wagenthür
Dünkt mich Beleidigung, — Hohn scheint der letzte Pfiff,
Der schnell und hastig das Signal gibt. —
Prasselnder Regenguss peitscht die Scheiben.

Jetzt schnaubt das Unthier aus der metall'nen Brust,
Keucht, schüttert, sperrt rothglühende Augen auf,
Und schleudert weit in Nacht und Nebel
Gellendes Pfeifen, dem Raum zum Trotze.

Fort rast das Unthier! Ach und mein Lieben führt
Sein grimmer Flug mit gräulichem Tross davon!
Noch grüsst das bleiche Antlitz, — grüssend
Schwindet der Schleier dahin im Dunkel. —

Du süsses Antlitz, weiss mit dem Rosenhauch,
Ihr Augen, glanzvoll, Friede verbreitend, du
Von krausem Haargelock umwehte,
Lieblich sich neigende, reine Stirne;

Ihr lachtet mir als stürmisches Leben trieb
In lauer Luft in rauschender Sommerpracht;
Wie gerne küsste da die helle
Sonne des Juni, vom braunen Haare

Zurückgestrahlt, die liebliche Wange ihr!
Und einen Lichtglanz, schöner als Sonnenschein,
Wob ich in meinen sel'gen Träumen
Um das geliebte, das holde Wesen!

Jetzt kehr' ich heim in Regen und Dunkelheit
Und möchte ganz versinken in ihrem Schoss,
Wie trunken schwank' ich und befühle
Mich, ob ich selber nicht ein Fantom sei!

Dies unaufhörlich fallende Laub, wie kalt,
Wie ernst und stumm legt sich's auf die Seele mir!
Mich dünkt für Alle hier auf Erden
Immer und ewig bleibt's jetzt November!

Ach dem, der irr am Fühlen und Leben ward,
Frommt Dunkel besser und bergendes Nebelgrau,
Und in Verdrossenheit versinken
Möcht' ich, die nimmer und nimmer endet.

(Ausgew. Gedichte von Giosuè Carducci, metrisch übersetzt von B. Jacobson. Leipzig 1880.)

Gross-Britannien.

(Das Mutterland der Eisenbahn.)

Die erste Fahrt mit einem Dampfwagen. [1])

Penydarran, 15. Februar 1804. [2])

Mr. Giddy!

Sir! — Letzten Samstag entzündeten wir das Feuer in dem Tramwagen und liessen die Maschine ohne Räder versuchsweise laufen. Montags brachten wir sie nach der Tramroad. Sie arbeitete „very well", rannte mit grosser Geschwindigkeit Hügel auf und ab und war leicht zu führen. Wir hatten genug Dampf und Kraft. Ich hoffe, sie morgen wieder in Thätigkeit zu haben.

---

[1]) Der Name „Locomotive" kommt erst in der Zeit von 1815—20 vor.

[2]) In Cornwall.

Mr. Homfray und der Herr, dessen ich im letzten Briefe erwähnte, wollen morgen kommen. Die Wette soll erst Mitte der nächsten Woche entschieden werden, zu welcher Zeit ich mich glücklich schätzen werde, Sie zu sehen.

Ich verbleibe

Ihr ergebenster Diener

Richard Trevithick.

(Steiner, Bilder aus der Geschichte des Verkehrs. Prag 1880.)

Thomas Gray und sein Werk über die Eisenbahn.

Bereits im Jahre 1820 gab Thomas Gray in London ein Werk über die Eisenbahnen heraus, das in mehreren Auflagen erschienen ist. Dasselbe ist durch seine Voraussicht in die Zukunft des Eisenbahnwesens bemerkenswerth, sowie ferner durch die Energie, mittels welcher der Verfasser seine Lehren zu verbreiten suchte. Der Titel dieser Schrift ist folgender:

„Observations on a general iron railway, or land steam-conveyance, to supersede the necessity of horses in all public vehicles; showing its vast superiority in every respect over all the present pitifull methods of conveyance by turnpike-roads, canals, and coasting traders. Containing every species of information relative to railroads and locomotive engines. By Thomas Gray.

No speed with this can fleetest horse compare,
No weight like this canal or vessel bear;
As this will commerce every way promote,
To this let sons of commerce grant their vote."

Ein ähnlich fester Glaube findet sich im Buche selbst ausgedrückt. Da ist kein Zögern, da ist kein Schwanken. „Keine Hindernisse," heisst es in der Vorrede zuversichtlich, „können lange aufhalten, was für die allgemeine Wohlfahrt als wesentlich erkannt ist." Der Plan legt die Nothwendigkeit dar, die Pferde bei allen öffentlichen Fuhrwerken, Stage-Kutschen und Postwagen abzuschaffen. Bei Herstellung einer allgemeinen Eisenbahn in unmittelbarer Richtung würde die Entfernung zwischen der

Hauptstadt und den Fabrik - Bezirken bez. den grösseren Orten derselben um ein Viertel und in manchen Fällen um ein Drittel vermindert werden, während die Stage - Kutschen täglich die gekrümmte Strasse verfolgen. Das andauernde Gedeihen, welches der Handel aus dieser schnellen Verbindung erfahren würde, müsste bald in jedem Theile des vereinigten Königreichs fühlbar werden. Die Briefpost zwischen London und Manchester würde in der Zeit von 12 und diejenigen nach Glasgow und Edinburg in 24 Stunden befördert werden. In ähnlicher Weise würden die Pächter an dieser nationalen Verbesserung theilnehmen. Der Acker, welcher jetzt Futter für die Pferde liefere, könnte bearbeitet werden, um daraus Vortheilhafteres zu erzielen. Die verschiedenen Erzeugnisse des Pachthofes sowohl als das Vieh jeder Art könnten nach einem Markte in der Hälfte der Zeit und zu den halben Kosten geführt werden.

(John Franois, history of the English Railway. London 1851.)

Georg Stephenson, der Vater des Eisenbahnwesens.

I.

Von Dr. Emminghaus.

(1862.)

Das Land des Eisens und der Kohlen ist naturgemäss das Mutterland der Eisenbahnen. Fast so lange, als man in Grossbritannien Kohlen fördert, kennt man dort den Gebrauch der Eisenschienenwege. . . .

Schon im Jahre 1800 stellte Dr. Anderson den Plan eines grösseren Eisenbahn - Systems auf. Aber die Erkenntniss der physikalischen Gesetze der Schwere, der Reibung, der schiefen Ebene u. s. w. und ihre Verwendung im Interesse der Fortbewegung von Körpern war eigentlich keine Erfindung zu nennen. Die eigentliche fruchtbringende Erfindung im Eisenbahnwesen ruht in der Combination der bewegenden Kraft des Dampfes mit der vervollkommneten Hinwegräumung der Hindernisse der Bewegung. Und auch diese Erfindung ist in England bekanntlich zuerst ausgebeutet worden. Georg Stephenson wurde der Vater des englischen Eisenbahnwesens im heutigen Sinne des Wortes, als er zuerst im Jahre 1813 auf eisernen Schienengeleisen einen durch Dampf bewegten Wagen gebrauchte.

Die Darlington-Stockton-Bahn war schon ein Jahr lang (von 1825—26) als Pferdebahn benutzt gewesen, als man (1826) den verbesserten Stephenson-Dampfwagen darauf zur Anwendung brachte. Im gleichen Jahre wurde die Liverpool-Manchester-Bahn angefangen, und während der Locomobilen-Versuch auf der Darlington-Stockton-Bahn nur geringes Aufsehen machte, drang die Kunde von der am 8. October 1829 stattgehabten und glücklicher als man hoffte verlaufenen Locomotiv-Probe auf der Liverpool - Manchester - Bahn rasch durch die erstaunte Welt, welche ahnen mochte, dass mit diesem Ereigniss eine neue grossartige Epoche der Culturgeschichte beginne.

Man hatte bei dem Preisausschreiben für eine Locomotive auf der genannten Bahn eine Geschwindigkeit von 10 engl. Meilen in der Stunde verlangt. Georg Stephenson's „Rocket“ legte beladen 24, leer 30 Meilen zurück!

(„Grossbritanniens Eisenbahnen“ in der Zeitung des Vereins d. Eis.-Verw.)

2.

Von John Francis.

(1851.)

Georg Stephenson wurde in einer kleinen Hütte in Newcastle geboren und starb als Eigenthümer eines schönen Landsitzes in Tapton; er begann sein Leben auf einem Kohlenhaufen und beendete es in einem Herrenhause; er setzte die Uhren der Bauern wieder in Stand, um für seinen Sohn das Schulgeld entrichten zu können und sah am Lebens-Ende denselben als Mitglied des Parlaments; er ass in seiner Jugend sein Mittagbrod im Kohlenbergwerk von Killingworth und machte in seinem Alter sich das Vergnügen, mit einem Herzog in der Gartenkunst zu wetteifern; er lehrte Arithmetik für vier Pence in der Woche und baute die schwierigsten Eisenbahnen des Königreichs; er wurde vom ersten Minister um Rath gefragt, empfing vom König Ehrenbezeugungen, war ein liebreicher Sohn, ein treuer Freund und ein liebevoller Vater. Der Name des Georg Stephenson ist einer derjenigen, dem Ehre zu erweisen sich Jedermann als ein Vergnügen anrechnet. Sein Leben war für die Welt ein wahres Beispiel. . . . .

Georg Stephenson begann im Alter von vierzig Jahren — er war damals ein reifer, wohl unterrichteter Mann — sein erstes wichtiges Werk: er wurde nämlich damals von Herrn Pease aufgefordert, ihm beim Bau der Eisenbahn Stockton-Darlington Hilfe zu leisten. Für Beide ehrenwerth ist es, dass die Eigenthümer ihm als Ersatz für die Sorgfalt, mit welcher er ihre Interessen wahrgenommen hatte, Geld vorstreckten, um mit dem Bau einiger Locomotiven zu beginnen. Dieser Thätigkeit in der Fabrik, welche letztere uns jetzt als diejenige von Robert Stephenson & Co. bekannt ist, kann sein hübsches Vermögen zugeschrieben werden. In demselben Jahre wie sein eigener Herr wurde er Ingenieur bei der Liverpool-Manchester-Eisenbahn. Von dieser Zeit ab ist sein Name mit der Eisenbahn verknüpft; er ist ein Theil und Stück der Locomotive selbst; um das Jahr 1824 hatte er bereits sechzehn solcher Maschinen hergestellt. Die Locomotive war das Kind seiner Verstandes-Thätigkeit, die Schöpfung seines eigenen Könnens, mit der eigenen rechten Hand gearbeitet, das Erzeugniss seiner eigenen Geschicklichkeit.

Vom Jahre 1840 ab, als Georg Stephenson die Herstellung der Locomotiven seinem Sohne überliess, war sein Leben eine fortdauernde Ovation. Minister und Fürsten ehrten ihn. Der Belgische Monarch gewährte ihm die Ritterwürde. Die Bildhauer verewigten seine Gestalt in Marmor. Männer der Wissenschaft erkannten seine Bedeutung an, Männer des Handels waren stolz auf ihn. . . . .

Vom Fieber darniedergeworfen, litt er nur wenige Tage; er starb am 12. August 1848, im Alter von 68 Jahren.

(History of the English Railway.)

Die beiden Stephenson.

Von M. M. von Weber.

(1869.)

Zu den Generationen bedeutender Teckniker gehört der Name Stephenson, den ein grosser Vater dem grossen Sohne mit gleicher Kraft des Geistes vererbte. Die Keime, die das Genie des Vaters trieb, hat das des Sohnes mit gleicher Energie kraftvoll entwickelt. Wir sehen in den verschmolzenen Existenzen dieser beiden Männer einen jener in der Entwickelungsgeschichte der Menschheit so seltenen Fälle, wo das Regiment der Welt es sich gleichsam zum Vorwurf gesetzt zu haben scheint, eine grosse Erfindung durch Licht und Wärme eines Genius vom Samenkorn bis zur Blüthe zu treiben und, da hierfür die Leistungskraft eines Menschenwirkens nicht ausreichte, dieselbe schon im nächsten Nachkommen zu repetiren. Beide Stephensons, Vater und Sohn, sind Geister jener festen, klarblickenden, reinwaltenden Art, die der Engländer gern als die seinem Volk specifisch eigene betrachtet und mit dem stolzen Namen „starker angelsächsischer Geist" bedeutsam kennzeichnet. Das, was von Eisenbahnen vor der That des älteren Stephenson existirte, war weniger eine Basis für sein Schaffen, als ein Vorspiel für dasselbe. Die Eisenbahn wurde erst zum Rüstzeug des Geistes der Civilisation durch die Erfindung der schnellen Locomotive. Mit den langsam dahinkriechenden „Puffing Billy's" der alten nordenglischen und schottischen Kohlenbahnen wäre sie ewig nichts weiter als höchstens ein nützliches Lastthier der Industrie geblieben.

Georg Stephenson, der Vater, erdachte die Locomotive, die den Menschen fünf Mal schneller durch die Welt trug, als er sich vordem jemals bewegt hatte — und mit einem Schlage schrumpften die trennenden Distanzen in der materiellen wie in der Geisterwelt auf ein Fünftel zusammen; das Leben wurde länger, die Lebenskreise grösser, die Grenzen weiter.

Robert Stephenson, der Sohn, verdoppelte die Eilkraft des Apparats seines Vaters, verzehnfachte seine Fähigkeit, Lasten zu bewegen — und die dauernde Hungersnoth verschwand aus der civilisirten Welt, die Völker strömten ineinander, der Krieg erhielt neue humanere Formen, der unermessliche Wagenzug, der aus der Provinz der Kohlen Wärme in die Provinz des Getreides geführt hatte, trug Brod aus dieser in jene zurück. Die menschliche Existenz trat in eine neue Phase, in deren Anfang wir uns erst befinden. . . . .

(„Werke und Tage", gesammelte Aufsätze. Weimar 1869.)

Robert Stephenson und die Britannia-Eisenbahn-Brücke.

Als es galt, die 20,000 Centner schweren Eisenröhren der Britannia-Brücke von der Uferstelle des Menai-Canals, wo sie zusammengenietet worden waren, an ihre Stellen zwischen die Pfeiler der Brücke zu transportiren, wurde der Erbauer der Brücke, der grosse Ingenieur Robert Stephenson, gefragt: wie er diese colossalen Lasten zu heben und zu bewegen gedenke. Er antwortete geheimnissvoll lächelnd: „Ich denke mir dazu den Mond als Handlanger zu engagiren!"

Und er that es, und der Mond legte ihm seine Riesenröhren gehorsam und gefällig zwischen die Pfeiler.

Stephenson liess nämlich seine Riesenröhren durch bei der Ebbe darunter gebrachte Pontons von der Fluth heben und mit deren Strömung zwischen die Pfeiler flössen. Und so war es in der That der Mond, der für den Menschengeist diese Gigantenarbeit that.

M. M. von Weber, die Entlastung der Culturarbeit durch den Dienst der physikalischen Kräfte. Berlin 1880.

Drei Aeusserungen des Georg Stephenson.

1.

„The locomotive is not the invention of one man, but of a nation of mechanical engineers."

(Die Locomotive ist nicht die Erfindung eines Mannes, sondern einer Nation Mechaniker.)

2.

Georg Stephenson hat gesagt: „Locomotive und Schienenbahn sind Mann und Weib.“

In der That ist es auch so; es musste ein doppelter Schöpfungsact erfolgen, es musste das Eine zum Anderen sich fügen; sie mussten Einen Leib bilden, es musste ein fruchtbares Paar erschaffen werden.

(Deutsche Vierteljahrsschrift für 1862.)

3.

„Nun Jungens“ (so sagte G. Stephenson zu seinem Sohne und dessen Freunden:) — im Jahre 1826 — „ich will Euch sagen, ich glaube, Ihr werdet den Tag erleben, obschon ich dann nicht mehr sein werde, an welchem die Eisenbahnen alle anderen Beförderungsarten zu Lande ersetzen werden, wo die Post-Kutsche auf den Schienen gehen und die Eisenbahn die Hauptstrasse für König und Unterthan sein wird. Die Zeit wird kommen, wo man billiger mit dem Dampfwagen als zu Fuss reisen kann. Ich weiss es wohl, man wird fast unübersteiglichen Hindernissen begegnen, doch was ich gesagt habe, kommt, so wahr ich lebe! Ich wünsche nur, ich erblickte jenen Tag, ob ich es gleich nicht hoffen darf, denn ich weiss, wie langsam menschliche Fortschritte sich vollziehen und mit welchen Schwierigkeiten ich zu kämpfen gehabt habe, ehe ich es dahin brachte, meine Locomotiven trotz ihrer mehr als zehnjährigen erfolgreichen Verwendung in Killingworth weiter benutzt zu sehen.“

(Steiner, Bilder aus der Gesch. des Verkehrs.)

Die ersten Eindrücke beim Anblick einer Eisenbahn.

(Aus den Briefen einer englischen Dame.)

December 1829.

Am Mittwoch kam ein besonderer Bote, um uns mitzutheilen, dass man an diesem Tage die Eisenbahn von Prescot besichtigen könne und dass am folgenden Tage der Tunnel von Liverpool beleuchtet werden würde. Wir reisten deshalb so schnell, als es möglich war, mittelst eines Fuhrwerks zu dieser Eisenbahn hin, woselbst wir die bewunderungswürdige Locomotive fanden, die wie der Wind vorüber fuhr. Für uns, die wir diese neuen Erfindungen noch nicht kennen und die darüber gemachten Beschreibungen nicht zu begreifen vermögen, ist die Neuheit des Schauspiels ausserordentlich; sie nimmt unsern Geist lebhaft in Anspruch. Diese Maschine nun ist es, welche Wagen, Personen, Waaren und alle Arten von Gegenständen von Liverpool nach Manchester in der Stunde dreissig Meilen [1]) befördern wird.

Wenn Ihr auf der Strasse seid und die Locomotive ankommen seht, so ist die Wirkung der Schnelligkeit eine solche, dass sie sich nicht zu nähern, sondern zu wachsen und deutlicher zu werden scheint, wie eine Gestalt der Einbildungskraft.

An diesem Tage wollte man keine Wagen für die Reisenden anbringen, denn es handelte sich nur darum, die neue Maschine zu versuchen; man spürt indessen schon eine Erregung, wenn man sieht, wie sie sich bewegt und dabei pfeift.

Am anderen Tage fuhren wir nach dem Tunnel, welcher am Endpunkte der Eisenbahn sich befindet. Es ist ein Gewölbe, das $1^1/_4$ Meile lang, unter der Stadt Liverpool ausgehöhlt ist und in den Docks endet. Wir waren ungefähr 20 Personen. Wir besahen zunächt die Eisenbahnwagen, welche man bereit hielt. Sie gleichen den Omnibus-Fuhrwerken: jeder derselben ist ein grosser Wagen mit einem Coupé an beiden Enden; einige können 20, andere 30 Personen aufnehmen. Es giebt ausserdem Güterwagen für die Schweine, das Vieh, Waaren und auf Räder gesetzte Plattformen, auf denen ein ganz angespanntes Fuhrwerk wie auf einem Schiff befördert werden kann. Man wird dreissig Meilen weiter befördert gleichwie auf einem Teppich der Feenmärchen, ohne sich selbst zu bewegen.

Es war so, als wenn eine leichte Kraft uns davontrüge; die Schnelligkeit der Bewegung war nur fühlbar durch die Stärke der Luftströmung und durch die Schnelligkeit, mit welcher wir an den Lampen vorbeikamen.

Niemals habe ich etwas so Fremdartiges gesehen, niemals

---

[1]) Englische Meilen.

fühlte ich mich so in die Magie, in die Zauberei versetzt, wie umgeben von unbekannten Kräften und Mächten.

In weniger als in drei Minuten, nachdem wir hinter dem freien Felde den Tunnel passirt hatten, befanden wir uns in den Docks von Liverpool. Der erste Eindruck des Tageslichts war sehr schön, und es war wahrhaft betäubend, nach einer so schnellen Bewegung plötzlich zu halten, ohne zu wissen, wo man war.

Nachdem wir aus den Wagen ausgestiegen waren, setzten wir uns in unser Fuhrwerk, das mit uns befördert worden war, und alsbald überraschten wir uns beim Murren über die macadamisirten Wege und unsere zehn Meilen in der Stunde. Mein Ehemann beklagte sich, dass er beim Beginne einer solchen Entdecknng schon ein Alter von fünfzig Jahren erreicht hätte.

---

23. Juni 1831.

Das wundervolle Wetter, welches am Montag herrschte, veranlasste mich, einen Platz in einem offenen Wagen der Eisenbahn zu nehmen. Wir kamen daselbst eine Stunde zu früh an; da ich aber die neue Art des Betriebes noch nicht gesehen hatte, so war ich begierig, die Wagen und die Locomotive zu sehen. Wir reisten um 10 Uhr ab. Es waren drei offene Wagen vorhanden, welche innen von einander geschieden und mit Polstern versehen sind. Wenn dieselben leer sind, so erscheinen sie sehr einladend, aber einmal gefüllt, findet man sich unvermeidlichen Unbequemlichkeiten ausgesetzt. Beispielsweise hatte ich einen Nachbar von unerträglicher Dicke, der sich in jedem Augenblicke erhob und wieder setzte, bis Jemand sich veranlasst fand, die Geschichte eines Mannes zu erzählen, der an einem der vorhergehenden Tage seinen Tod gefunden hatte, als er sich in diesem Wagen ausserhalb, entgegen den ihm gegebenen Rathschlägen, hielt; er war rücklings hinunter gefallen. Mein Nachbar, der diesen Bericht anhörte, beruhigte sich darauf ein wenig.

Der Wagen enthielt 24 Personen; wir waren unser 150 im Zuge. Im Ganzen fand ich diese Art, bei offenem Himmel zu fahren, nicht sehr anziehend. Man sieht vorn und hinten nur die Wagen von beiden Seiten. Das Geräusch ist so betäubend, die Bewegung so aufregend und, abgesehen von der Atmosphäre von Manchester, die man mit sich nimmt und nicht so rein ist, wie auf dem Schiff bei einer Brise des Meeres, ist man dem ausgesetzt, in die Augen kleine Kohlen- und Eisentheile zu bekommen.

In geschlossenen Wagen vermeidet man theilweise diese Unannehmlichkeiten. Alles ist so gut als möglich eingerichtet, aber für mich, die ich das Durcheinander und die Engigkeit verabscheue, mir erschien mein Fuhrwerk den Vorzug zu verdienen. Indessen fühle ich, dass es beinahe schlecht und undankbar ist, von einer so ausserordentlichen Erfindung so wenig respectvoll zu sprechen. Die schnellen Fortschritte der Gegenden, welche die Eisenbahn durchschneidet, sind sehr merkwürdig: auf allen Seiten entstehen Häuser.

---

7. Juli 1831.

Wir haben die Eisenbahn benutzt, um von Sanct *** zurückzukehren, wir wählten aber einen geschlossenen Wagen. In unserm Zuge ist ein Mann getödtet worden, wir haben aber davon, selbst in dem Augenblicke, als es geschah, nichts erfahren, obschon ein Aufenthalt von einer Minute entstand, der für uns ohne scheinbare Ursache war. Man weiss nicht einmal, was in einem anderen Theile des Zuges sich ereignet, als wenn man hundert Meilen davon entfernt wäre!

(Magasin pittoresque, herausgegeben v. E. Charton.)

Die Nothwendigkeit der Herstellung von Eisenbahnen.

Von Sir Robert Peel.

(1835.)

Unnöthig wäre es, so einsichtsvollen Männern viel von dem Nutzen und der Wichtigkeit wohlfeiler und schneller Verbindungsmittel zu sprechen. Ich trage kein Bedenken, zu erklären, dass ich entschieden für das System bin, ganz England mit Eisenbahnen zu durchziehen. Ich glaube, dass diese Speculation gewinnreich ausfallen, dass das aufzuwendende Kapital gute Zinsen tragen wird. Es darf unser Urtheil nicht beirren, dass dabei Privat-Vortheil gesucht wird. Einzelne Personen mögen dabei gewinnen; das öffentliche Interesse wird darum nicht weniger im Grossen und Ganzen befördert. Unser Handel würde in seiner Blüthe nicht zunehmen, wenn wir es unterlassen wollten, alle bedeutenden Punkte des Landes in nähere Berührung zu bringen. Eisenbahnen sind für uns nicht mehr Sache der Wahl, sondern der Nothwendigkeit.

Wir befinden uns in ganz anderer Lage, als zur Zeit des letzten Krieges. Von 1793 an bis 1815 waren wir Herren zur See und Allein-Inhaber des Welthandels. Seit dem Frieden konnten die anderen Länder mit uns wetteifern und sie haben es gethan. Gewerbe und Kunstfleiss steigen aller Orten; die Concurrenz ist mächtig und in jedem Zweige der Manufactur in der Zunahme begriffen. Wollen wir oben bleiben, so müssen wir unablässig darauf bedacht sein, in keiner materiellen Verbesserung den Anderen nachzustehen. Auf dem Continent projectirt man viele Eisenbahnen; in den Vereinigten Staaten bestehen schon sehr ausgedehnte. Unser Kapital würde auswandern, wenn wir es nicht auf dem eigenen Boden verwenden wollten. Es ist darum unsere Pflicht, neue Unternehmungen dieser Art kräftig zu unterstützen. [1])

(Aus einer Rede bei einer Versammlung in Tamworth.)

Die unterirdische Eisenbahn in London.

(1865.)

Das Beispiel des Themse-Tunnelbaues, der unter grossen Schwierigkeiten glücklich zu Ende geführt worden war, gab

---

[1]) Bereits ein Jahr früher soll derselbe Redner sich wie folgt geäussert haben:

„Beeilen wir uns, meine Herren! beeilen wir uns; es ist unumgänglich nothwendig, von einem Ende dieses Königreichs bis zum anderen Verbindungen mittels der Dampfkraft herzustellen, wenn Gross-Britannien in der Welt seinen Rang und seine Uebermacht erhalten will.“

(Brunfaut, étude sur les voies de transport en France.)

denen, die vor einigen Jahren mit dem Plane hervortraten, die Hauptbewegungs-Centren Londons und namentlich die Bahnhöfe, durch eine unterirdische Eisenbahn zu verbinden, die Mittel an die Hand, den ungläubigen Capitalisten, einem misstrauischen Publicum und allen Zweiflern zu beweisen, dass nicht Schwierigkeit und Kostspieligkeit des Baues, sondern lediglich die Frequenz bei der Rentabilität einer derartigen Capital-Anlage in Betracht zu ziehen sei. Was nun diese letztere anging, so konnten die Unternehmer sich leicht beruhigen, denn sie musste jederzeit eine ungeheure sein. Die Capitalien wurden also gefunden, und der Bau begann. Schon zum 1. Mai 1862, bei Beginn der zweiten allgemeinen Industrie-Ausstellung, wollte man die Bahnstrecke eröffnen, kam aber nicht dazu, sondern es verzögerte sich dieselbe bis zum 9. Januar 1863. Die aufgewandten Kosten betrugen für die $3^3/_4$ engl. Meilen 1,300,000 L. Bei einer überirdischen Bahn hätte man mit dem Doppelten, ja Dreifachen dieser Summe kaum die nöthigen Grundstücke erwerben und Entschädigungen auszahlen können. Man steigt nicht weit von der Post, vor Newgate Ludgate Hill, der Times-Redaction, in den grossen Tunnel, der seine Endstation $3^3/_4$ engl. Meilen entfernt auf dem Paddington-Bahnhof findet.

Die Bahn folgt überall dem Strassenzuge. Der Untergrund der Häuser wird als Privat-Eigenthum betrachtet und als solches respectirt. Ein eigenthümliches Beleuchtungssystem haben unter Anderem die Stationen in Baker-Street und Gower-Street. Vierzehn ungeheure Fenster oder vielmehr Kellerlöcher öffnen sich zu beiden Seiten in den gewaltigen, düsteren Wohnungen. Das Tageslicht, welches sie bringen, fällt auf eine senkrechte Mauer aus weissglasirten Ziegelsteinen, und von diesen zurückgestrahlt. fällt es dann durch die eigentlichen Fenster senkrecht in die Halle hinab. Dennoch giebt der einfallende Tagesschein nur ein mattes, trübes, fast geisterhaftes Licht, das den Eindruck von Grab und Gruft, dessen man sich, so tief unter der im Sonnenschein athmenden Menschenwelt, doch nicht ganz erwehren kann, noch erhöht. Die Sonne Londons, und namentlich des unterirdischen Londons, ist das Gaslicht!

Während die orientalische Civilisation der Assyrer, Aegypter, Juden, Meder, Perser, zum Theil auch der Griechen und Römer, sich einem Sonnen-Cultus mehr oder minder zuneigen, ist es characteristisch für die nordeuropäische und speciell für die englische Civilisation, dass ihre industriellen Unternehmungen, ihre Bauten und Einrichtungen sich dem leuchtenden Helios eher ab- als zuwenden. Viel eher könnte man sagen, unterliegen sie dem Einflusse der bleichen Luna, die in Ebbe und Fluth die Wogen des Meeres, also ein so wesentliches Machtelement Alt-Englands, beherrscht. Jedenfalls aber suchen sie sich dem Einflusse der Atmosphäre oder der Erde so viel als möglich zu entziehen. An trüben Nebeltagen scheint es manchmal, als müsse man unter die Erde hinabsteigen, um in London genügend hell zu sehen, denn während oben Cabs und Omnibus aneinander rennen, weil die vorgesteckten Laternen kaum fünf Schritte weit sichtbar sind, herrscht unten fortwährend gleichmässiges Licht, gleichmässige Wärme, Ruhe und Ordnung.

Auf unterirdischen Eisenbahnen reisen die Passagiere, durch die pneumatischen Tuben fliegen die Briefe und leichten Packete, auf elektrischen Drähten eilen die Menschengedanken mit Blitzesschnelle in alle Welt hinaus, während eiserne Schienennetze und schnelle Dampfer See und Land umspannen und verbinden. Das ist ein Stück Märchenpoesie der Industrie und der Eisenbahnen!

(Mag. für die Lit. des Auslandes für 1865.)

Verkehrs-Erleichterung in London.

Von Julius Faucher.

(1877.)

Vor mir liegt eine sogar schon etwas ältere Karte, wie sie in des Londoners Tasche nicht fehlen darf, ein Stadtplan, der aber das gewöhnliche Strassenwerk gar nicht mehr eingetragen enthält, um das innerstädtische Eisenbahnnetz desto klarer und übersichtlicher darstellen zu können. Die Karte führt die bezeichnende Aufschrift: „Reisen in London leicht gemacht“ und ist auf jedem Bahnhofe zu haben. Diese Karte weist nicht weniger als 177 Eisenbahn-Stationen auf. Es kommen 40 Stationen auf eine deutsche Quadratmeile und wären sie gleichförmig über den Raum vertheilt, so würde eine von der anderen 3600 Fuss entfernt sein, und kein Platz läge weiter entfernt von einem Bahnhofe als 2400 Fuss.

(Vergl. Culturbilder aus den vier europäischen Millionenstädten.)

Die Brück' am Tay.

(28. December 1879.) [1])

Von Theodor Fontane.

When shall we three meet again. . . ?
Shakespeare, Macbeth.

„Wann treffen wir drei wieder zusamm?"
„Um die siebente Stund', am Brückendamm."
„Am Mittelpfeiler."
„Ich lösche die Flamm'."
„Ich mit."
„Ich komme von Norden her."
„Und ich von Süden."
„Und ich vom Meer."
„Hei, das giebt einen Ringelreihn,
Und die Brücke muss in den Grund hinein."

„Und der Zug, der in die Brücke tritt
Um die siebente Stund'?"
„Ei, der muss mit."
„Muss mit."
„Tand, Tand,
Ist das Gebilde von Menschenhand!"

Auf der Norderseite, das Brückenhaus —
Alle Fenster sehen nach Süden aus,
Und die Brücknersleut', ohne Rast und Ruh
Und in Bangen sehen nach Süden zu,

---

[1]) An diesem Tage stürzte ein Theil der Tay-Brücke in Schottland, gelegentlich eines starken Orkans, zusammen, als gerade ein Eisenbahnzug darüber fuhr.

Sehen und warten, ob nicht ein Licht
Ueber's Wasser hin „ich komme“ spricht,
„Ich komme, trotz Nacht und Sturmesflug,
Ich, der Edinburger Zug.“

Und der Brückner jetzt: „Ich seh' einen Schein
Am anderen Ufer. Das muss er sein.
Nun, Mutter, weg mit dem bangen Traum,
Unser Johnie kommt und will seinen Baum,
Und was noch am Baume von Lichtern ist,
Zünd' Alles an wie zum heiligen Christ,
Der will heuer zweimal mit uns sein,
Und in elf Minuten ist er herein.

* * *

Und es war der Zug. Am Süderthurm
Keucht er vorbei jetzt gegen den Sturm,
Und Johnie spricht: „Die Brücke noch!
Aber was thut es, wir zwingen es doch.
Ein fester Kessel, ein doppelter Dampf,
Die bleiben Sieger in solchem Kampf,
Und wie's auch rast und ringt und rennt,
Wir kriegen es unter: das Element.

Und unser Stolz ist unsre Brück';
Ich lache, denk' ich an früher zurück,
An all den Jammer und all die Noth
Mit dem elend alten Schifferboot;
Wie manche liebe Christfestnacht
Hab' ich im Fährhaus zugebracht,
Und sah unsrer Fenster lichten Schein,
Und zählte, und konnte nicht drüben sein.“

* * *

Auf der Norderseite, das Brückenhaus --
Alle Fenster sehen nach Süden aus,
Und die Brücknersleut' ohne Rast und Ruh
Und in Bangen sehen nach Süden zu;
Denn wüthender wurde der Winde Spiel,
Und jetzt, als ob Feuer vom Himmel fiel',

Erglüht es in niederschiessender Pracht
Ueberm Wasser unten . . . Und wieder ist Nacht.

„Wann treffen wir drei wieder zusamm?“
„Um Mitternacht, am Bergeskamm.“
„Auf dem hohen Meer, am Erlenstamm.“
„Ich komme.“
„Ich mit.“
„Ich nenn' euch die Zahl.“
„Und ich die Namen.“
„Und ich die Qual.“
„Hei,
Wie Splitter brach es entzwei.“
„Tand, Tand,
Ist das Gebilde von Menschenhand.“

Deutschland.

Ueber die künftigen Eisenbahnen.

Von Joh. Wolfg. v. Goethe.

(Vor 1831.)

Mir ist nicht bange, dass Deutschland nicht eins werde; unsere guten Chausseen und künftigen Eisenbahnen werden schon das Ihrige thun! Vor Allem sei es eins in Liebe unter einander, und immer sei es eins gegen den auswärtigen Feind. Es sei eins, dass der deutsche Thaler und Groschen im ganzen Reiche gleichen Werth habe, eins, dass mein Reisekoffer durch alle 36 Staaten ungehindert passiren könne. Es sei eins, dass der städtische Reisepass eines weimarischen Bürgers von dem Grenzbeamten eines grossen Nachbarstaates nicht für unzulänglicher gehalten werde, als der Pass eines Ausländers. Es sei von

Inland und Ausland überall unter den deutschen Staaten keine Rede mehr. Deutschland sei ferner eins in Maass und Gewicht, in Handel und Wandel und hundert ähnlichen Dingen, die ich nicht alle nennen kann und mag.

(Gespräche mit Eckermann.)

Friedrich List und die Idee eines deutschen Eisenbahn-Netzes.

Von Ludwig Häusser.

(1850.)

Damals (in den Dreissiger Jahren) stand jede Eisenbahn-Speculation in den Augen eines grossen Theils der deutschen Nation ungefähr auf derselben Linie, wie heutzutage etwa die Luftschifffahrt, und man hatte sich noch nicht gewöhnt, ohne Schreck und Schauder an die bewegende Kraft des Dampfes zu denken; Explosionen, Ersticken, Ueberfahrenwerden galt in den Augen der Mehrzahl noch als eine unvermeidliche lebensgefährliche Beigabe alles Eisenbahnwesens. Musste List gegen solch kindische Vorstellungen noch ankämpfen, so liess sich wohl denken, mit welchen Augen man Anfangs seine Idee eines Eisenbahnnetzes ansah, das sich über ganz Deutschland verbreiten sollte. Er hatte der Schrift („Ueber ein sächsisches Eisenbahnsystem als Grundlage eines allgemeinen deutschen Eisenbahnsystems, und insbesondere über die Anlegung einer Eisenbahn von Leipzig nach Dresden“ 1834) ein Kärtchen beigegeben, auf dem die künftigen Linien verzeichnet waren; wir finden da die Linie von Basel nach Frankfurt, von Frankfurt nach Cassel, Hannover und Bremen, sowie nach Gotha, Leipzig und Berlin, das einerseits über Magdeburg, Braunschweig und Hannover mit Minden und Cöln in Verbindung gesetzt ist, andererseits seine Eisenbahnarme nach Pommern, Westpreussen und Schlesien aussendet. Leipzig selbst steht da mit Dresden und Prag, mit Berlin, Halle, Magdeburg und durch eine grosse Bahnlinie, die von Thüringen über Bamberg, Nürnberg, Augsburg, München nach Lindau führt, mit dem deutschen Süden in Verbindung. Wie

Viele mochten damals in diesen Entwürfen nichts als Schwindeleien sehen, und wie viele Hindernisse standen in Deutschland entgegen, wo der Unternehmungsgeist erschlafft war, die Regierungen und Bevölkerungen von der unruhigen Rührigkeit der Britten und Nordamerikaner nichts in sich fühlten, wo die Kleinstaaterei und die Kirchthurmspolitik hundert Schwierigkeiten bereitete. Und trotz aller dieser Schwierigkeiten ist jenes Netz, wie es List damals entwarf, nach kaum 15 Jahren vollendet gewesen — gewiss die schlagendste Rechtfertigung gegen alle damaligen Neider und Zweifler.

(Friedrich List's Leben. S. 199 u. folg.)

Friedrich List in Berlin.

(1850.)

List berichtete über seinen Aufenthalt in Berlin (im Jahre 1835):

„. . . . . Vergebens stellte ich den Herren v. Rochow und v. Lottum vor, es werde nicht ewig Friede bleiben; eine Eisenbahn durch das Herz von Deutschland nach Cöln und die Verbindung mit dem belgischen System sei für sich selbst mehr als ein siegreicher Krieg. . . . Es werde den Geist der deutschen Nation unendlich erheben, wenn man den Franzosen einmal voranginge, statt ihnen zu folgen. . . . . General Rühle war ganz meiner Ansicht, auch Herr von Humboldt (Alexander). Letzterer gab mir den Rath, mich an den Kronprinzen zu wenden und vermittelte meine Introduction bei Herren v. Willisen, seinem Adjutanten.“

(Häusser, Friedrich List's Leben.)

Die Nothwendigkeit der Anlage eines deutschen Eisenbahnsystems.

Von Friedrich List.

(1841.)

Ein deutsches Eisenbahnsystem würde auf die Stärkung aller geistigen und politischen Kräfte wirken:

„als Nationalvertheidigungs-Instrument; denn es erleichtert die Zusammenziehung, Vertheilung und Direction der Nationalstreitkräfte;

als Culturbeförderungsmittel; denn es beschleunigt und erleichtert die Distribution aller Literaturproducte und aller Erzeugnisse der Künste und Wissenschaften; es bringt Talente, Kenntnisse, Geschicklichkeit jeder Art in Wechselwirkung; es vermehrt die Bildungs- und Belehrungsmittel aller Individuen, von jedem Stand und Alter;

als Assecuranzanstalt, gegen Theuerung und Hungersnoth und gegen übermässige Fluctuationen in den Preisen der ersten Lebensbedürfnisse;

als Gesundheitsanstalt; denn es vernichtet die Entfernungen zwischen dem Leidenden und dem Heilmittel;

als Vermittler des gemüthlichen Verkehres; denn es verbindet den Freund mit dem Freunde, den Verwandten mit dem Verwandten;

als Stärkungsmittel des Nationalgeistes; denn es vernichtet die Uebel der Kleinstädterei und des provinziellen Eigendünkels und Vorurtheils;

als ein fester Gürtel um die Lenden der deutschen Nation, der ihre Glieder zu einem streitbaren und kraftvollen Körper verbindet;

als das Nervensystem des Gemeingeistes wie der gesetzlichen Ordnung; denn es verleiht in gleichem Masse Kraft der öffentlichen Meinung wie der Staatsgewalt.“

(„Das deutsche Eisenbahnsystem.“)

Zur Eröffnung der ersten deutschen Eisenbahn von Nürnberg nach Fürth.

Am 7. December 1835.

Von Jacob Schnerr.[1])

Glück auf, mit Gott! der Anfang ist geschehen,
Es liegt die Strecke Bahn!

---

[1]) Der Dichter war ein einfacher Bürger Nürnbergs.

Und soll's nach Ost und Westen weiter gehen,
So knüpft man eben an. —

Das schöne Werk, der Gegenwart zum Lobe
Wird's sicher anerkannt
Als erster Punct, als musterhafte Probe
In unserm Vaterland.

Zwar eben geht's, zu Nutz und zum Ergötzen,
Von hier zur Schwesterstadt;
Doch kann der Mensch wohl Berge auch versetzen,
So er den Willen hat. —

Und kann's nicht Einer, nun so können's Viele,
Wenn Eintracht sie umschlingt.
Geht Aller Streben fest nach einem Ziele,
Gewiss das Werk gelingt.

Seht Ihr die Bahn, die Linien von Eisen,
Die fest und schnurgerad,
Bedeutungsvoll nach Ost und Westen weisen?
Seht Ihr den Zauberpfad? —

Was schnaubt und qualmt dort vor der Wagen Reihe?
Es scheint ein Elephant,
Dass er als Zugthier sich zum Dienste weihe,
Gemacht von Menschenhand. —

Und seht; es zieht mit wunderbarer Schnelle
Den langen Wagenzug
Dies Werk der Kunst gar mächtig von der Stelle,
Im adlergleichen Flug.

Was ist's, das wunderbarlich heut zu Tage
Solch' Menschenwerk belebt?
Das Element, auf dem, nach heil'ger Sage,
Einst Gottes Geist geschwebt. —

Und noch ein Element, mit ihm verbunden.
Ihm scheinbar nicht verwandt,
Das Prometheus in thatenvollen Stunden
Dem Himmel kühn entwandt.

Kennt Ihr das Kind des Wassers und der Flammen?
Es wird nur Dampf genannt;
Doch Wunder wirkt's, hält man es klug zusammen,
Gezähmt von Menschenhand.

„Hans Dampf" hat man zum Schimpf oft den geheissen,
Der nicht viel hergeschafft;
Doch Dampf ist nun auf solcher Bahn von Eisen
Das Ideal der Kraft. —

Vergeudet nicht zu Kriegs- und Mordgewehren
Hinfort dies edle Erz!
In Fried und Glück auf solcher Bahn verkehren,
Erfreue Aller Herz.

Ja, alle Ketten, Fesseln, Wehr und Waffen,
Aus roher harter Zeit,
Sie werden einst in Schienen umgeschaffen,
Zum Preis' der Menschlichkeit! —

Mit Schienen, Freunde, webet ohne Bangen
Ein Netz von Pol zu Pol!
Sieht sich Europa einst darin gefangen,
Dann wird es ihr erst wohl.

Die erste deutsche Eisenbahn von Nürnberg nach Fürth.

Eine Gesellschaft, aus angesehenen Kaufleuten und Beamten bestehend, erliess am 14. Mai 1833 eine Einladung zum Bau einer Eisenbahn von Nürnberg nach Fürth. Der Berechnung über den Ertrag lagen die Erfahrungen zu Grunde, die man in England mit der Manchester - Liverpool Bahn gemacht hatte. Man nahm an, dass die Jahres-Einnahmen 29,200, die Jahreskosten auf 12,800 Fl. steigen würden, so dass sich ein jährliches Mehr von 16,400 Fl., d. h. eine Verzinsung des Kapitals zu $12^1/_2$ Procent ergeben würde. Die Opposition gegen diese Darstellung blieb nicht aus. Die Ausstellungen des königl. bayrischen Obergraths Ritters Joseph von Baader hatten wenigstens den

Erfolg, dass man beschloss, Dampfkraft und Pferdekraft abwechselnd zu verwenden, so dass eine einzige Locomotive vorläufig genügen würde. Die Statuten der Gesellschaft wurden am 18. November 1833 entworfen, und am 19. Februar 1834 erfolgte die Königliche Bestätigung. Der Bau begann Anfang Mai 1835 und war bereits Ende September beendet, obgleich man viele Schwierigkeiten zu überwinden gehabt hatte, indem kein Expropriationsgesetz bestand, und die Schienen nicht leicht zu beschaffen waren. Die wirklichen Ausgaben betrugen 175,469 Gulden und überstiegen den Voranschlag von 140,000 Gulden um 35,469 Fl., eine Summe, die man späteren Erfahrungen gegenüber eine äusserst mässige nennen muss. Die Ergebnisse des ersten Rechnungsjahres (December 1835 bis December 1836) stellten sich überaus günstig: Die Einnahmen betrugen 59,980 Gulden, die Ausgaben 22,599, so dass man, nachdem man 3738 Fl. an den Reserve-Fonds abgegeben hatte, noch einen Ueberschuss von 33,643 Gulden zu vertheilen hatte, was auf die Actie von 100 Gulden eine Dividende von 19 Fl. abwarf.

(Nep. Scharrer, Deutschlands erste Eisenbahn mit Dampfkraft etc. Nürnberg 1836—1845.)

Eine erste Eisenbahn und ihre Folgen.

Von Dr. Carl Knies.

(1853.)

Wo eine erste Strecke Eisenbahn einmal gelegt ist, da schiebt sie sich — man weiss es sicher — weiter durch alle Thäler, von Ebene zu Ebene, bohrt sich durch Berge und brückt sich über Abgründe hinweg, ja hoch in der Luft schwebt sie über dem Häusermeer volkreicher Städte, bis das Ende den Anfang wiedergefunden hat, und nach allen Seiten hin die Zweige sich zusammennesteln. . . . .

(Die Eisenbahnen und ihre Wirkungen.)

Eine „Dampfwagenfahrt" von Dresden nach Leipzig im Jahre 1838.

Von Otto Friedr. Wehrhan.

Es ist doch eine merkwürdige Sache mit so einer Dampfwagenfahrt! Anfangs rollt die Wagenlinie langsam dahin, und der qualmende Schornstein-Cylinder der an der Spitze befindlichen Locomotive stösst, ebenfalls in langsamem Takte, schnaubende Töne, gleich einer wilden Bestie, aus. Aber immer schneller und schneller schnaubt er, und immer schneller und schneller laufen zugleich die Wagen dahin. Dabei findet sich, auch in allmäliger Steigerung, ein gellendes Gehämmer ein, gerade so, als wenn klingende harte Ambossschläge im Takte des Mühlengeklappers wiederholt würden, und welches so stark wird, dass man nur durch lautestes Schreien in die Ohren des Nachbars sich verständlich machen kann. So fliegt man wie in einem mit allen Gängen gehenden Mühlwerke dahin, manchmal, besonders wenn die Neigung der Bahn etwas bergab geht, in solchem Schusse, dass alle Gegenstände am Wege, Menschen, Bäume, Wachthäuschen u. s. w. nicht vorbeiziehen, sondern vorbeischwirren, und dass Diejenigen, welche behaupten, man merke von der grossen Geschwindigkeit wenig oder nichts, wohl die Qualität der Bewegung mit ihrer Quantität verwechseln. Aber man glaube nicht, dass eine solche Fahrt anfangs eine angenehme Empfindung verursache. Mir wenigstens war, bis ich der Sache gewohnt ward, unheimlich dabei zu Muthe. Dieses Sichhingegebenfühlen in die Gewalt unsichtbarer Mächte, wobei, wenn Unglück sich ereignen sollte, nicht blos Beschädigung, sondern schreckliche Zerschmetterung das Loos sein würde, ferner die wahrhaft infernalischen Töne, die man zu hören bekommt, nämlich ausser jenem wilden Schnauben und klingenden Gehämmer, noch die Donnerschläge, wenn es unter einem der vielen gemauerten Bögen, über welche Querwege geleitet sind, hindurch geht, vor Allem aber der drei- bis viermal wiederholte durchdringende Pfiff, wodurch das Zeichen der Ankunft vor den Stationen gegeben wird, und den man bei Nachtzeit über eine Meile weit hören kann, ferner das betäubende Gezisch der

Maschine, wenn der Dampf herausgelassen wird, endlich auch der Anblick des voranstürmenden schwarzen Cylinders, dessen dickhervorqualmende, Abends rothleuchtende Rauchmasse sich, von der schnellen Bewegung rückwärts getrieben, über den ganzen nachfolgenden Wagenzug verbreitet, und deren feine, am Tage unsichtbaren, aber die Augen incommodirenden Schlackentheilchen, sich bei einbrechender Dunkelheit in einen wahren Feuerregen verwandeln, verbunden mit der wüthenden Vehemenz, mit welcher man dahingerissen wird, erweckte in mir ein Gefühl, als wenn ich mit des Teufels Equipage, à la Faust, zur Hölle führe, wozu der Anblick des schwarzgähnenden, im Hintergrunde hoher Seitenwände sich öffnenden Tunnel-Eingangs trefflich passt.

Für diesen Tag musste ich, da der Tunnel und überhaupt die Bahn damals noch nicht ganz vollendet war, hier aussteigen, und setzte meine Reise bei schlechtem Wege und Wetter in einem gebrechlichen Planwägelchen nach Meissen fort; aber am folgenden Tage benutzte ich die Bahn wieder von Oschatz nach Leipzig. Es war 3 Uhr vorüber, als ich an ersterem Orte ankam, und, bei der Kürze der Tage und der trüben Witterung, schon abendlich düster; aber noch bevor es völlig finster wurde, rollte die ausgehende Dampfkraft den Wagen langsam in den Bahnhof von Leipzig hinein. Ich hatte die 7 Meilen in $1^1/_2$ Stunde zurückgelegt! Kein Monarch der Erde ist früher so schnell und zugleich so glatt gefahren.

(Umschau in Deutschland, Frankreich und der Schweiz. Leipzig 1840.)

Berlin als Mittelpunkt von Deutschlands Eisenbahnen.

Eine prophetische Aeusserung.

Von Friedrich List.

(1834.)

Unter allen civilisirten Reichen der Erde giebt es keines, welches durch die günstige Beschaffenheit seines Terrains, wie durch die Wohlfeilheit des Holzes, der Lebensmittel und der Taglöhne mit so geringen Kosten Eisenbahnen anzulegen im

Stande wäre; keines, das sich im Vergleich mit dem gegenwärtigen Zustand so grosse volks- und staatswirthschaftliche Vortheile davon versprechen dürfte, wie Preussen. Hier besteht keine lebhafte Küstenfahrt, kein ausgedehntes Canalsystem, keine vortheilhafte Fluss- und Dampfschifffahrt, welche, wie in England, Nordamerika und Frankreich, den inneren Verkehr früher schon belebt hätten. Hier sind weinreiche Provinzen weit entfernt von getreidereichen — unfruchtbare Sandgegenden, in welchen die Noth zu Manufactur-Arbeiten ansporņt, fern von productenreichen, denen es an Ausfuhr fehlt. Hier ist das Binnenland der Seeküste näher zu rücken. Hier sind die productiven Kräfte weit aus einander liegender Provinzen unter sich und mit denen einer grossen — in einer unfruchtbaren Gegend gelegenen Hauptstadt in Wechselwirkung zu bringen. Je verschiedenartiger aber die einzelnen Theile eines Reiches sind nach Producten und Bedürfnissen, je weniger die Natur selbst für ihre commercielle Verbindung gethan hat; um so mehr wird ein Eisenbahnsystem auf die productiven Kräfte wirken. Nicht minder empfiehlt sich diese Massregel dem Preussischen Staat durch die Aussichten, die sie gewährt in Beziehung auf die Erweiterung des Handels seiner Provinzen und seiner Hauptstadt mit dem übrigen Deutschland, auf die Kräftigung und Erweiterung des deutschen Handelsbundes, auf die Vermehrung seiner Vertheidigungskräfte nach allen Richtungen, insbesondere auf die Vertheidigung seiner Rheinlande. Durch ein von der Hauptstadt ausstrahlendes Eisenbahn-System wird Berlin zum Central-Punkte des grössten Theils von Deutschland und im Laufe der Zeit zur Höhe von Paris sich erheben.

(Ueber die Herstellung eines Preuss. Eisenbahnsystems.)

Die erste Eisenbahn in Preussen und die Berliner.

Von Adolf Streckfuss.

Die neue Stadtgegend (Berlins, vor dem Potsdamer Thore) wurde belebt durch die Eisenbahn nach Potsdam, die erste im Preussischen Staate, welche am 21. September 1838 zuerst zwischen Berlin und Zehlendorf eröffnet wurde.

Es war ein grosses Fest für die Berliner, als sie zum ersten Male mit dem Dampfwagen fahren konnten, aber ganz zufrieden waren sie mit der neuen Einrichtung doch nicht; sie hatten sich die Schnelligkeit des Fahrens noch viel grösser gedacht. Bald nach der Eröffnung der Eisenbahn wendete sich ein boshafter Anonymus mit der scherzhaften Bitte an die Behörden, man möge doch Sorge tragen, dass die Passagiere nicht zu sehr durch das Betteln belästigt würden, besonders dass nicht Invaliden mit Stelzfüssen neben dem Zuge herliefen, um eine milde Gabe zu fordern; dies sei nicht schicklich.

Wenn ein Theil des Publikums nicht zufrieden war mit der bei den ersten Fahrten allerdings ziemlich gemässigten Schnelligkeit, so hielt dagegen ein anderer Theil diese für so bedeutend und gefährlich, dass gar manche wohlbedächtige und vorsichtige Bürger sich vermassen, niemals mit der Eisenbahn zu fahren. Selbst die Geistlichkeit nahm in dem Eisenbahnstreit, der damals die Berliner viel beschäftigte, Partei. Einige pietistische Helden meinten, es sei eine Sünde, in solcher Weise, wie dies auf den Eisenbahnen geschehe, der natürlichen Fortbewegung, wie sie Gottes Wille sei, zu spotten.

Nach kurzer Zeit hatten indessen die Berliner sich so sehr an das Eisenbahnfahren gewöhnt, dass jeder Widerstand gegen dasselbe fortfiel. Bemerkenswerth ist es, wie wunderbar sich die Frequenz des Personenverkehrs zwischen Berlin und Potsdam durch die Eisenbahn, als sie erst fertig war, vergrösserte. Man hatte es bis dahin als etwas ganz Besonderes erachtet, dass täglich sechs Mal zwischen beiden Städten durch eine Postverbindung, die Journaliere, der Verkehr vermittelt wurde. Für unmöglich hielt man es, wenn man die Personen, die mit der Post und den übrigen Fuhrwerken befördert wurden, zählte, dass die Eisenbahn sich jemals rentiren könne. Und doch sah man nun plötzlich, dass durch die Erleichterung des Verkehrs, durch die schnellere und häufigere Fahrt auch die Zahl der zwischen beiden Städten Hin- und Herreisenden sich in unglaublicher Weise vermehrte.

Der Potsdamer Bahn folgte bald die Anhaltische, deren

Erbauung die Veranlassung zum Durchbruch der Anhaltstrasse und zur Anlegung des Anhalt-Thors gab.

Der rege Verkehr, der durch beide Eisenbahnen erzeugt wurde, hatte den schnellen Anbau der Gegend vor dem Anhalter- und Potsdamer Thor zur Folge.

(500 Jahre Berliner Geschichte.)

Denkwürdige Aeusserung des Königs Friedrich Wilhelm IV. als Kronprinz.

In Preussen war den Eisenbahnen ein siegreiches Voranschreiten nicht leicht geworden, weil zwei hochverdiente Männer, wie Rother (Finanzminister) und Nagler (General-Postmeister). dagegen waren.

Bekanntlich war es der damalige Kronprinz (später König Friedrich Wilhelm IV.), welcher sich bemühte, die amtlichen Hindernisse zu überwinden, und am 29. October 1838 wurde die erste preussische Eisenbahn, die $3^1/_2$ Meilen lange Berlin-Potsdamer Bahn (sie hatte fast $1^1/_2$ Mill. Thaler gekostet) eröffnet. Der Kronprinz stand bei der Einweihungsfahrt an der Locomotive, blickte den Zug und die Menschenmasse an und sprach die denkwürdigen Worte:

„Diesen Karren, der durch die Welt rollt, hält kein Menschenarm mehr auf!“

Sie haben in Preussen unter seiner Regierung sich bewahrheitet, und er wird ferner vorwärts rollen.

Dr. M. Runkel im Preuss. Jahrb. für 1861.

Die Eisenbahn — ein Mirakel.

Der bekannte dänische Dichter Adam Oehlenschläger reiste im Jahre 1844 zum ersten Mal mit der Eisenbahn von Stettin nach Berlin. In seiner Schrift: „Meine Lebens-Erinnerungen“ befindet sich darüber folgende Aufzeichnung:

„Berlin, den 9. Mai 1844.

Beim herrlichsten Wetter kamen wir um 12 Uhr des nächsten

Morgens nach unserer Abfahrt von Kopenhagen in Stettin an. Hier nun sahen wir das Mirakel, denn so kann man es wohl nennen, wenn man zum ersten Mal auf der Eisenbahn fährt. Es war mir wie Aladdin zu Muthe, als er vom Geist des Ringes durch die Luft geführt wurde — nur ging es viel bequemer und nicht so gewaltig auf und ab . . . ."

Anfängliche schiefe Urtheile über Eisenbahnen und Locomotiven.

(1833.)

Der Landstrassen - Dampfwagen des Dr. Church, eines eben so talentvollen als wissenschaftlichen Mannes, scheint das non plus ultra mechanischen Scharfsinnes und Genies zu sein, und beweist, was gründliche Theorie vereint mit practischem Blicke und mit Ausdauer des Charakters vermögen.

Dieser Wagen, um sogleich von seinen Leistungen zu sprechen, fasst 56 Personen . . . , bewegt folglich, die Person mit Zubehör zu 125 Pfund angeschlagen, 79 Ctr. 10 Pfd., . . . was den Leistungen des besten Eisenbahnwagens ziemlich nahe kommt. . . . .

„Zugestanden! sagen die Gönner der Eisenbahnen: Church's Wagen ist in der That ein Meisterwerk, und selbst der Neid muss vor seinen Leistungen verstummen und dem Talente des Erfinders huldigen. Aber da dieser Wagen schon auf einer rauhen Landstrasse so viel leistet, würde er auf einer Eisenbahn nicht wahre Wunder wirken, und warum verbindet man ihn, um der Menschheit das vollkommenste aller Communicationsmittel zu gewähren, nicht mit dieser, wie doch so klar ist?" Weil, antworten wir, die Eisenbahn durch ihre Kostbarkeit und sonstigen Schwierigkeiten ein Hinderniss der Ausführung des Ganzen und namentlich des Gebrauchs der Dampfwagen ist, welches Hinderniss Church aber beseitigen wollte; er wollte auch ohne die theure Eisenbahn, welche die allgemeine Einführung des Dampffuhrwerks hemmt und unmöglich macht, dem Leben das grosse neue Bewegungsmittel der Dampfkraft gewähren. . . . .

Auch würde ein Church'scher Wagen auf einer Eisenbahn, für die er gar nicht berechnet ist, sich zu rasch bewegen, weil er gar keine Friction mehr finden, sich also übereilen, gleichsam überschlagen, überstürzen würde: eine Bewegung der Art würde kein Fahren, ja nicht einmal mehr ein Fliegen, — es würde ein Schiessen, im eigentlichen Sinne des Wortes sein, eine Bewegung, die man gar nicht mehr leiten und unterbrechen könnte, sondern einmal begonnen, geradezu wie einen Schuss, mag da auch in den Weg kommen, was da wolle, zum Ziele würde rennen lassen müssen. Geschossen aber [1]) werden wahrscheinlich unsere Reisenden in Folge des einmaligen Baues ihrer Respirationsorgane, welche gegen eine Bewegung der Art wohl einige Einwendungen zu machen haben dürften, sobald doch nicht sein wollen! Ueberhaupt hat all Ding seine Grenze und muss sie haben, wenn es sich nicht selbst aufheben und vernichten soll, wie z. B. hier die Wagenachsen bei einer solchen Rotation geschmolzen und selbst die Eisenbahn in einen sprühenden Feuerstrahl verwandelt werden würde. Wollte man ferner die Eile und Schnelligkeit ins Unendliche treiben, so würde man zuletzt ganz zu leben und zu geniessen aufhören, man würde blos noch „eilen", was absurd wäre; alle Verhältnisse des Lebens würden aus ihrem gerechten Masse treten. . . . .

Dr. Alex. Lips, „Die Unanwendbarkeit der englischen Eisenbahnen auf Deutschland".

---

[1]) „Wollte man die Sache überhaupt," sagt ein Witzbold bei dieser Gelegenheit, „in's Lächerliche ziehen, so könnte man fragen: wäre es wohl nicht denkbar und möglich, die Passagiere setzten sich lieber sogleich in eine geräumige Dampfkanone und liessen sich, gehörig wattirt und gepolstert, um die Contusionen zu verdauen, auf den fraglichen Punkt hinschiessen? Oder liesse sich bei dem jetzt so ausgebildeten Schaukelsystem nicht eine grosse Schaukel errichten, deren Mittel- und Standpunkt ein Thal und ihre Anfangs- und Zielpunkte zwei sich gegenüberstehende entfernte Gebirge wären, von deren einem zum andern die Reisenden hin- und fortgeschnellt würden? Ein Genie wird den Gedanken auffassen und weiter führen."

Aeltere Ansichten über die Eisenbahnen.

1.

(1843.)

Vor zehn Jahren noch suchte — mit geringen Ausnahmen — ganz Deutschland der Eisenbahnen sich zu erwehren, weil man sie als die Quelle unzähliger Nachtheile betrachtete; vor fünf Jahren fand sich fast gar keine Opposition gegen dieselben mehr, jetzt scheint man häufig vergessen zu wollen, dass noch vor kurzer Zeit man sich glücklich fühlte, Chausseen zu besitzen.

Fr. Wilh. von Reden, die Eisenbahnen Deutschlands.

2.

(1843.)

Die Ansicht der (Preussischen) Regierung über Eisenbahnen ist in drei Epochen sehr verschieden gewesen.

In der ersten herrschte Zweifel über die Nützlichkeit der Einführung des neuen Transportmittels; man war ihm nicht sonderlich gewogen, mitunter sogar abhold, und man legte den schlimmen Nebenfolgen (z. B. der Agiotage) eine grössere Wichtigkeit bei, als dem Guten und Nützlichen, was durch die neue Erfindung zu erreichen war, indem man nicht gehörig berücksichtigte, dass noch niemals eine grosse folgenreiche und heilsame neue Einrichtung, die auch nicht ihre Schattenseite hätte, in die socialen Zustände eingedrungen ist.

In der zweiten Epoche herrschte die Ansicht, dass die Eisenbahnen sehr nützlich und zu befördern seien, dass aber der Staat, einzelne Ausnahmen abgerechnet, genug thue, wenn er den sich meldenden Gesellschaften die Concession ertheile oder zu ertheilen bereit sei, und sie einige begünstigende Aenderungen des Eisenbahngesetzes hoffen lasse, und wenn er mit Nachbarstaaten Verträge abschliesse, nach welchen in verschiedenen Richtungen Eisenbahnen gebaut werden können. Die Sache wurde aber noch nicht als so wichtig aufgefasst, dass in der Staatsverwaltung dem Eisenbahnwesen eine, alle dabei zu berücksichtigenden Verhältnisse umfassende Leitung zu Theil geworden wäre.

Die dritte Epoche ist die gegenwärtige, in welcher der Staat unumwunden anerkennt, dass Eisenbahnen nothwendig sind, und dass zu ihrer Herstellung nicht unbeträchtliche Staatsmittel verwendet werden müssen. . . . .

David Hansemann, über die Ausführung des Preuss. Eisenbahn-Systems.

3.

Technische Neuerungen pflegen bei den Zeitgenossen häufig eine ungünstige Aufnahme zu finden; ich erinnere besonders an den energischen Widerstand, welcher auch bei uns von Seiten hervorragender Militair-Personen dem Bau der Eisenbahnen entgegengesetzt worden ist. Nannte doch ein Hauptwidersacher jener Zeit, ein allgemein als begabt und hochverdient anerkannter Officier in einer Denkschrift das Verlangen nach dem Bau von Eisenbahnen „ein die Menschheit plötzlich erfassendes sündhaftes Streben nach Allgegenwart."

Buchholtz, Hauptmann, aus einem Vortrage über Feld-Telegraphie.

Ein Fürst als Feind der Eisenbahnen.

König Ernst August von Hannover sagte einst, als man bei ihm die Genehmigung zum Bau der ersten Eisenbahn im Hannöverschen nachsuchte:

„Ich will keine Eisenbahnen im Lande; ich will nicht, dass jeder Schuster und Schneider so rasch reisen kann, wie ich."

Was der König hier drastisch ausgesprochen, entsprang dem richtigen Vorgefühl, dass nichts die sociale Welt so umgestalten würde, als die Beseitigung jenes Prärogativs des Reisens. Für die Vertheidigung anderer Prärogative sind Stände und Regierungen mit Hartnäckigkeit und Leidenschaft eingetreten; jenes hinwegzuschaffen sind Alle gleich beflissen gewesen und haben nicht gedacht, dass sie zugleich Freizügigkeit und Gewerbefreiheit und überhaupt die allgemeine Nivellirung aller Standes- und Berufsunterschiede wirksamer dadurch förderten, als durch irgend eine andere Massnahme.

(Deutsche Rundschau 1880. Heft 4.)

Die Eisenbahnen — ein angeblicher Ruin für das Land.

Von Dr. A. Emminghaus.

(1862.)

Ein bekannter bayerischer Staatsmann [1]) hat noch vor kaum dreissig Jahren gesagt, wenn England sich mit den Eisenbahnen ruiniren wolle, so müsse man es gewähren lassen; für uns Deutsche liege kein Grund vor, jene Thorheit nachzumachen.

Nun — wir haben bekanntlich die Thorheit nachgemacht, und die fünf bis sechshundert Millionen Thaler, die wir — trotz jener philiströsen Warnung — seit etwa 20 Jahren für die Anlegung von Eisenbahnen ausgegeben haben, sind bekanntlich nicht zum Fenster hinausgeworfen.

(Zeitung des V. d. Eis.-Verw.)

Absprechendes Urtheil eines Reiseschriftstellers aus den Vierziger Jahren über das Eisenbahnwesen.

(1845.)

Es muss Einem grauen, so oft man wieder auf das Eisenbahn-Thema stösst, dieses prosaische und gedankenlose Non-plus-ultra unserer Tage. Das Eisenbahn-Vehikel ist ein wahres Monstrum, es schiesst wie ein Krokodil in der Ebene hin, als führte es lauter Zerstörung im Schilde, oder wie ein Wallfisch zwischen Eisfeldern, wenn die Harpune ihn getroffen, es fliegt über den Boden, als wollte es der ganzen Natur vorbei, ohne Zeit zum Sehen und zum Denken. Seine gräulichen Töne charakterisiren unser musikmachendes Jahrhundert, in welchem Alles und Jedes,

---

[1]) Um jene Zeit gab es in Bayern ein Ministerium Abel.
Nach einer anderen, aus sehr competenter Quelle stammenden Mittheilung soll der preussische Staats- und Finanzminister E. von Bodelschwingh-Velmede 1842 oder 1844 im Landtage der Provinz Brandenburg sich in ganz ähnlicher Weise ausgesprochen haben.

was nur eben einen Ton angeben kann, hörbar werden muss. Am ungeheuersten ist seine Erscheinung in verkehrsarmen Ländern, wo es jede Minute über eine faule Stelle — something rotten — jagt, welche seine Gegenwart inmitten einer uralten Ruhe und Langsamkeit im grellsten Contraste zeigt. Die faulen Flecke bleiben noch und es kann sie nicht ausreiben.. Die Landleute sehen mit Staunen, und das Vieh auf dem Felde mit Schreck und Ahnung das kommende Ungeheuer an, welches die Aecker auseinander reisst, den Vielen das Brod aus dem Munde greift, den Wenigen die Tasche füllt, das geringe Volk verlockt, nicht mehr zu Fuss zu gehen, um seine übrigen paar Groschen zu erobern, den Luxus mehrt, die Genügsamkeit zerstört, die Lebensbedürfnisse allerwärts vertheuert und den zahllos gewordenen ärmeren Klassen der Gesellschaft ihr Dasein schwerer macht. Auch bei verkehrslosen Völkern heisst der Wahlspruch des Ungeheuers „Zeit ist Geld.“ Doch hier ist dieser Wahlspruch eine Lüge, wenn sie in England und Amerika eine Wahrheit ist. Die Eisenbahn gilt für ein Zeichen des bedeutenden Fortschreitens unserer Zeit. Allein ist sie das auch in den Ländern mit solchen Verfassungen, welche die gemeinsame Freiheit und den Gesammtfortschritt der Nation hemmen? So lange die Verfassung eines Landes das alte servile Leben conservirt, wird das Eisenbahn-Monstrum diesem Lande weder Freiheit, noch industriellen Wohlstand bringen. Bei den Eisenbahnen unserer Länder aber ist schwerlich Jemand um des gesammten Volks, sondern nur um seiner selbst willen betheiligt. Die Vortheile der Eisenbahnen in unfreien und verkehrslosen Ländern sind keine allgemeinen Vortheile, sondern solche, welche einem verhältnissmässig kleinen Theil der Totalbevölkerung zufliessen und zwar auf Kosten eines grösseren Theils der geringeren Klassen im Volke. Die begeisterten Eisenbahn-Panegyristen in autokratisch regierten Ländern tragen die Merkzeichen ihrer eigenen Gesinnung an der Stirn. Deutschland baut ein Netz von Eisenbahnen. Wer soll darin gefangen werden? Die Fürsten oder die Völker? Denn in einem Netz fängt man Etwas. Was will man darin fangen? Das Netz soll wahrscheinlich Goldvöglein fangen? Aber manches Netz kriegt ein Loch, wo das Gefangene wieder ausfällt. Es fragt sich, ob das deutsche Netz so gestrickt wird, dass es kein Loch kriegt, und seine Goldvöglein wieder ausfallen.

K. J. Clement, Reise durch Friesland, Holland und Deutschland im Sommer 1845. Kiel 1847.

Friedrich List, seine Verdienste, und die ersten deutschen Eisenbahnen.

Der hoch entwickelte, merkantilische Sinn des deutschen Volkes rief die ersten grösseren deutschen Eisenbahnen in's Leben. Als Personifikation desselben erscheint der nie hoch genug zu schätzende Friedrich List, einer der seltenen Genien, die dem dunkeln Zeitendrange und dem Bedürfnisse der Völker die lösende Sprache verliehen haben.

Es ist charakteristisch für den Geist der Entstehung des deutschen Eisenbahnwesens, dass die ersten volkswirthschaftlich bedeutsamen Bahnen nicht von der Hauptstadt Deutschlands, Berlin, sondern von einem Haupt-Mittelpunkte des Binnenhandels, der Mess-Stadt Leipzig, ausgingen und diese mit dem Elbstapelplatze Magdeburg und der Residenz eines Mittelstaates in Verbindung brachten.

Hieran erst schloss sich die Verbindung der Hauptstadt mit dem grössten Hafen des Continents, Hamburg, und dem Meere.

M. M. von Weber, Nationalität und Eisenbahn-Politik. Wien 1876.

Festlied zur Eröffnung der Eisenbahn-Verbindung zwischen Deutschland und Niederland am 17. und 18. October 1856.

Von Wolfgang Müller von Königswinter.

Gefügt ist nun das neue Band
Von Eisen fest und stark.
Es knüpfet dort das Niederland,
Hier Deutschland Mark an Mark,
Es rückt die Alpen an das Meer,
Den Süd eint es dem Nord:

Jetzt brausen hin, jetzt brausen her
Die Völkerzüge fort!

Und Länder einend eint's zugleich
Zwei Völker stammverwandt,
Uns, Männer aus dem deutschen Reich,
Euch, von dem Nordseestrand!
Bei Euch, bei Uns germanisch Blut!
Eins Sprache, Geist, Gemüth!
So lasst Uns einen auch die Glut,
Die durch die Seelen sprüht!

Stolz baut Ihr Hafen, Stadt und Thurm,
Das Meer umdämmt Ihr fest,
Ihr fliegt zu Schiff durch Wog' und Sturm
In Nord, Süd, Ost und West.
Was Indien zeuget heiss und reich,
Ihr holt die Schätze kühn!
Ihr thut's für Uns, Ihr thut's für Euch!
Reich lohnen sich die Müh'n!

Es wächst das Korn in unsern Au'n,
An Hügeln reift der Wein,
Auf Höh'n die Wälder stolz sich baun,
Der Berg hegt Erz und Stein;
Viel Werke fördert unsre Kraft!
Wir tauschen ein mit Fleiss,
Was Ihr gewannt, was Wir geschafft. —
Und Jedem ist's zum Preis.

Willkommen drum in Lieb' und Treu
Ihr, Hollands Männerschaar!
Im Wappen führet Ihr den Leu,
Wir führen drin den Aar.
Hei, Aar und Leu, welch' kühnes Mark!
Sie halten Jedem Stand!
Beim hohen Gott: Eintracht macht stark!
Nehmt unsre Bruderhand!

Die Bruderhand auf Ewigkeit
Für Kind und Kindeskind,
Da Söhne Wir durch Raum und Zeit
Derselben Mutter sind!
Wir zieh'n in Lieb und Freundschaft hin,
Verbunden das Panier.
Es glüh' Ein Geist, Ein Herz, Ein Sinn,
Dort Holland, Deutschland hier!

Berlins Entwickelung durch die Eisenbahnen.

(1875.)

Vor Allem haben Berlin, Preussen und Deutschland Ursache, des Tages zu gedenken, an welchem G. Stephenson seine Locomotive auf die Schienen brachte, denn gerade sie müssen die unermesslichen Veränderungen, die sie erlitten, auf die Erfindung der Eisenbahnen zurückführen. Ein neues Berlin ist seitdem geschaffen worden, und verwundert wird das Kind unserer Zeit auf die Erzählung lauschen, wie diese Stadt beschaffen war, ehe die nach allen Seiten auslaufenden Schienenstränge sie in Wahrheit zum Mittelpunkte eines Reiches, zum Sitz einer umfassenden Industrie, zu einem Centralpunkte des Handels machen konnten. Die neue Culturwelt ist auf dem Boden erwachsen, von dem sie eine alte jetzt schon halb verschollene verdrängen musste. Die Vortheile und Nachtheile dieses Wechsels abzuwägen ist hier nicht der Ort. Wer aber würde Berlin in jenem Bilde wiedererkennen, das der Buchhändler Nicolai [1]) von ihr entwirft und das noch bis zur Mitte unseres Jahrhunderts Geltung hatte. Es war ein ruhiger Ort ein- und zweistöckiger Häuser, so ruhig, dass man in den Dreissiger und Vierziger Jahren ein Epigramm Varnhagens durch die ganze Stadt wiederhallen hörte. . . . . Gärten, zahlreich in und ausserhalb der Stadt, auf die das Witzwort eines französischen Gesandten sich bezog, dass man in ihren Mauern pflüge und ernte; die Höhe, auf welche

---

[1]) In der zuerst 1769 und sodann in mehreren Auflagen erschienenen Schrift: „Beschreibung der königl. Residenzstädte Berlin und Potsdam."

die Gartenkunst, die Obstbaumzucht und der Gemüsebau gebracht waren, bildete einen Gegenstand gerechten Stolzes des Berliners.

Heutzutage hat die unendlich wachsende Häusermenge innerhalb der Stadt einen grünen Fleck nach dem anderen aufgezehrt; hinausstrebend hat diese Fluth die grünenden Umgebungen verschlungen und ist bis weit über die Culturgrenzen des alten Berlin's, das im freundlichen Gartenkranze dalag, hinausgerückt; unvermittelt grenzt der letzte Backsteinbau an die kaum dem Ackerbau gewonnenen Sandstrecken. Der Thiergarten, eines der wenigen Reste jener grünenden Umgebung, ist von steinernen Armen eng umfasst, und selbst dieser bleibt von Angriffsplänen nicht verschont. Und in diesem brausenden, lärmenden, ewig sich verändernden ungeheuren Häuser - Conglomerat spielt sich das Leben ab, von dem Jeder von uns Etwas weiss, an dessen Erkenntniss er sich abmüht, das aber als Ganzes zu begreifen, in eine Formel zusammen zu fassen, noch Niemandem gelungen ist.

Wie, darf man sich weiter fragen, wie wäre Berlin als Reichshauptstadt, wie wäre das Reich selbst möglich geworden, ohne die Erfindnng Stephensons! Den Particularismus hat die Locomotive aufgezehrt, sie allein konnte es, denn sie hat ihn bei seinen Wurzeln angepackt. Jener enge und abgeschlossene Sinn, der in einem kleinen Gebiete sich eigensinnig einspann, das, was ausser den Grenzpfählen vorging, misstrauisch ablehnte, konnte vor den länderverbindenden Eisenbahnen nicht bestehen. die ein bisheriges „Vaterland“ auf ein paar Eisenbahn-Stationen reducirte. Weiter wurde der Gesichtskreis; Jahrhunderte lang genährte Vorurtheile waren im Handumdrehen verschwunden, und an die Stelle, welche der Local-Patriotismus eingenommen hatte, trat naturgemäss die Liebe zu dem grossen gemeinschaftlichen Vaterlande. Es war weiter allein die Eisenbahn-Verbindung, die es denkbar machte, Berlin zur Reichshauptstadt zu machen und so Länder in locale Beziehungen zu ihm zu setzen, die weit ausserhalb seines natürlichen Verkehrsgebietes lagen.

Paris und London haben sich durch natürliche Lage oder durch die Arbeit vielhundertjähriger Geschichte zu Hauptstädten ausgebildet, zur Reichshauptstadt hat sich Berlin im sausenden Schwunge der Locomotive geschaffen.

(National-Zeitung.)

Festlied zur Eröffnung der Eisenbahnstrecke Strassburg i. E. — Germersheim.

Am 24. Juli 1876.

Station Sesenheim. [1])

Von J. B. Alfeld.

Halt' an! du froher Zug mit deinen Gästen!
Maschine Du! ermässige dein Zischen!
Ihr Alle! Lasst Erinn'rungs-Blüthendüfte
In Eure Festesfreude hier sich mischen!

Der Jahre hundert sind dahingeflossen,
Ja mehr sogar, seit hier am trauten Orte
Der grosse Dichter in Friedrikens Seele
Geflüstert seine sinn'gen Liebesworte.

Wo heut' uns hinführt stolz des Dampfes Eile,
Als wär's mit tausendfach beschwingten Schritten,
Da kam auf einsam staubbedeckter Strasse
Der bang Erwartete einhergeritten.

Dann wanderten sie, Hand in Hand geschlungen,
Durch diese Felder, über diese Fluren,
Die Halme lauschten, doch es schweigt die Kunde,
Ob das Geheimniss sie der Wandernden erfuhren.

Jetzt kam der Trennung schwergefühlte Stunde,
Die Winternacht nach lichten Sommertagen —
Vielleicht hat nie in zweier Menschen Herzen
Der Liebe Noth so tiefes Weh getragen.

Doch unverwandt im hohen Greisenalter,
Aus weitentleg'ner, glanzumrauschter Ferne
Blickt wehmuthsvoll, gerührten Sinns der Dichter
Zurück nach seinem hellsten Lebenssterne.

---

[1]) In Sesenheim lernte Goethe 1770 bekanntlich Friederike Brion kennen. (Wahrheit und Dichtung.)

Friedrike lebte fort in seinem Herzen,
Und sie auch ging dahin zum ew'gen Frieden
Im Frohgefühle, dass ihr solche Liebe
Dereinst an dieser Stätte war beschieden.

Das Ird'sche wich — in geistiger Verklärung
Zertheilte mild sich jede finst're Wolke.
In vollem Strahlenkranz, auf höchster Stufe
Lebt Goethe ewig fort mit seinem Volke.

Und ebenso, theilhaftig seines Ruhmes,
In holder Eintracht wie dereinst im Leben
Erblicken wir des Dichters guten Engel
Friedrike Brion segnend ihn umschweben.

D'rum Heil Dir, Sesenheim, am heut'gen Tage!
Zwar trittst Du jetzt heraus aus deiner Stille,
Denn wo das Dampfross nah't mit wildem Schnauben,
Da flüchtet, sagt man, ängstlich die Idylle.

Dir aber lässt sich, wenn nicht Alles trüget
Wohl eine günst'ge Zukunft prophezeien,
Da viele zartgestimmte Jugendherzen
Seit lange Dir verschwieg'ne Sehnsucht weihen.

Die Bahn ist frei! Das Sehnen, Schwärmen,
Bleibt Allen, die da nahen, unbenommen,
Das Land ist schön, das Volk ein braves gutes —
Nun denn, Glück auf! lasst Alle, Alle kommen!

Die Nothwendigkeit der Verstaatlichung der Eisenbahnen.

1.

(1876.)

Wir sind in Bezug auf den Eisenbahnverkehr in eine Lage gerathen, wie sie eigentlich sonst seit dem Mittelalter in Deutschland nicht eigenthümlich war: wir haben in ganz Deutschland, glaube ich, 63 verschiedene Eisenbahn-Provinzen — ist fast zu wenig gesagt, denn es sind selbstständige Eisenbahn-Provinzen — Eisenbahn-Territorien, will ich sagen, von denen etwa 40 auf Preussen kommen. Jede dieser Territorial-Herrschaften ist nun mit den mittelaltrigen Rechten, dem Stapelrecht, dem Zoll- und Geleitwesen, den Auflagen auf den Verkehr und sogar noch dem Interesse eines Privatsäckels nach Willkür vollständig ausgestattet. Wir erleben häufig, dass ohne grossen Vortheil für die Actionäre und für die Eisenbahnen aus einer Art von Sport, möchte ich sagen, die Directionen unter einander einen Kampf führen, der recht viel Geld kostet und eigentlich mehr ein Macht-Kampf ist.

Fürst Bismarck (im Preuss. Abgeordnetenhause).

2.

(1880.)

Es ist unzweifelhaft, dass die Verstaatlichung der wichtigsten Bahnlinien des Staates im militärischen Interesse durchaus wünschenswerth ist.

Die Eisenbahnen sind in unserer Zeit eins der wesentlichsten Kriegsmittel geworden; der Transport grosser Truppenmassen nach bestimmten Punkten ist eine äusserst verwickelte und umfassende Arbeit, die fortwährend current erhalten werden muss. Jede neue Verbindungslinie bewirkt eine Aenderung darin. Selbst wenn wir nicht auf allen Eisenbahnen fahren, so müssen wir doch die Betriebsmittel sämmtlicher in Anspruch nehmen, und es liegt auf der Hand, dass eine wesentliche Vereinfachung entsteht, wenn künftig darüber nicht mit 49 Behörden, sondern im Wesentlichen nur mit einer zu verhandeln sein würde. Ich verkenne durchaus nicht die Leistungen, welche wir in wichtigen Zeitabschnitten den Privatbahnen zu verdanken gehabt haben, aber ich bin überzeugt, dass noch ein besseres Resultat sich herstellen lässt. . . . .

General-Feldmarschall Moltke (im Preuss. Herrenhause).

3.

(1880.)

Dass die Verstaatlichung der Eisenbahnen zum Wohle des Landes gereichen wird, darüber will ich hier weiter kein Wort verlieren. . . . . Ich bin fest überzeugt, dass besser und billiger verwaltet werden wird, und dass das Publikum sich dabei wohl befinden wird, vorausgesetzt, dass, wie ich hoffe, die Verwaltung in entsprechender Weise geführt wird, dass sie vorsichtig ist, ohne schwerfällig zu sein, beweglich ohne Schwankungen, decentralisirt, ohne zersplittert zu sein; dass sie ferner im Anschluss an das frische Leben und nicht in büreaukratischer Isolirung vom grünen Tisch aus geführt wird, endlich dass sie nicht blos in empirischer Weise und induktiver Art, sondern auch durch Ideen und Gedanken a priori in spekulativer Weise geleitet werde, namentlich in Verwerthung der reichen Kräfte und der Fülle von zu Gebote stehenden Mitteln.

Staatssecretär Dr. Stephan (im Preuss. Herrenhause).

4.

(1876.)

Die Inslebenrufung der Eisenbahnen, die „Gründung" war, im Laufe der Zeit, aus einem Act mit loyalem Erwerbe verknüpfter, patriotischer oder gemeinnütziger Thätigkeit, zunächst zu einem blossen Finanz-, sodann zu einem Wucher-, Schwindel- und Betrugsgeschäft niedrigster Art geworden, das nicht allein in sich selbst und in allen seinen Organen faul und krank sich zeigte, sondern was schlimmer war, alle Branchen des öffentlichen Lebens, alle Schichten der bürgerlichen Gesellschaft, von der höchsten Aristokratie bis zum armen Dienstpersonal der kleinen Wechslerbank herab, mit denen es auch nur in den entferntesten Contact kam, ansteckte und vergiftete.

Die Eisenbahnen selbst wurden vollständig ihres Charakters als Institute der öffentlichen Wohlfahrt entkleidet, so ausschliesslich zu Gegenständen des Schachers und des Börsenschwindels gemacht, dass man sich förmlich darauf besinnen musste, dass sie jemals einen andern Zweck gehabt hatten, als Gelegenheit zu Hausse- und Baisse-Speculationen, Kostgeschäften und sonstigen Missbrauch des Vertrauens der Ehrlichen zu geben. . . . .

Der Zweck dieser Hyder, mit einem Male, eine gute Anzahl ihrer Köpfe durch Umwandlung eines bedeutsamen Theiles der Spiel- und Betrugswerthe in solide, im Cours fast invariable

Staats-Effecten, abzuschlagen, ist unstreitig, wenn auch vorsichtigerweise selten in den Vordergrund gestellt, ein Hauptmotiv der Action für die Staatsmänner gewesen, die lebhaft für das absolute Staatsbahnsystem eingetreten sind.

Die Idee gewinnt um das Vielfache an Bedeutung durch ihre Ausdehnung auf das Eisenbahnsystem des ganzen deutschen Reiches.

M. M. Freiherr von Weber, Privat-, Staats- und Reichs-Bahnen.

Belgien.

Das Eisenbahnnetz — ein grosses Nationalwerk.

Von F. A. Ritter von Gerstner.

(1839.)

Belgien hatte sich im Jahre 1830 von Holland getrennt und wählte durch die Repräsentanten der Nation einen eigenen Herrscher. König Leopold I. hatte bald begriffen, dass das Land zu seiner vollen Beruhigung der „Arbeit" bedürfe; eine Reihe weiser Gesetze munterte die Nation zu nützlichen und fruchtbringenden Unternehmungen auf, und Jedermann, der Talent und Lust hatte, fand Arbeit und Erwerb in dem Lande, welches, von allen seinen Nachbarn abgeschnitten, nur auf sich selbst angewiesen war. Um aber die öffentliche Meinung zu gewinnen, bedurfte die neue Regierung eines grossen Nationalwerkes, welches die Nachwelt noch mit Bewunderung zu erfüllen vermag. Die Zeiten der ägyptischen Pyramiden, der römischen Triumphbogen und der französischen Kriegsmonumente waren vorbei; es sollte ein nützliches Denkmal, ein Denkmal des Friedens und der Aufklärung, an die für Belgien so verhängnissvollen Jahre erinnern. Der König liess das ganze Land durch fähige Ingenieure vermessen, die nothwendigen Pläne und Ueberschläge entwerfen, und am 1. Mai 1834 erschien das

Gesetz, ein Netz von Eisenbahnen durch das ganze Königreich anzulegen, und dasselbe auf Staatskosten auszuführen; an zwei Punkten, nämlich in Antwerpen und Ostende, sollte die Eisenbahn zum Meere führen, an zwei Punkten sollte sie sich mit Frankreich und an einem Punkte mit Preussen verbinden.

Mit Staunen vernahm man in dem übrigen Europa die Kunde von dem Riesenwerke, welches ein, von den nordischen Souverains noch nicht anerkannter, junger Staat mit blos 4 Millionen Seelen zu unternehmen beabsichtigte, und nur Wenige konnten die grossen Resultate begreifen, welche dieses Riesenproject, wenn es ausgeführt wird, für die Selbstständigkeit der Nation, für ihre innere Vereinigung und für ihren Handel und ihre Industrie haben werde. Das Erstere war der Hauptzweck des grossen Projectes, die Beförderung des Handels und der Industrie der Nebenzweck, obgleich die Mehrzahl, nur dem Materiellen huldigend, das Zweite als den Hauptzweck ansah.

König Leopold fand in dem damaligen Minister der öffentlichen Arbeiten, Herrn De Theux und seinem Nachfolger, Herrn Nothomb, eine kräftige Stütze; die Ingenieure wetteiferten, das Werk möglichst zu fördern, und in 4 Jahren wurde bei weitem mehr geleistet, als man früher erwartete. Der aufgeklärte Minister Nothomb erstattete jährlich den Kammern Berichte, und liess nebenbei andere specielle Berichte über den Fortgang der Bahnen drucken, in welchen das europäische Publikum eine reichhaltige Quelle von Erfahrungen findet, die man vergebens in irgend einem anderen Berichte oder Werke sucht; Europa muss daher dem Könige, welcher zuerst eine so grossartige Idee zur Ausführung brachte, es muss seinem aufgeklärten Minister, welcher das Werk so zweckmässig leitete, und alle dabei gemachten Erfahrungen mit der grössten Liberalität veröffentlichte, aufrichtigen und grossen Dank zollen.

Die Vergleichung der Resultate der belgischen Eisenbahnen mit jenen in Amerika spricht offenbar zum Vortheile der erstern. Der äusserst geringe Preis der Fahrten auf den belgischen Bahnen hat die Zahl der Reisenden in einem bisher noch nirgends erreichten Verhältnisse vermehrt, und eine Lebhaftigkeit im Verkehr bewirkt, die sonst nirgendwo zu finden ist. Während die hohen Preise für die beste Gattung Wagen (erste Klasse) einen bedeutenden Gewinn liefern, sind dagegen die Preise für die letzte Gattung Wagen oder für die grosse Volksmasse so niedrig festgesetzt, dass sie beinahe nur die wirklichen Auslagen decken. Die belgischen Eisenbahnen sind sonach eine durchaus populäre grossartige Anstalt, welche den Beifall des Volkes und jedes Gebildeten im Lande finden musste; die belgischen Bahnen haben der Regierung Erleichterungen im Militärtransporte gegeben, deren Wichtigkeit vorzüglich in den letztern Jahren von grösster Bedeutung war; die belgischen Bahnen tragen, im Einklange mit der grossen Idee ihrer Gründung, zwar nur die Kapitalzinsen und den Amortisationsbetrag, aber der Staatsschatz hat indirect durch Vermehrung des Verkehrs bei allen Consumtions-Steuern, bei den Strassenzöllen, bei der Briefpost gewonnen; der wichtigste Gewinn aber war jener, welchen der grosse Gründer dieser Bahnen beabsichtigte, nämlich die Nation mit einander in innige Berührung zu bringen, und sie gleichsam in eine grosse Familie zu vereinigen, bei welcher der jetzige belgische Nationalwahlspruch: „L'union fait la force" zur Wahrheit wird.

(Berichte aus den Vereinigten Staaten von Nordamerika etc. Leipzig 1839.)

Eindrücke auf der Eisenbahn von Brüssel nach Antwerpen.

Von Cuvillier-Fleury.

Brüssel, den 1. April 1837.

Mein Herr!

Ehemals und zwar vor kaum 25 Jahren fand ein Reisender, welcher von Brüssel nach Antwerpen befördert sein wollte, dort folgende Beförderungsmittel vor: ein Wasser-Fahrzeug, das nur bis Boom fuhr oder eine Diligence. Nachdem er des Morgens in Vilvorde gefrühstückt und Mittag in Mecheln gespeist hatte, traf er beinahe erst zur Zeit des Abendessens in Antwerpen ein. Sie sehen daraus, dass der Tag völlig ausgenutzt war.

Heute wollte ich meinerseits auch Antwerpen besuchen. Ich habe Alles in der Stadt gesehen: die Kirchen, die Lagerhäuser, die Bassins, das Museum etc. . . . . Nachdem ich dort einen grossen Theil meiner Neugierde als Reisender befriedigt hatte, fuhr ich auf der Eisenbahn nach Brüssel zurück; ich bin jetzt wieder hier, und es ist 5 Uhr, während ich gegen Mittag nach Antwerpen gefahren war. Berechnen Sie jetzt die Zeit, welche ich brauchte, um 24 Postmeilen [1]) zurückzulegen und eine grosse Stadt zu besehen. Bedenken Sie, dass ich den ganzen Morgen meinen Pflichten und Arbeiten gewidmet habe, und dass der Abend mir zum Vergnügen übrig bleibt.

Dies Alles will sagen, dass ich von Brüssel nach Antwerpen mit der Eisenbahn in weniger als siebenzig Minuten gefahren bin.

Heute will ich Sie also von der Eisenbahn unterhalten, und zwar nicht als Gelehrter, welcher das Verdienst einer bestimmten Richtung feststellt, sondern als Tourist, der auf naive Weise seine Eindrücke schildert. . . .

Nur die Eisenbahnen können eine genaue und vollständige Idee einer Dampfmaschine gewähren. Ueberall anderswo, auf den Schiffen, in den Fabriken ist die Dampfmaschine eingekerkert und giebt kein anderes Zeichen des Lebens von sich, als den Dampf und das Geräusch. Sie gleicht mithin diesen alten blinden Pferden, welche in irgend einem dunkeln und verlassenen Winkel eine Mühle drehen. Auf der Eisenbahn ist jedoch die Maschine frei; sie athmet, sie bewegt sich, sie sieht zum offenen Himmel; sie fährt ab, sie fliegt, sie hält an; sie nimmt ihren Lauf wieder auf, indem sie vor Ungeduld schnauft; sie trifft am Ziele ein, bedeckt mit Schaum und Staub; dort werfen sich sechs starke Männer auf sie, ergreifen sie am Zügel, waschen den sie bedeckenden Schweiss ab, reiben sie, muntern sie auf und bereiten sie für eine neue Reise vor. Solcher Art ist das Schauspiel, welches die Dampfmaschine auf einer Eisenbahn darbietet, ein poetischer Anblick, wie er nur immer sein kann; aber es wird Jahrhunderte bedürfen, ehe die Dichter es eingestehen werden. Letztere sind gewöhnt an schnelle Renner, an Wagen, die in

[1]) „Lieues de poste“.

der Carrière dahinfliegen, an zerrissene Zügel, an Räder, welche gegen die Olympischen Säulen anprallen; alle ihre Vergleichungen sind diesem Gedanken-Kreise entnommen.

Fertur equis auriga, neque audit currus habenas.

Aber ich sage voraus, dass die Dichtkunst ihr Verhalten ändern und sich dazu hergeben wird, eine Eisenbahn aufzusuchen. Was mich anbetrifft, so weiss ich nicht, was mehr dazu geeignet ist, die Einbildungskraft anzuregen, als der Lauf, ich sollte sagen der Flug durch die Felder dieser mächtigen Maschine, die gefüllt ist mit kochendem Wasser, vollgepropft mit glühenden Kohlen, ein ungestümes und zugleich gehorsames Einhorn, eine heulende Schmiede, welche den Sturmwind mit sich reisst, und welche die Hand eines Kindes anhält! Sieht man sie aus der Entfernung, während sie an den Bäumen des Weges zwischen Blumen und Getreide dahingleitet, so gleicht nichts ihrer Eleganz, ihrer Geschwindigkeit, ihrer gefälligen Haltung und ihrer Anmuth; von nahe gesehen, wenn ihr Heerd knistert, wenn ihre Ventile blasen und ihr Rauchfang zittert, wenn ihre Räder auf dem Eisen knirschen, so giebt der vom Rauch geschwärzte, auf dem Hintertheile des Ungeheuers sitzende Cyclop, der ihren Lauf nach seinem Willen mässigt oder beschleunigt, die Idee von einer in ihrer Sicherheit und Kraft majestätischen Macht. Möge man mir jetzt von der Annehmlichkeit der grossen königlichen Strassen und von der Poesie der Schnellposten und Diligencen sprechen. Man wage es nur, die in den Grasländern von Limousin und Poitou auferzogenen Pferde, die mit Hafer und Stroh gefüttert werden, meinem Einhorn zu vergleichen, das im Feuer geboren ist und sich von Feuer nährt! Man rühme mir nur die Geschicklichkeit eines Kutschers mit grossen Leitseilen! ich bin der Ansicht, dass es nichts Imposanteres, als die Kaltblütigkeit meines Schmiedes giebt!

Nachdem ich der Maschine ihr Recht gewährt habe, muss ich auch ein Wort über den Weg selbst sagen. Man behauptet, dass es nichts Einförmigeres gebe, als den Anblick einer Eisenbahn; die Bahn ziehe in gerader Linie dahin, vermeide es, durch bewohnte Orte zu gehen, lasse interessanten Vorfällen und Abenteuern nicht den geringsten Spielraum, nivellire Alles, verscheuche die Vögel in der Luft und die Schafe in der Ebene, verblende die Vorübergehenden, betäube die Reisenden, endlich biete sie mehr gefahrvolle Zufälligkeiten, als die durch den Herrn Director der Brücken und Chausseen mit grossen Kosten unterhaltenen Strassen.

Sehen wir uns die Sache etwas genauer an. Zunächst, warum soll die Eisenbahn einförmiger, als die grosse Strasse sein, da sie mitten durch die Felder geht, über Gräben und Flüsse hüpft und überall eintritt, in Wälder, in die Ebene, die Felsen der Gebirge berührt, Brücken über Abgründe wirft und durch die Finsterniss der unterirdischen Bauten hinzieht? Ich gebe zu, dass es auf der Eisenbahn von Brüssel nach Antwerpen weder Tunnel noch steile Böschungen giebt. Der Weg ist eben wie die Hand. Doch soll derselbe in der schönen Jahreszeit reizend sein, denn er durchschneidet die reichsten, fruchtbarsten und am meisten cultivirten Gegenden Belgiens. Er hat selbst noch ein anderes Verdienst, welches die Post-Strasse nicht besitzt, er geht nämlich vor dem Hause vorbei, in welchem Van Dyck geboren wurde.

Richtig ist es, dass die Eisenbahnen um die Dörfer herumgehen und dass sie die Städte nicht durchschneiden; aber es liegt in deren Interesse, sich ihr zu nähern. Uebrigens vertrauen Sie nur der Macht und der Zukunft derselben, sie werden nicht lange durch die Wüste dahinziehen. Ueberall, wo eine Eisenbahn vorbeigeht und sie Häuser vermeidet, kommen die Häuser zu ihr; überall, wo eine Station eingerichtet wird, gründet sie ein Dorf; was sage ich? sie legt vielleicht den Grund zu einer Stadt.

Es kommt nunmehr das Kapitel der Unfälle. Man sagte mir: „Sie werden vor Hunger sterben, es wird Ihnen bei der Schnelligkeit an Luft fehlen, Sie werden vor Geräusch betäubt, durch den Dampf erstickt werden, Sie werden Arme und Beine brechen.“ Glücklicherweise geschieht auf der Eisenbahn nichts von alledem, es wäre denn bei Denjenigen, welche durch ihre Natur dazu beanlagt sind. Ich habe versucht, auf alle mögliche Art mit Dampf zu reisen, ich habe mich auf die ersten und auf die letzten Plätze gesetzt, ich bin bei starkem Winde und unter freiem Himmel gefahren; ich habe dicht bei der Maschine und sehr weit davon gesessen, ich bin in die Wagen selbst eingestiegen, ich habe in der Diligence[1]) geschlafen, indem ich bald, vorwärts bald rückwärts sass; nun wohl, in keiner dieser Lagen habe ich weder von der Bahn noch von der Maschine etwas gelitten. Die Bewegung der Wagen ist angenehm und gemässigt; die Schnelligkeit, so beträchtlich sie auch sei, ist nur den Augen fühlbar; das Geräusch verliert sich im Raume; die Raschheit der Fahrt entführt und zertheilt den Dampf. Was die ernstlichen Unfälle anbetrifft, so reduciren sie sich auf drei Arten. Entweder geht die Maschine aus den Schienen heraus und zieht den Zug mit oder die Räder brechen oder aber der Kessel springt. Im ersten Falle, der ziemlich häufig ist, genügen einige Secunden, um die Maschine anzuhalten, beim zweiten ungemein seltenen Falle ist dasselbe Hilfsmittel mit mehr Gefahren verknüpft, beim dritten Falle, der fast unmöglich ist: wehe, oh, wehe dem unklugen Führer, der die Schutzmassregeln verabsäumt hatte und Gottes Hilfe den Uebrigen! Ich muss hinzufügen, dass seit dem 7. Mai 1835, dem Tage der Eröffnung der Eisenbahn von Brüssel nach Mecheln, bis zum 7. Mai 1836 mehr als 600 000 Personen die Reise gemacht haben, ohne dass man einen einzigen ernsten Unfall gehabt hätte. . . .

Sie wollen hieraus ersehen, dass ernstliche Unfälle auf den Eisenbahnen unendlich seltener, als auf den grossen Strassen sind. Da giebt es keine durchgehende Pferde, keine brechende Achsen, keine überladene Kutschenhimmel, welche den Wagen an den Rand des Pflasters hinziehen, keine betrunkene oder eingeschlafene Kutscher, die Euch in den Abgrund werfen. Wenn aber die Eisenbahnen Euch keine Aufregungen verursachen, was ihre Gegner unzweifelhaft bedauern, wieviel Vortheile bieten sie dagegen doch dar! wieviel Wohlthaten verbreiten sie! welche Umwälzung verursachen sie doch in den Beziehungen, in den Sitten und in den Gesetzen der civilisirten Völker! Sie werden, mein Herr! darüber nach einigen Worten urtheilen, die mir noch zu sagen bleiben.

Ich spreche nicht von der Schnelligkeit der Beförderung und den kaufmännischen Folgen, welche diese unfehlbar in einer entfernteren Zeit haben muss. Sehen Sie die Handels-Bücher

[1]) **Zweite Wagenklasse, die anfänglich halb off.n war.**

Manchester's vor und nach der Herstellung der Eisenbahnen an und urtheilen Sie alsdann. Dies ist jedoch ein Vortheil, den Niemand bestreitet. Viele gute Geister sind vielmehr erschreckt von der wunderbaren Vermehrung, mit welcher das System der Dampf-Beförderung unsere Industrie bedroht, die nur zu sehr begierig ist, zu produciren, die aber nicht daran denkt, dass die Eisenbahnen gleichzeitig wunderbare Kanäle für den Verbrauch sind. Wie es damit aber auch bestellt sein möge, Jedermann erkennt den ungemein grossen Vortheil an, mit einer Schnelligkeit von zehn Meilen[1]) in der Stunde sich von einem Punkte zum anderen befördern oder sich ebenso rasch Waaren oder Lebensmittel besorgen zu lassen, deren man bedarf. Doch ich verfolge diese Sache hier nicht weiter, es ist dies eben ein errungener Sieg.

Es giebt aber auch Vortheile, an welche man gewöhnlich nicht denkt. Die Herstellung der Eisenbahnen zieht früher oder später nach sich die Beseitigung: 1) der Zolllinien; 2) der Pässe; 3) des Aufruhrs in den vom Mittelpunkte entfernten Orten; 4) einer Menge Krankheiten, gegen welche die Medicin ohnmächtig war; 5) der Strassenräuber etc.

Jetzt, mein Herr! will ich nachweisen, dass die Eisenbahnen uns von einer grossen Zahl Krankheiten befreien werden, gegen welche die Medicin heutzutage ohnmächtig ist. Giebt es nicht thatsächlich eine Menge Fälle der schwersten Art, in welchen die medicinische Facultät ihren Kranken als einziges Heilmittel Bewegung und Luft verordnet? Wie viele Unglücksfälle würden den Familien erspart, wie viele Verluste der Menschheit, wenn in diesem Punkte die Vorschriften der ärztlichen Kunst immer leicht zu befolgen wären! Aber, wenn wir einige Reiche ausnehmen, wie soll man denn die Luft verändern, wenn das Zurücklegen der Entfernungen so viel Zeit verlangt, wenn die Reisen so viele Ausgaben, so viele Vorsichtsmassregeln, so viele Nachtheile für die Geschäfte, so viele Sorgen aller Art beanspruchen? Wo soll man die wünschenswerthe Bewegung finden? Geschieht es etwa in einer Diligence? Ich bin überzeugt, dass es eine beträchtliche Zahl von Personen giebt, die in unsern grossen Städten an Auszehrung sterben, weil sie nicht im Jahre einmal

[1]) Lieues.

eine schnelle Reise machen konnten, um die Luft zu verändern und einen Landaufenthalt zu nehmen. Jetzt sind, Dank den Eisenbahnen, grössere Reisen in allen Krankheitsfällen und allen Vermögensverhältnissen ermöglicht. In Belgien legt man 12 Postmeilen für 24 Sous (96 Pf.) zurück. Man wird von Paris nach Brüssel für 15 Franken (M. 12) reisen. Anstatt, dass ein Bürger von Paris wegen seines Gesundheitszustandes sich nach Romainville oder nach Pantin begiebt, wird er in einigen Stunden nach der Seine-Mündung, nach den Ufern der Rhone, nach Nizza, Antwerpen, Ostende oder überall hinreisen, wohin ihn die Eisenbahn führen wird. Wenn heutzutage ein Arzt zu Euch sagt: „Reisen Sie!" so ist es beinahe stets der Fall, dass er sich von Euch losmachen will; thatsächlich stirbt gegenwärtig eine schreckliche Anzahl dieser von der Arzneikunst Weggesandten. Beim Bestehen von Eisenbahnen indessen wird der Kranke nicht so leicht dahinsiechen. Ein Kranker, den Ihr, an Heilung zweifelnd, in ein entferntes Land gesandt habt, wird nach Ablauf einiger Tage zurückkehren, Eure Voraussicht anklagen und herrisch verlangen, geheilt zu werden, denn dies ist das Verlangen aller Kranken. Die Eisenbahn wird mithin die Ursache sein, dass die Aerzte, anstatt ihre Kranken zum Besten zu haben genöthigt sein werden, ein ernstliches Mittel für unheilbare Krankheiten zu suchen.

Ich sage es ganz ernstlich: ich glaube, dass die Reise zu Land mit Dampf dazu bestimmt sei, eins der thätigsten und energischsten Mittel der Arzneikunst zu werden. Wenn die Arzneikunst Euch heutzutage Bewegung und Luft verordnet, so ist es unmöglich, Euch das Eine oder Andere in einer Dosis zu verschaffen, die nicht drei- oder viermal geringer sei, als diejenige, welche die Eisenbahn Euch verschaffen wird. Die neue Beförderungsart hat zu ihrer Verfügung eine Luftmenge und eine Bewegung, die um das Vierfache alle von der Arzneikunst angewandten Mittel übertrifft. Stellen Sie sich, mein Herr! in der That vor, welche Wirkung die poröse Oberfläche des menschlichen Körpers unter der mächtigen Einwirkung des Luftstromes beim Zurücklegen von zehn Meilen[1]) in der Stunde

[1]) „Lieues."

erleidet. Von welcher Seite der Wind auf der Eisenbahn auch immer weht, wenn Sie sich unter freiem Himmel hinsetzen, und zwar in der Richtung des Wirkens der Maschine, so werden Sie stets den Wind im Gesicht haben und wenn es in anderer Richtung ist, so geschieht es mit einer ausserordentlichen Kraft. Es ist dies eine Art heftiger Besprengung, ähnlich derjenigen der Wellen in den Seebädern während eines Sturms, eine Art Luft-Douche, welche die Kraft der Wasser-Douche besitzt; es bedarf einigen Muthes, um sie längere Zeit festen Fusses zu ertragen. Die Wirkung ist jedoch unfehlbar. Nach einer Stunde dieses Luftbades werdet Ihr die Wohlthat desselben in einer unglaublichen Vermehrung der Lebenskräfte verspüren: keine Wolken im Gesichte mehr; keine Uebelkeit, keine Mattigkeit, keine Hypochondrie mehr, ich spreche hier von den Leidenden. Was aber die Gesunden anbetrifft, so ist die kräftige Wirkung der Dampfreise eine solche, dass ich z. B. in Brüssel einen Franzosen kannte, der täglich zweimal zu Mittag speiste, das erste mal um 3 und das zweite mal um 6 Uhr, so oft seine Geschäfte ihn nöthigten, nach Antwerpen mit der Eisenbahn zu fahren. Zweimal Mittag essen! dies ist eine der Folgen des neuen Beförderungs-Systems, welche ich dem Nachdenken der Oekonomisten überliefere; sie ist gewiss nicht die am mindesten ernsthafte von allen.

Wie es damit aber auch beschaffen sein möge, ich habe die feste Ueberzeugung, dass ein Tag kommen wird, an welchem die Reisen mit Dampf durch die Aerzte werden verordnet werden und zwar mit ebenso grosser Hoffnung und mit mehr Erfolg, als die Reisen nach Dieppe und nach den Pyrenäen. Man wird sagen: „Machen Sie zehn, zwölf, fünfzehn Dampf-Reisen, wie man heute zu sagen pflegt: „Nehmen Sie zehn See-Bäder, trinken Sie fünfzig Gläser schwefelhaltiges Wasser!“ Man wird in den Eisenbahnwagen Lazarethe mit offenem Obertheil für die Kranken einrichten und Restaurants für die Gesunden; es wird einen Eisenbahn-Arzt geben, wie es einen Bade-Arzt giebt. Und wer weiss es? Vielleicht wird die Mode mehr für den Erfolg thun, als das Interesse selbst. Die Mode und der Dampf sind zwei Mächte, deren Verbindung die Welt beherrschen kann.

(Journal des Débats. 1837.)

Niederland.

Die Holländer und ihre Eisenbahnen.

Von Franz Dingelstedt.

(1847.)

Die Niederlande haben mit ungeheueren Schwierigkeiten zu kämpfen, wenn sie, wie es Beschluss ist, über ihr gesammtes Gebiet das eherne Netz der neuen Zeit werfen wollen. Nicht weniger als zehn Linien sind im Entwurfe, zwei in der Benutzung fertig. Von Arnheim fährt man während des laufenden Sommers dreimal täglich über Utrecht und Amsterdam, Harlem und Leyden nach dem Haag; die Fortsetzung bis Rotterdam ist im Bau begriffen. Andere Linien sollen theils die Verbindung der zahlreichen, bevölkerten, regsamen Städte und Häfen Hollands unter sich, theils den Anschluss an fremde Bahnen, nach Belgien, Hannover, Preussen vermitteln. Im Ganzen rechnet man über anderthalb-hundert deutsche Meilen, die mit einem Kostenaufwand von 75 Mill. Gulden auszubauen wären. Nach dem ungemein rüstigen Betrieb der bestehenden Bahnen und ihrer bewunderungswürdigen Ausführung zu urtheilen, werden alle jene entworfenen Linien vom Papier auf das Land wirklich übertragen werden und auf unberechenbare Weise in dessen inneren wie äusseren Verkehr einwirken. . . . .

Von Scheveningen aus bereise ich wie ein Commis Voyageur das Land und durchstreife seine Städte nach allen Richtungen. Hindernisse giebt es hier nicht bei solchen Ausflügen; die Entfernungen sind gering, grossen Theils durch den Zauber des Dampfes schon überwunden, und wo dieser nicht wirkt, kommen dem Fremden überall vortreffliche Strassen zu Statten. . . . Mit ihnen wechselt streckenweise das alte volksthümliche Verbindungsmittel der Treckschuyte, — unseren Marktschiffen ähnlich, — auf eine, dem Ausländer fremde und deswegen anziehende Weise ab. . . . .

Die Holländer haben, obwohl mit aller Welt in unaufhörlicher Verbindung, freundlicher wie feindlicher, durch eine chinesische Mauer ihren nationalen Typus sich zu erhalten gewusst mit einer Zähigkeit, Entschiedenheit und Ruhe, die alle Bewunderung verdient. Erst die neueste Zeit, welche jede Individualität, Mensch und Volk, aufhebt und in Massen zusammengehen lässt, schiesst mit Dampfkraft Bresche in jene Mauer, und die alten Holländer bemerken erstaunt und unwillig, wenn sie, in weisser Nachtmütze, die Thonpfeife in der Hand, die Bibel und das Handelsblad neben dem Kaffeetopf an ihrer Seite, aus ihrem Landsitz herausschauen, wie das neue, fremde Element auf sie einbricht, ihre Tulpenbeete und Taxuswände niedertritt, in den reinlichen Hausgang den Koth der Strasse schleppt und am Ende sogar die Prädestinationslehre angreift oder das Jusqu'à la mer und Dans la mer der famosen Acte. Schon ist das Tischgebet von den grossen Tafeln verdrängt in kleine bürgerliche Häuser. Der blecherne Schild um die feine, weisse, keusche Spitze drumherum weicht dem Strohhute von Brüssel, von dem verhassten Brüssel, und dem modernen, koketten Morgenhäubchen. . . . Die Neulinge fragen nicht mehr wie die Alten, wenn sie sich ehrbaren und langsamen Schrittes auf der Gasse begegnen: Hoe vaar gij? (wie fahren Sie?), sondern sie haben das unbequeme: wie geht es? vom Auslande adoptirt. Es wird bald an der Zeit sein, dass der letzte Holländer, den fliegenden ausgenommen, welcher ihr jood'scher wandelaar [1]) ist, — sich mit seiner Thonpfeife im alt-respectablen Feuerbecken wie eine indische Wittib verbrennt. . . .

(Jusqu'à la mer. Erinnerungen an Holland.)

---

[1]) Ewiger Jude.

Frankreich.

Ueber die künftigen Eisenbahnen.

Von Ludwig Börne.

Paris, den 8. October 1831.

List hat ein sehr gutes Büchelchen in französischer Sprache über Eisenbahnen hier drucken lassen. Es soll sich eine Actien-Gesellschaft bilden, welche Eisenbahnen von Paris nach Havre und Strassburg führt, so dass man in zwölf Stunden von hier nach Strassburg wird reisen können, und weiter nach Frankfurt gezogen in achtzehn Stunden dorthin. Wenn ich Morgens von hier abreiste, könnte ich Abends Thee bei Ihnen trinken und den andern Abend wieder hier sein. Welch' ein reizender Gedanke! Heine sagt zwar, es sei eine schreckliche Vorstellung in zwölf Stunden schon in Deutschland sein zu können. Diese Eisenbahnen sind nun meine und List's Schwärmereien, wegen der ungeheuern politischen Folgen. . . . .

(Briefe aus Paris, 51ter.)

Der Staatsmann Thiers und die Eisenbahnen.

1.

Von Julius Wolff.

(1877.)

Er stand bei Kaiser und König in Ehr'! das Volk hat ihn hochgeachtet, der Diplomaten misstrauisch Heer nach seiner Gunst getrachtet. Der kleine achtzigjährige Greis mit dem Scharfblick durch funkelnde Brillen, mit der ehernen Kraft und eisernem Fleiss und mit seinem stählernen Willen, ihm hat man geglaubt, ihm hat man getraut, sein Wort trug der Wahrheit Stempel, auf seinen Schultern stand gebaut des Friedens heiliger Tempel. Und einst vor langer, langer Zeit — das ist der Humor der Geschichte — da lag er in einem heftigen Streit mit seines Wortes Gewichte, und gegen wen? — Ihr rathet es kaum —

gegen die Eisenbahnen! Die waren ihm Hirngespinnst und Traum, und er sprach mit Warnen und Mahnen: „Das ist doch klar zur Evidenz und sicher vorauszusehen, wie sollen denn die die Concurrenz mit der Messagerie bestehen?!“

(„Ungereimte Chronik“ in Nr. 11 des d. Montagsblatts für 1877.)

2.

(1836.)

„Wir haben einen hohen Grad der Civilisation erreicht; man schätzt das Menschenleben hoch, man möchte nicht gern durch die Anlage von Eisenbahnen das Leben der Reisenden auf das Spiel setzen.“

Minister Thiers in der franz. Deputirtenkammer am 21. April 1836.
(List, Eisenb.-Journal.)

3.

(1880.)

Man weiss, welches hauptsächlich die Vorurtheile des Herrn Thiers waren, der nach dem Jahre 1830 über die Eisenbahnen sprach, wie 1860 von den Handelsverträgen. Es war erst 1835, nach der Rückkehr von einer nach Liverpool unternommenen Reise, wo er wie der ungläubige Thomas sehen und fühlen konnte, als er sich dazu verstand, anzuerkennen, „dass die Eisenbahnen einige Vortheile für die Beförderung darböten, jedoch nur insofern, als ihre Verwendung auf einige ganz kurze Linien beschränkt sei, die von grossen Städten, wie z. B. von Paris auslaufen.“ Noch im Jahre 1836 rief er aus: „Wenn man mir die Gewissheit bieten könnte, dass man in Frankreich jährlich fünf Meilen Eisenbahnen bauen wird, so würde ich mich sehr glücklich schätzen!“

(Foville, la transformation des moyens de transport. Paris 1880.)

Die Privat-Bahnen und die Actionäre.

Von Alphons de Lamartine.

(1838.)

Que sera-ce, grand Dieu, quand selon votre imprudent système, vous aurez constitué en intérêt collectif et en corporations industrielles et financières les innombrables actionnaires de 5 ou 6 milliards que l'organisation de vos chemins de fer agglomérera entre les mains de ces compagnies? Changez donc les tarifs alors! Mais comment les changerez-vous? Par la loi. Mais qui votera la loi? Des actionnaires en majorité. Intervertissez donc les lignes. Mais qui votera les lignes? Des actionnaires encore! Établissez donc des lignes rivales: mais qui votera ces lignes? Des actionnaires en majorite! Améliorez, perfectionnez, changez les systèmes arriérés sur vos lignes. Mais qui votera ces améliorations, ces perfectionnements désirés, commandés peut-être par l'intérêt général du pays? Qui? Des actionnaires encore.

(Rede in der Franz. Deputirten-Kammer. Audiganne, les chemins de fer aujourd'hui et dans cent ans.)

Drei Aeusserungen über die Bedeutung der Eisenbahnen.

1.

(1860.)

Einer der grössten dem Lande zu gewährenden Dienste ist der, die Beförderung der Roh-Producte für den Ackerbau und die Industrie zu erleichtern. Zu diesem Zwecke wird der Minister der öffentlichen Arbeiten so schnell als möglich die Verkehrswege, Kanäle, Strassen und Eisenbahnen herstellen lassen, welche insbesondere bezwecken, Kohlen und Dünger nach denjenigen Orten hinzuführen, woselbst die Bedürfnisse der Production es verlangen, und er wird sich bemühen, die Taxen herabzusetzen, indem er einen gesunden Wetteifer zwischen den Kanälen und den Eisenbahnen hervorruft.

Napoleon III.

2.

Die mit Eisenbahnen versehenen Gegenden verhalten sich zu denjenigen, welche Eisenbahnen entbehren, etwa wie Truppen, die mit Chassepots bewaffnet sind, zu solchen, die noch mit altväterlichen Steinschloss-Gewehren vorlieb nehmen müssen. Der Letzteren Schicksal ist besiegelt.

Desseilligny, ehem. Minister, in einer zu Bordeaux gehaltenen Rede.

3.

(1876.)

Einer unserer schärfsten Beobachter, der Baron von Jouvenel, als er die durch Eröffnung der Verkehrswege herbeigeführten Wohlthaten betonen wollte, gab zu verstehen, dass in allen Gegenden, welche der Eisenbahnen entbehren, die Zahl der die Gewerbesteuer entrichtenden Personen sich fortwährend vermindere, während die Zahl der Armen, welche auf dauernde Unterstützung durch die Armenpflege angewiesen sind, sich täglich vermehre.

Ist es möglich, den Nutzen eines Werkes kürzer und ausdrucksvoller zu schildern?

Jules Brunfaut, étude sur les voies de transport.

Die Eisenbahn und die Entstehung einer Stadt.

Von Eugène Pelletan.

(1876.)

Der kochende Topf[1]) hatte Royan[2]) anfänglich umgewandelt, aber derselbe äusserte seine Wirkung nur auf dem Wasser; es bedurfte noch einiger Zeit, ehe er es auch auf dem Festlande that. Das Dampfschiff brachte die erblühende Stadt nur in Verbindung mit Bordeaux und höchstens mit dem oberen Theile der Garonne. Royan konnte also seine Wirkung nur auf zwei oder drei Departements äussern; die Länge der Reise beschränkte nothwendig die Zahl seiner Badegäste.

Die kochende Maschine hatte jedoch noch nicht ihr letztes

[1]) Des James Watt.

[2]) Man vergleiche Seite 90.

Wort gesagt. Eines Tages sah ein Fuhrmann, der seinen Wagen führte, einen Trupp Arbeiter einen Weg herstellen, der bald unter der Erde hinlief wie der der Maulwürfe, bald in den Gipfeln der Bäume, wie der der Eichhörnchen. Man sagte ihm, dass auf dieser Strasse die Wagen mit eigener Kraft laufen würden. Der Fuhrmann, welcher niemals Wagen ohne Pferde gesehen hatte, gab statt jeder Antwort den seinigen einen Schlag mit der Peitsche.

Inzwischen setzt man die kochende Maschine auf vier Räder; sie läuft und schleppt hinter sich eine lange Reihe Personenwagen, sie schnaubt, sie raucht, sie eilt davon; die Häuser, die Felder wechseln und fliegen vorüber; die Sträucher, das Getreide entweichen und rollen in langen Umrissen auf ihrer Fahrt, bei dem durch die Schnelligkeit erzeugten Winde vorbei; sie eilt bei Wäldern vorüber und einen Augenblick später stürzt sie mit Donnergepolter in den tiefen unterirdischen Gang des Hügels.

Alsdann ertönt ein schneidendes, herzzerreissendes, verzweifelndes Pfeifen, wie das letzte Lebewohl des Menschen an das Licht; sie theilt dem Boden etwas von ihrem heissen Innern mit und wirft das verderbliche Licht ihrer entzündeten Flanken auf die feuchten Wände des Erdgewölbes. Sie wiederholt zeitweise ihren gellenden Schrei, aber plötzlich erstirbt derselbe, die Nacht verschwindet, und der geblendete Reisende sieht die leuchtenden Ebenen wieder, welche in der wollüstigen Mattigkeit der vollen Mittagszeit schlafen, und die von der Sonne beschienenen Nussbäume werfen auf die Abhänge in grossen Mengen die Umrisse ihres Blattschmucks.

Bisweilen zeigt sich ein schneller Schatten auf dem Fenster der Wagen. Es ist ein in anderer Richtung sich bewegender Eisenbahnzug, der ebenfalls mit sich eine Caravane mit der Schnelligkeit des Pferdes in der Ballade [1]) führt. Aber, wenn die Todten schnell reiten, so bewegen die Lebenden sich heutzutage noch viel schneller. Wenn jedoch die Fahrt beendet ist, so nimmt ein Mann, ein Kind, diese zeitweilig wüthende und entfesselte Locomotive und führt sie friedlich an der Hand, indem man sie gleichsam mittels einer Wunde opfert. Sie lässt

[1]) Lenore von Bürger.

alsdann den Dampf durch diese ausströmen, sie knirscht vor Wuth, stösst einen letzten Klageton aus und wird alsdann still.

Stephenson hatte die Locomotive erfunden; Seguin erfand den röhrenartigen Dampfkessel, welcher die Schnelligkeit vervierfacht.

Die Eisenbahn erschien in Frankreich um die letzte Hälfte der Regierung Ludwig Philipp's, aber bedächtig, langsam, wie Jemand, der an sich zweifelt und sich fürchtet, eine Unklugheit zu begehen; sie verband anfänglich nur Paris mit Versailles, um ihre Kräfte zu erproben; sie versuchte darauf die Anknüpfung mit Orleans; von dort ging sie bis nach Tours, alsdann von dort nach Poitiers und nachdem sie lange gezögert hatte, wagte sie die Entfernung von Poitiers nach Rochefort zurückzulegen.

Royan stand fortan mit Paris in Verbindung; es hatte jetzt ganz Frankreich in seinem Bereiche; es war nur noch eine Reise von zehn Meilen [1]) in der Diligence zurückzulegen. Der Tag war aber nicht mehr fern, an dem die Eisenbahn auch bis dahin gelangen sollte. Die Locomotive pfeift, sie ist endlich da; sie durchschneidet das Moor von Pousseau, und der Reisende, welcher um neun Uhr Morgens von Paris abgereist ist, kann in Royan sein Mittagsessen einnehmen, ohne den Wagen zu verlassen.

(Royan, la naissance d'une ville par Eugène Pelletan. Paris 1876.)

Der Montcenis-Tunnel.

1.

Vom Eisenbahn-Director Joseph Lehmann.

(1871.)

Was sind alle sieben Welt- und Bauwunder des Alterthums im Vergleiche mit diesem, die Kuppen der Centauren und Giganten, den Ossa und den auf ihn gethürmten Pelion, untergrabenden und überwindenden Minirerweg von zwei Längenstunden (zu Fuss), den ein neuer Virgil und ein neuer Dante, wenn sie Italiener wie diese beiden Dichter wären, den Eingang

[1]) „Lieues".

in das Paradies einerseits und den in die Hölle andererseits zu nennen die poetische Berechtigung hätten. Die italienischen Ingenieurs haben durch diesen Bau bewiesen, dass ihre Landsleute nicht aufgehört haben, die Erben und directen Nachfolger der genialen Unternehmer jener gigantischen Römerbauten zu sein, deren Ueberreste und Ruinen wir heutzutage noch bewundern. Auch die Erbauer der Alpenbahnen über den Semmering und den Brenner waren Italiener, und mit staunenswerther Perspicacität haben diese Männer in den beiden seitdem verflossenen Jahrzehnten gelernt und erfunden, um auf den von ihnen kühn in Angriff genommenen, bisher unbetreten gewesenen Bahnen Fortschritte zu machen, in Folge deren sie von keiner anderen Nation überholt werden können. Den Schild, mit welchem Brunel, bei Erbauung des Themse-Tunnels, sich und seine Mitarbeiter-Compagnie gegen die andringenden Wasser des unterwühlten und darüber wüthend gewordenen Stromes schützte, haben die Erbauer des Montcenis-Tunnels durch einen Riesenfächer von Schilden ersetzt, der ein ganzes Bataillon von Bauleuten zu decken vermochte und dessen von Dampfkraft belebte innere Kanäle ihnen zugleich in der meilenlangen Berghöhle die nöthige Lebensluft, das Wasser und die Baumaterialien zuführten. Welche Energie und Ausdauer gehörte dazu, um mitten unter den Revolutionen und Kriegen, die während der ganzen Bauzeit auf der Oberwelt Italiens stattfanden, diesen unerhörten Durchstich in der Unterwelt auszuführen! Kein erheblicher, Menschenleben zerstörender Unfall ist während der ganzen Bauzeit gemeldet worden, und ein Erfolg ohne Gleichen hat das Wagniss ohne Gleichen gekrönt.

(Mag. für d. Literat. des Ausl. 1871.)

2.

Von Giuseppi Regaldi [1])

(1871.)

Ueber den steinigen Pfad drängt ungeduldig der Fuss sich,
Und des emsigen Schaffens anstaunungswürdiges Schauspiel

---

[1]) G. Regaldi, geb. 1809, geschätzt als Dichter und Lehrer, wie bewundert als Improvisator, erhielt 1860 eine Professur am Lyceum in

Rollet von Neuem sich auf vor meinem bewundernden Geiste.
Tausende kräftiger Männer am Amboss seh' ich in Arbeit,
Sehe bewegliche Räder von stürzenden Wassern getrieben,
Dass die gefangene Luft, in Zellen und Höhlen gepresset,
Durch rundschwellende Schläuche, sich, dehnenden Schlangen vergleichbar,
Vorwärts dringt und, befreit, Kraft, Leben spend' und Bewegung.
Tief im Fréjus darinnen vernehm' ich ein Keuchen und Knarren
Eines Getriebes, den Wagen der Alten im Kriege vergleichbar,
Kühn, von kundiger Hand mit Kolben und Klappen geregelt,
Dass die gefangene Luft die bohrenden Eisen beflügle,
Die in die cottischen Höh'n eingraben die lichtende Oeffnung.
. . . .
Kein fremdländisches Volk wälzt schaarweis heut' von den Alpen
Wild sich herab, um den Durst nach blutiger Rache zu stillen:
Nein, der Gewerbfleiss ist's, auf friedlichem Ringplatz erscheinend,
Raum nur und Zeit zu besiegen, sein all' und sein einiges Trachten.
Hüben und drüben schon nahet das Wunderwerk der Vollendung.
Sieh! und die letzte, die trennende Wand ist endlich gefallen.
. . . .
Freue dich, menschlicher Geist, du steigst in die Himmel und sinnest
Ihren Bewegungen nach und die Elemente durchforschend
Kennst und enthüllst du von Allem die unbekannte Bestimmung.
Aber noch mehr, es liest und erkennt dein Auge die Vorzeit
In den wechselnden Schichten des offenkundigen Erdreichs.
Meere vereinest, Gebirge durchgräbst du, riesige Strecken
Kürzest und allerlei Volk aus der Ferne führst du zusammen,
Während feurige Boten zwei Hemisphären verkünden,
Dass dein denkender Geist, der Herr und Gebieter von beiden.
Bildner erhab'ner Systeme, kämpf', Weltenwand'rer, und wage,
Alles noch wirst du erfahren, welch' unaussprechliche Kraft du
Tief im Innersten hegst, und wirst in dem Brausen der Schöpfung
Deinen Ursprung zuletzt noch erlauschen und deine Bestimmung.

Julius Schanz, Der Montcenis-Tunnel.

Parma, wurde 1863 für ital. Literatur und Geschichte an die Universität zu Cagliari, 1866 nach Bologna berufen.

Die Schweiz.

Der Gotthard-Tunnel.

1.

(1880.)

Viele Jahrhunderte hindurch bemühten sich die Menschen, um unter nie völlig besiegten Schwierigkeiten die im ewigen Eis erstarrten Höhen der Alpen zu überschreiten. Trotz der zahllosen Kriegerschaaren, die während des Mittelalters von Osten und Westen in die hesperischen Gefilde Italiens niederstiegen, führte kein geebneter Weg über die unwirthlichen Bergrücken. Nur der Saumpfad, der Lauf der zu Thal stürzenden Gewässer gewährte dem nach Rom inmitten seines Heeres ziehenden deutschen König den Uebergang über die Alpen.

Heute durchfliegt der Reisende, behaglich in die Ecke seines Coupés gedrückt, in einer halben Stunde den Tunnel des Mont Fréjus. Noch im Anfange des vorigen Jahrhunderts führte keine fahrbare Strasse über die Passhöhen. „Ueber die Alpen rollt kein Rad!“ konnte noch Haller ausrufen. Erst seit 1726 gab es zwei für Fuhrwerke berechnete Strassen, die eine über den Brenner, die andere über den Semmering. So blieb es bis Napoleon mit seinem Machtwort Wandlung schaffte. Er erbaute oder erweiterte sieben Heer- und Fahrstrassen über die Alpen nach Italien und schuf den alten Weg über den Col di Tenda fast gänzlich um. Die hierdurch gegebene Anregung wirkte fruchtbringend fort. Grossartige Strassenbauten im Handels- und militairischen Interesse folgten schnell aufeinander.

Da kam die Eisenbahn, die verbesserte, grosse Steigungen mit Leichtigkeit überwindende Locomotive, und die Ingenieure konnten Ludwig XIV. parodirend ausrufen: „Jl n'y a plus d'Alpes!“ Den Anfang machte die Semmeringbahn (Wien-Triest), ihr folgte die Tauernbahn (Ennsthal-Murthal), 1867 die Brennerbahn, 1871 die Cenisbahn, und jetzt eröffnet sich, alle seine

Vorgänger an Kühnheit der Anlage und Ausdehnung übertreffend, der Gotthardtunnel.

Um die Zeit, da die Montcenisbahn ihrer Vollendung entgegen ging, fing man in der Schweiz, Italien und Deutschland an, sich mit dem Plane einer Gotthardbahn zu beschäftigen. Im Jahre 1869 trat das Projekt aus dem Dunkel der fachmännischen Kreise an die Oeffentlichkeit und wurde Gegenstand diplomatischer Verhandlungen zwischen den vorgenannten drei Staaten.

Die Vortheile, welche man sich von der Eröffnung dieses neuen Verkehrsweges zwischen Italien und Deutschland verspricht, sind sehr gross. Einen erheblichen Theil des Verkehrs, welcher bis jetzt seinen Weg aus dem Orient und dem Südwesten nach Mittel- und Nord-Europa und umgekehrt über Oesterreich und Frankreich nimmt, dürfte in Zukunft die Gotthardbahn an sich ziehen. Es wird nicht mehr allzu lange Zeit in Anspruch nehmen, bis der erste Eisenbahnzug durch den meilenlangen Tunnel braust.

Wir Deutsche nehmen an der Vollendung des riesenhaften Werkes den freudigsten Antheil und empfinden es mit Genugthuung, dass der Erfolg dieses Unternehmens, welches dem Weltverkehr eine neue Hauptader öffnet, der Anregung und thatkräftigen Unterstützung Deutschlands mit in erster Reihe zu danken ist.

(Nach der National-Zeitung.)

2.

Zum Vereinigungsfeste am 2. März 1880 in Airolo.

Von Müller von der Werra.

Es bauten die Aegypter Pyramiden,
Die Königsgräber an des Niles Strande,
Sie stehen, Felsen gleich, im Wüstensande
Und grüssen heut' zum Occidente: Frieden!

Ein neues Wunder ist der Welt beschieden,
Ein Friedenswerk im Schweizer-Alpenlande,
Es tönt der Wagen mit dem Feuerbrande
Im Gotthard, einend, was bis jetzt geschieden.

So ist ein Tag des höchsten Ruhms erschienen,
Ein neuer Rütlibund im Weltverkehre,
Dem Nord und Süd wie um die Wette dienen.

Alldeutschland dringt nun bis zum Mittelmeere, —
„Durch Nacht zum Licht!“ So dröhnt's auf Eisenschienen.
Das ist der Tag des Ruhmes und der Ehre!

3.

An die Arbeiter.

Von Edmund Dorer.

Ein Lorbeer, schöner als der blut'ge Kranz,
Der nach der Schlacht den kühnen Sieger schmückt,
Sei freudig euch gewährt, den wackern Männern,
Die ihr das ruhmgekrönte Werk vollendet,
Das staunend noch die Nachwelt preisen wird!
Als kühne Kämpfer habt ihr der Natur
Gewalt'ge Macht gebändigt und bezwungen,
Gebahnt habt ihr den Völkern eine Gasse,
Die ferner Länder Kraft und Geist verbindet.
Vergebens trotzte stolz die Felsenveste,
Die euerm Muthe sich entgegenthürmte;
Durchbrochen ist die hohe Riesenmauer,
Die zwischen Nord und Süd vor tausend Jahren
Natur zur ew'gen Trennung einst erhoben;
Und nimmer über schneebedeckte Firnen,
Wo todesschwanger die Lawine lauert
Und schreckensvoll vom Berg die Ströme tosen,
Drängt mühsam sich der lastbeschwerte Wagen,
Sucht unheilfürchtend seinen Weg der Wand'rer.
Ihr habt die Bahn geöffnet durch die Felsen,
Wo bald des Handels Reichthum sicher zieht
Und eine bunte Welt zur Lust verkehrt.
Wie manche Jahre, Tage lang und Nächte,
Habt um den Siegespreis ihr heiss gerungen!
Wie viele wackere Genossen sanken

Im Kampf zum Tod verwundet und zerschmettert!
Sie starben furchtlos auf dem Feld der Ehre
Und über Leichen drangt ihr vor, als Sieger.
Wo sie gefallen, heben sich zum Ruhm
Den Lebenden, den Todten zum Gedächtniss
Sanct Gotthard's schneeige Firnen in den Aether,
Umleuchtet von der Sonne lichten Gluthen;
Ein Denkmal, herrlicher, als dies die Kunst
Im stolzen Königsbau der Pyramiden
Aus Marmorglanz und Goldesschimmer schuf.
Und weit in's Land und ferner Zukunft werden
Die Alpenfelsen eure That verkünden —
Mag ihr des Himmels Segen sich verbünden!

Des Friedens Werk, es diene stets dem Frieden!
Nie möge durch das Alpenthor sich drängen
Des Krieges finst're Dämon blut'gen Sinnes
Und Wolken gleich, die des Verderbens Blitze
Auf Flur und Hütten fühllos niederschleudern,
Die Boten der Zerstörung und des Todes
Aus dunklem Bergesschooss in's Thal hernieder
Auf Auen, die der Herr gesegnet, senden!
Dem Geist des Friedens sei das Werk geweiht,
Der Länder nicht, doch Herzen sich erobert!
Die Liebe wandle, nicht der Hass die Pfade,
Die euer Blut, die euer Schweiss benetzt;
Der Süden bringe hier des Landes Schätze
Dem Norden, der die Gaben ihm erwiedre,
Und wie sie tauschen ihrer Fluren Fülle,
So mögen wechseln sie des Geistes Gaben,
Mit Sinn und Hand wetteifernd in dem Streit,
Den Gegner mit der schönsten Frucht zu laben,
Dass jeden Kampf verwandeln sie zum Streben,
Sich selbst erhebend, And're zu erheben.
Ob auch die Alpen einst getrennt sie haben,
Sei jetzt ihr Felsenpfad ein heilig Band,
Das Volk mit Volk verbinde, Land mit Land!

(Neue Zürcher Zeitung.)

Russland.

Zur Geschichte der Russischen Eisenbahnen.

Am 15. April des Jahres 1836 erliess Kaiser Nicolaus einen Ukas, durch welchen einer Gesellschaft von vier Herren (unter ihnen Franz von Gerstner) die Concession zur Anlegung einer Eisenbahn von St. Petersburg nach Tsarskoje-Sselo ertheilt wurde. Der Kaiser selbst hatte an die Concession zwei Bedingungen geknüpft. Die Unternehmer mussten sich nämlich durch ihre Unterschrift verpflichten, an den Locomotiven (der amtliche Ausdruck dafür ist: Dampf-Equipagen) Glöckchen oder andere Warnungszeichen anzubringen und zweitens nicht zuzulassen, dass die nach St. Petersburg reisenden Personen auf der Strecke zwischen dem Schlagbaum und dem Passcomtoir die Wagen verliessen. Am 4. April 1838 wurde der Betrieb eröffnet. Dies war die erste russische Eisenbahn. Erst am 6. Februar 1842 erging der Ukas, welcher den Bau der St. Petersburg-Moskauer Eisenbahn befahl, und am 12. Juni 1852 wurde der Bau der St. Petersburg-Warschauer Linie verfügt. So langsam entwickelten sich die Anfänge des Russischen Eisenbahnwesens unter dem Kaiser Nicolaus.

Der Krimkrieg, in welchem mehr Soldaten auf den Märschen umkamen, als durch die feindlichen Waffen fielen, und in welchem es trotz der kolossalsten Anstrengungen unmöglich war, bei Sebastopol eine Armee zu sammeln, stark genug, um die Truppen der Westmächte in's Meer zu werfen, lehrte den russischen Machthabern, welches Versäumniss sie sich hatten zu Schulden kommen lassen, und unter dem Kaiser Alexander wurde der Ausbau eines riesigen Eisenbahnnetzes, welches einzelne seiner Fäden schon bis fast an die Grenze Asiens erstreckt, mit Energie in Angriff genommen.

(Zeitung des Vereins d. Eis.-Verw. für 1871.)

Aegypten.

Die Eisenbahn von Alexandrien nach Suez.

Von Emil Pirazzi.

Wir hatten Alexandrien in der Sonntagsfrühe des 21. December 1856 auf R. Stephensons seit einem Jahre erst vollendeter Eisenbahn verlassen . . . Vor Vollendung der Eisenbahn machte der Reisende gewöhnlich die Fahrt nach Kairo in einer Nilbarke. Zur Seite der Bahn zieht der elektrische Telegraph seine luftige Strasse. Der Zug hält zwischen Alexandrien und Kairo an sieben Stationen, Dörfern, Marktflecken und Städten. Beim Dorfe Kafr-Sajat passirt man gegen Mittag auf dampfgetriebner fliegender Fähre den Rosette-Arm des Nil, dessen heilige Fluten ich trotz ihrer schlammigen Trübe mit andächtiger Ehrfurcht begrüsste. Hatten seine Ufer doch die Entwickelung des ältesten Culturvolks der Menschheit gesehen. Im jenseits gelegenen Bahnhof der genannten Station wird mittägliche Rast gemacht, wozu eine gedeckte Tafel die Hungrigen einladet für den enormen Preis von 5 Schilling — denn auf dieser Bahnlinie, welche einmal im Monat die Ostindien-Passagiere hin- und hergehen sieht, ist Alles auf englischem Fuss eingerichtet: die Bahn, ihre Beamten, ihre gedruckten Pläne und Billets, ihre Restauration und deren Preise!

In der Landschaft westlich von Benha, dem heutigen Wadi (Thal) Tumilat, haben wir uns das alte Land Gosen der Kinder Israel vorzustellen. . . . Es macht einen eigenen Eindruck, durch dieses mit unseren ältesten geschichtlichen Vorstellungen verwachsene Land heute in gepolsterten Wagen, auf dampfbefahrener Eisenstrasse dahinzugleiten, den schrillen Pfiff der Locomotive über diese Fluren ertönen zu hören! Und nun folgt Ueberraschung auf Ueberraschung, unsere Phantasie wird Schlag auf Schlag von den gewaltigsten Aufregungen in mächtige Schwingungen gesetzt. Da weist uns zunächst der Conducteur vor uns zur Linken fern am Horizont auftauchende bläuliche Höhensäume, welche die Ebene einrahmen und, wo sie näher in's Licht treten, eine scharf gelbliche Farbe zeigen — die Wüste! Es ist gewiss immer ein bedeutender Augenblick, wenn der Mensch nun endlich in Wirklichkeit vor sich sieht, wovon seine Seele lange geträumt, wonach sie lange gedürstet. Also die Wüste. Aber das war noch ein ganz anderer Augenblick, der mir bald darauf, gegen die dritte Nachmittagsstunde (nie vergisst man so Etwas!) durch das entgegengesetzte Wagenfenster den ersten Anblick der Pyramiden bot! Ich glaube, dieser erhabene Moment könnte selbst dem blasirtesten Geiste noch eine bedeutende Aufregung ablocken, dem nüchternsten Philister die Pulse rascher beben machen! Und nun gar Einen, dessen Pulsschläge im gewöhnlichen Leben schon über pari schlagen! . . . Da standen, noch in meilenweiter Entfernung vor uns, bald auf Augenblicke verschwindend, um in den nächsten wieder nur um so greifbarer vor uns zu treten, die beiden Riesen-Steinkolosse, die grössten Werke, welche je die Menschenhand gethürmt: die Pyramiden des Cheops und des Chephrenus, in starrer, steinerner Objectivität vor uns da! Sich haarscharf in ihren mathematischen Formen, dunkelblau wie ein Gebirge, am helleren Himmelsgewölbe abzeichnend, das auf ihnen zu ruhen schien, verliefen die ungeheuren Körper mit ihren sich zugekehrten Seiten in einander wie zu einer Masse, die nach oben sich in die beiden Spitzen auszackend gipfelte. Fast wie ein riesiges, umgekehrtes lateinisches W präsentiren sich so M die beiden Giseh-Pyramiden oder, wenn Ihr wollt, wie zwei gewaltige, fabelhafte Zelte. Wer könnte diese äussersten Mark- und Grenzsteine des Menschengeschlechts, diese gigantischen Initialen, welche das erste Kapitel seiner Geschichte zieren, sehen, ohne einen jener sinnverwirrenden Wirbel der Empfindungen in seiner Brust kreissen zu fühlen, der für Augenblicke unsere ganze übrige Gedankenwelt in seine Strudel begräbt! Was da, in Schnellschrift des Geistes und wie an unsichtbarem Telegraphendrahte, zwischen dem Gegenstand und unserer ihn widerspiegelnden Seele innerhalb Secunden hin- und herblitzt, würde man in dicken Büchern nicht auszuschreiben vermögen. . . .

(Unterh. am häuslichen Herd für 1862, herausg. von Karl Gutzkow.)

Nord-Amerika.

Eine bemerkenswerthe Weissagung.

Von Oliver Evans, dem Erfinder der ersten Strassen - Locomotive.

(1787.)

„. . . I verily believe, that the time will come when carriages propelled by steam will be in general use, as well for the transportation of passengers as goods, travelling at the rate of fifteen miles an hour, or 300 miles a day, on good turnpike-roads.“

(Gordon, treatise upon elementar locomotion. London 1836.)

(Ich glaube in der That, dass in nicht ferner Zeit die von der Dampfkraft in Bewegung gesetzten Wagen allgemein zur Beförderung der Reisenden, wie der Frachtgüter dienen und mit einer Geschwindigkeit von fünfzehn Meilen [1]) in der Stunde oder 300 Meilen in einem Tage auf guten Landstrassen sich fortbewegen werden.)

Eine amerikanische Eisenbahn.

Von Charles Dickens.

(1842.)

Bevor ich Boston verliess, widmete ich einen Tag zu einem Ausfluge nach Lowel. . . . .

Bei dieser Gelegenheit lernte ich zum ersten Mal eine amerikanische Eisenbahn kennen. Da diese Bauwerke in allen Staaten einander gleichen, so lässt ihr allgemeiner Character sich leicht beschreiben.

Es giebt keine Wagen erster und zweiter Klasse wie bei uns, aber es sind Wagen für Herren und solche für Damen vorhanden. Der hauptsächlichste Unterschied zwischen ihnen ist, dass in dem ersteren Jedermann raucht, während im zweiten es Niemand thut. Da ein Schwarzer niemals mit einem Weissen

[1]) Englische Meilen.

zusammen reist, so giebt es auch einen Wagen für die Neger, welcher ein ungeschlachter, plumper Kasten ist, wie ihn Gulliver zu seiner Seefahrt vom Königreich Brobdignag gebrauchte.

Sonst giebt es da viel Stösse, viel Lärm, viel Wände, wenig Fenster, eine Locomotive, Gepfeife und eine Glocke.

Die Wagen gleichen armseligen Omnibus-Gefährten, sind aber grösser; sie enthalten dreissig, vierzig, fünfzig Personen. Die Sitze, anstatt sich von einem Ende zum anderen zu erstrecken, sind quer aufgestellt. Jeder Sitz ist für zwei Personen bestimmt. Es ist eine lange Reihe auf jeder Seite der Karavane, ein schmaler Durchgang in der Mitte und eine Thür auf beiden Enden. In der Mitte des Wagens befindet sich gewöhnlich ein Ofen, der mit Stein- oder Anthracit-Kohlen geheizt wird und meist roth glüht. Es ist unerträglich schwül, und Ihr seht die heisse Luft zwischen Euch und jedem beliebigen Gegenstande, auf den Ihr zufällig blickt, wie den Geist des Rauchs schweben.

In dem Wagen für Damen befindet sich eine grosse Anzahl Herren, welche Damen bei sich haben. Es sind auch ziemlich viel Damen dort, welche Niemanden bei sich haben, denn jede Dame kann von einem Ende der Vereinigten Staaten zum anderen reisen und gewiss sein, überall mit der grössten Höflichkeit behandelt zu werden. Der Schaffner, Billet-Empfänger, Wärter oder wie er sonst auch heissen mag, trägt keine Dienstkleidung. Er geht den Wagen auf und ab und auch hinaus, wie es ihm gerade beliebt, lehnt sich gegen die Thür, die Hände in den Taschen und starrt Euch an, wenn er Euch für einen Fremden hält oder er fängt eine Unterredung mit den Reisenden um sich herum an. Eine grosse Anzahl Zeitungen wird hervorgezogen, aber nur wenige werden gelesen. Ein Jeder spricht mit Euch oder mit jedem Anderen, wie es ihm gerade beliebt. Wenn Ihr ein Engländer seid, so hält der Amerikaner dafür, dass diese Eisenbahn beinahe einer englischen gleiche. Wenn Ihr darauf „Nein!" sagt, so entgegnet er „Ja?" (fragend) und frägt zugleich, in welcher Beziehung sie von einander abweichen. Ihr zählt nunmehr die Haupt-Unterscheidungs-Merkmale auf, eins nach dem anderen und er sagt zu jedem „Ja?" (noch fragend). Alsdann wirft er ein, dass Ihr in England nicht schneller reiset und auf Eure Antwort, dass es doch der Fall, sagt er wieder „Ja"? (noch fragweise), und es ist ganz augenscheinlich, dass er es nicht glaubt. Nach einer langen Pause bemerkt er, halb zu Euch und halb zum Knopf auf der Spitze seines Stock's, dass die Yankees ebenfalls als ein beträchtlich vorwärtsschreitendes Volk angesehen werden, worauf Ihr antwortet: „Ja". Alsdann sagt er wieder „Ja!" (diesmal bestätigend). Wenn Ihr aus dem Fenster seht, so theilt er Euch mit, dass hinter jenem Hügel und etwa drei Meilen von der nächsten Station eine aufblühende Stadt in lebhafter Gegend sich befinde, von der er annimmt, dass sie das Ziel Eurer Reise sei. Eure verneinende Antwort führt natürlich zu weiteren Fragen bezüglich der von Euch zu berührenden Strassen; wohin Ihr aber auch gehen möget, Ihr werdet beständig vernehmen, dass Ihr dahin nicht ohne grosse Schwierigkeiten und Gefahren gelangen könnet, und dass alle grossen Sehenswürdigkeiten sich anderwärts befinden.

Wenn eine Dame den Sitz eines männlichen Reisenden zu haben wünscht; so giebt der Herr, welcher die Dame begleitet, ihm Kenntniss davon, und dieser räumt den Sitz mit grosser Höflichkeit. Politische Gespräche werden vielfältig geführt, so auch über Banken und Baumwolle. . . .

Selten ist mehr als ein Schienen-Geleise vorhanden; eine Ausnahme findet nur statt, wenn ein Seitenstrang sich von der Hauptlinie abzweigt; der einzuhaltende Weg ist deshalb sehr schmal und die Aussicht in keiner Weise ausgedehnt, besonders in durchschnittenem Boden. Wo solcher nicht vorhanden, ist der Character der Landschaft stets derselbe. Es folgt Meile auf Meile verkrüppelter Bäume, von denen einige durch die Axt andere durch den Wind gefällt sind; einige sind halb auf ihre Nachbaren gestürzt; viele blosse Stämme sind im Morast verborgen, andere zerbröckeln in schwammige Stücke. Der eigentliche Erdboden setzt sich aus solchen kleinen Fragmenten zusammen; jeder Pfuhl stagnirendes Wasser ist mit einer Kruste verfaulter Pflanzen bedeckt; überall befinden sich Aeste, Stämme und Stümpfe von Bäumen in jeder denkbaren Art des Wachsthums, des Verfalls und der Vernachlässigung.

Jetzt taucht vor Euch für wenige Minuten eine flache Gegend auf, in der ein glänzender See oder Teich sich spiegelt, der so breit ist, wie mancher englische Fluss, hier aber für so schmal angesehen wird, dass er kaum einen Namen führt; nun bemerkt Ihr flüchtige Schimmer einer entfernten Stadt mit ihren sauberen weissen Häusern und ihren kühlen Plätzen, ihrer gezierten „Neu-England-Kirche“ und ihrem Schulhause, bis fortgerissen... beinahe bevor Ihr sie erblickt habt, dieselbe finstere Mauer erscheint: die abgehauenen Bäume, die Stümpfe, die Stämme, das stagnirende Wasser, Alles so ähnlich Demjenigen, das Ihr vorher gesehen habt, dass Ihr Euch einbilden könntet, durch Zauberei wieder zurückgeführt zu sein.

Der Zug hält an Stationen in den Wäldern an, woselbst die baare Unmöglichkeit vorzuliegen scheint, dass irgend Jemand den geringsten Grund haben sollte, dort auszusteigen, und es scheint ebenso unwahrscheinlich, dass sich daselbst irgend Jemand zum Einsteigen finden sollte. Der Zug kreuzt die Landstrasse, an der weder ein Gitter, noch ein Polizei-Beamter, noch ein Signal sich befindet; es ist nichts weiter da, als ein hölzerner Bogen, worauf geschrieben steht: „Wenn die Glocke läutet, so sehe man aus nach der Locomotive.“ Diese läuft unbesonnen weiter, dringt wieder in die Wälder ein, taucht in lichte Landschaften wieder heraus, rasselt über gebrechliche Brückenbogen, poltert über den schweren Erdboden, schiesst unter einer hölzernen Brücke durch, welche das Licht für eine Secunde, gleichwie beim Schliessen der Augenlider, abschneidet. Alsdann erwachen plötzlich alle schlummernden Echos in der Hauptstrasse einer grossen Stadt, und die Locomotive stürzt sich endlich auf's Gerathewohl über Hals und Kopf in die bunte Menge, mitten auf die Strasse. Dort vorüber an Handwerkern, welche an ihren Gewerken arbeiten, an Personen, die sich an die Thüren und Fenster lehnen, an Buben, welche Drachen fliegen lassen und mit Marmorkugeln spielen, an rauchenden Männern und schwatzenden Frauen, an Kindern, die umherkriechen, an wühlenden Ferkeln, an Pferden, welche wegen des ungewohnten Anblicks ausschlagen und dicht neben dem Schienen-Geleise wiehern; dort weiter und weiter zieht der tolle Drache der Locomotive mit seinem Zuge Wagen, nach allen Richtungen einen Schauer brennender Funken aus seinem Holzfeuer auswerfend, kreischend, zischend, heulend, keuchend, bis das durstige Ungeheuer zuletzt unter einem bedeckten Wege anhält, um dort zu trinken. Das Volk läuft zusammen, und Ihr habt Zeit, wieder zu athmen.

(American notes.)

Im „Hôtelzug" der Pacific-Eisenbahn.

Von Theodor Kirchhoff aus San Francisco.

(1870.)

Wir spannten den eisernen Rappen vor,
Auf Flügeln des Dampfes zu jagen
Zweitausend Meilen vom goldenen Thor
Zum Missouri, im glänzenden Wagen;
Hoch unter den Wolken, im donnernden Zug,
Durch endlose Wüsten, im sausenden Flug, —
In vier gemessenen Tagen.

Ade, du herrlich grünende Flur,
Ade, ihr Frühlingsgefilde!
Dich, Goldland, schmückte die Mutter Natur
Im paradiesischen Bilde!
Der Himmel so tief, mit klarstem Blau,
Die Lüfte, im Winter sommerlau,
Wie im Tropenlande so milde.

Hinan die Sierra in donnernder Fahrt!
Nun schnaube, du muthiger Renner!
Ihr, die ihr in fremden Ländern war't,
Am Mont Cenis und am Brenner,
Ihr dachtet, dort gäb' es in Wolkenhöhn
Im Dampfzug Wunderdinge zu sehn: —
Jetzt staunet, wackere Männer!

Wir kreisen hinan, wie der Adler fliegt,
An schwindelnden Bergeshängen;
Unser Pfad über Brücken, thurmhoch, liegt,
Durch endlose Felsenengen;
Wir spotten der mächt'gen Lawinen Gekrach, —
Unterm festen Vierzigmeilen-Dach
Kann kein Schnee die Strasse bedrängen.

Wir tafeln im fliegenden Speisepalast,
Wie kein König jemals geträumet.
Es eilen die Meilen; die Gläser gefasst
Und den seltenen Wunsch nicht versäumet:
Aus goldenem Füllhorn schöpfte uns dies
Das californische Paradies, —
„Ihm ein Hoch, da der Becher schäumet!“

In kreisende Weite schweift der Blick
Beim Festmahl auf Dampfesflügeln.
Die Wälder, die Gipfel bleiben zurück
Und werden zu Büschen und Hügeln.
Dort unten der Faden silberhell,
Es ist ein Strom mit breiter Well’,
Drin riesige Wälder sich spiegeln.

Und kommt die Nacht, so kehren wir ein
In kosige Schlafgemächer.
Was kümmert der Sturm uns! er brause darein
Und hagle an Scheiben und Dächer!
Wir hören auf donnernder Fahrt ihn kaum,
Auf der Windesbraut Flügeln; beim süssen Traum
Verhallt er schwächer und schwächer.

So sausen wir über Sierra’s Höhn;
Dann durch traurige Wüstenflächen
Und endlose Wildniss. Wie ist’s so schön,
Im Waggon von der Wüste zu sprechen,
Von den Emigranten der alten Zeit,
Von Indianern und blutigem Streit, —
Im „Hotelzug“, beim Schmausen und Zechen!

Frischauf, du Rappe und spute dich schnell!
Zu des Salzsees reichem Gelände,
Des landumschlossenen Meeres Well’,
Zu Weber’s Schluchten dich wende.
Zweitausend Meilen, — du kennst den Weg
Durch Echo Canon’s Felsensteg,
Und die thurmhoch rothen Wände!

Hinan der Felsengebirge Grat, —
Achttausend Fuss über dem Meere!
Hinunter auf tiefbeschneitem Pfad, —
Durch der Ebenen endlose Leere! —
Wir tragen ja des Jahrhunderts Geist,
Der auf Dampfesflügeln die Welt umkreist,
Mit uns vom Meer zum Meere!

Was die Locomotiven sagten.

(Eröffnung der Pacific-Eisenbahn.)

Von Bret Harte.

Deutsch von Ferdinand Freiligrath.

Was — auf ihrer ersten Reise,
Dampfend auf dem Einen Gleise,
Zischend Kopf an Kopf gestellt,
Jede eine halbe Welt
Hinter sich mit Höh'n und Tiefen —
Sagten die Locomotiven?
Dies wohl, mein' ich, ist's gewesen,
Unberichtet und ungelesen!

Sprach zuerst mit wicht'ger Miene
Aus dem Westen die Maschine, —
Sprach und pfiff es etwas phrasig:
„Her vom Kamm der Sierra ras' ich,
Und wenn Höh' ein Maassstab ist,
Calculir' ich, dass zur Frist
Du von mir geschlagen bist.“

Hört man die vom Ost versetzen:
„Wer recht schafft, wird wenig schwätzen!
Pfeif' nur deine Bremsen nieder!
Rührtest wacker zwar die Glieder,
Aber was denn nur, sag' an,
Hast Besond'res du gethan?

Doch, — ist das 'ne Unterhaltung!
Mögen die Herrn von der Verwaltung
Bei Champagner heut' und morgen
Selber doch für's Puffen sorgen!

„Horch! Wo die Atlant'sche See
Sommergluth bespült und Schnee;
Wo Indianerherbste strahlen,
Wampumfarb die Wälder malen, —
Dort dem flieh'nden Sonnenball
Jagt' ich nach mit freud'gem Schall,
Schau'nd, was seinem Blick begegnet,
Segnend rings, was er gesegnet,
In der Eisenbrust sein Sprüh'n,
All sein lebenweckend Glüh'n,
Seine Wolken für und für
Ueber meiner Funkenhaube,
Und, soweit ich rastlos schnaube,
Alle Schatten hinter mir."

Sprach die Westmaschine: „Puh!"
Und pfiff lang und leis dazu.
„Du verstehst es aufzuschneiden!
Du, — und stellst dich so bescheiden!
Du prahlst mit dem Osten? Mir!
Was, — ich bring' den Osten Dir!
Kürzesten Wegs vom fernsten Meer
Orients Reiche bring' ich her,
Und die Sonne, deren Lauf
Hier du folgst, geht bei mir auf.
Grad heraus (wenn man zum Gruss
Sich 'ne Grobheit sagen muss),
Grad heraus denn: Wegeslänge
Ist nicht geograph'sche Länge."

Sprach die Union: „Nun schweig,
Sonsten überfahr' ich gleich
Einen Verwaltungsrath, Director,
Oder mindestens Inspector."

Die Centrale: „Friedlich sehr
Bin ich, wie mein Stilles Meer,
Doch, wenn man mich aufbringt, werd' ich
Ganz entsetzlich ungeberdig.
Aber heut' lass' uns nicht streiten!
Machen wir nur diesen Leuten
Die Moral klar: wie dass, ihnen
Vor den Augen, zwei Maschinen
Ohne Ineinanderrennen
Friedlich sich begegnen können!"

So die beiden biedern Wesen:
Dies ist ihr Gespräch gewesen,
Unberichtet und ungelesen
Etwas näselnd war der Fluss
Ihrer Rede, sonst Ein Guss,
Und mit einem Pfiff am Schluss.

China.

Die Chinesen und die Eisenbahnen.

(1880.)

Vor wenigen Jahren war einer englischen Gesellschaft gestattet worden, eine Eisenbahn zwischen den beiden benachbarten Städten Shang-Haï und Woosung herzustellen. Aber kaum war diese kleine Strecke eingerichtet, als sie durch die chinesische Regierung angekauft und zerstört wurde. Seitdem ist die Locomotive auf dem Boden des Himmlischen Reichs nicht mehr erschienen. Die Gründe dieser Enteignung waren der Hauptsache nach politische. Indessen auch Gründe wirthschaftlicher Art oder doch angeblich solche fehlten den Mandarinen nicht. Die chinesische Zeitung von Shang-Haï, Hwei-Pao, wies 1874 nach, dass die Beschleunigung der Beförderungen für die Producenten, die Fuhrleute und die Handelstreibenden eine gleich unheilvolle Angelegenheit wäre: „Die verständigen Kaufleute, sagt er, können die schädlichen Anhäufungen der Waaren, die eine Folge davon sein würden, nur sehr fürchten.“ Die Zeitung fügte tapfer hinzu: „In allen Ländern, in welchen Eisenbahnen vorhanden sind, werden sie als eine sehr gefahrvolle Art der Beförderung angesehen und beinahe Niemand will sich derselben bedienen.“

Ganz vor Kurzem noch, im Jahre 1879, führte ein chinesischer Reisender an, dessen Eindrücke von der Reise durch den „Courrier de Shang-Haï“ übersetzt wurden, dass die Einführung der Eisenbahnen in China sein würde: eine fortdauernde Gefahr für das Leben der Unterthanen des Sohns des Himmels, ein gewisser Ruin für viele Gewerbe und eine Erleichterung für die Länderräuber. Der betreffende Reisende schreibt den französischen Eisenbahnen den deutschen kriegerischen Einfall im Jahre 1870 zu. „Zum Ueberfluss“, so schliesst er, „haben die Eisenbahnen bezüglich der Schnelligkeit und der Wohlfeilheit bei Weitem nicht den Werth der fliegenden Wagen der alten Kaiser von China.“ Der Verfasser sieht sich dabei nur genöthigt, zu gestehen, dass die Einnahme dieser luftigen Wagen zurückgegangen ist, was seltsamer Weise den Werth seines Arguments vermindert.

(Foville, la transformation des moyens de transport.)

Die Eisenbahn und ihr besonderes Gepräge in den verschiedenen Ländern.

Von M. M. Freiherrn von Weber.

(1873.)

Der Character der Technik und der Verwaltung der Eisenbahnen der Amerikaner, Engländer, Deutschen, Oesterreicher, Franzosen etc. ist eben so verschieden, wie die Charactere dieser Völker und der von ihnen bewohnten Gegenden.

Obgleich der Endzweck der Eisenbahnen überall derselbe ist, nämlich der, Personen und Güter von einem Orte zum andern zu schaffen, so kann doch ihre locale Tendenz eine durchaus verschiedene sein. In Gegenden, die schon vor Erfindung der Eisenbahnen hoch civilisirt, in denen die Verkehrsmittel schon bedeutend entwickelt waren, werden die Eisenbahnen diesen Verkehr zu vermitteln, zu heben, zu beschleunigen haben. Sie werden hier meist durch Privatspeculation in Aussicht auf unmittelbare starke Rentabilität der darauf gewandten Kapitalien entstehen. In Ländern hingegen, die ihre Entwicklung erst beginnen, werden die Eisenbahnen als Bringer und Träger der Civilisation in bisher unwirthbare Districte vorgeschoben werden müssen, zur Verwerthung der Producte durch bisher schwer zugängliche Provinzen zu ziehen sein, gleichviel ob ihre Ausbeute sofort einen unmittelbaren Gewinn abwirft oder nicht, da hier nicht die Verwerthung der auf die Eisenbahnen gewandten Kapitalien, sondern die Erhöhung des Werthes der von ihnen berührten Districte und Ausgleichung des Bedarfes und der Production der eigentliche Zweck der Bahnen ist.

Zwischen diesen beiden extremen Tendenzen, denen Eisenbahnen dienen können, liegen eine Menge von Abstufungen derselben, und in der Mehrzahl der Fälle wird die Tendenz der Eisenbahnen eine gemischte sein: sie werden den Verkehr zu vermitteln, Hilfsquellen zu erschliessen und Provinzen zu befruchten haben. Die Bahnen Englands, Deutschlands, Frankreichs, Belgiens, der Ostprovinzen Amerikas einerseits, die Bahnen Russlands, der Türkei, der Westprovinzen Amerikas andererseits repräsentiren die Extreme dieser Charaktere der Bahnen, während die Bahnen Oesterreich-Ungarns im Charakter zwischen beiden Extremen ungefähr in der Mitte liegen.

Die Eisenbahnen Englands, Belgiens, Deutschlands, Frankreichs, Oesterreich-Ungarns und Amerikas repräsentiren sechs Hauptformen, in denen das Eisenbahnwesen bisher erschienen ist, der Zwischengattungen in anderen, weniger bedeutsamen Gegenden nicht zu gedenken.

In England entstand das Eisenbahnwesen aus dem Bedürfnisse der vermehrten Beschleunigung und Preisermässigung von schon vorhandenen, ungemein grossen Verkehren; die Transporte bestanden hier aus Personen, deren Thätigkeit eng mit dem industriellen und staatlichen Leben eines grossen Volkes verknüpft, deren Leben, Gesundheit und Zeit kostbar war, die zum grossen Theile Anspruch auf thunlichst comfortable Beförderung erhoben und schon durch die vortrefflichen Stagecoaches verwöhnt waren.

Die Güter, welche transportirt wurden, standen zum Theile hoch im Preise; von ihrem schnellen und pünktlichen Eintreffen hing das mercantilische Geschäft ab; die Gesetze des Landes legten den Verwaltungen hohe Verantwortlichkeit für jede Verletzung von Leib, Leben und Eigenthum, für jede Verzögerung der Sendungen auf; der Grund und Boden des Landes waren theuer, die Baumaterialien dagegen, mit Ausnahme des Holzes, wohlfeil, und endlich befanden sich Personen an der Spitze der Unternehmungen, die selbst grosse Geschäftsleute waren und in deren Interesse es daher lag, für eine Manipulation des Eisenbahnwesens Sorge zu tragen, durch welche das mercantile und industrielle Geschäft am wirksamsten gefördert werden musste.

Grossbritannien ist das einzige Land, in welchem die Anlage der Eisenbahnen ausschliesslich durch privaten Unternehmungsgeist, ohne materielle Unterstützung des Staates, stattgefunden hat und sogar die Erwerbung der Eisenbahn-Concessionen vom Parlamente mit bedeutenden Kosten für die Eisenbahn-Gesellschaften verknüpft ist.

Die Nothwendigkeit der Anlage hiess zuerst die Haupthandelsstrassen in Eisenbahnen verwandeln, genau nach Massgabe von deren Bedeutsamkeit. Die Kostbarkeit der Transporte, die Masse derselben, liess es vortheilhaft erscheinen, die Bahnen von Anfang an so solid zu bauen, wie wir es an den englischen Bahnen bewundern.

Durch die Formen der Wagen, Gebäude etc. wurde gerade nur den Anforderungen des Publikums entsprochen, ohne durch wetteifernden Luxus neue Bedürfnisse desselben hervorzurufen, wie dies in Deutschland geschehen ist.

Die Verhältnisse von Boden- und Baumaterialpreisen machten es zweckmässig, zur Ersparung von Grunderwerbungen grosse Werke der Ingenieurkunst, Tunnel, gemauerte Einschnitte etc.

auszuführen, deren Zahl daher in England unverhältnissmässig gross ist.

Endlich schuf der praktische Sinn der an der Spitze stehenden, selbst betheiligten Personen eine Administrationsform, die den specifisch mercantilen Tendenzen des Eisenbahnwesens in England am besten Rechnung trug.

Das englische Eisenbahnwesen characterisirt sich äusserlich durch niedrige Lage der Bahnlinie im Terrain, so dass Tunnel und Einschnitte häufiger sind, als hohe Brücken und Dämme; Vorherrschen der Eisen- und Steinconstructionen für Brücken, Dächer, Hallen, Treppen etc. über die Herstellungen gleicher Art von Holz; kleine aber für den Betrieb sehr praktisch eingerichtete Stationen mit sehr vielen Drehscheiben, ausgedehnte aber wenig decorirte Hallen, wenig elegante und verhältnissmässig kleine Räume für die Passagiere, die aber sehr zweckmässig disponirt sind; Solidität der Schienen, der Wagen und Locomotiven bei Abwesenheit fast aller Eleganz der beiden letzteren; offenbare Absichtlichkeit bei allen Constructionen auf Beschleunigung des Verkehrs, Abwesenheit der Flügel-Telegraphen und durchgehenden akustischen und optischen Signale, strenge Trennung der Transporte der Personen und Güter, kleine aber häufige Personenzüge, einfache Controlen bei geringer Vorsorglichkeit für den Passagier, verhältnissmässig schwache Personale und ein, besonders in den mittleren Schichten ausgezeichnet praktisch geschultes Beamtencorps.

In Belgien unternahm es die Regierung, das erste grössere continentale Eisenbahnnetz, das durch ein Decret vom Jahre 1834 geschaffen wurde, selbst zu bauen und so, durch einen kühnen Act, der ihr die Bewunderung der Mitwelt erwarb, dem Lande, unabhängig von der Entwicklung des Privatunternehmungsgeistes in dieser Richtung, die Vortheile wohlangelegter Eisenstrassen zu gewähren. Sie sicherte dadurch dem Lande den sofortigen und planvollen Bau der Bahnen. . . . .

Das Technische des belgischen Eisenbahnwesens hat viel Aehnlichkeit mit dem englischen. Wie dort sind die meisten Wagen vierrädrig, mangeln die durchgehenden Signale. Die Stationen enthalten viele Drehscheiben und wenig Weichen, und sind verhältnissmässig klein. Eisen- und Kohlenreichthum, bei

Holzmangel des Landes, bedingen das Vorherrschen der Eisen- und Steinconstructionen bei Gebäuden und Brücken und sorgsame Holzersparniss.

In Deutschland waren die Bedingungen andere, als in England und Belgien.

Das Netz ward nicht, wie in Belgien, von einer Stelle aus projectirt und ausgeführt, sondern in den verschiedenen Staaten nach verschiedenen Principien begonnen. Hier nahm die Regierung den Bau in die Hand, wie in Braunschweig, Hannover, Baden und Württemberg; dort überliess man denselben Privatgesellschaften, wie in den anderen Staaten, und endlich gelangte man in den meisten anderen Staaten zu einem gemischten System von Staats- und Privatbahnen, das dem Geiste des deutschen Verkehrslebens am besten Rechnung trug, indem es den Regierungen gestattete, die staatlichen Zwecke des Eisenbahnwesens durch ihren Vorgang, die rationelle Concurrenz mit denen der Privatbahnen zu fördern und sich ein ausgezeichnetes Personal für die staatliche Leitung und Ueberwachung des Eisenbahnwesens praktisch zu schulen, während die Einwirkungen der freiern und raschern Entwicklung der Privatunternehmungen ungehemmt blieben.

Die grossen Knotenpunkte des Verkehrs lagen weiter auseinander als in England. Die Industrie, die Boden-Production und der Handel waren bei weitem weniger entwickelt, die Bevölkerung war durchschnittlich weit dünner, Kapitale für industrielle Unternehmungen weit weniger flüssig als dort. Der Verkehr war demzufolge schwächer; um die Bahnen rentabel zu bauen, mussten sie also billiger sein. Man umging daher die Thäler und Höhen mehr, als man sie durchtunnelte oder überbrückte; man schmiegte sich den Unebenheiten des Terrains mit stärkeren Steigungen, Krümmungen und Gefällen, unter Aufopferung eines Theiles der Geschwindigkeit, an, was um so zulässiger war, als, bei den weniger angespannten Lebensverhältnissen, die Zeit noch weniger werthvoll als in England ist. Das Land hatte übrigens noch grossen Reichthum an Holz, während seine Eisen-Industrie noch nicht ebenbürtig entwickelt war. Die Holz-Constructionen herrschten daher anfangs bei Gebäuden und Brücken vor; der Oberbau war, mit schwächerem

Eisenwerk, auf Unterstützung von vielem Holze hin construirt, und es bildete sich ein specifisch deutsches Oberbau-System.

Mit Weisheit und Umsicht gaben die Deutschen Regierungen liberale Enteignungs- und Haftungs-Gesetze, garantirten Zinsen für Privat-Unternehmungen, gestatteten sehr soliden Gesellschaften die Emission unverzinslichen Papiergeldes und überwachten den Dienst und Bau der Bahnen so sorgsam, dass das deutsche Eisenbahnwesen, in Bezug auf Sicherheit von Leib und Leben, das beste der Welt geworden ist. . . . . .

Das deutsche Eisenbahnwesen characterisirt sich äusserlich durch grosse Eleganz und Bequemlichkeit der Passagierwagen und Räume ungemein, durch Anwendung des Weichensystems, bedingte Ausdehnung der Stationen, Abwesenheit der Drehscheibensysteme auf denselben, sorgsame Ausführung des Oberbaues, grosse Sauberkeit der Erhaltung, hohe Lage der Bahnlinie im Terrain, so dass mehr Dämme und Brücken als Einschnitte und Tunnel vorkommen, akustische und Deckungs-, hie und da auch optische Signale, sorgsame und detaillirte Classificirung und demnach genau bemessene Uniformirung der Beamten; Concentration der Dispositions-Berechtigung in den obersten Verwaltungsstellen, deshalb ausserordentlich umfassendes Schriftenwerk und ausgedehnter Schematismus, grosse Rechtlichkeit und Solidität, mässige Schnelligkeit, aber Sicherheit in allen Dienstzweigen, formelles Verfahren im Verkehr mit dem Publikum, Eifersucht auf die Souveränetät in den Verwaltungen, daher grosse Schwierigkeit, bedeutende, gemeinsame Massnahmen zu treffen.

Frankreich zögerte ziemlich lange mit der Herstellung seiner grossen Linien, führte dann aber sein Netz nach einheitlicherem und reifer durchdachtem Plane aus, als dies in den meisten anderen Ländern der Fall ist. Ein Blick auf die Karte zeigt zugleich die centralistische Tendenz des ganzen Verkehrslebens und die Grundgedanken, die bei Entwicklung der französischen Eisenbahnen leitend waren.

Die Bahnen laufen zunächst strahlenförmig von Paris aus und dann in zweckmässiger Entfernung von den Grenzen fast parallel mit diesen hin. Die angelegten Querlinien zum Dienste der Hauptorte, Festungen, Häfen, Industrie-Emporien etc. sind unter einander verbunden. . . . . Dieselben wurden zum grossen Theile durch Techniker der Regierung (Corps des ponts et chaussées) und die Ingénieurs de mines (Maschinentechniker der Regierung) für Rechnung der Gesellschaften solid und vollständig, dem jedesmal technischen Höhenstandpunkte der Zeit gemäss, ausgeführt und im Betriebe geleitet. Die Einrichtungen der Hauptbahnen sind daher sehr einheitlich, die Leistungsfähigkeit der Bahnen sehr gross. Die centralistische Tendenz des Eisenbahnwesens ist durch die Fusionirung fast aller Hauptlinien zu wenigen grossen Administrations-Körpern geäussert. . . . .

Die Franzosen sind bei Anlage ihrer Eisenbahnen mit unleugbar sehr praktischem Sinne vorgegangen. In Bezug auf die Lage der Linien im Terrain, die Construction der Betriebsvorrichtungen, des Oberbaues, der Betriebsmittel haben die Bahnen mehr Aehnlichkeit mit den englischen, als mit den deutschen Bahnen. Ihre Stationen haben die technisch vollkommenen Hilfsmittel der englischen, ohne in die bedrückende Enge der Localitäten zu verfallen oder andererseits den räumlichen Luxus der deutschen nachzuahmen. Die Güter-Stationen sind sehr weise durchaus von den Personen-Stationen getrennt, die thunlichst tief in die Städte eingeschoben sind.

Der Bau der Eisenbahnen ist sehr solid. . . . . Die Personenwagen sind durchschnittlich niedriger und enger als die deutschen und weniger comfortabel ausgestattet, wenden aber auch nicht durch zu luxuriöse Austattung der unteren Wagenklassen das Publikum von der Benutzung der oberen ab. . . . .

Oesterreich-Ungarn, das hier als staatswirthschaftliche Einheit zu betrachten ist, setzt sich einerseits aus gut civilisirten, vorherrschend germanischen und dicht bevölkerten Provinzen mit entwickelter Industrie und Landwirthschaft, andererseits aus dünn bevölkerten, civilisatorisch weit zurückgebliebenen, oft sehr ausgedehnten Länderstrecken, in welchen die Eisenbahnen erst Cultur und Verkehr hervorbringen oder doch wesentlich fördern sollen, zusammen. . . . .

Diese Wechselwirkung der Erfordernisse gab dem österreichischen Eisenbahnwesen zunächst seinen Charakter, der zwischen dem der amerikanischen und dem der deutschen Eisenbahnen ungefähr in der Mitte steht. . . . .

In Amerika erblicken wir zum ersten Male die Eisenbahnen als einfache Strassen, als ersten in die Wildniss gebauten Pfad behandelt. Sie sollten hier nicht, wie in Europa, schon vorhandenen Verkehr zwischen bedeutenden Plätzen des Handels und der Macht vermitteln und erleichtern; sondern sie wurden durch Urwald und Steppe geworfen, um bisher unwirthbare Gegenden aufzuschliessen, die Gründung neuer Städte, Ortschaften zu ermöglichen. In solcher Weise ist auch ein wahrhaft gigantisches Werk, der Bau der Pacific-Eisenbahn, entstanden, die am 10. Mai 1869 eröffnet worden, 717 deutsche Meilen lang ist, über die Pässe der Felsengebirge und der Sierra Nevada in einer Höhe von 7000 Fuss über dem Flussbette des Sacramento führt und San Francisco am stillen Ocean mit den kolossalen, reich bevölkerten Städten am Atlantischen Meere, mit Neu-York, Boston, Chicago etc. verbindet. . . . .

Solidität des Baues, Sicherheit des Betriebes traten in den Hintergrund unter Verhältnissen, wo Alles Ungewissheit und Unsicherheit war; Schnelligkeit und Wohlfeilheit des Baues, Einfachheit des Betriebes waren Hauptbedingungen der Bahnen, die sich ihren Verkehr selbst schaffen und dabei, als rein kaufmännische Speculationen, rentiren sollen. . . . .

Die Eisenbahn ist Gemeingut in Amerika geworden. Mit der Eisenbahn beginnt das Verkehrsleben in Amerika, wie es in der alten Welt mit Fussweg und Saumpfad begann. Die Anforderungen an Schnelligkeit sind mässig. Die Locomotionsmittel sind demgemäss eingerichtet. Die grossen achträdrigen Wagen, die innen eine salonartige Einrichtung haben, gestatten dem Reisenden auf den ungeheuer langen Touren sich zu erheben, mit dem Nachbar zu verkehren. Ueberhaupt hat man in Europa nur selten eine richtige Vorstellung von den zahlreichen Annehmlichkeiten, die dem Reisenden auf amerikanischen Eisenbahnen geboten werden. (Pullmann's Hôtel-Züge mit Salon- oder Schlafwagen, die fliegenden Hôtelwagen, welche eine vollständige Hôtel-Einrichtung enthalten und in Wahrheit die Schiffe auf den unermesslichen Eisenbahnstrecken der amerikanischen Riesen-Republik darstellen.)

Mit wenigen, durch die Ortsverhältnisse bedingten Modificationen hat man sich in den übrigen Ländern einem der sechs vorgeführten Grund- Charactere angeschlossen. Italien baut, betreibt und administrirt ungefähr nach französischem, Spanien nach englischem System, während Russland Anfangs nach französischem, jetzt aber nach amerikanischem System vorgeht.

Ueberhaupt ragt unter den übrigen europäischen Staaten insbesondere das letztere Land vor, indem es derzeit auf das Strebsamste bemüht ist, die kolossalen Länderstrecken mehr und mehr mit Bahnlinien zu bedecken. . . . .

(Schule des Eisenbahnwesens, neu bearbeitet von Dr. Eduard Schmitt.)

Die Eisenbahnen als Anreger neuer Verkehrs-Beziehungen.

Von Dr. Karl Knies.

(1857.)

Es ist noch in frischem Gedächtniss, welch' ein dürftiges Feld die Wetterpropheten des Verkehrs der Eisenbahn wegen Mangels an Transport-Gegenständen in Aussicht stellten. Allein in der Lebensentwickelung der bürgerlichen Gemeinwesen wie der Individuen liegen unzählige Triebe eines Verkehrs-Wachsthums umschlossen. Die jeweiligen Transport-Hemmnisse, beziehungsweise Transportkosten lasten auf ihnen gleich einem Luftdruck von solcher Stärke, dass die Entfaltung der Triebe zurückgehalten werden muss. Sobald ihn dann die Verwohlfeilerung der Transportmittel mindert, schiessen alle Triebe, die stark genug sind, um den verbliebenen Rest des Druckes zu überwinden, alsbald lustig empor. Wir sprachen denselben Gedanken an einer anderen Stelle mit den Worten aus: Die Eisenbahnen haben latenten Verkehr entbunden. Waaren- und Personen-Verkehr nahmen bald einen alle Erwartung übertreffenden Aufschwung. Ebendeshalb machte sich aber dann auch, sowie nur die Möglichkeit durch die Zunahme des Personen-Verkehrs gegeben war, jenes stetig vorhandene Bedürfniss eines beschleunigteren Transportes für denselben auf's Neue und mit Erfolg geltend. Neben dem „Güterzug" bildete sich zunächst der „gemischte Zug" heraus — weiterhin sonderte sich aber noch der „Personenzug" vollends, und in dem „Schnellzug" und dem „Courierzug" erstellte man dann auch wieder nach dem früheren Brauche eine besondere Gelegenheit für aussergewöhnlich beschleunigten Transport von Personen und Nachrichten. [1])

(Der Telegraph als Verkehrsmittel.)

Ein alter interessanter Ausspruch.

Die grössern Bewegungen vertreiben die mindern.

Geiler von Kaysersberg. (1445—1510.) s. Stöber, Alsatia.

Die Eisenbahn und der erzielte Zeitgewinn.

Als im September 1841 die Eisenbahn von Strassburg nach Basel eröffnet wurde, eilten viele Bewohner des Elsass nach Mülhausen, um die glückliche Vollendung des eisernen Weges zu feiern, welcher der Industrie, dem Handel und der allgemeinen Wohlfahrt des Landes einen neuen Impuls geben sollte. In dem hergerichteten Festsaale befand sich ein originelles Gemälde, auf dem die Veränderungen, welche der Verkehr zwischen Basel und Strassburg in der Zeit von 1500 bis 1900 erfahren hatte oder voraussichtlich noch erfahren würde, symbolisch dargestellt waren. Man sah nämlich darauf zur Linken die Stadt Basel, zur Rechten die Stadt Strassburg und daneben bildliche Darstellungen nebst erläuternden Angaben, von denen ich durch die nachstehenden Angaben einen Begriff geben will:

---

[1]) Seitdem sind auf einzelnen wichtigeren Eisenbahnstrecken noch schnellere Züge, die sogenannten Jagd-Züge, eingerichtet worden. In Nord-Amerika heissen die schnellsten Blitz-Züge („lightning-trains").

Strasse von Basel nach Strassburg.

Im Jahre 1500. Man sieht einen armen Fussgänger langsam die Strasse dahinziehen; er scheint der Ermüdung zu unterliegen. Man kann nicht vorher bestimmen, wie viel Zeit er gebrauchen wird, um den Weg zurückzulegen.

„ „ 1550. 8 Tage: denn die Kutschen bedürfen dieser Frist, um zum Ziele zu gelangen.

„ „ 1600. 6 Tage: denn es sind inzwischen die Diligencen erfunden, welche nicht mehr als diesen Zeitraum gebrauchen.

„ „ 1700. 4 Tage: denn die Diligencen sind nunmehr vervollkommnet worden, und man ist dadurch in den Stand gesetzt, den Weg in dieser Frist zurückzulegen.

„ „ 1800. $2^1/_2$ Tag: denn bei Anwendung der Eilwagen braucht man nur noch diesen Zeitraum.

„ „ 1841. 2 Stunden: denn nunmehr vermag die Locomotive die obigen beiden Orte in dieser kurzen Frist zu verbinden.

„ „ 1900. $1^1/_2$ Minute: Man sieht einen Luft-Ballon, der von einer mit Flügeln versehenen Maschine gezogen wird.

Ob diese Prophezeiung der Festordner in Mülhausen eintreffen wird, mag dahingestellt bleiben; die übrigen Angaben bezüglich der angedeuteten Vervollkommnung der Verkehrsmittel sind im Wesentlichen richtig.

Löper, zur Geschichte des Verkehrs in Elsass-Lothringen

Das Reisen mit der Eisenbahn.

Von Dr. Erdmann.

(1873)

Was früher nur von englischen Touristen gesagt ward, dass sie nur erschienen, wo es Eisenbahnen gebe, gilt heute ebenso von uns. Nicht wir ergreifen darum beim Beginn der Reise

den Wanderstab, sondern uns ergreift vielleicht gar die Kralle einer Stangen'schen Expedition, gewiss aber ein Zug, und am Liebsten ist's uns, wenn es der Courierzug; können wir gar erzählen, dass wir mit der englischen Ueberlandpost an der Adria vorübergesaust sind, so erregt dies allgemeinen Neid. Eine Achttheilsekunde soll nöthig sein, damit sich eine bestimmte Vorstellung bilde, rechnet man eben so viel auf das Einprägen derselben, und bedenkt, dass in einer Viertelsekunde dem Coupéfenster so viele Punkte vorüberfliegen, wie eine Strecke von $5,_7$ Mètres enthält, so begreift sich's, dass keine sich recht imprimirt. Die Erfahrung bestätigt diese Rechnung. Es klingt unglaublich und ist doch buchstäblich wahr, dass dieselbe Zeit, die ich auf einer meiner ersten Reisen verwandt hatte, um von L e i p z i g nach N a u m b u r g zu gelangen, auf einer meiner letzten hinreichte für den Abstand von L e i p z i g und F l o r e n z. Um einundvierzig Jahre liegt jene erste weiter zurück, und doch steht der Schwedenstein bei Lützen viel deutlicher vor mir als die herrlichen Viadukte zwischen Pistoja und Florenz, und dass die Bildsäule des Viertheilsmeisters Wolf keine Nase hat, das hat sich mir viel mehr eingeprägt, als irgend Etwas zwischen dem Lung Arno und Palazzo vecchio. Freilich damals verwandte man Zeit auf's Sehen. Heute spart man sie und sieht darum nichts. . . . .

(Lustreisen und Reiselust, Vortrag.)

Reisemanier.

Von Karl Mayer.

(1848.)

1.

„Schwager, [1]) fahr nun zu!
Schwager, halt!" -- im Nu
That's der Gute, wenn wir riefen,
Rufet jetzt Locomotiven!

Es reist nun Jeder, wie ein Block,
Auf Eisenbahnen rastlos fortgerissen.
„Vom alten Wandern mag sogar nichts wissen
Der Handwerksbursche letzter Schock."

Dreisilbige Charade.

(1838.)

1. und 2.

Im dunkeln Erdenschrank lieg' ich versteckt,
Stein drückt mich rings und schwarze Nacht mich deckt,
Doch seh' ich Gnomen und Kobolde lauschen,
Und hör' geheime Quellen um mich rauschen.
Hol' mich herauf! entscheidend manchem Reiche
Sind Leben oder Tod von mir, die Streiche.

[1]) Bezeichnung für den Postillon; nach Grimm entstellt aus dem althochdeutschen sweigari, armentarius, wovon in Süd-Deutschland noch Schwaig, pascua, und Schwaiger üblich ist.

3.

Die letzte, so mein Wort benennt,
Ist Allen offen; schleichend zieht der Eine,
Mit saurem Antlitz grämlich und alleine;
Der Andre tändelnd fliegt, und drängt und rennt
Im lauten fröhlichen Vereine.
Hast du nach Wahl die eig'ne eingeschlagen,
So mög' das Glück dich auf den Händen tragen!

Das Ganze.

Windeswehn, Vogelflug, Blitzstreich zumal,
Hei! welch' ein Sausen! hei! ist das nicht Qual!
Bäume sie fliegen, Felder und Au'n,
Vor mir kaum, muss ich sie rückwärts schon schau'n!
Leser, der Zauber wird dir bald wahr —
Frag' nur die Herren, in wie viel Jahr?

(Eisenbahn.) —r. (Erwinia.)

Das Posthorn und die Dampfpfeife.

1.

Von M. M. Freih. von Weber.

(1867.)

Dem Eisenbahnwesen so specifisch eigen, wie der Hornton der alten Post, ist die Gattung der Signale, welche vom Zuge aus gegeben werden, nämlich die mit der Dampfpfeife. Der schrille Ton dieses Instruments ist die eigentliche Stimme des Eisenbahnwesens selbst. Wie das Organ des Menschen, seine Art zu sprechen sein Wesen spiegelt, so liegt im Ton der Dampfpfeife der ganze Character des Eisenbahnwesens. Scharf, hart, von einem leblosen Apparate geschrieen, hat er nichts mit den Tönen gemein, die der Athem der Menschenbrust aus Instrumenten locken kann. In seiner mathematischen Präcision, Kürze und Modulationsfähigkeit ruht die ganze Unerbittlichkeit des grossen Verkehrsmechanismus; er verhält sich zum sanften, sehnsuchterweckenden Tone des Posthorns, wie die Poesie des Reisens von ehedem zum willenlosen Fortgerissenwerden von heutzutage.

Er ist ein nothwendiges, sehr nothwendiges Uebel des Eisenbahnwesens, aber eben weil er ein Uebel ist, sollte er so selten als möglich gebraucht werden.

(Das Telegraphen- und Signalwesen der Eisenbahnen.)

2

Ein berühmtes englisches Parlamentsmitglied sagte in einer feurigen Rede gegen den Missbrauch der Dampfpfeife, dieser „Stimme des eisernen Hausthieres der Menschheit“, „dass er ebenso wenig in die civilisirte Welt passe, wie das Kriegsgeheul der Rothhäute, dem er an Annehmlichkeit ungefähr gleiche.“

M. M. von Weber.

3.

Von Carl Stelter.

(1858.)

Posthorn, deine frischen Klänge
Wurden fremd der grossen Welt,
Fern dem wogenden Gedränge
Ziehen sie durch Wald und Feld,
In verständnissreichen Lauten
Geben sie von Freud und Leid
Dort noch Kunde dem vertrauten
Wand'rer in der Einsamkeit.

Doch wie lang', und nicht mehr schallen
Durch die Berge wird der Ton,
Aus dem Schutz der Waldeshallen
Flieh'n die munt'ren Sänger schon,
Aufgescheucht durch dumpfes Dröhnen
Fühlen sie des Sturmes Nah'n,
Den der Pfeife schrilles Tönen
Kündet auf der Eisenbahn.

Das Dampfross und die Cultur.

1.

Hin durch der Berge starrende Massen,
Ueber der Ströme rauschende Fluth,
Fort durch der Pampas wogende Halme
Bis an der Wüste sengende Gluth

Eilet das Dampfross. Bildende Sitte,
Wissen und Wohlstand ziehen mit ein,
Hier in des Farmers einfache Hütte,
Dort durch der Städte prächtige Reih'n.

Geisteskraft hat, den Sieg zu erjagen,
Trotzend dem Raume, spottend der Zeit,
Die Elemente in Fesseln geschlagen,
Und sie dem Dienste der Menschheit geweiht.

Steiner, Bilder aus der Geschichte des Verkehrs. Prag 1880.

2.

Auf der Locomotive fahren im eigentlichen Sinne des Worts alle Genien und Dämonen unserer Zeit — der Götterwagen von Juggernaut, in's Phantastische und doch Reale, in's Ungeheuerliche erhöht.

Wie nothwendig ist es darum, dass ein weiser, ein entschlossener Führer dies Ungeheuer leitet.

Die Eisenbahn-Frage wird alle anderen Fragen verschlingen. Wer dereinst die Eisenbahnen besitzt, der wird der Herr der Welt sein.

Karl Frenzel, Die Geschwister, Roman.

Gebet eines Derwisch bei Eröffnung der Smyrna-Aidin-Eisenbahn.

(1863.)

Bei der Einweihung der Smyrna-Aidin-Eisenbahn verrichtete der heilige Derwisch Scheik Shaker ein Gebet in arabischer Sprache, das in wörtlicher Uebersetzung so lautet:

„Allah bewahre uns vor dem verdammten Satan! Im Namen des gnadenreichsten und barmherzigen Gottes, Amen!

„O Du, der Du dem Menschen Intelligenz verliehen und ihn erhoben hast über alle anderen Geschöpfe; — Du, der Du die Gewerbe eingesetzt hast und sie jedem Menschen zutheilest nach seinen Fähigkeiten, segne das beste Deiner Geschöpfe — Mohamed — sowie Alle, die an ihn glauben, Amen!

„O Du, der Lenker des Weltalls, beschütze unsern Padischah — den Aufrechthalter der heiligen Gesetze — auf dem Throne seiner glorreichen Vorfahren und verleihe ihm Kraft und Glückseligkeit, Amen! Leite ihn ewig auf den Pfaden der Gerechtigkeit und des Friedens; verleihe Deinen heiligen Schutz seinen Verbündeten, sowie seinen Freunden und zerschmettere seine Feinde gleich Staub mit der Macht Deines Schwertes. Amen! — Kräftige mehr und mehr das Princip der Regierung Seiner Kaiserlichen Majestät Abd-ul-Aziz zum Fortschritt und zur Wohlfahrt, Amen!

„Verleihe Deinen Beistand und Deinen Schutz allen Räthen des Sultans, welche die Pfeiler des Kaiserreichs bilden und fördere ihre guten Absichten, Amen! Beschütze Denjenigen, welcher dieser Provinz vorsteht, den Mudir Mehemed Reshid Pascha, unterstütze ihn bei seinen Werken und verleihe ihm Freude und Glück für immer, Amen!

„Höchster Gott, Vater aller Geschöpfe! Lasse sich vervielfältigen derartige Werke der Wohlfahrt und des Fortschrittes, wie das gegenwärtige, tausendfach in allen Theilen des muselmännischen Reiches, unter dem Beistande der erhabenen und hochherzigen Königin der Christen, Ihrer Majestät der Königin von England, Amen! Breite Deine himmlischen Segnungen über dieselbe aus; bedecke sie mit Deinen Flügeln und mache sie glücklich in beiden Welten, in dieser Welt, sowie in derjenigen, die da kommen wird. Amen! Mache, dass die von ihrer Seite der ottomanischen Regierung, sowie der muhamedanischen Nation zugewendete Freundschaft und Beistand durch alle Zeitalter ohne Unterbrechung fortdauern, Amen!

„Möge ihr Herz immer und immer mit diesen edlen Gefühlen erfüllt bleiben, Amen!

„Möge die feste und freundschaftliche Allianz, welche zwischen beiden Regierungen besteht, immerfort währen, Amen!

„Allah! Beglücke das Reich bis in seine entferntesten Grenzen durch den Zuwachs von Strassen und anderen Verbindungsmitteln und durch die Fortschritte des Ackerbau's und des Handels, Amen!

„O Gott, der Du unser Wohlthäter bist und der Schöpfer unsers Daseins, Lenker des Himmels und der Erde, beschleunige die Vollendung dieser wichtigen Eisenbahnstrasse und vervielfältige die Zahl ähnlicher Unternehmungen, Amen!

„Beten wir zu Gott, dem Lenker des Weltalls, Amen! Gesegnet sei der Gott der Kraft. Amen! Ehre und Ruhm seinen heiligen Auserwählten, Amen! Heil und Segen dem Propheten, dem besten der Menschen wie auch den übrigen von Gott abgesandten Propheten und Aposteln, Amen!"

(Zeitung des Vereins der Eisenb.-Verw. für 1863.)

Gebet bei Eröffnung einer Eisenbahn.

Vom General-Vicar Rapp in Strassburg i. E.

(1855.)

O Gott! der du unaufhörlich deine Wohlthaten über deine Kinder ausbreitest, gieb deinen Segen dieser neuen Eisenbahn. Gebiete deinen guten Engeln, angelis suis mandavit de te. Empfiehl ihnen an, die Reisenden zu beschützen, sie auf den Händen zu tragen, in manibus suis portabunt te, und sie gegen jede Art Gefahr des Leibes und der Seele zu schützen.

Gebe, o Gott! dass diese grosse Leichtigkeit der Verbindungen, welche überall entstehen, indem sie für die Menschen eine Quelle materieller Wohlfahrt werden, ihnen nicht die Sorge für ihre ewige Wohlfahrt aus den Augen verlieren lasse, sondern dass, je mehr sie sich nähern, sie immer mehr das grosse Gebot ausüben, das du ihnen gegeben, sich gegenseitig zu lieben. Mache, dass diese erstaunenswerthe Geschwindigkeit, mit welcher uns der Dampf von einem Orte zum anderen führt, uns daran erinnert, dass unser Leben nur eine Reise ist, dass dahingerissen auf den Flügeln der Zeit wir jeden Tag uns mehr der grossen Station nähern.

(Börsch, Bericht über die Eröffn. der Eisenb. von Strassburg nach Hagenau.)

Merkwürdige Bibel-Sprüche.

Seiner Rosse Hufe sind wie Felsen geachtet und ihre Wagenräder wie ein Sturmwind.

Jesaias 5, 28.

Die Wagen rollen auf den Gassen und rasseln auf den Strassen; sie blicken wie Fackeln und fahren unter einander her wie die Blitze.

Nahum 2, 4.

Zu der Zeit wird eine Bahn sein von Aegypten in Assyrien, dass die Assyrer in Aegypten und die Aegypter in Assyrien kommen.

Jesaias 19, 23.

Die Eisenbahnen als Mittel zur Besserung der menschlichen Gesellschaft.

Auszug aus einer californischen Predigt des Mr. Stebbins.

Die uranfänglichen Verheissungen: „Seid fruchtbar und mehret euch“ und: „Ihr sollt die Herren dieser Erde sein“ sind uns von Neuem verkündet an diesen äusseren Grenzen der Welt. Uns an dieser Küste hier thut, mehr als alle anderen materiellen Vortheile, die Herstellung einer ununterbrochenen und schnellen Verbindung durch Eisenbahn und magnetischen Kreislauf mit den Plätzen Noth, welche wir noch aus innerstem Herzen unsere Heimath nennen; uns sind diese Werke die Bedingung zur Veredelung der menschlichen Gesellschaft und zu unserer Fortbildung.

Die sociale Wirkung einer innigsten Beziehung mit unseren Heimathlanden wird unschätzbar sein, denn sie verleiht unserer Gemeinschaft Beständigkeit und Ruhe, und das Verlangen hiernach kommt über uns, wie der Seufzer des Nachtwindes über die Wohnungen der Menschen! Wenn der Schienenweg bis hier vollendet, und der Dampfer die Gewässer des Stillen Oceans zwischen hier und dem Asiatischen Continente durchschneidet, dann wird der Bürger der alten Welt in weniger als dem vierten Theile eines Jahres die Rundreise um den Erdball zurücklegen und wir werden Theile der grossen Pulsader des Weltverkehrs, und auch uns ernährt das Herzblut der Welt. Die Intelligenz wird erhöht durch diesen Wechselverkehr, die Gesellschaft wird hochherzigeren Sinnes und unüberlegte Wagestücke werden verdrängt durch wohlbedachten Fleiss und Betriebsamkeit, wie in alten Zeiten der Tempel Gottes von Wechslern gesäubert ward durch die Gegenwart eines höheren Geistes. Denn die Menschen sind hier herangelockt durch die gefährliche und verderbenbringende Sucht nach Gold und irdischen Schätzen, und unzertrennlich sind damit die rohen Neigungen und Gelüste, denen unsere Sinne und Herzen hier überall begegnen. Sie werden aber überwältigt und unschädlich gemacht werden durch die Verschmelzung mit besseren, geselligen Sitten, durch das unmittelbare Zusammenbringen dieser entlegenen Gegenden mit der Civilisation, so dass die ganze Welt auch mit ihren besseren Dingen uns ihren Tribut zollt.

Es wäre nicht weise von uns, wenn wir mit trügerischem Schein und eitelen Einbildungen uns selbst schmeicheln wollten, denn es ist eine einfache, durch die Geschichte bewiesene Thatsache, dass Sittenreinheit und höhere Bildung unter der menschlichen Gesellschaft in Goldminen niemals geherrscht haben, und nur die Gewissheit, dass die compensirenden Einflüsse einer kräftigen und wohlwollenden Regierung und die rasche und baldige enge Verbindung mit der übrigen civilisirten Menschheit uns die Gesetze giebt, die Sitten reinigt, den religiösen Sinn und die Gottesfurcht hebt, welche aus sich selbst herauszubilden kein goldproducirendes Land jemals fähig ist, lässt uns hoffen, dass die Gesellschaft hier dereinst eine rühmliche Ausnahme von der Regel machen werde.

Der Mensch hier an dieser Küste hat nicht nur mit den ungezähmten Kräften der Natur zu streiten, wie der Pionier in Neu-England oder im Mississippithale, nein, die Natur selbst ist betrügerisch; sie hohnlacht seinem Fleisse und seiner Betriebsamkeit und macht seine Geschäfte zu Scherzen und sein Wort zur Lüge. Die civilisirte Welt muss hier einziehen, um die Natur zu veredeln und ihre geheimen Künste zu überlisten. Nichts kann uns aber retten vor Spanischem Verfall und Mexikanischer Niedrigkeit, als die Verbindung mit der ganzen übrigen Welt, jener rapide und sichere Verkehr mit der menschlichen Gesellschaft, welcher die Interessen der Menschen assimilirt und den Mensch dem Menschen ähnlich macht. Denn, lasst mich es aussprechen, die moralischen Kräfte, welche unserem Staate Wachsthum und Gedeihen verleihen, ihn grünend und blühend gemacht haben, sie haben ihr Bestes gethan und sind ausgenutzt, und in allen menschlichen Angelegenheiten, welche eine innere Berechtigung zu einem dauernden, unermüdlichen Fortschreiten haben, wird ein Stillstand eintreten, bis die grossen Heerstrassen über Land und Meer eröffnet sind und uns die Welt gebracht ist, die vielseitige Welt von Industrien und Künsten, Handel und Wissenschaften.

(Zeitung des Vereins d. Eis.-Verw.)

Eisenbahn-Sagen.

Von August Stöber.

(Zum Theil nach Mittheilungen von Gustav Mühl in Strassburg i. E.)

(1852.)

Eine alte Frau, unterhalb Strassburg, hatte sich überreden lassen, ihre Wallfahrt nach St. Ludan oder St. Lotten (im Elsass) auf der Eisenbahn zu machen. Da sie sich aber so schnell an dem Orte ihres heiligen Zieles angelangt fand, was so sehr von der Langsamkeit ihrer früheren Fussreisen dahin verschieden war, wurde sie stutzig und erklärte die ganze Sache für ein Blendwerk des Teufels. Sie sah es als durchaus sündhaft und Gott und dem heiligen Ludanus missfällig an, auf solche Weise ihre Wallfahrt zu machen, kehrte alsobald bis nach Strassburg zurück, um ihren Bittgang von da wieder nach ihrer alten Gewohnheit zu Fuss zu machen.

Im Anfange des Bestehens der Eisenbahn widerstrebte es

Vielen im Volke, dem unheimlichen, tosenden, feuersprühenden Ungeheuer, das mit Sturmesgewalt dahinbraust und in einem Augenblicke den Sinnen entrückt ist, sich anzuvertrauen. Das Pfeifen der Dampfmaschine zumal erklärten die Leute für das Pfeifen des Teufels; die ganze Erfindung für ein Werk seiner Macht; jeder Unfall, der geschah, ward als ein Opfer angesehen, das dem Bösen verfallen; ganze Züge, glaubten sie, kämen manchmal in seine Gewalt und verschwänden.

Die Einweihung der Eisenbahn durch den Bischof beruhigte zwar Manche; allein bei Vielen gilt diese Erfindung noch immer als ein Blendwerk des Teufels, dem die Unternehmer ihre Seele verschreiben mussten.

Auch die Kartoffelkrankheit wird der Eisenbahn zugeschrieben.[1]) Der von den Maschinen aufqualmende Dampf, glaubt man, vergifte die Stöcke, wenn er auf sie niedergeschlagen werde. Die Eisenbahn, hörte ich allen Ernstes sagen, müsse drei Jahre still stehen, wenn die Kartoffeln wieder gerathen sollen.

Als im Sommer 1851 ein katholischer Geistlicher im Ober-Elsass gegen diesen unsinnigen Aberglauben predigte und seinen Zuhörern die triftigsten Gründe dawider gab, ihnen unter Anderem bewies, dass die Kartoffelkrankheit ja auch an Orten herrsche, wo es gar keine Eisenbahnen gebe, schüttelten sie zweifelnd die Köpfe und sagten: „Er hat's mit den Eisenbähnlern."

Das periodische Stillstehen der Eisenbahnen scheint vom Volke allgemein angenommen zu werden. „Letzthin," schreibt Mühl, „sagte mir ein alter Mann in der Nähe der Eisenbahn, als gerade ein Zug vorüberflog, das Alles sei ein Werk des Teufels und würde in fünfzig Jahren wieder vergehen. Er hätte gelesen, dass solche Eisenbahnen schon vor ein paar Hundert Jahren dagewesen wären, aber sodann wieder abgekommen. In fünfzig Jahren würde dasselbe stattfinden, und Grund und Boden den angrenzenden Eigenthümern abermals zur Anpflanzung zurückfallen."

Diese zuletzt berührte Annahme, so wie die dem Dampf

---

[1]) Derselben Meinung konnte man am Anfange der Fünfziger Jahre beim Landvolke in den östlichen Provinzen Preussens begegnen.

der Locomotive zugeschriebene Kartoffelfäule, zeigt, wie sehr das Volk in den das Land durchschneidenden Eisenbahnen, welche den so sehr am Althergebrachten hangenden Landmann so plötzlich und so gewaltsam aus dem gewohnten Geleise brachten, eine Art von Entweihung des der Bepflanzung geheiligten Erdbodens erblickt, die der Himmel selbst sichtbar strafe.

Im Badischen glaubt das Volk ebenfalls, die Erfindung der Eisenbahnen sei den Menschen vom Teufel eingegeben worden, und behauptet, dass jedesmal beim Aussteigen an einem grösseren Stationsorte Einer fehle, den der Teufel für seinen Lohn nehme.

(Die Sagen des Elsasses.)

Die Bedeutung der Strassen, Kanäle und Eisenbahnen.

1.

The roadmap of a country is the likeness of its welfare.

James Watt.

(Die Strassen-Karte eines Landes ist das Bildniss seiner Wohlfahrt.)

2.

Die Ausbildung der Strassen in einem Lande bezeichnet den Positiv von dessen Cultur-Entwickelung. Dessen Comparativ erfordert den Kanal, der Superlativ ist ohne Eisenbahn nicht denkbar.

M. M. von Weber.

Eisenbahn-Zeit — Zeit der Prosa.

Von Friedrich Rückert.

(1839.)

Die Eisenbahnenzeit, die Prosazeit von Eisen,
Vergolden hier und dort die Thoren und die Weisen.

Was ist geholfen mit dem äusserlichen Glast? [1])
Verwandle sie in Gold, wenn die Tinktur du hast!

(Weisheit der Brahmanen. XIV. Buch, 68.)

Die Eisenbahn und die Poesie.

Von Berthold Auerbach.

(1880.)

Es giebt noch immer Menschen, die da glauben, die Eisenbahn sei die Zerstörerin aller Poesie, ohne zu bedenken — abgesehen davon, dass der Mensch die wilde Dampfkraft schafft und bändigt — dass von jener Stunde an, da ein Fussweg durch den Wald getreten wird, die Reihenfolge begonnen hat, die zur Legung der Eisenbahn führt . . . .

Die Maschinen rasseln traumverscheuchend. Aber war nicht zu allen Zeiten das Geräusch des Weltgewühls? Finden sich nicht immer Orte, wo man mit sich selber allein sein kann? Und sind solche Orte jetzt nicht öfter und leichter zu erreichen und daneben begleitet von dem Wohlgefühl, nicht von den Stätten der Cultur abgeschnitten zu sein? Das Gesetz von Erhaltung der Kraft gilt auch im Reiche der Phantasie, der Umsatz in andere Erscheinungsformen ist nicht Zerstörung.

Und schafft nicht die Eisenbahn ein Stück einer neuen kosmischen Ethik, so eindringlich und fest, wie keine Zeit vorher ahnen konnte? Ueber dem eisernen Netz strahlt ein goldenes, ein Netz von Ordnung und Pünktlichkeit, von Halten auf die Minute; das spannt sich über die ganze Erde, klingt in allen Sprachen. Ist das nicht ein Aufleuchten der alle Realitäten beseelenden Idee? Und das soll nicht schön und gross sein, nicht eine Erscheinung, wie sie kein Apostel und kein Dichter vorschauen und verkünden konnte?

(„Ein Tag in der Heimath". Deutsche Rundschau.)

[1]) Glast = Glanz.

Im Gebirge.

Von F. Brunold.

Der Schlange gleich wälzt endlos sich der Zug
Durch des Gebirges wildgezackte Schluchten;
Wo der Maschine schrilles Pfeifen schlug,
Das Echo weckend an den Felsenbuchten.

Und müde vor den Wärterhäusern steh'n
Die Wächter, schwenkend zum Signal die Fahnen;
Die Führer stahlfest, ernst gemessen seh'n —
Nicht zuckt die Wimper — auf das Rund der Bahnen.

Das Wild schrickt auf vom donnerlauten Schall,
Der wie die wilde Jagd vorüberspukte —
Der Zug verschwindet in der Bahnschlucht Fall,
Verhallt im Säulengang der Viaducte.

Dann Stille rings — die Mitternacht ist da;
Raubvögel trägen Flugs sich aufwärts schwingen —
Dann geisterhaftes Läuten fern und nah' —
Im Wind die Telegraphendrähte klingen.

Das ist die Poesie der neuen Zeit,
Romantik uns'rer heissbewegten Tage.
Was gilt die Liebe noch? Was gilt das Leid?
„Wie komm' ich vorwärts?" ist der Menschheit Frage!

Die Locomotive im Urwalde.

Von Michel Chevalier.

(1834.)

Vor einiger Zeit betrachtete ich in Virginien einige Stunden nach Sonnen-Untergang eine Locomotive, welche auf der Eisenbahn von Pittsburg nach Roanoke daherkam und mitten durch Tannen- und Eichen-Wälder hinzog. . . Die Maschine bewegte sich mit ihrer gewohnten Schnelligkeit durch eine enge Lichtung mitten durch die Urwälder, die ehemals Eigenthum des grossen

Königs Powhattan und seiner kupferfarbigen Krieger waren. Der oben sich erweiternde Schornstein warf wie ein geöffneter Rachen tausende von Funken aus. Man vernahm aus weiter Entfernung das Geräusch des schweren Athmens der Cylinder.

Bei solcher Finsterniss, in dieser Wildniss, mitten in einer grossartigen Einsamkeit, umgeben von einer tiefen Stille musste man entweder vom Unglauben des Jahrhunderts durchdrungen oder mit der Mechanik genau vertraut sein, um nicht zum Glauben veranlasst zu werden, dass diese fliegende, schnaubende und flammende Maschine ein geflügelter Drache sei, der Feuer und Flamme speie.

Als vor einiger Zeit die Brahminen ein Dampfschiff der Strömung des heiligen Ganges trotzen und sie besiegen sahen, waren sie, die Väter der alten Wissenschaft, des guten Glaubens, dass dies irgend ein unbekanntes, vor Kurzem erst durch die Engländer in fernen Landen entdecktes Thier sei.

(Lettres sur l'Amérique du Nord.)

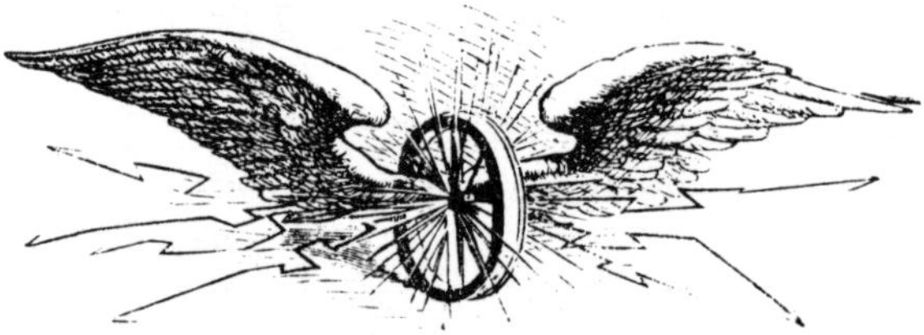

Das Dampfross.

Von Adalbert von Chamisso. [1]

(1830.)

„Schnell! schnell, mein Schmied! mit des Rosses Beschlag!
Derweil du zauderst, verstreicht der Tag."
„Wie dampfet dein ungeheures Pferd!
Wo eilst du so hin, mein Ritter werth?" —

[1]) Nach Mittheilung seines Freundes und Biographen, J. E. Hitzig, war Chamisso für die Erfindung der Dampfschifffahrt und der Eisenbahn

„Schnell! schnell, mein Schmied! Wer die Erde umkreist
Von Ost in West, wie die Schule beweist,
Der kommt, das hat er von seiner Müh',
An's Ziel um einen Tag zu früh.

Mein Dampfross, Muster der Schnelligkeit,
Lässt hinter sich die laufende Zeit,
Und nimmt's zur Stunde nach Westen den Lauf,
Kommt's gestern von Osten schon wieder herauf.

Ich habe der Zeit ihr Geheimniss geraubt,
Von gestern zu gestern zurück sie geschraubt,
Und schraube zurück sie von Tag zu Tag,
Bis einst ich zu Adam gelangen mag.

Ich habe die Mutter, sonderbar!
In der Stunde besucht, da sie mich gebar,
Ich selber stand der Kreissenden bei,
Und habe vernommen mein erstes Geschrei.

Viel tausend Mal der Sonne voran
Vollbracht ich im Fluge noch meine Bahn,
Bis heut ich hier zu besuchen kam,
Grossvater als glücklichen Bräutigam.

Grossmutter ist die lieblichste Braut,
Die je mit Augen ich noch erschaut;
Er aber, grämlich, zu eifern geneigt,
Hat ohne Weit'res die Thür mir gezeigt.

Schnell! schnell, mein Schmied! mich ekelt schier,
Die jetzt verläuft, die Zeit von Papier;
Zurück hindurch! es verlangt mich schon,
Zu sehen den Kaiser Napoleon.

---

von der höchsten Begeisterung erfüllt. Er nannte die Dampf-Fahrzeuge die **Flügel der Zeit**, hoffte mit Zuversicht auf eine neue Aera, welche dadurch herbeigeführt werden müsse und hielt es für moralische Pflicht eines jeden Begüterten, einen Theil seines Vermögens zur Förderung der Eisenbahn-Unternehmungen zu verwenden, um, so viel an ihm sei, zur Herbeiführung der neuen Zustände beizutragen. Das obige Gedicht bezeichnete Chamisso selbst als ein tolles.

Ich sprech' ihn zuerst auf Helena.
Den Gruss der Nachwelt bring' ich ihm da;
Dann sprech' ich ihn früher beim Krönungsfest,
Und warn' ihn, — o hielt' er die Warnung fest!

Bist fertig, mein Schmied? nimm deinen Sold;
Eintausend neunhundert geprägtes Gold.
Zu Ross! Hurrah! nach Westen gejagt,
Hier wieder vorüber, wann gestern es tagt!"

„Mein Ritter, mein Ritter, du kommst daher,
Wohin wir gehen, erzähle noch mehr;
Du weisst, o sag' es, ob fällt, ob steigt
Der Cours, der jetzt so schwankend sich zeigt?

Ein Wort, ein Wort nur im Vertrau'n!
Ist's weis' auf Rothschild Häuser zu bau'n?" —
Schon hatte der Reiter die Feder gedrückt,
Das Dampfross fern ihn den Augen entrückt.

(Gedichte.)

Die Aehnlichkeit der Locomotive mit einem Thiere.

(1858.)

Wie oft geschah es nicht schon, dass wir auf einem schattigen Spaziergang durch eine Waldblösse oder auch auf sonniger Flur durch einen vorüberrauschenden Bahnzug zum Stillstehen genöthigt wurden? Und immer hat der Anblick noch seine Reize für uns, immer hinterlässt er uns noch Staunen, wenn die cometenartige Erscheinung, welche die Landschaft belebte, wieder verschwunden war. Vor Allem aber ist es das seltsame Geschöpf, der Kopf des Schweifes, welcher unsere hohe Bewunderung erregt. Ist es dem Menschen freilich versagt, willkürlich die Erscheinung organischen Lebens hervorzurufen, so hat er es doch dahin gebracht, ein Ding, ein Wesen möchte man sagen, zu ersinnen und zu erschaffen, welches den Schein einer willkürlichen Bewegung nachahmt. Die Natur gab uns manches Thier, welches abgerichtet häusliche Dienste verrichtet.

Wir haben Esel und Maulthier beladen, damit sie auf schwierigen Saumpfaden über unwirthliche Joche getrennte Thäler in Verkehr setzen, süsse Trauben und Feigen, dunklen Wein und Seidengespinnste aus dem warmen Süden an den regenverschleierten Nordabhang der grossen Gebirge tragen. Wir haben das Pferd an den Pflug und vor die Leine gespannt, um den Ackerboden der Luft zu öffnen, um Schiffe den Fluss hinauf oder den Kanal entlang zu ziehen. Wir haben das Kameel belastet, damit es reich befrachtet die wasserlosen Einöden im Innern heisser Continente durchschreite und damit die blühenden Uferlandschaften der Sand- und Steinmeere durch das Wüstenschiff ihre Bedürfnisse gegenseitig zu befriedigen vermögen. Diese Verkehrswerkzeuge der organischen Natur haben der Civilisation unschätzbare Dienste geleistet und leisten sie noch. Wir brauchen uns nur zu besinnen, wie drückend allein die Thatsache für die Entwicklung der Staaten und Gesellschaften Amerika's vor der Entdeckung war, dass jenem Festlande vollständig das Pferd fehlte, dass es also dort streng genommen keinen Ackerbau geben konnte, sondern nur Gartenwirthschaft. Wir wissen auch, dass jetzt im neuen Welttheile die Kameelzucht begonnen hat, da für die Wüsten im „fernen Westen“ dieses Thier allein als Träger eines belebten Verkehrs zu dienen vermag. Allein was sind alle diese, von der Natur fertig zu Gebote gestellten Kräfte, wenn wir die Quantitäten ihrer Leistungen vergleichen mit der Macht unseres Geschöpfes, mit der sich selbst vorwärts rollenden Maschine, mit der Locomotive? Man hat berechnet, dass für einen Schilling englischen Geldes (1 M.) durch

Menschenhände	600,000 Pfd.
elektromagnetische Kräfte	900,000 „
Pferdekräfte	5,600,000 „
Dampfkräfte	56,000,000 „

einen Fuss hoch gehoben werden können; das heisst mit andern Worten, dass wenn man sich die aus Kohlen zu gewinnende Kraft als Wertheinheit denkt, die Kraft der Pferde zehnmal, elektrische Batterien siebzigmal und der Menschenkräfte neunzigmal theurer ist.

Und wie nahe kommt nicht unser Geschöpf den belebten

Wesen! Wenn es seine eisernen Knöchel und Gelenke regt, wenn es heisser seinen Athem durch die Luftröhre ausstösst, wenn wir wissen, dass in seinen Eingeweiden Kohle und Wasser verdaut werden, und die Stoffe entweder neuen Verbindungen unterliegen oder in andere Aggregatzustände übergeführt werden, und dass durch diese Umwandlung genau wie bei den belebten Wesen, Kraft erzeugt wird, wie beglückend ist dann ein solcher Vergleich nicht für den menschlichen Scharfsinn! Man erzählt sich, dass ein Kaiser von China, als er die erste Taschenuhr sah, das Ding für ein Thier hielt; zeigte es doch mehr Leben fast als eine Auster, deren Schalen man aufgesprengt hatte — was mögen denn Hindus berichten, die zum erstenmale eine Locomotive in vollem Laufe an den Ufern des heiligen Ganges vorübereilen sahen! Hat es der Mensch wirklich „herrlich weit gebracht“, so kostete es ihn doch mehr als sechs Schöpfungstage und mehr als ein blosses Wort, ehe es ihm gelang, eine Naturkraft so weit abzurichten, dass sie einen Stempel hob und dass der Stempel ein Rad drehte. Unzählige Versuche misslangen, unzählige Köpfe brachen über dem Problem, und nicht gewaffnet, wie Pallas Athene, sprang das Ungethüm aus dem Gehirn Eines Glücklichen, sondern Jahrhunderte und Tausende von scharfsinnigen Menschen mühten sich ab, ehe der erste Wagenzug von den gebändigten Naturkräften in den Hafen gezogen wurde. . . .

(Deutsche Vierteljahrsschrift.)

Der Locomotivführer.

Von Mr. Halliday.

Ich bin fünfundzwanzig Jahre Locomotivführer und während dieser ganzen Zeit habe ich nur sieben Männer und Knaben getödtet. Es giebt nicht viele meiner Kameraden, die das von sich sagen können. Standhaftigkeit und offene Augen, das ist's, was nöthig ist. Wenn ich sage: sieben Männer und Knaben, so meine ich damit meine Genossen; Heizer, Träger und dergleichen, die Reisenden zähle ich nicht mit. . . . .

Wenn ein Mann Neigung zu einer Sache hat, so ist das gerade so gut, als wenn er Begabung dafür besitzt. In kurzer

Zeit wurde ich der beste Führer auf dieser Linie. Eine Locomotive abgehen lassen gleicht dem Herausfliessen-Lassen einiger Tropfen Branntwein. Ihr dreht einen Griff und sie geht ab, dann dreht Ihr den Griff nach einer anderen Richtung, bremset und still steht sie. Aber eine Locomotive abgehen lassen und sie führen ist nicht dasselbe. Jedermann, ja sogar ein Kind, kann den Dampf wirken lassen und ihn wieder abschliessen, aber nicht Jeder kann eine Locomotive gut führen, wie auch nicht Jeder ein Pferd geschickt reiten kann. Wenn Ihr auf einem Pferde gleich von vornherein ein oder zwei Meilen galoppirt, so nehmt Ihr ihm den Athem und für die Folge werdet Ihr es traben oder im Schritt gehen lassen müssen. Ebenso ist es mit der Locomotive. Wenn Ihr zuviel Dampf verbraucht, so erschöpft Ihr den Kessel und dann werdet Ihr Euch langsam fortbewegen müssen, bis wieder frisches Wasser im Kessel kocht. Die Hauptsache bei der Führung ist: gleichmässig zu fahren, niemals das Wasser noch das Feuer zu gering werden zu lassen. Es ist ganz dasselbe wie bei einem Wasser-Behälter. Wenn Ihr ihn füllt, sobald er zur Hälfte leer ist, so wird das Wasser bald wieder kochen; sobald Ihr ihn aber erst füllt, wenn er fast leer ist, so wird lange Zeit erforderlich sein, um das Wasser zum Kochen zu bringen. Noch etwas Anderes ist zu beachten: Ihr dürft nie mit ungleicher Geschwindigkeit fahren, es sei denn, dass Ihr aufgehalten wurdet und Zeit verloren habt. Eine geneigte Ebene sollt Ihr aufwärts und abwärts in gleichem Schritt fahren. Mitunter, wenn ein Führer seinen Dampf verschwendet hat und er an einen Hügel kommt, hat er nicht Dampf genug, um auf die Höhe zu gelangen. Wenn Ihr in einem Zuge seid, der ruck- und stossweise vorwärts geht, so könnt Ihr sicher sein, dass ein schlechter Führer sich auf der Locomotive befindet. Diese Art der Führung erschreckt die Reisenden fürchterlich. Wenn der Zug, nachdem er eine Zeit lang fortgerasselt ist, plötzlich in seiner Eile nachlässt, ohne der Station nahe zu sein, vielleicht in der Mitte eines Tunnels, so denken die Reisenden, es sei Gefahr vorhanden. Gewöhnlich aber hat der Führer nur seinen Dampf erschöpft.

Ehe ich hierher kam, habe ich während vier oder fünf Jahren den Brightoner Express-Zug geführt, und die Jahres-Abonnenten sagten immer, dass sie, wenn sie nicht gestossen wurden, wüssten, ich sei auf der Locomotive. Die Herren pflegten, sobald sie auf den Perron kamen, zu fragen: „Wer fährt heute — Jim Martin?" und wenn der Schaffner ihnen antwortete: „Ja!" dann meinten sie, „Alles in Ordnung" und sie nahmen darauf mit Behagen ihre Plätze ein. Der Führer hat jedoch keinen Schilling Vortheil davon, nur der Schaffner, obschon er nicht viel dabei thut. Nur Wenige denken jemals an den Locomotivführer. Ich kann wohl sagen, sie meinen, der Zug gehe von selbst; doch, wenn wir nicht mit scharfem Blick Acht gäben, unsere Pflicht kennten und sie ausübten, so könnten Alle in jedem beliebigen Augenblicke zerschmettert werden. Ich pflegte die Fahrt nach Brighton in 52 Minuten zurückzulegen. Die Zeitungen sagten: in 49 Minuten, doch dies wäre denn doch etwas zu schnell. Während des ganzen Weges auf Signale zu achten, alle zwei Minuten auf eins, so dass mein Heizer und ich auf der Strecke während der ganzen Zeit zwei Dinge auf einmal zu thun hatten, die Locomotive zu besorgen und auf die Signale Acht zu geben. Auf dieser Linie bin ich $81\frac{3}{4}$ Meilen in 86 Minuten gefahren. In der Geschwindigkeit liegt keine Gefahr, wenn Ihr einen guten Weg, eine gute Locomotive und nicht zu viel Kutschen hinter Euch habt. Nein, wir nennen sie nicht Wagen, wir nennen sie Kutschen.

Ja, Schwingungen bedeuten Gefahr. Wenn Ihr in einer Kutsche seid, die stark schwingt, so sagt es auf der nächsten Station und lasst sie fester koppeln. Wenn die Kutschen zu lose an einander gekoppelt sind, so können sie leicht gehoben werden und aus dem Geleise kommen; ebenso gefährlich ist es, wenn sie zu nahe an einander gekoppelt sind. Es muss gerade Raum genug vorhanden sein, damit die Puffer unbehindert wirken können. Die Reisenden sind in den Tunneln ängstlich, aber es ist jetzt in den Tunneln weniger Gefahr als anderswo. Wir fahren niemals in einen Tunnel hinein, bevor nicht „rein!" signalisirt ist.

Ein Zug kann ausserordentlich schnell angehalten werden, sogar ein Express-Zug, wenn die Schaffner mit dem Locomotivführer gemeinsam handeln und rechtzeitig bremsen. Von den Schaffnern hängt viel ab. Eine Bremse hinter der Locomotive ist so gut als zwei vor derselben. Die Locomotive verliert, wie Ihr wisst, in dem Maasse an Gewicht, als sie Kohlen verbrennt und Wasser verbraucht, aber die Kutschen hinter ihr ändern ihr Gewicht nicht. Wir haben ziemlich viel Schwierigkeiten mit den jungen Schaffnern. In der Besorgniss, ihre Pflicht nicht zu erfüllen, bremsen sie öfters zu früh, so dass wir manchmal den Zug kaum in die Station einbringen; wenn sie älter werden, sind sie nicht mehr so ängstlich und bremsen nicht zeitig genug. Es ist unnütz zu sagen, wenn ein Unglück geschieht, dass sie nicht rechtzeitig bremsten; sie schwören, dass sie es thaten und Ihr könnt ihnen nicht beweisen, dass sie es zu thun versäumten . . . .

Manche Unglücksfälle kommen vor, die niemals durch die Zeitungen bekannt werden; manche mit Reisenden gefüllte Eisenbahnzüge entschlüpfen dem Geschick, in Stücke zerschmettert zu werden, nur durch ein Wunder. Niemand weiss etwas davon als der Locomotivführer und der Heizer. Ich entsinne mich eines Falles, als ich Führer in den östlichen Gegenden war. Eben eine Curve passirend, sah ich plötzlich auf demselben Schienenstrange einen Zug uns entgegenkommen. Ich bremste, aber wie es mir schien, zu spät. Den Zug uns ganz nahe sehend, rufe ich dem Heizer zu, hinunter zu springen. Noch ehe ich die Worte ausgesprochen, springt er von der Locomotive hinab. Ich war eben im Begriff, die Hand auf den Hebelarm zu legen und ihm zu folgen, als der entgegenkommende Zug an der Weiche abbog, und im nächsten Augenblicke ging die hinterste Kutsche an meiner Locomotive um eine Messerschneide vorbei. Es war die dichteste Berührung, welche ich je gesehen habe. Mein Heizer war getödtet. In der nächsten Secunde wäre auch ich von der Locomotive gesprungen und getödtet worden. Was aus dem Zuge ohne uns geworden wäre, ist mehr, als ich Euch erzählen kann.

Viele Leute werden übergefahren, von denen nie Jemand etwas hört. In der Black Country fühlten wir, mein Heizer und ich, in einer dunkeln Nacht unsere Gesichter von etwas Warmem und Nassem bespritzt. „Das kam nicht von der Maschine, Bill“, sagte ich. „Nein“, erwiederte er, „das ist etwas Dickes, Jim.“ Es war Blut. Wir hörten später, dass ein Kohlenhändler übergefahren war. Wenn wir einen unserer Genossen tödten, so sprechen wir darüber so wenig als möglich. Im Allgemeinen — ja fast immer — ist es seine eigene Schuld. Wir selbst denken niemals an Gefahr. Wie Ihr seht, sind wir daran gewöhnt. Aber wir sind deshalb nicht sorglos. Ich glaube nicht, dass es eine Körperschaft giebt, die stolzer auf ihre Arbeit ist, als die Locomotivführer es sind. Wir sind ebenso stolz auf unsere Locomotiven und lieben sie so, als wenn es lebendige Geschöpfe wären; wir sind so stolz auf sie, als ein Jäger oder ein Jockey auf sein Pferd ist. Eine Locomotive ist auch in vieler Beziehung wie ein Pferd; sie schlägt aus, springt, wiehert etc. in ihrer Weise. Man stelle einen Fremden an meine Locomotive, und er wird nicht wissen, was er mit ihr anfangen soll. O ja, es sind seit der letzten grossen Ausstellung wunderbare Verbesserungen an den Locomotiven gemacht worden. Einige derselben nehmen ihr Wasser ein, ohne anzuhalten. Dies ist eine wundervolle Erfindung und dabei doch so einfach wie das ABC. Es sind nämlich an bestimmten Stellen Wasser-Gefässe zwischen den Geleisen vorhanden. Wenn man einen Hebel in Bewegung setzt, lässt man die Mündung eines Schöpfgefässes in das Wasser und wenn man entlang daran fährt, wird das Wasser in den Kessel gehoben und zwar in der Menge von 3000 Gallonen in einer Minute.

Die Haupt-Sorge eines Locomotivführers ist die Zeit einzuhalten; daran denkt er am meisten. Als ich den Brightoner Express-Zug fuhr, hatte ich immer das Gefühl, als wenn ich mit der Zeit ein Wettrennen eingegangen wäre. Ich hatte bezüglich der Gangart keine Furcht; was ich fürchtete, war, den Weg zu verlieren und nicht die Minute einzuhalten. Wir müssen, sobald wir angekommen sind, über die verwendete Zeit berichten. Die Gesellschaft versieht uns mit Uhren, und wir müssen uns nach diesen richten. Bevor wir unsere Reise antreten, müssen wir Behufs der Beaufsichtigung durch einen Raum gehen, wo man zusieht, ob wir nüchtern sind. Man sagt aber nichts zu uns, und ein Mann, der nur wenig angetrunken ist, kann leicht passiren. Ich habe einen Heizer gekannt, der nach seiner Prüfung auf die Locomotive betrunken wie eine Fliege kam, auf die Kohlen niederfiel und dort während der ganzen Fahrt wie ein Klotz schlief. Ich musste damals mein eigener Heizer sein.

Wenn Ihr mich fragt, ob die Locomotivführer Trinker sind, so muss ich Euch antworten, dass sie ganz gern trinken. Es ist eine Beschäftigung, die leicht dazu verführt; auf der einen Seite ist man kalt wie Eis und auf der anderen heiss wie Feuer; in der einen Minute nass, in der anderen trocken. Wenn je ein Mann Entschuldigung für's Trinken hat, so ist es der Locomotivführer. Und doch weiss ich nicht, ob jemals ein Führer betrunken auf seine Locomotive gegangen ist. Wenn er es auch wäre, der Wind würde ihn bald nüchtern machen.

Ich glaube, dass die Locomotivführer als Körperschaft die gesundesten Leute sind; sie leben nur nicht lange. Die Ursache davon ist, wie ich glaube: die kalte Nahrung und die Erschütterung. Wenn ich von kalter Nahrung spreche, so meine ich damit, dass der Locomotivführer seine Mahlzeiten niemals mit Behagen einnehmen kann. Zu Mittag ist er niemals zu Hause. Wenn er Morgens früh fortgeht, so nimmt er einen Bissen kaltes Fleisch und ein Stück Brod zu seinem Mittagsessen mit sich und gewöhnlich muss er dasselbe unter seinem Wetterdach verspeisen, denn er darf ja seine Locomotive nicht verlassen. Ihr könnt Euch vorstellen, wie dies Schütteln und Rütteln nach jedem Bissen den Mann erschöpft. Die Versicherungs-Gesellschaften wollen uns unter den gewöhnlichen Bedingungen nicht annehmen. Wir sind genöthigt, „Foresters“ oder „Old Friends“ oder etwas Aehnliches zu werden, bei welchen Verbindungen man nicht so peinlich ist. Das Einkommen eines Locomotivführers beläuft sich durchschnittlich auf acht Schillinge täglich, aber wenn er ein guter Wirthschafter bezüglich seiner Kohlen ist — nun, ich meine, wenn er die Kohlen zu sparen versteht — so nimmt er um so viel mehr ein. Einige verdienen auf solche Weise fünf bis zehn Schillinge in der Woche. Ich klage nicht besonders wegen des Gehalts; aber ich finde es hart für uns, dass wir Einkommensteuer zahlen müssen. Die Gesellschaft macht die Angabe über alle unsere Einnahmen, und wir haben danach zu zahlen. Es ist eine Schande.

Unser häusliches Leben — unser Leben zu Hause, — meint Ihr? Nun, was das anbetrifft, so sehen wir nicht viel von unseren Familien. Ich verlasse das Haus um 7½ Uhr Morgens und kehre vor 9½ Uhr Abends oder später nicht zurück. Die Kinder sind noch nicht aufgestanden, wenn ich gehe und sind schon wieder zu Bett gegangen, wenn ich heimkehre. Mein Tageslauf ist dieser: ich verlasse London um 8 Uhr 45 Minuten, fahre vier und eine halbe Stunde, esse kalt auf dem Tritt der Locomotive, beaufsichtige diese, fahre zurück, reinige die Locomotive, melde mich und gehe heim. Also zwölf Stunden harte Arbeit und keine behagliche Mahlzeit. Ja, unsere Frauen sind um uns besorgt, denn sie wissen, wenn wir ausgehen niemals, ob wir auch wieder heimkommen. Wir sollten nach Hause gehen, sobald wir die Station verlassen und über uns selbst Denjenigen Bericht erstatten, welche an uns denken und von uns abhängen, aber ich fürchte, wir thun das nicht immer. Vielleicht gehen wir zuerst in das Wirthshaus, und wahrscheinlich würdet Ihr dies auch thun, wenn Ihr den ganzen Tag auf einer Locomotive beschäftigt gewesen wäret. Aber die Frauen haben ihre eigene Art, ausfindig zu machen, ob hinsichtlich Unserer Alles in Ordnung ist. Sie fragen sich unter einander aus: „Habt Ihr meinen Jim gesehen?“ sagt die Eine. „Nein!“ sagt die Andere, „aber Jack sah ihn vor einer halben Stunde von der Station kommen.“ Nun weiss sie, dass mit ihrem Jim Alles in Ordnung ist und wo sie ihn zu finden hat, wenn sie nach ihm verlangt. Es ist eine gar traurige Sache, wenn Einer von uns schlechte Nachrichten der Frau eines Genossen zu überbringen hat. Keiner von uns liebt solch ein Geschäft. Ich erinnere mich, dass, als Jack Davidge um's Leben gekommen war, Niemand von uns den Muth hatte, seiner armen Ehefrau mit dieser Nachricht vor die Augen zu treten. Das arme Geschöpf hatte sieben Kinder, und zwei von diesen, die jüngsten, lagen am Fieber darnieder. Wir baten die alte Frau Berridge, die Mutter des Thomas Berridge, es ihr beizubringen. Indessen sie ahnte, was geschehen war; in demselben Augenblick, als die alte Frau in's Zimmer trat, und noch ehe diese ein Wort gesprochen hatte, fiel sie wie todt nieder. Sie lag so die ganze Nacht hindurch und von keiner sterblichen Lippe hörte sie bis zum Morgen von dem Tode ihres Georg. Aber sie wusste es in ihrem Herzen. Das Leben der Unsrigen ist trüber und beunruhigender Art.

Trotzdem bin ich nur einmal auf meiner Locomotive aufgeregt gewesen. Niemals denke ich an mein eigenes Leben. Man geht auf die Locomotive, um es auf's Spiel zu setzen und man gewöhnt sich an die Gefahr. Auch an die Reisenden denke ich nie. Die Gedanken des Locomotivführers weilen niemals hinter seiner Locomotive. Wenn er Alles in Ordnung hält, werden die Kutschen hinter ihm auch in Ordnung sein, soweit es vom Führer abhängt. Aber einmal dachte ich an die Reisenden. Mein kleiner Sohn Bill war nämlich unter ihnen an jenem Morgen. Er war ein armer kleiner krüppliger Bursche, den wir Alle mehr liebten als die anderen, weil er eben ein Krüppel war und dabei so sanft und altklug. Er reiste zu seiner Tante auf's Land, weil diese ihn eine Zeit hindurch in ihre Obhut nehmen wollte. Wir glaubten, dass die Landluft ihm gut thun würde. An jenem Morgen dachte ich daran, dass Leben sich hinter mir befand, wenigstens dachte ich innig an ein kleines Leben, das ich in meiner Hand hatte. Es waren zwanzig Kutschen hinter mir; mein kleiner Bill schien mir in jeder derselben sich zu befinden. Meine Hand zitterte, als ich den Dampf ausströmen liess. Als wir dicht an dem Häuschen des Weichenstellers vorüber kamen, fühlte ich mein Herz schlagen; als wir uns der Kreuzstation näherten, war ich über und über in kaltem Schweisse. Am Ende der ersten fünfzig Meilen hatte ich mich um fast eilf Minuten verspätet. „Was ist mit Euch heute Morgen?“ fragte mein Heizer, „habt Ihr gestern Abend einen Tropfen zu viel getrunken?“ „Sprecht nicht mit mir, Fred,“ sagte ich, „bevor wir Peterborough erreicht haben und gebt scharf Acht, wir haben einen guten Burschen mit uns.“ Nie in meinem Leben war ich so dankbar, als da ich den Dampf abgeschlossen hatte, um in die Station Peterborough einzulaufen. Die Tante des kleinen Bill wartete auf ihn, und ich sah, wie sie ihn aus dem Wagen hob. Ich rief ihr zu, ihn mir zu bringen, nahm ihn auf die Locomotive und küsste ihn — oh zwanzig Mal, wie ich meine — und versah ihn dabei mit einem solchen Mischmasch von Maschinenschmiere und Kohlenstaub, wie Ihr Aehnliches wohl nie gesehen habt.

Während des übrigen Theils der Reise war ich wieder ganz wie ich sein sollte und ich glaube, mein Herr! die Reisenden waren sicherer, als der kleine Bill ausgestiegen war. Für Locomotivführer würde es, wie Sie sehen, niemals gut thun, zu viel zu wissen oder zu viel zu fühlen.

(Geschrieben im Anschlusse an Mugby Junction von Charles Dickens.)

Ein schwerer Zug.

Von F. Brunold.

„Ihr kennt mich!“ sprach er, strich den Vollbart sich,
Und leert' sein Glas mit einem Zuge:
„Wo's gilt, da steh' ja meinen Mann auch ich,
Den stärksten Zug ich fuhr ihn sicherlich —
Und manchen schon fast wie im Fluge.“

„Doch einmal, lasst es offen mich gesteh'n,
Da fühlt' das Herz ich stärker klopfen —
Die Heere standen auf den Spichern Höh'n,
Hatt' hundert Axen, da ist's mir gescheh'n,
Dass ich den Schweiss fühlt' niedertropfen.“

„Mein ganzer Zug in Munition bestand,
Wo die Cigarre darf nicht glühen;
Der Blick oft prüfend wird hinausgesandt,
Am Regulator fester liegt die Hand,
Nicht die Maschin' darf Funken sprühen.“

„Die Nacht war prächtig! Durch den grünen Wald
Die Bahn sich zog am Abhang nieder;
Die Sterne glühten hellauf, mannigfalt,
Und weiter, weiter ging's ohn' Aufenthalt,
Ich dacht' des Kampf's, der Waffenbrüder.“

„Da hob der Wind sich durch die Wipfel sacht,
Im Wald begann ein Sausen — Wogen.
Der Telegraphendraht erklang zur Nacht;
Ein Sturm begann! Der Himmel, eh' man's dacht',
Gewitterschwer war rings umzogen.“

„Die Blitze zuckten. — Die Maschine ging,
Laut donnernd, wo die Felsen ragen;

Wo sich das Echo hundertfach verfing,
Wo jeder Blitz, der zuckend niederging,
Schien zündend in den Zug zu schlagen."

„Und ist's -- Ihr wisst's — bei Nacht und Sturm schon schwer,
Den Zug sicher dahin zu lenken,
So denkt ringsum ein Flammenmeer —
Dann Pulver, an die hundert Axen schwer —
Das Andre mögt ihr selbst Euch denken!"

„Kämpft der Soldat siegreich für's Vaterland,
Ich werd' den Muth gering nicht halten —
Doch, als ich einlief, die Maschine stand,
Ich hab' nach Oben doch den Blick gesandt, —
Musst', wie ein Kind, die Hände falten."

Er sprach's — dann er zum Regulator griff —
Noch einen Blick entlang dem Zuge.
Ein stummer Gruss, dann der Maschine Pfiff —
Und rascher drauf der Steueraxe Griff —
Der Zug verschwindet wie im Fluge!

Einem ergrauten Locomotivführer gewidmet.

Von A. Weinholz.

(1880.)

Sei mir gegrüsst, du graues Haupt,
Darunter Augen bieder glänzen.
Wie gern, vom Kohlenruss bestaubt,
Mit Eichenlaube möcht' ich's kränzen!
Du lenkest nun seit vielen Jahren
Das Feuerross, wie sich's gebührt.
Zu Lust wie Leid und zu Gefahren
Hast viele Tausend du geführt.

Wie oft verliessest du den Herd,
Wenn Sturm und Schnee und Regen tobten!
Der uns durch Nacht und Nebel fährt,
Der Achtung Zoll dem Vielerprobten!

Wie manchmal haben dir die Schwingen
Des Todes fast die Stirn berührt!
Doch Gott gab deiner Fahrt Gelingen,
Hat stets dich glücklich heimgeführt.

Du führtest manches junge Paar
Vom Festgewühl zur trauten Stille,
Wo's, eh' das Leben Kampf gebar,
Genoss der köstlichsten Idylle.
Und wenn der Kriegesruf erdröhnte,
Du führtest Männer-, Jünglings-Schaar
Vom Herd, wo Lieb' ihr Sein verschönte,
Hinaus zu Schrecken und Gefahr!

Was macht, dass jetzt dein Blick erglänzt?
Ein freundlich Häuschen steht da drüben,
Von einem Gärtchen traut umkränzt,
Dort harr'n des Vaters seine Lieben.
Du hast gekämpft, du hast entbehrt,
Ein freundlich Heim für sie zu gründen.
O mögst du bald am eig'nen Herd
Die wohlverdiente Ruhe finden!

Gedichte, 3. Auflage.)

Sechssilbige Charade.

Die ersten Beiden, deines Daseins Nähe,
Bezeichnen Nachbarstädte, Flur und Feld.
Ja selbst, wohin der Mensch auch sinnend gehe,
Folgt ihm der Beiden Zirkel durch die Welt.
Und mancher Brief, der nicht bedarf Expresse,
Hat beigefügt die Beiden zur Adresse.

Die nächsten Zwei, sie nahen dir und bringen
Ein reich Genie vereinter Menschenkraft,
Sie wiegen sich auf höh'rer Geister Schwingen,
Von denen sie des Menschen Wissen rafft,
Und bilden dann den Grund des edlen Strebens,
Nicht selten auch die Bürde seines Lebens.

Die letzten Zwei, sie fehlen nie im Leben,
Wo Disciplin für strenge Ordnung wacht,
Und ihrer kühnen Leitung, ihrem Streben
Folgt eins dem andern, bildend eine Macht;
Und einst den Menschen auf der Seelenreise
Geleiten sie als Engel ihrer Weise.
Das Ganze braust daher auf ehr'nem Rosse,
Ein flüchtig Bild, gleich einer Schwalbe Flug,

Der Schöpfung Meisterwerk, der Menschheit Sprosse —
Folgt es dem Wege einer Schlange klug.
Von dieser Fährte suchen es zu trennen
Wär' Tod, Verderbensnahen wohl zu nennen.

Auflösung: Locomotivführer.

(Zeitschrift für Locomotivführer.)

Le chauffeur de locomotive.

(Der Locomotiv-Heizer.)

Von Pierre Dupont.

(1849.)

Donne l'avoine à ton cheval!
Sellé, bridé, siffle! et qu'on marche!
Au galop, sur le pont, sous l'arche,
Tranche montagne, plaine et val;
Aucun cheval n'est ton rival.

La braise flambe en tes prunelles
Et tu reluis comme un miroir.
As-tu des pieds, as-tu des ailes,
Ma locomotive au flanc noir?
Voyez ondoyer sa crinière,
Entendez son hennissement;
Son galop est un roulement
D'artillerie et de tonnerre.

Donne l'avoine à ton cheval! etc.

Jadis on chargeait d'une troupe
Le dos large des éléphants;

Je traîne tout un monde en croupe
D'hommes, de femmes et d'enfants.
D'après une vieille croyance,
Il me semble être Lucifer,
Qui menait les gens en enfer
En levant l'archet de la danse.

Donne l'avoine à ton cheval! etc.

Je tiens mon grappin de chauffage,
Comme sa barre un vieux forban,
En regardant le paysage
Se dérouler comme un ruban.
Ah! c'est une bien grande ivresse
De fendre l'air, comme un oiseau.
Avec du charbon et de l'eau
Mes bras noirs font cette vitesse.

Donne l'avoine à ton cheval! etc.

De la chose la plus commune
On peut tirer un grand parti;
Longtemps ce moyen de fortune
Au fond de l'âtre s'est blotti.
Chacun voyait dans sa marmite
La vapeur bouillonner et fuir,
Sans songer à son avenir;
Dieu! que notre vue est petite!

Donne l'avoine à ton cheval! etc.

Les rouliers et les aubergistes,
En voyant ces nouveaux chemins,
Font des mines longues et tristes:
Nous leur ôtons le pain des mains.
Avec la vapeur, patience!
La terre se défrichera,
Fructifiera, s'enrichira,
Partout circulera l'aisance.

Donne l'avoine à ton cheval! etc.

Allons, ô ma locomotive!
Tes rails nous mènent au progrès,

La génération hâtive
Appelle des ombrages frais.
Plus de frontières, plus de guerre!
Nous sommes las du sang versé.
Peuples! de tout le mal passé
Buvons l'oubli dans un grand verre.

Donne l'avoine à ton cheval!
Sellé, bridé, siffle! et qu'on marche!
Au galop, sur le pont, sous l'arche,
Tranche montagne, plaine et val;
Aucun cheval n'est ton rival.

(Fütt're, sattle, zäum' dein Pferd!
Pfeif'! Und vorwärts! Im Galoppe
Setz' durch Eb'ne, Thal und Koppe,
Brücken, Tunnel nützend! Pferd,
Nein, kein Ross hat deinen Werth.

Es glänzt in deinem Augensterne,
Du Spiegelblanke, Feuersschein.
Geh'st oder fliegst du in die Ferne,
Schwarzwänd'ge Locomotive mein?
Seht ihrer Mähne prächtig Steigen,
Hört ihres Wieherns mächt'gen Schall;
Ihr Sturmlauf gleicht dem Donnerhall,
Den Wetter und Geschütz erzeugen.

Fütt're, sattle, zäum' dein Pferd! u. s. w.

Der Elephanten breiten Rücken
Belud man sonst mit ein paar Mann,
Ich zieh' mit einer Welt im Rücken
Von Männern, Weibern, Kindern 'ran.
Nach einem alten Glauben däuchte
Mich längst, ich sei wohl Lucifer,
Wie, frisch zum Tanz aufspielend, er
Die Leute in die Hölle geigte.

Fütt're, sattle, zäum' dein Pferd! u. s. w.

Ich führe meine Heizerstange
Wie's Ruder des Piraten Hand,
Betrachte dazu still und lange
Der Landschaft sich entrollend Band.
Ha, welche Lust, die Luft zu theilen
Dem Vogel gleich mit raschem Flug!
Mit Kohlen, Wasser bringt den Zug
Mein schwarzer Arm zu solchem Eilen.

Fütt're, sattle, zäum' dein Pferd! u. s. w.

Ei, selbst aus dem gemeinsten Dinge
Lässt sich oft grosser Nutzen zieh'n;
Wie lange hockt' im Herdesringe
Dies Wohlstandsmittel, eh's erschien!
Ein Jeder sah aus seinem Topfe
Den Dampf aufsteigen und vergeh'n,
Des Dampfes Einst ward nicht geseh'n.
Wie düster ist's in unserm Kopfe!

Fütt're, sattle, zäum' dein Pferd! u. s. w.

Die Kärrner und die Herbergsleute
Schau'n drein . . . nun, wie die liebe Noth
Beim Seh'n der neuen Wege heute:
Man bringt sie um ihr täglich Brod.
Geduld, fein sachte, mit dem Dampfe
Wird aller Boden wohl bedacht,
Urbar, ergiebiger gemacht,
Führt Alles gut beim Wohlstandskampfe.

Fütt're, sattle, zäum' dein Pferd! u. s. w.

Locomotive, ja, du meine,
Zum Fortschritt führt dein Schienenlauf;
Das jüng're, rasch gezeitigt feine
Geschlecht sucht bess're Zeiten auf.
Fort mit den Grenzen, mit den Heeren!
Wir sind des Blutvergiessens satt;
Lasst, Völker, drum an dessen Statt
Ein Glas uns auf's Vergessen leeren!

Fütt're, sattle, zäum' dein Pferd!
Pfeif'! Und vorwärts! Im Galoppe
Setz' durch Eb'ne, Thal und Koppe,
Brücken, Tunnel nützend! Pferd,
Nein, kein Ross hat deinen Werth.)

(Deutsch von F. C. Peterssen in Blainville bei St. Mâlo-de-la-Lande, Manche.)

Die Locomotive und der Tod.

Von Charles Dickens.

(1847.)

Die Kraft, welche sich auf ihrer eisernen Bahn — ihrer eigenen — vorwärts zwingt, allen Pfaden und Wegen trotzend, jedes Hinderniss von Grund aus überwindend, mit sich fortschleppend lebende Geschöpfe aller Klassen, jeden Alters und jeden Standes, war das Bild des über Alles triumphirenden Ungeheuers: Tod!

Hinweg aus der Stadt mit Gekreisch und Gebrüll und Gerassel, die Wohnungen der Menschen unterwühlend, dass die Strassen erdröhnen, hinausstürzend nur für einen Augenblick auf die Wiesen, um dann wieder in die feuchte Tiefe der Erde einzudringen, dahin brausend durch Finsterniss und dumpfe Luft, wieder hineinstürmend in den sonnigen Tag, so licht und weit, hinweg mit Gekreisch und Gebrüll und Gerassel, durch die Felder, durch die Wälder, durch Korn, durch Heu, durch Kalk, durch Schlamm, durch Lehm, durch Felsen, zwischen Gegengenständen, so nahe, fast zum Greifen, doch immer vor dem Reisenden fliehend und in trügerischer Entfernung sich immer langsam neben ihm bewegend: gleich wie auf der Fährte des unbarmherzigen Ungeheuers: Tod!

Durch Tiefen, über Höhen, vorüber an der Heide, an Obst- und Blumen-Gärten, am Park, über den Kanal, durch den Fluss, wo die Schafe weiden, wo die Mühle geht, wo die Barke schaukelt, wo die Todten ruhen, wo die Schlote rauchen, wo der Strom dahinfliesst, wo das Dorf zusammengedrängt liegt, wo die grosse Kathedrale himmelan ragt, wo das öde Moor sich befindet und der wilde Wind es glättet oder aufregt, je nach seinem unbeständigen Willen, hinweg mit Gekreisch und Gebrüll und Gerassel und keine Spur hinter sich lassend, als Staub und Dampf, gleichwie auf der Fährte des unbarmherzigen Ungeheuers: Tod!

Trotzend dem Winde und Licht, dem Regen und Sonnenschein, fort und immer fort rollt und rast sie stolz und schnell, glatt und sicher; grosse Bauwerke und massive Brücken, welche sie überschreitet, fallen gleich einem Strahl von Schatten, kaum ein Zoll breit, in's Auge, und wieder sind sie verschwunden. Fort und immer fort, vorwärts, immer vorwärts, Schimmer von Hütten, Häusern, Herrensitzen, grossen Landgütern, vom Ackerbau und Handwerksbetrieb, von Menschen, von alten Landstrassen und Pfaden, die im Rückblick verlassen, schmal und unbedeutend aussehen und so erscheint Alles, was es auch sein möge, nur als solche Schimmer auf der Fährte des unbezwinglichen Ungeheuers: Tod!

Fort mit Gekreisch und Gebrüll und Gerassel, sich wieder in die Erde versenkend und mit solchem Ungestüm der Thatkraft und Ausdauer sich fortarbeitend, dass inmitten der Finsterniss und des Wirbelwindes die Bewegung sich verkehrt zu haben scheint; wüthend rückwärts strebend, bis ein Lichtstrahl auf der feuchten Mauer deren Oberfläche zeigt, die wie ein dahinrasender Strom an uns vorüberfliegt. Vorwärts noch einmal an's Licht und durch das Licht, mit einem hellen Aufschrei übermässigen Frohlockens, brüllend, rasselnd, rasend, jeden Gegenstand mit seinem schwarzen Athem verächtlich anschnaubend, manchmal für eine Minute pausirend, woselbst eine Menge Gestalten sich befinden, die in der nächsten Minute nicht mehr da sind, bisweilen gierig Wasser leckend, ehe noch die Schnauze, mit der sie trinkt, aufgehört hat, zu tropfen, kreischend, brüllend, rasselnd hinein in die violette Ferne!

Lauter und lauter kreischt und schreit sie, je mehr sie tosend und unwiderstehlich auf ihr Ziel losstürmt, und jetzt ist ihr Weg abermals gleich demjenigen des Todes dick mit Asche bestreut. Alles rund umher ist geschwärzt. Dunkle Lachen trüben Wassers, schlammige Wege und elende Wohnstätten sind dort unten rings umher . . . . .!

(Dombey und Sohn.)

Rossini und die Eisenbahnen.

Der unsterbliche Maestro Rossini empfand eine so unbesiegbare Furcht vor den Eisenbahnen, dass er bei grossen und kleinen Reisen sich nicht derselben, sondern nach der Väter Weise sich ausschliesslich der Kutsche bediente.

Die Hochzeitsreise.

Von F. Brunold.

Die Reisenden stehen in Mäntel gehüllt;
Das Dampfross schnaubt, die Pfeife schrillt.
Einsteigen! heisst es — und Alles eilt
Hin zu den Waggons. Nur sie noch weilt
Noch einen Kuss — o Mutter!

Wohl ist sie dem Gatten heut angetraut;
Noch glänzt ihr im Haar der Schmuck der Braut.
Der Schleier wallt; — doch das Aug' ist feucht —
Hat gern sie dem Gatten die Hand auch gereicht —
Schwer ist's vom Vaterhaus scheiden.

Einsteigen heisst es — den letzten Kuss,
Den letzten Gruss — nun Thürverschluss.
Ein Winken noch, da der Zug schon fährt,
Dann trostlos Schluchzen, tief in sich gekehrt —
Ade! lieb Mutter — und Heimath!

Der Schnellzug braust dahin mit Macht;
Die Sterne funkeln so hell in der Nacht.
Die Wärterhäuschen wie Gespenster stehn,
Die Wälder im Fluge vorüber gehn,
Und weiter geht die Reise!

Sie hat sich leise an ihn geschmiegt,
Sein Arm sie hält, sein Arm sie wiegt.
Er flüstert ihr zu: „Nun bist Du mein;
Wie glücklich froh werden wir Beide sein —
In unsrer neuen Heimath.“

Und weiter, weiter braust der Zug.
Wie auf Windeswehn er sie fürder trug.
Noch wenig Minuten, das Ziel ist erreicht.
Der Zug, er braust wie der Vogel fleucht.
Fern glänzen die Lichter der Stadt schon.

Da ein Schrei, ein wilder, die Luft durchgellt.
Was war's? — Die Weichen sind falsch gestellt.
Ein Trümmerhaufen! — Auch Leichen dabei! —
Todt hielten umschlungen sich auch die Zwei! —
Das war das End' der Reise.

Der Conducteur. [1])

Mein Liebster ist ein Conducteur
Mit buntem Rock und Kragen,
Durch Nacht und Wind jagt er einher
Am schmalen Tritt der Wagen.

Mein Liebster hat ein braun Gesicht
Mit schwarzem Bart und Haaren
Und zaget nie und fürchtet nicht
Die drohenden Gefahren.

Und pfeift der Sturm und pfeift der Wind
Ihm in's Gesicht den Regen:
Er klettert trotzig pfeilgeschwind
Auf seinen kühnen Wegen.

Ich sitz' daheim und flick derweil'
Ihm die zerriss'nen Socken,
Und sing' beim ärgsten Sturmgeheul
Und halt' die Augen trocken.

Und braust er noch so schnell dahin
Durch Wald, Tunnel und Klüfte,

[1]) **In Bayern und Württemberg wird der Eisenbahn-Schaffner „Conducteur" genannt.**

All meine Wünsche folgen ihm
Zur Seite durch die Lüfte.

Und höre Abends dann vom Thal
Herauf den Pfiff ich schallen,
Dann juble laut ich allemal
Und lass' die Arbeit fallen.

Dann hör' ich Schritte schwer und froh
Und seh' ihn munter winken
Und seh' den nassen Paletot,
Die bunte Mütze blinken.

Dann ruf' ich, dass es weithin schallt
Und fall' ihm um den Nacken,
„Hier zehn Minuten Aufenthalt!"
Und küss' ihn auf die Backen.

(Fliegende Blätter. 70. Band.)

L'Aiguilleur. (Der Weichensteller.)

Von Gustave Nadaud.

Celui qui compte les années
  Des frêles humains,
Celui qui tient nos destinées
  Entre ses deux mains,
Ce n'est plus Minos ni la Parque,
Ce n'est plus le fier potentat,
Le médecin ni le soldat:
Un autre dieu conduit la barque:

Aiguilleur, garde à toi!
  Aiguilleur, en place!
  Voici le convoi
(Garde à toi!) qui passe.

L'aiguilleur est l'intelligence
  Du siècle nouveau;
Il commande à la force immense
  Du fer et de l'eau.

Gardien sévère de la ligne,
Il faut qu'il reste, en son emploi,
Infaillible comme la loi
Et grave comme une consigne.

Ne ris pas, garde à toi,
Aiguilleur, en place!
Voici le convoi
(Ne ris pas!) qui passe.

Voyez-le quand le train accoste
Et quand il s'enfuit,
Exact à l'heure et fixe au poste,
Le jour ou la nuit.
Pour lui le sommeil est un crime;
Un seul retard, un seul oubli,
Un seul . . . et tout est accompli:
Un train va sombrer dans l'abîme!

Ne dors pas, garde à toi,
Aiguilleur, en place!
Voici le convoi
(Ne dors pas!) qui passe.

Si parfois de ses camerades
Le joyeux essaim
Va par d'abondantes rasades
Fêter quelque saint,
Lui seul de ces poisons infâmes
Sait le danger, qu'il s'interdit;
Il ne boit pas, car il s'est dit
Que l'aiguilleur a charge d'âmes.

Ne bois pas, garde à toi,
Aiguilleur, en place!
Voici le convoi
(Ne bois pas!) qui passe.

Voyageurs qui courez la France,
Aller et retour,

Saluez cette Providence
  A trois francs par jour,
Qui tient le fil de vos chimères,
De vos espoirs, de vos tourments,
Les larmes de tous les amants
Et le coeur de toutes les mères!

    Aiguilleur, garde à toi,
      Aiguilleur, en place!
      Voici le convoi
    (Garde à toi!) qui passe.

(Nimmer kann heut' Minos wenden
Menschenloos nach seiner Wahl,
Nimmer kann die Parze enden
Kurzbemess'ner Jahre Zahl,
Nicht erhält und kürzt das Leben
Fürstenwort und Kriegers Kraft,
Fristet's nicht die Wissenschaft,
S'ist in and're Hand gegeben.

    Weichensteller aufgepasst!
      Eile, eile!
      Ohne Weile
    Kommt der Zug vorbeigerast.

Er bewegt im Taggeschäfte
Des Jahrhunderts geistig Gut,
Er regiert die Riesenkräfte:
Wasserschwall und Feuersglut.
Schildwach' bei den Eisenschienen,
Fest wie des Gesetzes Wort,
Steht er auf dem Posten dort,
Unbeirrt mit ernsten Mienen.

    Weichensteller nicht gelacht!
      Eile, eile!
      Sonder Weile
    Braust der Zug vorbei mit Macht.

Seht ihn auf dem Platze stehen,
Ungesäumt und stets bereit,
Bei des Zuges Nah'n und Gehen,
Sei es Tag, sei's Schlafenszeit.
Schlaf ist Sünd' ihm — ein Versehen,
Ein Vergessen ist genug,
Ein Moment — es ist geschehen, —
Und im Abgrund liegt der Zug. —
Weichensteller, stets gewacht!
Eile, eile!
Sonder Weile
Braust der Zug vorbei mit Macht.

Wenn die Freunde, lust'ge Zecher
— Einem Heiligen zum Preis —
Eifrig leeren volle Becher,
Sitzt er still im lauten Kreis.
Kennt er doch des Giftes Wüthen,
Kennt die drohende Gefahr, —
Nimmer trinkt er, — denn zu hüten
Hat er eine Seelenschaar.
Weichensteller, trinke nicht!
Eile, eile!
Sonder Weile
Naht der Zug! Thu' deine Pflicht!

Grüsst mit ehrfurchtsvollem Danken
Die Ihr Frankreichs Gau'n bereist,
Ihn, der täglich für drei Franken
Euch als Schutzgeist sich erweist.
Euer stolzes Dichten, Sehnen,
Eure Hoffnung, Eure Pein,
Mutterherzen, Liebesthränen
Ruhn in seiner Hand allein.
Weichensteller, aufgepasst!
Eile, eile!
Ohne Weile
Kommt der Zug vorbeigerast.)

(Uebersetst von B. J.)

Abendlied eines Bahnwärters.

(1863.)

Nach der Melodie:
Steh' ich in finst'rer Mitternacht,
So einsam auf der stillen Wacht.

Wenn ich auf meinem Posten steh',
Den Zug vorüberfliegen seh',
Dann denk' ich oft in meinem Sinn:
Wie freut mich's, dass ich Bahnwart bin!

Zwar ist's ein klein, bescheiden Loos,
Der Dienst ist streng, der Lohn nicht gross,
Doch hat's gereicht zu jeder Frist;
Reich ist nur, wer zufrieden ist.

Drum, lässt mich Gott gesund und brav,
Schmeckt mir die Arbeit und der Schlaf,
Bleibt Herz und Arm nur treu und stark,
Was liegt dann an dem andern Quark!

Ihr armen reichen Leute dort,
Ihr jagt nach Glück von Ort zu Ort,
Ihr jagt mit Dampf wie toll umher,
Das Glück erjagt Ihr nimmermehr!

Das Glück ist gar ein schlaues Wild,
Ihr jagt ein falsches Nebelbild,
Ich schleich's im Lager an ganz sacht,
Ich will Euch zeigen, wie man's macht!

Die Hütte dort, ein Stückchen Feld,
Holz, Kleidung, Licht, ein Stümpchen Geld,
Sechs Kinder und ein braves Weib,
Und All' gesund an Seel' und Leib, —

Das ist das Glück! Wohlauf, wohlan!
Ich bin ein reicher armer Mann;
Will fürder auch auf Gott vertrau'n,
Und fröhlich in die Zukunft schau'n!

Das gibt mir frischen, kecken Muth;
Die Messing-Nummer glänzt vom Hut,
Die Uniform, die blankt und blinkt,
Das Hüfthorn schallt, die Flagge winkt!

Und meine Bahn erst! Glatt und g'schlacht,
Wie nach der Schnur, die helle Pracht!
Der Baurath [1]) sucht sich krumm und blind,
Bis er etwas zu brummen find't.

Die Schienen, Kloben, Lasch und Bolz,
Die Brücken all', das Schwellenholz,
Den Telegraph mit Stang' und Draht,
Halt' ich in Ordnung, 's ist ein Staat.

D'rum leugne Einer, wenn er kann,
Ein Bahnwart ist ein wicht'ger Mann,
Und ohne ihn, bei meiner Treu,
Wär's mit dem Spasse bald vorbei.

Ich winke, und der Zug hält still,
Fährt weiter nur, wenn ich es will,
Die ganze Bahn hab' ich im Sack,
Schwing ich um's Haupt die Bahnwartsflagg'!

Ob alt, ob jung, arm oder reich,
Vor mir sind Fürst und Bettler gleich,
Für Gut und Leben, Tag und Nacht,
Für Alle halt ich treue Wacht!

Ich halte Wacht trotz Sonnengluth,
Trotz Winters-Graus und Sturmesfluth,
Ich halte Wacht, trotz Höll' und Tod!
Fahrt zu, fahrt zu, 's hat keine Noth!

---

[1]) „Aus schuldigem Respekt vor den Herren Bauräthen erklärt der Hinkende Bote, dass es in dem Liede eigentlich nicht „Baurath", sondern „Bahnmeister" oder höchstens „Inspectoren" hätte heissen sollen, allein die Bahnmeister oder Inspectoren passen nicht in's Versmass, weil sie zu viele Füsse haben, auch singen sie nicht so gut, wie die Bauräthe."

Ein braver Mann, ein deutscher Mann,
Thu' meinen Dienst ich, wie ich kann,
Ich halt' auf Ehre und auf Pflicht:
Der Lohn allein, der macht es nicht.

Schon frühe, mit dem Lerchenschlag,
Spring' frisch ich in den jungen Tag,
Und wenn der Städter faul erwacht,
Hab' ich die Runde schon gemacht.

Des Mittags — hei der Tag war heiss, —
Wisch' von der Stirne ich den Schweiss;
Mein Weib lacht mir vom Fenster zu:
„Die Supp' wird kalt! Gib endlich Ruh'!"

Und kommt der Abend, Gott sei Dank!
Setz' ich mich auf die Gartenbank,
Mein Weib, die Kinder um mich her,
Und ruhe von des Tag's Beschwer.

Die Sterne flimmern gross und klein,
Die Abendglocken schallen d'rein;
Wie wird mir da mein Herz so weit;
Wenn's doch so blieb' in Ewigkeit!

(Kalender des Lahrer Hinkenden Boten.)

Der Bahnwärter und sein Kind.

Von A. Godin.

(1860.)

Ein Wintermorgen war es. Wie so klar
Die Sonne heut' vom blauen Himmel schimmert,
Der Schnee, der über Nacht gefallen war,
Auf Feld und Wiesen blendend weithin flimmert!
Und mitten durch zieht wie ein dunkles Band
Die reingefegte Bahn sich hin durch's Land.

Rings ist es still. Des Wärters kleines Haus
Blickt hell und freundlich; durch die blanken Scheiben

Sehnsüchtig lugt ein blondes Kind heraus;
Die Sonne lässt's gewiss nicht drinnen bleiben!
Sieh' da — schon öffnet sich das nied're Thor
Und trippelnd kommt ein Mädchen d'raus hervor!

Vorsichtig hebt's das Röckchen in die Höh',
Das Füsschen zögert auf der Schwelle Dielen;
Das winz'ge Gärtchen ist gefüllt mit Schnee,
Da freilich, denkt es, kann man heut' nicht spielen;
Doch hurtig öffnet es den kleinen Steg
Und setzt sich nieder auf den Schienenweg.

Nun werden bunte Steinchen vorgeholt,
Die sorglich in der Tasche sind verborgen.
Warum hat denn die Mutter nur gewollt,
Ich sollt zu Haus sein, heut', am Sonntagsmorgen?
Sie ging doch auch zur Kirche. Steinchen, flieg'!
Wär' nur der Bruder da, wir spielten Krieg!

Da tönt ein Pfiff! Horch, das ist ein Signal!
Der Wärter ruhig aus dem Hause schreitet;
Er summt ein Lied und nähert sich dem Pfahl,
Wo man die Wechsel für den Zug bereitet;
Doch eh' er das gewohnte Werk gethan,
Sieht plötzlich er sein Kind — dort, auf der Bahn!

Er presst den Schrei in seine Brust zurück,
Das Blut fühlt in den Adern er gerinnen —
Der Tod für Hundert — nur ein Augenblick —!
Hier spielt sein Kind! Wen opfern? Was beginnen?
Und mahnender ertönet das Signal
Und schreckt ihn auf zu namenloser Qual.

Gott steh' ihm bei! Sein Herz nun wieder schlug,
Ein Zittern fährt durch die gelösten Glieder;
Er stürzt zum Wechsel, stellt ihn für den Zug
Und sinkt gelähmt dann auf die Kniee nieder.
Vorüber braust der Zug mit schrillem Ton. —
Das kleine Kind ist bei den Engeln schon!

Ihr Zweifler alle, die in trübem Wahn
Ich höre oft an Menschenwerth verzagen,
Das hat noch jüngst ein schlichter Mann gethan!
Hört auf, vergang'ne Grösse zu beklagen!
Wer je ein Kind besessen und geliebt,
Den frag' ich, ob es höh're Opfer giebt! [1])

(Unterhaltungen am häusl. Herd.)

Bahnwärterloos.

Von Hermann Lingg.

O Freund, werd' ja kein Wärter
An einer Eisenbahn,
Denn dieses Loos ist härter
Als jeder and're Plan.

Ein solcher steht da draussen
Und wartet früh und spat
Und hört er Etwas sausen,
So stellt er sich gerad'.

Man kann von ihm wohl sagen,
Er geh' nur auf den Pfiff,
Er salutirt die Wagen
Und hat die Hand am Griff.

Er muss telegraphiren
Und unter Eis und Schnee
Im Winter schier erfrieren
Beim Schaufeln auf der Höh'.

Viel besser geht's dem Schürer,
Der wärmt sich doch die Hand,
Am besten hat's der Führer
Bei seinem hohen Stand.

Nun ja, man kann's erwarten!
Das Glück kommt nach und nach,
Für jetzt blüht mir ein Garten,
Kein Fleckchen liegt mir brach.

Da pfleg' ich manche Stunde
Zu meinem Zeitvertreib
Die Blumen der Rotunde
Ich und mein junges Weib.

Da pflanz' ich meine Rüben
Und Mancher fährt vorbei,
Und denkt sich, der da drüben
Versteht doch mancherlei.

Und ich denk': Ha du, bremse!
Mein Wechsel zieht so viel
Als einer an der Themse,
Wir kommen all' an's Ziel.

(Gedichte, 2. Band. Stuttgart 1868.)

---

[1]) Eine Begebenheit, die im Januar 1860 bei Graz vorgefallen ist.

Die Eisenbahn und ihre Aufgabe.

Von Berthold **Sigismund.**

(1857.)

1.

Es schnaubt das eh'rne Ross und dampft
Aus seinen Nüstern Nebelstreifen,
Es zuckt am Strange wild und stampft,
Begierig wacker auszugreifen,
Jetzt sprengt es an, und stürmet fort —
Und plötzlich wird zum Hier das Dort.

Fortgaloppirt mit stolzem Sinn
Der Mensch mit selbstgeschaff'nem Rosse
Und jaget mühelos dahin
Mit schlangengleichem Wagentrosse,
Vorbei fliegt's an dem trägen Kahn,
Der kaum sich regt auf seiner Bahn.

Der Aecker lange Furchen drehn
Sich wie der Faden an der Spindel.
Die Wolken scheinen still zu stehn,
Als fasste Grauen sie und Schwindel,
Das Ross, am Pfluge angezäumt,
Sich vor dem Dampfross scheut und bäumt.

Es grauset auch dem Menschen schier;
Kaum kann der Meister selber zügeln
Das übermüth'ge Zauberthier,
Das trotz'ger Zorn scheint zu beflügeln.
Doch feuersprühend auf den Schienen
Muss es dem Erdenkönig dienen.

2.

Hast du des Meeres Strudelschwall gesehn,
Wo schwindelnd sich die ew'gen Wirbel drehn,

Wo, eh' die neue Kräuslung ist geboren,
Sie schon im Taumelwirbel ging verloren?

So dünkt mir heut' die wirre Flucht der Welt;
Drum bann' ich meinen Blick in's Wanderzelt,

Wo Greise, Kinder, Männer, Mädchen, Frauen
In bunter Stufenleiter sind zu schauen.

Behaglich lässt im wohlgefüllten Wagen
Die Menschenschaar der Ferne zu sich tragen.

Leis plaudern die vom wagenden Geschäft,
Wie sie das Glück gehätschelt und geäfft.

Sieh', wie der Handwerksbursch im Schlaf sich reckt,
Und seine wandermüden Glieder streckt!

Dort fährt mit narb'ger Wange, stolz und stumm,
Ein Musensohn in's Philisterium.

Hier bei mir sitzt ein Mädchen holdverlegen,
Sie eilt dem theuren Bräutigam entgegen.

Dort der Matros mit spiegelblankem Hut
Erzählt von seinen Fahrten auf der Fluth,

Das greise Elternpaar, viel Jahre schon
Mit Schmerz erwartet, eilt zum fernen Sohn.

Zur kranken Mutter eilt das Knäblein bang,
O Dampfross, eile! Nimmer lebt sie lang'.

Ist's doch, als hätten östliche Nomaden
Den ganzen Stamm auf's Räderzelt geladen.

Welch' buntes Hoffen, Bangen, Sehnen, Streben,
Ein winzig Bild vom bunten Menschenleben!

3.

Der straffe Zügel hemmt des Renners Jagen,
Er sträubt sich wiehernd, doch er muss hier stehen.
Kaum grüssend gehn, die er hieher getragen,
Und scheiden kalt auf Nimmerwiedersehen.

Wie anders, wenn ein trauliches Selbander
Sich ehedem auf staub'gem Wege gefunden!
Wie Altbekannte schieden von einander
Die Menschen, die sich sahen wen'ge Stunden.

Sieh'! Neue Pilger haben sich in Schaaren
Schon in die Lücken hastig eingereiht.
Nur schnell zum Ziel, um edle Zeit zu sparen!
Doch für die Herzen haben sie nicht Zeit.

4.

Thürme steigen auf. Da tönet
Halt! des mächt'gen Lenkers Rufen,
Und es stampft das Ross vergeblich
Mit den widerspenst'gen Hufen.
Angeschirrt wird noch ein Renner,
Es verdoppeln sich die Wagen,
Die der Waaren Riesenballen
Federleicht zur Ferne tragen.

Was in deutschen Aehrenfeldern
Sie mit Schweiss geerntet haben,
Und der Urwelt reiche Schätze,
Aus der Erde Schoos gegraben,
Was auf den Molukken reifte
An der Tropensonne Flamme,
Was emporgewuchert üppig
Aus des Mississippi Schlamme —

Alles bringen allen Landen
Unsre windesschnellen Pferde,
Alle sollen mitgeniessen,
Was von Segen beut die Erde.
Die im rauhen starren Norden,
Die in üppig warmen Zonen —
Es vertauschen ihre Schätze
Brüdern gleich die Nationen.

Und mit freud'gem Stolze blick' ich
Auf das buntgeschäft'ge Treiben.
Nicht das fernste, kleinste Eiland
Will den Brüdern fremd verbleiben.

Millionen Hände strecken
Allerwärts sich uns entgegen,
Bieten freundlich uns zum Tausche
Ihres Mutterlandes Segen.

Holder Friede, sei du König
Auf dem ganzen Erdenrunde!
Binde die getrennten Stämme
Sanft und fest zum Bruderbunde!
Lass sie ihrer Arbeit Früchte
Liebend nehmen, liebend geben,
Lass sie tauschen und befruchten
Ihres Geistes edles Leben!

(Asclepias.)

Humoristisches.

„Odysseus" und die Eisenbahn-Brücke bei Dirschau.

Aus dem Reiseberichte über die Irrfahrt zum König Alkinoos.

Von Wilhelm Ehrenthal. [1]

(1880.)

Durch die ambrosische Nacht so schwebten wir, bis wir zur Stelle
Kamen, wo hoch ob dem Spiegel des Stroms [2]) von Ufer zu Ufer,
Eine gewaltige Brücke [3]) sich streckt, ein Werk des Hephästos.
Staunend betrachteten wir die von schöngeglätteten Steinen
Fest gefügeten Pfeiler, die stolzen Thürm' und die Thore
Und das Gegitter der Wände, dem Netz gleich, welches die Spinne

---

[1]) Regierungsrath in Marienwerder, bekannt als trefflicher Uebersetzer der Odyssee.

[2]) Weichsel.

[3]) Bei Dirschau.

Webt, doch aus Eisen gewirkt und in riesige Rahmen von Eisen
Eingespannt. Fürwahr, kein anderer sonst von den Göttern
Allen hätte vermocht, dies Werk zu erbauen, und keiner
Könnte, wie sehr er sich müht', es zertrümmern, einzig Kronion
Selber, der donnernde Gott, dess Macht von allen die grösste.
Unten im Strom schwamm eine gewaltige eiserne Blase,
Tief im Grunde verankert, und mächtige Ringe zur Seite
Waren daran. In den Ring dort schlangen wir unseres Schiffes
Wohlgeflochtenes Tau, da im letzten Hauche des müden
Fahrwinds jetzt hinflappte das Segeltuch und das Rudern
Gegen den reissenden Strom nichts fruchtete. Aber wir selber
Stiegen an's Land und legten im dichtverwachsenen Weidicht
Uns zur Ruh und versanken sofort in erquicklichen Schlummer.
Als zwei Drittel der Nacht entflohn und die Sterne sich neigten,
Weckt' uns dumpfes Getöse, von fern herrollend wie schwerer
Donner des Zeus. Auf sprangen wir schnell und sahn mit Entsetzen
Ueber das Feld hinschiessen ein grausiges Ungeheuer,
Unabsehlich an Länge und dick, vielgliedrig und hundert
Räderfüsse bewegend, mit feurig funkelnden Augen
Wie Mühlsteine so gross, auf dem Haupt ein mächtiges Einhorn,
Dem mit Schwefelgestank pechdunkele Wolken des Rauches
Himmelempor entsprühten. Mit angstvoll bebenden Knieen
Sahn wir es nahn pfeilschnell, und das Herz ward starr vor Verzweiflung.
Aber ich fasste mich doch, und die langhinschattende Lanze
Griff ich geschwind und schoss und traf, wohlzielend, das rechte
Auge des Ungethüms. Aufkreischt' es vor Schmerz wie von tausend
Adlern scholl das Gekreisch, und entfliehend über die Brücke
Donnernden Laufs hinraste das Ungethüm nach dem andern
Ufer des Stromes. Bald sahn wir es nicht mehr, aber noch lange
Hörten wir durch die ambrosische Nacht sein schreckliches Kreischen.
Jetzt berief ich die Freunde zum Rath und redete also:
„Diesmal sind wir entronnen dem grausen Verderben; doch wie nun,
Wenn, umkehrend, das leicht nur verwundete scheussliche Unthier
Nochmals stürmet heran, rachgierigen tückischen Muthes?

Grausam ist es und wild und nicht zu bemeistern im Kampfe;
Da hilft keine Gewalt, ihm entfliehn ist die einzige Rettung. [1])

(Odysseus bei den Reskriptophagen. Neu aufgefundenes Bruchstück eines Gesanges der Odyssee, übersetzt von Nonymnos. Marienwerder. Kanter.)

Eulenspiegels Umgang. [2])

Von C. F. Scherenberg.

(1849.)

Eulenspiegel wird vom Teufel geholt.

Da pfeift's — und Alles läuft danach.
Ein Narr macht viel', mich auch gemach,
Ich laufe mit. „Was laufen wir?"
Frag ich den Renner neben mir.
„Wir müssen ab mit Dampf." — „Mit Dampf?"
Ruf' ich und kriege Wadenkrampf,
Bauchgrimmen und noch mancherlei,
Mir fallen alle meine Sünden bei,
Und eh' ich damit fertig werden kann,
Kommt puff! puff! puff! der Erbfeind an: —
Die Nase schnaubt, das Auge glüht,
Der Kopf ihm raucht, der Rachen sprüht —
Feuer hinten, Feuer vorn —
Ein schrecklich Horn —
Ein Schwanz ohne Ende — hört gar nicht auf!
Und hinten noch eine Puschel drauf! —
Kaum gucke ich den Gottseibeiuns an,
So schiebt mich schon mein Hintermann,
Und klacks sitz' ich am Schwanze dran,
Und ab, trotz Reu' und Wadenkrampf
Geh' ich mit Dampf.
Mit Mordspektakel, recht nach Teufelsart,
In lust'ger Kumpanei,
Ging meine Höllenfahrt

---

[1]) Odyssee XII. 119. 120.

[2]) Eulenspiegel, der vor 500 Jahren in Mölln begraben wurde, entschliesst sich, der Grabesruhe Lebewohl zu sagen und sich wieder einmal auf der Erde umzusehen.

Auf und davon und dann vorbei
An bösen Geistern mancherlei,
Die an dem Wege stehn,
Mit Feuerfahnen wehn,
Auf allernächster Bahn
Zur Höll' heran!
Und manch fideles Haus
Fing schon zu qualmen an:
Ich roch den Schwefel flugs heraus
Und klapperte mir alle Zähne aus.
Ach, seufzte ich, ich sitze schon auf Kohlen!
Die Rechnung hatt' ich ihm so schön verdorben:
Ich war so selig schon gestorben!
Und jetzo, nach fünfhundert Jahren,
Muss ich zur Hölle doch noch fahren,
Muss mich der Teufel doch noch holen!

(Gedichte.)

Schwäbische Dampf-Hymne.

Aber an der Eisabah
Han i mei Vergnüga dra!

Diant mei Lisle in Lochausa
Und ich dian im Stierhof ausa,
Bis ma werat Weib und Ma;
Hät i manchmal ihr was z'saga,
Was koi Briafle nit ka traga,
Setz i mi auf d' Eisabah,
Und kaum sitz i an mei'm Plätzle,
Bin i au schon bei mei'm Schätzle —
Vivat hoch die Eisabah,
Wo mar so schnell reisa ka!

Und wie mit der Eisabah,
Jetzt erst geht der Handel a!
„Küachla [1]) kaufts und Ostereia!"
Hört mar Weib und Mädla schreia;

No — i bin koi filz'ger Ma,
Denn mi reut koi guates Gröschle
Für mei Lisles liabes Göschle, [2])
Und i schaff a Küachla a;
Und des Küachle hät sie z'rissa
Und häts lustig z'sämmabissa —
Vivat hoch die Eisabah,
Wo mar Küachle speisa ka!

Und wia nur die Eisabah
Gar so dundrisch sausa ka!
Freili sei's im Büachla z'finda,
Dass der Deufel steck' derhinda —
Doch dös ficht mir Koinèr a:
Isch vom Deufel, wia mar leasa,
Isch koi dummer Deufel gweasa!

(Weltliches Gesangbuch oder Exilium melancholiae.)

Die verschiedenen Classen der Eisenbahn.

(1864.)

Drei Reiche giebt's in der Natur,
Und in drei Classen wählt man nur.

---

[1]) Kuchen. [2]) Mund.

Als Drittes wird sodann gelehrt:
Drei Classen sind's, darin man fährt.

In erster Classe findet man
Gewöhnlich den, der's haben kann,
Doch setzt auch manchmal sich hinein
Wer Ursach' hat, allein zu sein.

Die zweite Classe, wie bekannt,
Benutzt der höh're Mittelstand;
Weinreisender fährt auch allda —
Warum auch nicht? Er kann es ja.

Die dritte Classe findet statt
Für den, der nicht viel übrig hat,
Worüber die Erfahrung spricht,
Die schlecht'sten Leute sind das nicht.

Anmerkung.

Die vierte Classe neuerlich
Auf ein'gen Bahnen findet sich,
Gewährend für bescheid'ne Leut'
Mehr Billig- als Bequemlichkeit".

(Humorist. satyr. Volkskalender des Kladderadatsch. Berlin.)

Bräsig's Reise mit der Eisenbahn von Passow nach Berlin.

Von Fritz Reuter.

(1861.)

„Moses", sag ich, als wir auf der Strasse sind, „die Einbildung ist doller als die Pestilenz; und wenn Sie sich einbilden, dass ich in meinen alten Tagen hinter ein paar hundert Centner Woll auf die wilde Gaus'jagd [1]) geh, denn schneiden Sie sich, sag' ich Ihnen, denn ich bin blos bis Bramborg [2]) veraccordirt." „„Herr Entspekter"", [3]) sagt er, „„bedenken Sie, was 'ne Sache ist. Wo haisst veraccordirt? Sie können's thun, Sie können's

---

[1]) Gänse-Jagd. [2]) Neu-Brandenburg. [3]) Inspector.

auch lassen, Sie sind ein freier Mann; aber auf der Eiserbahn ist Berlin ein Rutsch — ein Rutsch hin, ein Rutsch her — und Berlin ist 'ne metropolitanische Stadt, ist ein Weltkörper, ist ein Kunstwerk in 'ner Sandwüste, ist 'ne Idee von Grossartigkeit mit Gasbeleuchtung und Momente [1]) von Friedrich den Grossen und Opernhaus, ist 'ne königliche Residirung mit de verschiedensten Mysterien [2]) — kurz, es ist en Punkt auf Erden. Haben Sie gesehn 'ne Eiserbahn? Haben Sie gesehn 'ne Gasbeleuchtung? Haben Sie gesehn en Thiergarten mit wirkliche natürliche Thiere?"" — „Nein", sag' ich, „Moses, die Eiserbahnen waren dazumalen zu meiner Zeit noch nicht begänge, von 'ner Gasbeleuchtung habe ich nur en Schatten von einer dunkeln Vorstellung, und in Hinsicht dessen, was mich von einem Thiergarten vorgekommen ist, so bezieht sich das blos auf dämliche Dammhirsche, die wie natürliche Ziegen aussehen. Aber dennoch" — „„Herr Entspekter, lassen Se, lassen Se! Was kost't's Ihnen?"" ruft Moses. „„Die Diäten bezahl ich.""

Und sehen Sie! so perschwadirt mir dieser Zackermenter von Perduktenhändler in den Postwagen hinein, und wir fahren nach Passow und schliessen uns an die Eiserbahn an.

Soll ich Ihnen nun meine Gefühle bei 'ner Eiserbahn mittheilen, so verlangen Sie das nicht. 'Ne Eiserbahn ist 'ne Eiserbahn und for einen Unbekannten sehr mit Ueberraschung, also auch for mir, denn persönlich hatte ich bis dato ihr nicht kennen gelernt, und durch Lekthüre war ich erst bis anno 1835 gekommen, indem dass ich durch Wohlgewogenheit von dem Herrn Pastor die Grossherzoglich Mecklenburgischen Staatskalender beziehe, die deren Erwähnung in diesem Jahrgange noch nicht thun.

Ich steh also auf dem Parron oder Patron, wie sie's nennen, da kommt Moses zu mir und sagt: „Herr Entspekter", sagt er und giebt mir en Zettel in die Hand, „hier ist dritter Classe, hart aber kühl und Tabakrauchen; wollen Sie aber zweiter Classe fahren, warum nicht? Es ist da aber sehr heiss und Tabakrauchen verboten; und wollen Sie erster Classe fahren, da ist's noch heisser und Sie sitzen verhältnissmässig allein, blos

[1]) Monumente. [2]) Ministerien.

mit geborene Fürsten und geborene Garde-Leutnants". — „„Ja,"" sag' ich, „„Moses, soll ich einmal meinen Leichnam dieser Höllenmaschine anvertrauen, dann will ich lieber hart und kühl mit Tabakrauchen dritter Classe sitzen, als ohne Tabakrauchen und heiss zweite Classe und mit Garde-Leutnants noch heisser erster Classe.""

Ich stieg also in die dritte Classe. . . . . .

(Schurr-Murr.)

Der Bauern Schwarz und Weiss Reise mit der Eisenbahn von Berlin nach Belgien.

Von Fritz Reuter.

(1855.)

Sei gähn nu 'rute nah de Iserbahn [1]
Un wo't up [2]) so'n oll Ding deiht gahn.

Den annern Morgen, as dat Dag nu ward,
Dunn [3]) driwwt [4]) oll Swart mit alle Hitz.
Den Kuffert dragen Corl un Fritz,
De Kipen dragen Witt un Swart:
So geiht dat nah de Iserbahn.
De Frag' is nu man blot: nach wecker? [5])
„Süh", seggt oll Swart, „hir wahnt en Bäcker,
De Ort, [6]) de plegt [7]) sihr früh upstahn,
Dor, will wi doch mal fragen gahn. —
„Oh, kän'n Sei mi nich seggen, wecker Iserbahn
Nah Belligen von hir geiht hen?"
„„Nah Bellijen? nah Bellijen?
Det soll woll sind nah Schlesijen?""
„'T is mäglich", seggt oll Swart, „dat't up Berlinsch so heit."
De Bäcker wis't ehr nu Bescheid.
Un so geiht't richtig nah de Iserbahn,
Wo't in de Schlesing [8]) gahen deiht. —
Nah vele Noth, nah vel Verdreitlichkeiten,

---

[1]) Eisenbahn. [2]) auf. [3]) dann. [4]) treibt. [5]) welcher. [6]) Art. [7]) pflegt. [8]) Schlesien.

Wil[1]) sei doch eig'ntlich gor nich weiten,[2])
Wo't hengahn sall, giwwt an de Kass'
De Mann, da hellschen[3]) höflich was,
Ehr einen Zettel in de Hand.
„Süh so", seggt Swart, „mit desen Pass,
Dor kam'n wi dörch dat ganze Land.
Dit wir nu also ok taurecht.
Un wenn't gewiss is, un wenn't wohr,
Wat uns de Wirth hett gistern seggt,
Denn sünd wi äwermorgen[4]) dor."
„„Dat wir jo nüdlich!"" seggt oll Witt,
„„Doch kik mal, Vadder, wat is dit
För eine Wirkung un wat för'n Hopphei:[5])
De Kutschen all in eine Reih,
Ein achter'n anner, as de Gäus',
Und denn all in 'ne isern Läus'.[6])
Un nu! — Ne, kik mal blot dat Dirt[7])
Van Kuffert an, wat dor herümmer führt! —
Ne! — Mit en Schostein![8]) — Kik mal blos!
Nu ward jo woll der Deuwel los? —
Nu kik mal, wo dat rokt un dampt!
Un hür mal, wo dat wirkt und stampt,
Un wo dat stähnt, un wo dat pipt,
Un wo dat mit de Arm utgrippt,[9])
Un wo dat prust, un wo dat brus't,
Un wo't an uns vörbi nu sus't,
Un wo de Damp em ut de Snut[10]) 'rutgeiht!
Und hür dat Toben un Rementen![11])
Dit is doch jüstement, as wenn't en
Lebendig Undirt wesen deiht!
Ne, dit's denn doch de Mäglichkeit!""
„Ja, Vadder", seggt oll Swart, „süh, gistern bi dat Stück
Dor frücht'[12]) ick mi nich bi, denn dat wüsst ick,
Dat dat man Ogenblennen wir;

---

[1]) weil. [2]) wissen. [3]) Zur Verstärkung: sehr. [4]) übermorgen. [5]) bedeutet vielerlei: Rumor, Trödel, Anhang, Gefolge, [6]) Geleise. [7]) Thier. [8]) Schornstein. [9]) ausgreift. [10]) Schnauze. [11]) wirthschaften. [12]) fürchtete.

Doch bi en Fuhrwark ganz ahn Pird
Un bi so'n apenbores [1]) Wesen,
Dor fängt dat ok an mi tau gräsen,
Wo dit is jo en Stück! is dit!
As wenn de Hex nah'n Blocksbarg ritt. [2])
Hür blot mal, wo der Deuwel fläut't."
„„Dat deiht,"" seggt Corl, „„de Kirl, de up em sitt; [3])
De swarte Kirl dor achter deiht't.
Un in den Kuffert, de dor 'rümmer führt,
Dor wedd ik up, [4]) dor sitt en Pird.""
„Je'" seggt oll Witt, „min Sähn, wer weit't!
Dat Ein ist just so, as dat Anner.
Un wo säd doch noch Schulten Hanner:
Mag dat en Späuk, [5]) mag dat uns' Jochen [6]) sin,
Der Deuwel sitt e' ümmer drin."
Nu ward'n sei in de Kutsch denn stigen,
Un Witt ward't mit de Angst denn wedder krigen;
Un Swart hett naug [7]) tau dauhn un naug tau seggen,
Bet sick deiht sin Gejammer leggen:
„„Ih, Vadder, kik de annern Lüd'!
De sitten jo ganz ruhig hir,
De höllen [8]) ok so still nich her
Wenn ehr der Deuwel halen ded. —
Na, früchtst Du Di denn so, denn schuw [9])
Di neger [10]) nah mi 'ran un stemm di gegen.
Wi sitten hir jo just, as in de Stuw,
Taum wenigsten sünd wi in'n Drögen. [11])
Un, Jungs, Ji kamt ok neger 'ran
Un fat Jug an de Lehning [12]) an
Un hollt Jug wiss! Un rit't dat Mul nich up,
As wenn Jug in den Hals de braden Duwen [13])
'Rin fleigen säl'n! Un set't den Haut [14]) Jug faster up!""
Un dorbi stödd hei sinen Jung'n:
„„Willst, Deuwel, willst Di neger schuwen!

---

[1]) offenbares, öffentliches. [2]) reitet. [3]) sitzt. [4]) darauf wette ich. [5]) Spuk. [6]) Joachim. [7]) genug. [8]) hielten. [9]) schiebe. [10]) näher. [11]) im Trocknen. [12]) Lehne. [13]) Tauben. [14]) Hut.

Un bit't de Tähnen[1]) bet[2]) tausamen,
Dat Jug nich Jug' oll dämlich Tung'n,[3])
Wenn't los geiht, mang de Tähnen kamen. —
So! nu geiht't los!"" — „Herr Je! Wo sacht!"
Seggt Witt. „Dat hadd' ck meindag' nich dacht!"
„„Wo dit"", seggt Corl, „„dit geiht jo'n eben[4]) Schritt.""
Dit geiht jo man en Zuckeldraww," [5]) seggt Witt.
„„Nu geiht't en gauden Draww,"" seggt Swart un steckt den Kopp
Ut't Finster 'rut. — „Nu geiht't in'n vullen Glopp! [6])
Nu hollt Jug wiss! Nu geit dat Bädeln[7]) los!
Ne, Kinner, Lüd'! Nu seiht mal blos,
Wo dat den Weg entlang klabastert![8])
Un wo dat flüggt un wo dat rastert,[9]).
Un wo dat in de Welt 'rin sust!""
Oll Witt satt dor, as hadd de Ap em lus't.
„Herr Gott doch!" röppt hei, „Nahwer Swart!
Womit Beist man blot nich stürlos[10]) ward!"
„„Ih Vadder, bit de Tähn tausamen!
Wat kann' e denn ok vel nah kamen?
So oder so: 't is ganz egal!
Un starwen möt wi doch enmal!
Dat helpt nu nich, nu sünd wi einmal in,
Nu möt wi dörch, dörch Dick un Dünn!""

(„De Reis' nah Belligen".)

Zu spät!

Von Gustave Nadaud.

Um's Himbeerpflücken mich zu mühen,
Such' mit raschem Lauf
Ich die Nordbahn auf:
Nach Pontoise wollt' ich ziehen.
Es war gestern. Ach,
Meine Uhr ging nach. . . .

---

[1]) Zähne. [2]) mehr. [3]) Zungen. [4]) langsamen. [5]) langsamer Trab. [6]) Galopp. [7]) Jagen. [8]) lärmend jagt. [9]) rasselt. [10]) wilde.

Ich lange an. Wie nicht verzagen?
Halb will die tück'sche Bahnuhr schlagen. . .
Vogelrasch, nicht froh,
Flieg' ich vor's Büreau.
„Nach Pontoise!" ruf' ich heftig,
Da schliesst das Pförtchen man geschäftig.
Zu spät!
Ich hab' den Zug verpasst. Zu spät!

Im Bahnhof darf ich irrend harren.
Doch was irrend nun
Eine Stunde thun?
Ich schlage Feuer, rauch' Cigarren.
Und was rauchend thun
In dem Bahnhof nun?
Betrübt der Dreizehn dort im Garten
Gedenken, die den Freund erwarten.
Schon der Tisch gedeckt,
Hand zum Gruss gestreckt!
Die Luft ist mild, der Himmel sonnig,
Wie ruht's im Grase sich so wonnig!
Zu spät!
Ich hab' den Zug verpasst. Zu spät!

Wie stellt' ich auch die Uhr nicht weise!
Ohn' mein Missgeschick
Führte mir das Glück
Am End' ein gutes Wild in's G'leise:
Den Verleger Gold,
Den Senator Old,
Dess Sekretair ich heute wäre,
Gar eine junge Insel-Here,
Die à tout prix Jagd
Auf Gesponse macht,
Die mein Camee'n-Profil zur Stätte
In Amor heiss entflammet hätte.
Zu spät!
Ich hab' den Zug verpasst. Zu spät!

Fortuna, heisst es, fuhr vor Zeiten
In der Kutsche sacht,
Langsam, mit Bedacht,
Jetzt hat das nichts mehr zu bedeuten.
Dampf vor'm Zuge lang
Macht ihr nicht mehr bang.
Die Menge drängt sich vor den Schlägen,
Die Ersten nehm'n die ersten Wägen;
Zweiter Klasse fährt,
Wer hinein gehört.
Es pfeift der Dampf, der Zug entsauset,
Zum Paktolus der Schnellzug brauset.
Zu spät!
Ich hab' den Zug verpasst. Zu spät!

Beklage man mit lautem Munde
Die des Zufalls Ruf
Hier verspätet schuf,
Und wär' es nur um 'ne Sekunde.
Solch ein armer Wicht
Ist, der zu euch spricht.
Lacht ja nicht, denn ihr theilt mein Unheil,
Verdanket dem Minuten-Bruchtheil,
Dass in meiner Hand
So dies Lied entstand.
Hätt' ich den Bahnzug nicht verpasset,
Hätt' ich ein besseres verfasset.
Zu spät!
Ich hab' den Zug verpasst. Zu spät!

(Deutsch von F. C. Peterssen.)

An der Eisenbahn.

Von Karl Stieler.

(Oberbayrische Mundart.)

Lauf Bauer — lauf! Sie[1]) pfeift ja schon,
So lauf Kerl, — na dermachst es no'!

---

[1]) Es.

Da is der Bauer aber g'rennt,
Ah den hat's herg'schnellt Sappremement,
Grad noch a weng — Jetzt hat er's schon,
Halt (schreit er) halt — da fahrts dervon!
Jetzt steht er dort — und kann kaum schnaufen
Vor lauter Zorn und lauter Laufen:
„Jetz renn' i mir schier d' Haxen krump
„Und nit an Aug'nblick wart der Lump,
„Was waars denn — wenn's hätt g'wart auf meina,[1])
„Sie kaam ja desszwegn allweil eina,[2])
„Dös Teufelsg'fährt[3]) — da rennts derhin,
„Schau nur wie drecket dass i bin,
Und dort hankt so a Spitzbua raus —
„I moanet glei, der lacht mi aus?

„Wie's nur was so dumm's geben kann
„Als wie a so an Eisenbahn,
„Dös is scho ganz dös allerdümmst,
„Weilst allweil z'spaat zum Fahren kimmst."

(Bergbleamln.)

Das Reisen auf der Eisenbahn.

(1864.)

Wie man sich hinsetzen soll.

Richt' dir's bequem zum Sitzen ein,
Streck' hier ein Bein und dort ein Bein;
Und was dem Bein im Wege steht,
Stoss' fort, wenn's auch in Stücke geht.
Genir' dich nicht — das ist dein Recht;
Der Schüchterne fährt immer schlecht.

Vom Hinausstrecken des Kopfes.

Wenn du den Fenstersitz gewannst,
Freu' dich, dass du was sehen kannst.

---

[1]) auf mich. [2]) in die Stadt. [3]) Fuhrwerk.

Sieht dir die Gegend lieblich aus,
Streck' nicht so weit den Kopf heraus.
Die Vorsicht dir besonders frommt,
Wenn unverseh'ns ein Tunnel kommt;
Wobei es schon so oft passirt,
Dass Jemand ist guillotinirt.

Vom Aufenthalt auf der Station.

Was du auch thust auf der Station,
Beeile dich, mach schnell, mein Sohn!
Bewege dich im schärfsten Trab,
Man wartet nicht — der Zug geht ab.
Weh' dir, wenn du erst fertig bist,
Wenn schon der Zug im Fortgeh'n ist.
Dein Koffer fährt dann ohne dich,
Du bleibst zurück elendiglich.

Vom Warmessen auf der Station.

Schwer ist's, dass du den Hunger stillst,
Wenn du was Warmes essen willst.
Die Zeit ist kurz, hoch ist der Preis,
Und Alles ist entsetzlich heiss.
Der Kellner grinst dich an mit Hohn:
Schnell, schnell, mein Herr! es läutet schon.

Vom Schlaf auf der Eisenbahn.

Zu fester Schlaf bringt leicht Verdruss:
Man wacht nicht auf, wann man es muss;
Und während man nichts sieht und hört,
Der Zug beständig weiter fährt.
Du willst nach Potsdam — fährst hindurch,
Wachst auf und bist — in Magdeburg.

(Volkskalender des Kladderadatsch. Berlin.)

Die Eisenbahnfahrt und der Hut.

Eine schwäbische Geschichte.

(1880.)

Fuhr ich da jüngst von der Stadt nach Haus,
Schaute im Bahnzug zum Fenster hinaus.

Sauste ein Windstoss mir wild um den Kopf,
Riss meinen neuen Hut mir vom Schopf.

Wie er da wirbelnd von dannen flog,
Mir ein Gedanke den Kopf durchzog.

Nahm ich die Schachtel und warf sie fein
Meinem Cylinder noch hinterdrein.

Brachte der Wurf mir kein grosses Lob,
Alle die Anderen lachten darob.

Sahen mich ganz verwundert an,
Wusste nicht Einer, warum ich's gethan.

Aber geschrieben am Schachtelrand
Name, Wohnort und Strasse stand.

Findet, so dacht' ich, Einer den Hut
Und d'rauf die Schachtel, dann ist es gut.

Und so war es, am andern Tag,
Als ich noch fest in den Federn lag,

Kamen, gesandt von der Eisenbahn,
Hut und Schachtel ganz richtig an. —

Gab ich ein Trinkgeld und es war gut; —
Das ist die Geschichte von meinem Hut.

(„E. E.")

Die Eisenbahn und der Schafbock.

Von Fritz Reuter.

(1864.)

Bräsig argerte sik, dat hei brun[1]) würd, äwer de Oll[2]) (der Tagelöhner Rührdanz) was nu in't Reden und blew[3]) in vullen

[1]) braun. [2]) Alte. [3]) blieb.

Tog[1]): „„Un seihn S', för em (den Gutsbesitzer Pomuchelskopf) möt wi jo denn nu ümmer prat[2]) sin, dat is Dag oder Nacht. Ik bün dat ganze Fest äwer för em ut[3]) west[4]) un bün gistern Abend irst Klock[5]) teihn[6]) tau Hus kamen."" — „Wo is hei denn henwest?" — „„Je, nah Ludwigslust, nah de oll Iserbahn!"" [7]) — „Wat hett hei denn dor dahn[8])?" — „„Ih, dahn heww[9]) ik dor nicks."" — „Je, hei hett doch woll Geschäften hatt?" — „„Ja woll, Geschäften hadd ik; äwer dor würd jo nicks ut,[10]) denn hei hadd jo kein Poppiren.[11])"" — „Na, wat was dat denn?" — „„Je, seihn S', dor schicken sei von den Hof nah mi hen, ik sall en Schaapbuck nah de oll Iserbahn führen; na, dat dauh ik un kam mit em denn dor ok richtig an. — Nu steiht dor en Kirl[12]) in de Iserbahn, de let mi wornah, ik segg also tau em: Gun[13]) Morrn,[14]) segg ik, hir is hei.[15]) — Wen? fröggt hei. — De Buck, segg ik. — Wat sall hei? fröggt hei. — Je, dat weit ik ok nich, segg ik. — Hott Hei kein Poppiren? fröggt hei. — Ne, segg ik, Poppiren hett hei nich. — Schaapskopp, seggt hei, ik frag', ob Hei kein Poppiren hett? — Ne, segg ik, ik segg Sei jo, de Schaapbuck hett kein Poppiren. — Dunnerwetter! seggt hei, ik frag' em jo, ob Hei sülben kein Poppiren hett. — Wat? segg ik, as ik? wat bruk ik Poppiren? Ik sall hir jo nich afliwert[16]). warden. — — Seihn S', dor ward de Kirl unbescheiden, un lett mi irst dor rute smiten,[17]) un dunn smeten s'mi den Buck nah, un dunn stun'n[18]) wi Beid dor vör de Iserbahn — Huiiii! säd't oll[19]) Ding,[20]) dor gung s'ben! un wi Beid stun'n dor, hei hadd kein Poppiren, ik hadd kein Poppiren, wat sull ik nu äwer dauhn?[21]) Ik ladt em wedder up und führte wedder mit em nah Hus. Un as ik gistern Abend nah Hus kamm, dunn gung de Larm[22]) irst recht an, ik denk, uns' Herr will mi freten,[23]) so fohrt hei up mi los. Aewer wat weit ik? Wenn hei Poppiren hewwen müsst, denn hadden sei em weck[24]) mitgewen müsst. — (Ut mine Stromtid. 3. Theil.)

---

[1]) Zug. [2]) bereit. [3]) ausserhalb. [4]) gewesen. [5]) Uhr. [6]) zehn. [7]) Eisenbahn. [8]) gethan. [9]) habe. [10]) daraus. [11]) Papiere, Frachtbrief. [12]) Kerl, Beamter. [13]) Guten. [14]) Morgen. [15]) er. [16]) abgeliefert. [17]) schmeissen, werfen. [18]) standen. [19]) alte. [20]) Ding, Locomotive. [21]) thun. [22]) Lärm. [23]) fressen. [24]) welche.

Inschriften für Privat-Eisenbahnen mit vielen Unfällen.

Von Adolf Glassbrenner.

An das Hauptgebäude:
„Das Leben ist der Güter höchstes nicht.“
An die Haupteingänge:
„Sein oder Nichtsein, das ist hier die Frage.“
Unter die Uhr:
„Die Uhr schlägt keinem Glücklichen“.
Auf die Fahrbillete:
„Fahre hin, fahre hin“.
Auf die Personenwagen erster und zweiter Klasse:
„Und setzt Ihr nicht das Leben ein,
Nie wird Euch das Leben gewonnen sein.“
Auf die Personenwagen dritter und vierter Klasse:
„Gevatter Schneider und Handschuhmacher.“
An die Güter-Expeditionen:
„Lasst uns faul zu allen Sachen, nur nicht faul zur Faulheit sein.“
An den Saal des Verwaltungsraths:
„Vom sichern Port lässt sich's gemächlich rathen.“
An den Saal der Direction:
„Im engen Kreis verengert sich der Sinn.“
An die Hauptkasse:
„Es wächst der Mensch mit seinen grossen Zwecken.“

(Montagszeitung.)

Die Pferde-Eisenbahn.

In oberschwäbischer Mundart.

Von Sebastian Spundle.

(1875.)

Zur Pferdebah hats mi jetz trieba,
Hau[1]) denkt[2]): du muasst au älles seah,[3])

---

[1]) Habe. [2]) gedacht. [3]) sehen.

Und glei[1]) am Woisehaus sell[2]) düba[3])
Hau i en Roiha[4]) Wäga[5]) gseah.

Zairst hau i gmoit,[6]) es seiet Kästa[7])
Von so ra seltna Künstlerband,
Und drinna seiet wilde Besta[8])
Von Afrika und Ungerland.

Doch wia i näher komm an d' Spritza
Und sieh dees Zuig miar gnauer a,
Hau i seah dinn[9]) und doba[10]) sitza
Älls unteranander, Weib und Ma.

I hau ums Geld und guate Worta
Au no en Juheplatz verwischt;[11])
Du Baur, sait dear mit deane Borta,
I sieh, dass du nit schleckig bist.

Schuibt mi no aufe auf dean Kasta,
Und sait zu miar: so, do hockst na!
I denk im Stilla: heilger Basta,[12])
So, dees ist dui Gauleisebah!

Jetz gohts,[13]) doch dees, dees muass i saga,
Koi[14]) bissle g'staussa[15]) hats und g'juckt;
So g'schmack[16]) hat mi dear Kasta traga,
I hätt koi Oi[17]) im Sack[18]) verdruckt.

(Reise des Michelbauern vom Oberland nach Stuttgart aus: „Das Stuttgarter Schützenfest".)

Die Laufbahn unseres Jahrhunderts auf der Eisenbahn.

Aus einer humoristischen Vorlesung von M. G. Saphir.

(1836.)

Bis jetzt hat jeder Mensch blos seine Laufbahn gehabt jetzt wird bald jeder Mensch seine Eisenbahn haben müssen.

---

[1]) gleich. [2]) dort. [3]) drüben. [4]) eine Reihe. [5]) Wagen. [6]) gemeint. [7]) Kasten. [8]) Bestien. [9]) darinnen. [10]) droben. [11]) erwischt. [12]) Sebastian. [13]) geht's. [14]) Kein. [15]) gestossen. [16]) sanft. [17]) Ei. [18]) Tasche.

Als vor einigen Wochen so viel Schnee fiel, sagte mir ein naives Mädchen: es fällt jetzt so viel Schnee, dass man gar keine Spur von Menschen hat. So, meine freundlichen Leser und Leserinnen, könnte man auch sagen: in unser Jahrhundert fallen so viele Laufbahnen, Fahrbahnen, Kreisbahnen, Rutschbahnen, Eisenbahnen, dass man bald gar keine Spur von unserem Jahrhundert haben wird. Aber noch in keinem Jahrhundert war die Eisenbahn so nöthig als jetzt, wo alle Menschen ihre Laufbahn verfehlen. Eigentlich kann man nicht so wohl sagen, die Menschen verfehlen ihre Laufbahn, als: die Laufbahn verfehlt ihren Menschen, denn in unsern Schwindel-Zeiten wird die Laufbahn nicht von den Menschen, sondern der Mensch von der Laufbahn ergriffen. Wenn die Menschen jetzt ihre Laufbahn zurückgelegt haben, so sehen sie, dass sie am Ende nichts zurückgelegt haben.

Man weiss wirklich nicht, ob der Wunsch des Jahrhunderts nach Eisenbahnen in der Sehnsucht der Menschen liegt, sich so schnell als möglich wieder los zu werden.

Wir haben bis jetzt nur die unermesslichen und unberechenbaren Vortheile berechnet, welche die Verbindung der Länder durch Eisenbahnen auf Merkantil, Industrie und Production hervorbringt, aber wir kennen noch bei Weitem den Einfluss und die Umgestaltung nicht, welche die Eisenbahnen in Kunst, in Literatur und selbst im Reiche der Empfindungen bewerkstelligen werden.

Die Erfindung der Eisenbahn ist im Grunde nichts, als eine Verkleinerung der lieben Erde. Die Welt wird ganz klein werden, man wird viel schneller die ganze Erde wirklich bereisen, als man Büsching's Erdbeschreibung lesen wird. In den Schulen wird die Stunde „Geographie“ nicht gelesen, sondern gereist werden; der Professor wird sich mit seinen Zöglingen auf die Eisenbahn setzen und alle Tage jenen Theil bereisen, der gerade docirt werden soll. . . . .

Die Hälfte der menschlichen Thränen, und gerade die schönsten, die Thränen des Wiedersehens, die werden auf den Eisenbahnen ganz eintrocknen. Die Eisenbahnen werden nicht nur das äusserst Erspriessliche haben, Länder und Städte in nähere Berührung zu bringen, sondern sie verbinden auch die Menschen, sie schlingen ein neues Band, wenn auch kein Familienband, doch ein Actienband um viele Individuen, und Actienverwandte halten besser zusammen wie Blutsverwandte. Die Actionäre der Eisenbahn werden zu Hause sitzen und doch gut fahren; man wird die Actionäre der Eisenbahn nicht fragen: „wie geht es Ihnen?" sondern: „wie fährt es Ihnen?" und sie werden mit Fug und Recht darauf antworten können: „es passirt!" — denn die grosse Passage macht Alles aus. Die Actionnärs und Dictionnärs sind darin gleich, dass sie beide die Länder und Städte am Ende ganz enge bei einander verzeichnet und gedruckt haben. Eben so schätzenswerth und unentbehrlich, wie ein Dictionnaire de poche ist ein Actionnaire de poche; zwischen einem Dictionnaire und einem Actionnaire ist nur der Unterschied: bei einem Dictionnaire sind die späteren Ausgaben die erwünschtesten, bei einem Actionnaire sind die späteren Ausgaben die unerwünschtesten.

Eine Eisenbahn ist nichts als eine eiserne Characteristik unsres Jahrhunderts; denn in unserm Jahrhundert entfernen wir uns von nichts so sehr als von dem, was uns recht nahe liegt, weil uns nichts so nahe angeht, als was weit entfernt von uns liegt. — Unser jetziges Leben gleicht einer Eisenbahn, wir sind halb am Ziele. Altes und Neues, Vergangenheit und Zukunft schrumpfen auch auf unserer schnellen Lebensbahn zusammen. Kaum, dass man uns am Anfang der Lebenseisenbahn an der Wiege zuruft: „Ich wünsche Ihnen glückliche Reise!" hören wir den Tod am Ende: „Freut mich Ihre glückliche Ankunft!" Der Mensch macht sich aber seine Lebens-Eisenbahn nicht deshalb kürzer und ebener, um leichter fortzukommen, ei bewahre! sondern um sich, wie einem Pferde, noch mehr Lasten aufladen zu können. Unser Jahrhundert entwickelt eine ganz eigene Kraft: die Pferdekraft. Alle unsere Kräfte gehen dahin, entweder die Pferdekraft zu ersparen oder zu erhöhen. Wie viel übermenschliche oder nicht menschliche Kräfte brauchen wir zu den Menschen: um sie zu ernähren, Dampfeskraft; um sie fortzubringen, Pferdekraft; und um sie zu ertragen, Riesenkraft.

Durch die Eisenbahnen wird Jemand ein sehr gereister Mann sein, und man wird doch von ihm sagen können: „Er ist nicht weit her!" — Indem man die Welt kürzer macht, macht man das Leben länger; eine Reise um die Welt, welche man sonst in drei Jahren machte, wird man in drei Monaten machen; allein wir werden mehr Erfahrungen und weniger Bildung haben. Ein reicher Mann wird seinen Sohn zur Ausbildung eine Reise durch Europa machen lassen; eine solche Reise dauerte sonst zwei Jahre, jetzt wird der Sohn nach vier Wochen von seiner Reise durch Europa zurückkommen, er wird sich auf dieser Reise mehr einbilden als ausbilden. Wenn man ihn fragen wird: „was haben Sie denn z. B. in Holland gesehen?" so wird er sagen: „entschuldigen Sie, Holland habe ich gerade verschlafen."

Der optische Telegraph.

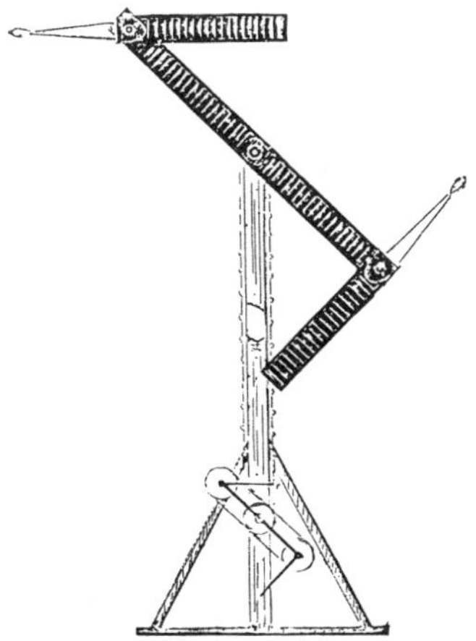

Der französische (Chappe'sche) Staats-Telegraph.

Den Zauberstab, ihn schwinget
Der Greis von mancher That,
Er schnell die Kunde bringet
Zur fernen Königsstadt.

Ehrenfried Stöber, der Riese (Strassb. Münster) und der Telegraph darauf.

Das Telegraphiren in älterer Zeit.

1.

Signale sind so alt wie die Menschheit. Jede Schiffsflagge, alle Feuersignale sind Benachrichtigungen aus der Ferne. Von Polybius haben wir eine genaue Beschreibung von Feuersignalen. Die neapolitanische Küste war unter Kaiser Karl V. mit Thürmen besetzt, zum Zweck von Feuersignalen beim Herannahen afrikanischer Corsaren. „Der Berge Feuerzeichen“ und „die flammenden Boten“ waren nicht allein in der Schweiz zu Hause, sie sind in allen unvollkommenen Zuständen des Völkerlebens die natürlichsten.

E. Kapp, vergl. allgem. Erdkunde.

2.

Aus: Agamemnon.

Von Aischylos.

(Der Wächter schaut vom Dache der Königs-Burg von Argos hinaus in die Nacht.)

Der Wächter.

Die Götter ruf' ich um der Mühsal Ende,
Der jahrelangen Wacht Erlösung an,
Die mich, dem treuen Hunde gleich, am Lager
Auf diesem Königsdach gebunden hält!
Ja, lichte Sterne, die im Aether herrschen,
Du reiche Strahlenschaar der Nacht, wie gut

Hab' ich dich ausgelernt im Lauf der Monde
Und immer harr' ich noch des Einen Lichts,
Des Flammenscheins, der von Troja's Trümmern
Den frohen Siegesruf herüber schickt.
Mit dieser Kunde dacht' ich noch einmal
Der Fürstin stolzes Männerherz zu rühren;
Denn lieg' ich so auf meinem rauhen Bette,
Dem thaugetränkten, das die Träume fliehn,
Das statt des Schlafs die Furcht umfängt, es schliesse
Der Schlummer doch die wache Wimper mir, —
Und wenn ich singen oder pfeifen möchte,
Als heitres Mittel, gegen Schlaf gemischt, —
Dann muss ich weinen über unser Haus,
Wo nicht wie früher mehr das Rechte herrscht;
Und als ein guter Bot' aus weiter Ferne
Von aller Noth mich glücklich zu befrei'n
Erschiene mir der nächt'gen Flamme Schein! —

(Eine Flamme steigt auf den Bergen empor.)

O sei gegrüsst, du Licht der Nacht, die Sonne
Rufst du mir wieder und im weiten Argos
Der Chöre Reih'n zum Preis für dies Geschick!
Laut Agamemnons Gattin künd ich's an,
Dass sie vom Lager schleunig sich erhebe,
Frohlockend im Palast dem Freudenlicht
Entgegensinge, da die Stadt gefallen
Und ihres Sturzes feur'ge Kunde schickt.

. . . .

Erster Greis.

Und Troja fiel? Seit wann denn lebt das Glück?

Klytaimnestra.

Nun, seit der Nacht, die diesen Tag gebar.

Erster Greis.

Und welcher Bote kam so schnell daher?

Klytaimnestra.

Hephaistos war's. Vom Ida flammend flog,
Und dann von Brand zu Brand, der feur'ge Reiter

Als Bote her! Er strahlt vom Hermesfels
Aus Lemnos' Insel seinen weiten Schein;
Und schon empfängt ihn Athos' heil'ger Gipfel,
Der weit hinaus auf Meeresrücken dann
Der Fichtenfackel frohe Wanderflamme
Goldstrahlend wie die Sonne, lichten Ruf's,
Bis zu Makistos' hoher Warte sendet.
Der ohne Zaudern, nicht vom Schlaf betäubt,
Schickt seinen Theil des hellen Boten weiter,
Bis an Euripos' Strom ein rascher Brand
Messapios' Wächter ruft. Die nähren emsig
Aus Haufen alten Heidekrauts den Glanz;
Und ungeschwächt enteilt die wack're Flamme
Ueber Asopos' Ebene dahin,
Gleich hellem Mondschein zum Kithaironwald.
Dort weckt sie neue Wechselpost, ein Licht,
Heller als irgend sonst, entstrahlt von droben
Die Glut des weitgeschickten Feuers über
Gorgopis' See auf Aigiplanktos' Scheitel.
Und flugs, mit unverdross'nem Muth geschürt,
Den Lauf der feur'gen Kunde nicht zu stören,
Fliegt weiten Schwungs der Flamme mächt'ger Schweif,
Kühn den Saron'schen Busen übersprungen,
Bis dass im Sturmlauf Arachnaions Höhe,
Den Felsen nahe bei der Stadt, er trifft.
Von dorther flammt' auf dies Atridenschloss
Das Licht, Idä'schen Feuers Enkelkind,
In rechter Ordnung raschen Fackellaufes
Vom Brand zum Brande wechselnd wohl erfüllt.
Doch Sieger bleibt im Lauf der Erst' und Letzte! —
Zum Zeichen nenn' ich solches Zeichen dir
Von meinem Mann aus Troja mir verkündigt. —

(Verdeutscht von H. Wolzogen.)

3.

Celeriter, ut ante Caesar imperarat, ignibus significatione facta, ex proximis castellis eo concursum est.

Caesar, de bello gallico. Bd. II. cap. 33. (Ueberfall vor Aduaduca.)

(Schnell rückten in Folge vorgängiger Anordnung Cäsar's auf gegebene Feuersignale aus den nächsten Castellen Mannschaften an.)

4.

Aus: Wilhelm Tell (14. Jahrhundert).

Von Friedrich Schiller.

(1804.)

— — — — — Blinder alter Vater,
Du kannst den Tag der Freiheit nicht mehr schauen;
Du sollst ihn hören — wenn von Alp zu Alp
Die Feuerzeichen flammend sich erheben.
. . . .
Wenn am bestimmten Tag die Burgen fallen,
So geben wir von einem Berg zum andern
Das Zeichen mit dem Rauch. —
. . . .
Hochwachten stellet aus auf euren Bergen,
Dass sich der Bund zum Bunde rasch versammle —
Seid einig — einig — einig.
. . . .
Indess bewaffnet und zum Werk bereit,
Erwartet ihr der Berge Feuerzeichen;
Denn schneller als ein Botensegel fliegt,
Soll euch die Botschaft unsers Siegs erreichen.

(Act I, Sc. 4., Act II, Sc. 2 u. Act IV. Sc. 2.)

5.

Wie in der Schweiz, so waren auch im schottischen Hochlande ehemals die Bergfeuer — need-fire (Nothfeuer) genannt — das Mittel, um vor allgemeiner Gefahr zu warnen, Krieg zu verkünden und die Stämme aufzubieten. Sie waren aus Veranlassung feindlicher Invasionen durch eine Acte des zwölften Parlaments Jacobs II. (1685—88) als politische Maassregel angeordnet.

Poppe, Bedeutung und Wesen der antiken Telegraphie.

6.

Aus: „The Armada“ — die Armada (1588).

Von Thomas Babington Macaulay.

(Um 1825.)

Forthwith a guard at every gun was placed along the wall;
The beacon blazed upon the roof of Edgecumbe's lofty hall.
. . . .
From Eddystone to Berwick bounds, from Lynn to Milford Bay,
That time of slumber was as bright and busy as the day;
For swift to East, and swift to West, the warning radiance spread;
High on St. Michaels Mount it shone — it shone on Beachy Head
Far on the deep the Spaniard saw, along each southern shire,
Cape beyond cape, in endless range, those twinkling points of fire.
. . . .
Till twelve fair counties saw the blaze on Malvern's lonely height,
Till streamed in crimson on the wind the Wrekin's crest of light,
Till broad and fierce the star came forth on Ely's stately fane,
And town and hamlet rose in arms o'er all the boundless plain;
Till Belvoir's lordly terraces the sign to Lincoln sent,
And Lincoln sped the message or o'er the wide vale of Trent;
Till Skiddow saw the fire that burned on Gaunt's embattled pile,
And the red glare on Skiddaw roused the burghers of Carlisle.

(Sofort wurde eine Wache bei jedem Geschütz die Mauer entlang gestellt; das Signal leuchtete auf dem Dache von Edgecumbe's stattlicher Halle. . . . .

Es sprang von Eddystone bis nach Berwick, von Lynn nach der Milford-Bucht. Diese Zeit des Schlummers war hell und geschäftig wie der Tag; denn schnell gen Osten und schnell gen Westen breitete sich der warnende Glanz aus; er schien hoch auf St. Michaels-Berg — er schien auf Beachy-Head; weit von der Tiefe aus sah der Spanier jede südliche

Grafschaft entlang, von Cap zu Cap, in endloser Reihe diese funkelnden Punkte. . . . .

Bis zwölf schöne Grafschaften sahen die Flamme auf Malvern's einsamer Höhe, bis purpurn im Winde der Kamm des Lichts von Wrekin's sich ausbreitete, bis gross und ungestüm der Stern auf Ely's hoher Wetterfahne erglänzte, und Stadt und Weiler erhoben sich in Waffen über die ganze unbegrenzte Ebene, bis Belvoir's stolze Terrassen das Zeichen nach Lincoln sandten, und Lincoln beförderte die Botschaft hinüber über das weite Thal des Trent. bis Skiddaw das Feuer sah, das auf Gaunt's befestigter Höhe brannte, und der rothe Schimmer auf Skiddaw erweckte die Bürger von Carlisle.)

7.

Das Kirchthurm-Signal beim Unabhängigkeitskampfe Nord-Amerikas im Jahre 1775.

Von Heinrich W. Longfellow.

Listen, my children, and you shall hear
Of the midnight ride of Paul Revere,

On the eighteenth of April, in Seventy-five;
Hardly a man is now alive
Who remembers that famous day and year.

He said to his friend: „If the British march
By land or sea from the town to-night,
Hang a lantern aloft in the belfry arch
Of the North Church tower as a signal light, —
One, if by land, and two, if by sea;
And J on the opposite shore will be,
Ready to ride and spread the alarm
Through every Middlesex village and farm,
For the country-folk to be up and to arm."

. . . .

But mostly he watched with eager search
The belfry tower of the Old North Church,
As it rose above the graves on the hill,
Lonely and spectral and sombre and still.
And lo! as he looks, on the belfry's height
A glimmer, and then a gleam of light!
He springs to the saddle, the bridle he turns,
But lingers and gazes, till full on his sight
A second lamp in the belfry burns!

. . . .

So through the night rode Paul Revère;
And so through the night went his cry of alarm
To every Middlesex village and farm, —
A cry of defiance and not of fear,
A voice in the darkness, a knock at the door,
And a word that shall echo forevermore!
For, borne on the night-wind of the Past,
Through all our history, to the last,
In the hour of darkness and peril and need,
The people will waken and listen to hear
The hurrying hoof-beats of that steed,
And the midnight message of Paul Revere.

(„The landlord's tale, Paul **Revere's** ride.")

(Hört zu, meine Kinder und Ihr sollt die Geschichte von dem mitternächtlichen Ritt des Paul Revere am achtzehnten April im Jahr Fünfundsiebenzig vernehmen. Es lebt wohl jetzt kaum ein Mensch mehr, der sich dieses berühmten Tages und Jahres erinnert.

Er sagte zu seinem Freunde: „Wenn die Britten diese Nacht zu Land oder See aus der Stadt marschiren, so hänge eine Laterne unter dem Bogen des Glockenthurms der Nord-Kirche als Signal-Licht auf. Eine Laterne — wenn sie vom Land und zwei — wenn sie von der See kommen, und ich werde am entgegengesetzten Ufer sein, bereit davonzusprengen und Lärm zu schlagen in jedem Dorfe oder Hofe von Middlesex, um die Landbewohner zu den Waffen zu rufen.“ . . . .

Hauptsächlich aber beobachtete er mit gespannter Aufmerksamkeit den Glockenthurm der alten Nord-Kirche, der einsam und gespenstisch, düster und still sich über die Gräber auf dem Hügel erhob. Und sieh'! als er nach der Höhe des Thurms blickt, (bemerkt er) einen Schimmer und dann einen hellen Schein! Er springt in den Sattel, er wendet die Zügel, noch zögert und schaut er, bis hell vor seinem Auge eine zweite Lampe im Thurm aufflammt! . . . .

So ritt Paul Revere dahin durch die Nacht, und sein Allarm-Ruf erscholl durch die Nacht in jedem Dorfe und Pachthofe von Middlesex, ein Ruf des Trotzes und nicht der Furcht, eine Stimme in der Dunkelheit, ein Klopfen an den Thüren und ein Wort, das durch alle Zeiten wiederhallen wird. Denn getragen von den Schwingen des Nachtwindes der Vergangenheit, durch unsere ganze Geschichte bis zuletzt, in der Stunde der Dunkelheit, der Noth und Gefahr werden die Menschen erwachen, um den eiligen Hufschlägen jenes Rosses der mitternächtlichen Botschaft Paul Revere's zu lauschen.)

(„Die Erzählung des Wirths, Paul Revere's Ritt“.)

Das (optische) Telegraphiren in neuerer Zeit.

1.

Die Telegraphen-Station auf dem Münster in Strassburg i. E.

Von Hofrath C. Meiners.

(1801.)

Am letzten Tage unseres Aufenthalts in Strassburg heiterte sich gegen 12 Uhr der Himmel auf eine kurze Zeit so sehr auf, dass wir uns plötzlich entschlossen, den sogenannten kleinen Münster-Thurm zu besteigen, um den dort aufgerichteten Telegraphen[1]) in der Nähe zu betrachten. Diese merkwürdige Maschine war eben in Arbeit, als wir hinauf kamen. Wir entdeckten durch das Teleskop, das zum Telegraphen gehört, zwei andere Telegraphen, wovon der eine zwei, der andere fünf Stunden entfernt ist. Beide Telegraphen meldeten, dass sie nichts Neues zu berichten hätten. Die Zeichen, wodurch dieses und einige andere täglich vorkommende Dinge angedeutet werden, sind den Telegraphen-Dienern bekannt. Allein den Sinn der meisten Zeichen, welche man die nächsten Telegraphen machen sieht, oder seine Telegraphen machen lässt, wissen die Personen selbst nicht, die bei den Telegraphen angestellt sind. Sie schreiben ganz genau jedes Zeichen auf, welches der nächste Telegraph giebt und lassen ihre Telegraphen alle die Zeichen ausführen, die man ihnen vorgeschrieben hat. Die beweglichen Theile des Telegraphen werden durch mehrere grosse Räder in Bewegung gesetzt, welche man durch Speichen oder Handhaben nach Belieben umdrehen kann. Der Beweger des Telegraphen sieht die Arme dieser Maschine und deren Bewegungen nicht. Allein an der Wand des Zimmers, wo der Telegraphen-Diener die Räder der grossen Maschine dreht, ist ein kleineres Telegraphen-Modell, das in allen seinen Evolutionen mit dem grösseren harmonirt,

[1]) Nach dem System des Chappe, s. Seite 299.

und an welchem der Beweger erkennen kann, ob er den Telegraphen die Zeichen geben lässt, welche er denselben geben lassen will. Bei heiterem Wetter kann man, vermittelst der Telegraphen, drei Seiten lange Depeschen innerhalb drei Viertelstunden nach Paris befördern und die Antwort darauf zurückerhalten.

(Beschreibung einer Reise nach Stuttgart und Strassburg.)

2.

Neue Münster-Sage.

Von Franz Dingelstedt.

(1841—42.)

Zu Strassburg auf dem Münster
Stand jüngst ein Wandersmann,
Der blickte stumm und finster
Das alte Bauwerk an.

Ihn freut' es nicht zu lesen
Die Namen auf dem Stein,
Zu sehen die Vogesen,
Den Schwarzwald und den Rhein.

Es konnte auch der Glocken
Auftönendes Metall
Aus seiner Brust nicht locken
Den alten Widerhall.

Sein starres Auge hatte
Ein and'res, eig'nes Ziel:
Auf einer Thurmes-Platte
Das Telegraphen-Spiel.

Da lag im Sonnenscheine
Das widrige Insekt,
Die Flügel, Flossen, Beine
Und Hörner ausgestreckt.

Es zappelte im Winde
Und zuckte hin und her,
Bald langsam, bald geschwinde,
In's Kreuz und in die Quer.

An seinen wälschen Zeichen
Der Blick des Wand'rers hing,
Der Mücke zu vergleichen,
Die sich im Netz verfing.

O wär' ich eine Wolke,
So sprach er vor sich hin,
Ich würde diesem Volke
Sein Spielzeug bald entziehn!

O wär' ich ein Gewitter
Mit Donner und mit Blitz,
Ich schlüg' trotz Stang' und Gitter –
In ihren faulen Witz!

Trophäe des Jahrhunderts,
Das durch das meine bricht!
Verketzert's und bewundert's,
Nur leugnet's länger nicht!

Es kriecht gleich einer Spinne
Um dieses heilige Haus,
Es nagt an Grund und Zinne
Zumal gleich einer Maus.

Es fliegt gleich einem Drachen
Den Rhein entlang durch's Land
Und wirft die alten Nachen
Zertrümmert auf den Sand.

Schon flattern seine Fahnen
Siegreich auf diesem Dom,
Auf Dampf- und Eisen-Bahnen,
Auf Strasse und auf Strom.

Verklungen Sang und Sage,
Verschlungen Ruh' und Ruhm,
Am Ende seiner Tage
Sogar das Christenthum!

Er sprach es. Schwindelnd lehnte
Sein Haupt an dem Altan.
Den letzten Dichter gähnte
Drunten der Abgrund an.

Da warf er seine Lieder,
Warf sein ergrautes Haar,
Warf seinen Kranz hernieder:
Wie welk das Alles war!

Zu Strassburg auf dem Münster
Stand er entblösst und kahl
Und starr und stumm und finster,
Sein eigen Todtenmahl.

(Gedichte, Stuttgart und Tübingen. 1845.)

3.

Der Telegraph auf Capri.

Von Ferdinand Gregorovius.

(1853.)

Man kann am Cap Tragara aus der Barke steigen und zum Hügel Tuoro grande hinaufklimmen. Da oben ist es schön wie auf jedem Gipfel Capri's. Es sitzt aber dort über altem Gemäuer ein Telegraph. Fürwahr, es ist seltsam, dass fast auf jeder Bergspitze des Eremitenlandes ein Einsiedel wohnt, sei es ein Klausner oder ein Telegraphenwächter. Der vom Tuoro grande sitzt in einem weissen Häuschen. Sein Zimmer hat zwei kleine Fenster, in dem einen steckt ein Fernrohr und in dem anderen auch eins. Nun sitzt der Telegraphos, ein ganz kleiner alterthümlicher Mensch, dem vom vielen Gucken die Augen zwinkern, zwischen beiden Fenstern an einem Tisch vor einem grossen Register; alle Augenblicke springt er an das Fenster links und guckt durch das Fernrohr, an das Fenster rechts und guckt auch da durch das Fernrohr, dann setzt er sich wieder mit philosophischer Seelenruhe an das Register, sitzt ein Weilchen und läuft wieder an die Fenster und vor die Fernröhre, und so geht es vom Morgen bis zum Abend fort. Sein Hund aber sitzt vor der Thüre aufrecht und sieht ohne Ferngläser auch in das Meer. Dies verhält sich nun so. Oben über Ana-Capri sitzt der Telegraph auf dem Gipfel Solaro in seinem Hause und späht in das Meer von Sicilien, ob und welche „segelbeschwingte“ Schiffe einlaufen. Sieht er nun etwas Merkwürdiges, so sendet er dem Telegraphen auf dem Berg Tuoro eine Botschaft; der schickt sie flugs weiter über die Meerenge von Capri zu dem Telegraphen von Massa, der über dem Vorgebirge der Minerva sitzt, ein Meereswächter schlummerlos; der wirft die luftige Kunde flügelschnell weiter nach Castellamare zum zeichenkundigen, luftpostdeutenden Späher; der aber schleudert die Botschaft machtvoll weiter nach dem Castell Sant Elmo oberhalb Neapel; der Späher nun von Sant Elmo befördert die Kunde in das königliche Schloss zu Neapolis. Und so fängt der auf dem Solaro an und ist der eigentliche Urheber von all dieser luftdurchwandernden Botenjagd. Als mir dies der Telegraph sehr deutlich auseinander gesetzt hatte, fiel mir sofort der Anfang des „Agamemnon“ ein, wo der Wächter auf dem Atreusschloss nach dem Feuertelegraphen späht, welcher die Einnahme von Troja melden soll:

Die Götter fleh' ich an ums Ende meiner Müh'n —

und ferner die Verse der Klytämnestra, welche in einer staunenswürdigen Malerei die wandernde Flammenpost beschreiben.

Hätten nun die Griechen von Troja einen unterseeischen elektrischen Telegraphen gelegt, so wären wir um die schöne Stelle im Aeschylus gekommen, welche überhaupt eine der am meisten malerischen Schilderungen ist, die gedichtet worden sind.

Es war nun Abend geworden. Der Hochwächter vom Solaro gab plötzlich ein Zeichen, der vom Tuoro schickte es nach Massa. Ich fragte den fernspähenden Mann, was er gemeldet habe. „Heute nichts Neues“, sagte er vergnügt und zwinkerte mit den Augen, dann packte er seine sieben Sachen zusammen, winkte seinem Hunde und stolperte den Berg hinunter. Er wohnt aber hoch oben in Ana-Capri, und jeden Abend muss er die 560 Stufen der Felsenstiege hinaufklettern. Des Morgens kommt er wieder 560 Stufen herabgestiegen, und weil er nun schon seit zehn Jahren alle Tage bis auf einen Feiertag zu Ostern seine einsame Kunst betreibt, so kann man es mathematisch berechnen, dass dieser merkwürdige Mann schon hundertfache Chimborassohöhen erstiegen hat. Dreissig Groschen aber bekommt er täglich.

(Die Insel Capri, Idylle vom Mittelmeer.)

Der optische Telegraph und der Blitzableiter.

Von P. D. E. Lebrun.

(1729–1807.)

Franklin a pu dire au Tonnerre:
„Cesse d'épouvanter la terre;
Descends de l'Olympe calmé.“
Soudain la foudre obëissante
A reconnu sa voix puissante
Et Jupiter fut desarmé.

Renommée, abaisse tes ailes;
Ferme tes bouches infidèles;
Cesse tes rapports indiscrets!
Vois cette active vigilance
Des signaux qui, dans le silence,
Vont subir au loin tes secrets.

(Les conquêtes de l'homme sur la nature.)

Der optische Telegraph — ein williger Staatsdiener.

Von Ernst Kapp.

(1845.)

Den Telegraphen hat Jemand mit Recht den willfährigsten und wohlfeilsten aller französischen Staatsdiener genannt. Sein

Amtseifer werde nur durch den Wechsel atmosphärischer Zufälle, nicht durch Ebbe und Fluth menschlicher Laune bestimmt; nie müde, beklage er sich nicht über viele Arbeit und seine Verschwiegenheit widerstehe jeder Versuchung.

(Philosophische oder vergl. allgem. Erdkunde.)

Die erste deutsche telegraphische Depesche.

In der Hanauer Europäischen Zeitung vom 13. December 1794 findet sich folgende Mittheilung:

„Bei Gelegenheit des Geburtsfestes des Herrn Markgrafen von Baden ward folgendes kleine Gedicht durch den Telegraphen des Herrn Hofraths Böckmann aus einer Entfernung von anderthalb Stunden hierher nach Karlsruhe signalisirt:

Gross ist das Fest und schön! Triumph! der Gute lebt,
Um dessen Fürstenthum der Vorsicht Auge schwebt;
Heil ihm! so tönt es fern und nah';
O Fürst, sieh' hier, was Teutschland noch nicht sah,
Wie Dir ein Telegraph heut' Segenswünsche schicket."

(Poppe, die Telegraphie von ihrem Ursprunge bis zur neuesten Zeit.)

Der optische Telegraph,

als Stoff eines Lustspiels.

Von Franz Th. L. Dorsch.

(Um 1790.)

Luise.

. . . . . . Es ist Dir kekannt,
Dass Hamster mir alle Mittel benommen,
Dem Grafen zu schreiben; auch ist uns der Fuchs
Jüngst hinter die Blumensprache gekommen.

Lisette.

So? — Darum verkauft er die Blumen so flugs?

Luise.

Jetzt dienen die vier und zwanzig Scheiben

Von unsern Fenstern als Alphabet;
So können wir uns Alles Mögliche schreiben.

Lisette.

Wie schlau! — Nun begreife ich schon, wie es geht,
Für einzelne Buchstaben gelten die Scheiben?

(Verfolgt die Scheiben von oben mit dem Finger.)

A, b, c, d, e, f, g, h, und so fort?

Luise.

Ganz richtig.

Lisette.

Das brauch' ich nicht lange zu treiben,
So kann ich es auch, und versteh' jedes Wort.

Luise.

So wird — seit wir die Verabredung trafen —
Nun correspondirt; ja sieh nur einmal,
Wie Amor uns schützt, die Fenster des Grafen
Enthalten die nämliche Scheiben-Zahl.

Lisette.

Das klügelt gewiss — dafür will ich haften —
Der Vormund nicht aus, und zög' er zu Rath
Die Akademie der Wissenschaften. —
Gott Amor ist ein Genie — in der That.

(Der Telegraph, ein Lustspiel in Versen in einem Aufzuge.)

Der Chappe'sche Telegraph am Ende seiner Tage.

Von Eugène Pelletan.

(1876.)

Wer von uns Männern einer anderen Generation erinnert sich nicht, in seiner Jugend diesen stummen Gesprächeführer gesehen zu haben, der, auf einem gothischen Thurme sitzend, in der Luft Zeichen machte, um seinen Nachbar zu befragen und ihm von einer Höhe zur anderen eine Vertrauensnachricht der Staatsgewalt mitzutheilen?

Der Telegraph hatte damals die unschöne Gestalt eines Windmühlen-Flügels. Jeder Winkel und jede Biegung glich jenem; er bequemte sich dazu, gut zu arbeiten, weil jeder gute Bürger seinem Vaterlande dienen soll. Er schien indessen mit Unlust zn arbeiten; beim mindesten Vorwande legte er den Kopf unter den Flügel, um zu schlafen.

Der Chappe'sche Telegraph schien die Ahnung seines nahen Endes zu haben. Er fühlte, dass er im Allgemeinen nichts Anderes als ein Gliedermann war, den man mit dem Bindfaden zog. Ein Mann, welcher durch die Oeffnung eines Fernrohres sah, beobachtete die Bewegung seines Gegenüber und übertrug sie auf ein Stück Papier; er zog auch seinerseits den Bindfaden des Gliedermanns, um die Bewegung zu wiederholen und so weiter bis in's Unendliche.

Bisweilen erhielt man in Paris eine so abgefasste Nachricht:

„Eine Schlacht ist geliefert . . . .“

Durch die Nacht unterbrochen.

„zwischen dem Sultan und dem Pascha von Aegypten. . .“

Durch den Nebel unterbrochen.

Acht Tage danach erfuhr man durch den Telegraphen ein Ereigniss, das man schon durch die Post erfahren hatte.

Eines Tages aber entdeckte Arago den künstlichen Magnetismus des Eisens; man schuf und beseitigte ihn sofort je nach dem Willen; man kann dergestalt mittels des magnetischen Stroms eine Bewegung hin und her erzeugen; damit ist der elektrische Telegraph erfunden; Samuel Morse lässt den Blitz das Wort des Menschen mit einer Geschwindigkeit von neunzigtausend Meilen in der Stunde tragen.

Es genügt dazu eine Volta'sche Säule am Abgangsorte, eine Nadel am Bestimmungsorte und zwischen beiden ein Eisendraht, der befestigt ist auf einer Reihe Pfähle mit Bechern von Porcellan, um den Strom zu isoliren; mit Hilfe des elektrischen Strom's giebt man der Nadel einen Stoss, der einen Buchstaben des Alphabets anzeigt; man legt die Hand auf den Anschlag einer Klaviatur in Paris, und in Bordeaux bildet sich Buchstabe und Buchstabe zu einem Satze. Während Royan zur Zeit der Staatsumwälzung nicht einmal eine Postanstalt hatte, kann es jetzt zu jeder Stunde des Tag's nicht nur mit jeder anderen Stadt Frankreichs, sondern auch mit London, Amsterdam, Petersburg, Neu-York, Bombay in Verbindung treten. Es giebt keinen Raum, keine Grenze mehr für die Unterredung. Die Luft ist gefüllt mit Worten, welche man nicht sieht, welche man nicht hört, und die nichtsdestoweniger an ihre Adresse gelangen; der Mensch hat das Mittel gefunden, mit dem Menschen über den Meeresgrund hinweg zu sprechen.

(Royan, la naissance d'une ville.)

Le vieux télégraphe. (Der alte Telegraph.)

Von Gustave Nadaud.

Que fais-tu, mon vieux télégraphe,
Au sommet de ton vieux clocher,
Sérieux comme une épitaphe,
Immobile comme un rocher?
Hélas! comme d'autres, peut-être,
Devenu sage après la mort,
Tu réflechis, pour les connaître,
Aux nouveaux caprices du sort.

C'est que la vie est déplacée;
Les savants te l'avaiant promis,
Et toute royauté passée,
N'a plus de flatteurs ni d'amis.
Autrefois tu faisais merveille,
Et nous demeurions tout surpris
De voir, en un seul jour, Marseille
Envoyer deux mots à Paris.

Tu fus l'énigme de notre âge;
Nous voulions, enfants curieux,
Deviner ce muet langage
Qui semblait le parler des dieux,
Lorsque tes bras cabalistiques
Lançaient, à l'horizon blafard
Les mensonges diplomatiques
Interrompus par le brouillard.

Maintenant, en une seconde,
Le Nord cause avec le Midi;
La foudre traverse le monde
Sur un brin de fer arrondi.
L'esprit humain n'a point de halte.
Et tu restes debout et seul,
Ainsi qu'un chevalier de Malte
Pétrifié dans son linceul.

Tu te souviens des diligences
Qui roulaient jadis devant nous,
Portant écoliers en vacances,
Gais voyageurs, nouveaux époux.
Tu ne vois plus, au clair de lune,
Aux rayons du soleil levant,
Passer tes soeurs en infortune,
Qui jetaient leur poussière au vent.

Ainsi s'éteignent toutes choses
Qui florissaient aux temps jadis;
Les effets emportent les causes:
Les abeilles sucent les lis.
Ainsi chaque règne décline,
Et les romans de l'an dernier,
Et les jupons de crinoline,
Et les astres de Leverrier.

Moi, je suis un pauvre trouvère,
Ami de la douce liqueur;
Des chants joyeux sont dans mon verre;
J'ai des chants d'amour dans le coeur.
Mais à notre époque inquiète
Qu'importent l'amour et le vin?
Vieux télégraphe, vieux poëte,
Vous vous agiteriez en vain.

Puisque le destin nous rassemble
Puisque chaque mode a son tour,

Achevons de mourir ensemble
Au sommet de ta vieille tour.
Là, comme deux vieux astronomes,
Nous regarderons fièrement
Passer les choses et les hommes,
Du haut de notre monument.

(Was thust du, alter Telegraph, dort oben
Auf deinem alten Glockenthurm?
Ernst wie ein Grabmal stehst du droben,
So regungslos wie Fels im Sturm.
Vielleicht gleich Andern klug und weise,
Nachdem der Tod sich eingestellt,
Sinnst du, wie's mit der neuen Weise
Der Schicksalslaunen sich verhält.

Das Leben, siehst du, ward verrücket,
Gelehrte hatten's dir gelobt,
Kein Königthum, das abgerücket,
Hat Schmeichler, Freunde mehr erprobt.
Ja, glorreich war einst deine Lage,
Da hat man staunend aufgeblickt,
Wenn einmal Brest in einem Tage
Zwei Worte nach Paris geschickt.

Neugierig staunten wir als Knaben
Dich als ein grosses Räthsel an;
Du schienst uns Götterkraft zu haben,
Dein stummes Reden g'mahnte dran,
Wenn du mit Kabbalistenzügen
Fortschleudertest zum Horizont
Etwelche Diplomatenlügen,
Die nur der Nebel hemmen konnt'!

Der Norden plaudert mit dem Süden
Sekundenschnell heut' früh und spat,
Den Blitz, den raschen, wetterrüden
Lenkt durch die Welt ein Eisendraht.

Des Menschen Geist steht nimmer stille,
Du doch bleibst stehen und allein,
Wie des Malteserritters Hülle
Versteinert ruht im Todtenschrein.

Erinn're dich der Schnellpost-Zeiten:
Dort rollten die Vehikel hin,
Mit Neuvermählten, lust'gen Leuten,
Scholaren, feriensel'gen, hin.
Jetzt siehst du deine Loosgenossen,
Die ihren Staub den Winden lieh'n,
Nicht mehr von Mondenschein umflossen,
Im Morgenroth vorüberzieh'n.

So welket Alles und erlieget,
Was sonst geblüht im Weltenhaus;
Die Ursach' weicht, die Wirkung sieget,
Die Lilie saugen Bienen aus.
So gehen unter alle Reiche,
Romane auch vom jüngsten Jahr,
Der Krinoline Modenstreiche,
Leverrier's Gestirne gar.

Bin selbst ein armer, lebensmüder
Poet und Freund vom süssen Nass,
Im Herzen hab' ich Liebeslieder,
Manch' lustig Lied in meinem Glas.
Allein was liegt in uns'rer kalten,
Bewegten Zeit an Lieb' und Wein!
Poet und Telegraph, ihr Alten,
Vergebens würd' eu'r Wirken sein.

Da uns vereint des Schicksals Wille,
Die Reih' an jede Mode kommt,
Lass' auf dem alten Thurm in Stille
Uns vollends sterben, wie's uns frommt.
Zween Astronomen gleichend sehen
Wir dort mit kühlem, stolzem Sinn

Auf Menschen, Dinge, die vergehen,
Von unserm Monument aus hin.

(Deutsch von F. C. Peterssen.)

Die Bedeutung des optischen Telegraphen.

Von Ernst Kapp.

(1868.)

Durch die Erfindung der Telegraphen hat der Mensch für die unmittelbare Mittheilung des Gedankens wie durch keine andere Beschleunigung der Bewegung die Raumschranken überstiegen. Keine Strasse kann auf lange Strecken die geradeste Richtung einhalten. Der optische Telegraph sendet seine Botschaft durch die widerstandslose Luft mit der Schnelligkeit des Windes und war lange für die Mittheilung kurzer Nachrichten das vollkommenste Instrument. Die Telegraphie ist Luft-Post.

Die optische Telegraphie ist vor der elektrischen sehr in den Hintergrund getreten, hat aber an ihrer Bedeutung nicht das mindeste eingebüsst, weil sie da fortwährend in Anwendung kommt, wo die elektrische unmöglich ist, so namentlich im Verkehr der Schiffe auf der See untereinander und mit dem Lande. In der meteorologischen Telegraphie, begründet durch den Admiral Fitz-Roy in England, wo nach den Warnungs-Telegrammen durch den Draht die Sturmflaggen aufgezogen werden, sind beide Verfahren vereinigt, im Sinne aller wahren Entwicklung, welche die verlassene Stufe in ihren Fortschritt aufnimmt. Uebrigens ist auf jeder Eisenbahn-Station der optische Telegraph neben dem elektrischen in Thätigkeit.

(Vergl. allgem. Erdkunde.)

Die Elektricität.

Die Elektricität wirkt mächtig ein auf die ganze Thier- und Pflanzenwelt. Alex. von Humboldt.

Das Wesen der Elektricität.

(1872.)

„Wer weiss etwas von Elektricität, als wenn er im Finstern eine Katze streichelt oder Blitz und Donner neben ihm niederleuchten und rasseln? Wie viel und wie wenig weiss er alsdann davon?“ So hat schon Goethe gefragt und im Wesentlichen stehen wir auch heute noch auf demselben Standpunkt; was die Elektricität ist, wissen wir nicht und vermögen deshalb auch nicht, einen vollkommenen klaren Begriff ihrer Erscheinungsthätigkeit aufzufassen. Inzwischen sind wir dennoch etwas weiter voran, wie vor 50 Jahren; wenn wir auch wenig wissen, so ist es doch lohnend, Dasjenige zu kennen, was wir wissen. Mit der ausserordentlichen Entwickelung der Chemie hat die Lehre von der Elektricität einen ganz neuen Boden gewonnen.

Dr. W. Hamm, das Wesen und die Ziele der Landwirthschaft.

Die Elektricität im Dienste des Lebens.

Von Dr. Werner Siemens.

(1880.)

Bald nachdem Volta die Grundlage unserer heutigen Kenntniss des elektrischen Stroms aufgedeckt und durch die Construction der nach ihm benannten Volta'schen Säule das Mittel gefunden hatte, einen andauernden elektrischen Strom herzustellen, begannen erfindungsreiche Köpfe auch über die Nutzbarkeit dieser neuen wunderbaren Kraft zu grübeln. Schon 1808 schlug Dr. Soemmering vor, sie zur Telegraphie zu benutzen, und stellte auch ein Modell her, welches den Zweck zu erfüllen im Stande war. Um seinen Plan in's Leben einzuführen, bedurfte es freilich noch langer Jahre ernster Gelehrten-Arbeit. Erst nachdem neben den physiologischen, chemischen und thermischen Wirkungen des Stromes auch noch die Fernewirkungen desselben durch Oerstedt entdeckt und ihre Gesetze durch Männer wie Ampère, Schweigger, Arago, Faraday, Gauss und Weber, Wheatstone, Lenz und Jacobi, Poggendorf, Dove und viele Andere näher ergründet waren, konnte der kühne Plan Soemmerings in Erfüllung gehen. Aber obschon die Telegraphen, welche Gauss und Weber in Göttingen Steinheil bei München Anfangs der dreissiger Jahre wirklich herstellten, gut arbeiteten, verging doch noch ein Decennium, bis der praktische Sinn der Amerikaner und der Engländer die Telegraphie thatsächlich in's Leben rief. Von dieser Zeit an, seit etwa 30 Jahren, beginnt nun die Telegraphie ihre schnelle Entwicklung bis zu ihrer jetzigen hohen Bedeutung im Culturleben der Menschen. Alle Völker nehmen an diesem Wettlaufe Theil und unser deutsches Vaterland mit in erster Linie. Welch' ein unentbehrliches Verkehrsmittel die Telegraphie bereits geworden ist, zeigt sich am besten, wenn durch heftige Stürme oder durch ein anderes ausserordentliches Ereigniss einmal eine dauernde Störung des Telegraphen-Betriebes irgendwo eintritt. Es wird dies als eine kaum erträgliche Calamität empfunden, und unzählige Interessen leiden darunter schwer. Aber dennoch bürgt der bisherige Entwicklungsgang dafür, dass wir erst im Beginne der telegraphischen Aera stehen. Ist doch erst in der allerneuesten Zeit das Telephon erfunden worden, welches dem Telegraphen, der bis dahin schon anzeigte, schrieb, druckte und zeichnete, auch noch die Fähigkeit gegeben hat, die menschliche Sprache direct zu übertragen! Doch nicht auf die Mittheilung von Nachrichten allein beschränkt sich die Telegraphie im weiteren Sinne. Die durch den elektrischen Strom gegebene Möglichkeit, ohne merklichen Zeitverlust an entfernten Orten eine mechanische Wirkung auszuüben, hat ihm eine grosse Zahl anderweitiger Dienstleistungen auferlegt. Der Eisenbahn-Telegraph regelt den Gang der Züge, elektrische Signal-Einrichtungen aller Art sichern diese und das Publikum gegen Gefahren. Die Blockirungs-Apparate vergrössern die Leistungs-Fähigkeit der Bahnen, die Stations-Blockapparate geleiten die Züge gefahrlos durch das Wirrsal von Geleisen und Weichen der Bahnhöfe, indem sie Entgleisungen oder Zusammenstösse, die durch Irrthümer oder Fahrlässigkeit hervorgerufen werden könnten, verhüten. Die elektrische Klingel verdrängt mehr und mehr die unbequeme und unsichere mechanische, sowohl in den Wohnhäusern als in Fabriken und Bergwerken. Der Feuertelegraph meldet das beginnende, noch leicht zu löschende Feuer, und telegraphisch wird ein versuchter Einbruch selbstthätig angezeigt Der Militair-Telegraph leitet die Bewegung und die Verpflegung des Heeres, der Vorposten-Telegraph bringt sogar dessen äusserste Fühlhörner, die Vorposten, in steten directen Verkehr mit der Führung. Der elektrische Distanzmesser verkündigt den Batterien die Entfernung und Stellung des feindlichen Schiffes und zeigt den Augenblick an, in welchem der verderbenbringende Torpedo elektrisch zu entzünden ist. Der elektrische Strom misst die Geschwindigkeit des Geschosses in der Luft und die Zunahme seiner Geschwindigkeit in jedem Theile des Geschützrohres. Der Börsen-Telegraph bringt dem Bankherrn fortlaufend und ohne jede Mitwirkung aller Börsensplätze die wichtigen politischen Ereignisse gedruckt auf seinen Arbeitstisch. Dem Schiffer, dem Landmann bringt der Telegraph die Nachricht, dass ein Gewittersturm langsam heranzieht. Der elektrische Wasserstandzeiger zeigt der Pumpstation jeden Augenblick die Höhe des Wasserstandes im Reservoir, dem Schiffer im Hafen die Höhe der Fluth auf der zu überschreitenden Barre. Der elektrische Grubengasmelder warnt vor Explosionsgefahr durch schlagende Wetter — kurz, wohin man sieht, trifft man den elektrischen Strom als Helfer oder Beschützer! Doch nicht allein die grosse Fortpflanzungs-Geschwindigkeit des elektrischen Stromes, die ihn zur schnellen Uebertragung von Signalen und überhaupt zur Ausführung kleiner mechanischen Leistungen an entfernten Orten so sehr geeignet macht, hat ihm eine ausgedehnte Benutzung im Leben verschafft, sondern auch seine zuerst entdeckten Eigenschaften, seine physiologischen, chemischen und thermischen Wirkungen. Die Aerzte bedienen sich zur Heilung menschlicher Leiden des elektrischen Stromes und machen unblutige Operationen mit elektrisch zum Glühen gebrachten Drähten; der Bergmann, der Mineur sprengt seine Mine mittels galvanischer Batterien oder mit Hilfe des magneto-elektrischen oder dynamo-elektrischen Minenzünders. Der Galvanoplastiker überlässt dem elektrischen Strom die Ausfüllung seiner Formen mit festem Metall; der elektrische Strom gravirt, vergoldet, versilbert, verkupfert, vernickelt. Dem Chemiker dient er zur Ausführung seiner Analysen, dem Physiker in unzähligen Instrumenten und Einrichtungen zu seinen wissenschaftlichen Untersuchungen.

(Elektrotechnische Zeitschrift 1880.)

Die dynamo-elektrische Maschine und die elektrische Eisenbahn.

Von Dr. Werner Siemens.

(1880.)

Auf den grossen Verkehrs-Adern, auf die unser ganzes Leben jetzt zugeschnitten ist, auf den grossen Eisenbahnen, wird die Elektricität der Dampf-Locomotive keine Concurrenz machen, ebenso wenig wie das elektrische Licht meiner Ansicht nach je das Gas vollständig verdrängen wird. . . . . Die Elektricität ist ganz bescheiden, sowohl bei der Beleuchtung, wie bei der Kraftübertragung, sie will nicht verdrängen und absetzen, sondern sie will nur diejenigen Gebiete an sich nehmen, die von den anderen vorhandenen bewährten Einrichtungen schlecht bedient werden. . . . . Die elektrische Kraftübertragung soll nur in solchen Fällen eintreten, wo mechanische Uebertragung nicht gut verwendbar ist und wo die Dampf-Locomotive nicht am Platze ist, oder das Verlangte nicht leisten kann. . . . . .

(Elektrotechnische Zeitschrift 1880.)

Die Jahrhunderte des Dampfes und der Elektricität.

Von Professor Reuleaux.

Man hat unser Jahrhundert das Jahrhundert des Dampfes genannt. Hoffentlich wird sich mit der Wende des Säculums auch dies Stigma ändern. Wir sehen bereits jetzt, dass im Maschinenwesen die Dampfkraft durch andere Kräfte ersetzt wird, wie heisse Luft, Elektricität etc. Nach meinem Dafürhalten treten wir jetzt in das Jahrhundert der Elektricität ein.

(Aus einer Rede.)

Der elektrische Telegraph.

Und sieh da! schon ist das Werk gelungen!
Und die Schlange spricht mit Feuerzungen!
Um die Welt im Nu, bar jeder Schranke,
Blitzt, und zuckt, und zündet der Gedanke!

Ferd. Freiligrath, Nadel und Draht, eine
Stimme vom „Great Eastern". Sommer 1866.

Die Schrift.

Körper und Stimme leiht die Schrift dem stummen Gedanken,
Durch der Jahrhunderte Strom trägt ihn das redende Blatt.

Schiller, der Spaziergang.

Wort und Schrift.

Von Emanuel Geibel.

O Wunder sonder Gleichen, wie im Laut
Sich der Gedanke selbst das Haus gebaut!

O zweites Wunder, wie dem Blick die Schrift
Den Schall versinnlicht, den das Ohr nur trifft!

Nicht Willkür schuf das Wort, sonst wär' es hohl;
Es ist des Geist's nothwendiges Symbol.

Und forschst du weiter, ist der Buchstab' nur
Des flüss'gen Lautes feste Klangfigur.

Schrift und Telegraph.

Von Wilhelm Wackernagel.

(1872.)

Die Schrift, die Buchstabenschrift: wie unempfindlich wird doch der Mensch gegenüber dem Grossen, dessen er gewohnt ist. Den Telegraphen, der im Nu den weitesten Raum überspringt, und die sprachliche Mittheilung auf das geringste Zeitmass verkürzt, staunen wir deshalb noch täglich an: über die Schrift verwundert sich der Mensch schon längst nicht mehr, und doch, wie sie die Mittheilung auf eine Unendlichkeit der Zeiten ausdehnt und mit den Jahrtausenden sie fort und fort durch den Raum und in immer entlegenere Fernen trägt, mangelt wahrlich auch dieser so viel älteren Erfindung die wundervollste Grossartigkeit nicht, und sie zuerst ja hat, was hier vor Allem das Wesentlichste und auch für den Telegraphen stets noch die Hauptsache ist, den Laut, den das Ohr vernimmt, in ein Zeichen umgewandelt.

(Ueber den Ursprung und die Entwickelung der Sprache.)

Sprache — Telegraph — Telephon.

(1838.)

Die Aufgabe der Telegraphie ist, zu jeder Zeit möglichst rasch auf beliebig grosse Entfernungen hin Gedanken zu übertragen. Aber mit Ausnahme der grossen Entfernung ist ja dieses Problem durch die Sprache auf das Vollständigste gelöst. Telegraphie wird also nur die Sprache auch für diese weitere Bedingung nachzubilden haben. Es scheint uns offenbar ein Abweg, wenn die Telegraphie eine unvollkommene Art der Mittheilung, die Zeichensprache, wie sie bei verkümmerten Menschen, den Taubstummen, vorkömmt, nachzubilden strebt; sie muss die Mittheilung in ihrer vollendetsten Form, als Rede nachbilden, wo der Ton, der das Gehör trifft, unwillkürlich aufmerksam macht und zum Verständniss führt. [1])

Dr. C. A. Steinheil, über Telegraphie, insbesondere durch galvanische Kräfte. München 1838.

---

[1]) Dr. Steinheil hat mit diesem Ausspruche sich als Prophet erwiesen, denn er deutet gewissermassen schon das Telephon als das Ideal der Vermittelung an, das thatsächlich die Sprache, sogar in ihren Modulationen, überträgt.

Der elektrische Telegraph — eine deutsche Erfindung.

1.

„C'est une idée germanique!"

Napoleon I.

So rief Kaiser Napoleon I. aus, als ihm am 5. November 1809 sein Leibarzt Baron Larrey den von dem damaligen Münchener Arzte und Akademiker Dr. Samuel Thomas von Soemmering erfundenen elektrischen Telegraphen vorlegte. „C'est une idée germanique", wiederholte der Kaiser und wies damit die wunderbare Erfindung als unpraktisches Hirngespinnst ohne Weiteres von sich.

So wenig dieser Ausspruch ein Lob beabsichtigte, so enthält er doch für Deutschland fast der Ehre zu viel.

2.

Die Verdienste Soemmerings.

Von Dr. W. Siemens.

(1866.)

Schon wenige Jahre, nachdem Volta's Entdeckungen bekannt geworden waren, im Jahre 1808, machte der Münchener Arzt Dr. Soemmering den Vorschlag, diese Eigenschaft des elektrischen Stromes zur Herstellung einer elektrischen Telegraphenverbindung entfernter Orte zu benutzen. Er wollte die beiden Orte durch so viele isolirte Metalldrähte verbinden, als das Alphabet Buchstaben enthält. An jedem Orte sollte ein mit gesäuertem Wasser gefülltes Glasgefäss und eine Klaviatur aufgestellt werden. . . . .

Soemmering stellte diesen ersten elektrischen Telegraphen der Münchener Akademie vor. Zur praktischen Anwendung ist er aber nicht gekommen, da die grosse Zahl der nöthigen Drähte, die Schwierigkeit ihrer Isolation und auch wohl die Neuheit der Sache vor der Ausführung zurückschreckten. Demungeachtet gebührt Soemmering das Verdienst, zuerst den grossen praktischen Nutzen erkannt zu haben, welchen die Entdeckung Volta's der

Menschheit zu bringen im Stande war, und man kann ihn daher den Erfinder des elektrischen Telegraphen nennen.

(Die elektrische Telegraphie. Berlin.)

3.

Der Character Soemmering's.

Von Karl Ritter.

(1830.)

Wenn ich je einen wahrhaften Weisen an Einsicht und Gesinnung, einen Reinen und Frommen durch und durch, einen Freund in Rath und That in diesem Erdenleben erprobt habe, so ist er (Soemmering) es, der von dem ersten Augenblicke an, da er mir seine Zuneigung in so hohem Grade schenkte, bis auf die letzten Augenblicke, die der Himmel mir mit ihm zusammen zu sein vergönnte, mich mit immer sich überbietender Güte auf die liebenswürdigste Weise beschämte. So war sein ganzes Leben und Wirken ein göttlicher Lichtstrahl, leuchtend und lehrend und zur Wahrheit führend viele Tausende seiner Zeit; sein Ruhm ist unsterblich, aber noch unendlicher ist die Grösse und Güte seiner Seele, seines Herzens, dessen zartes Gewebe nur von Wenigen erkannt werden konnte.

Dr. Wilh. Stricker, Sam. Thom. v. Soemmering. 1862.

Eine dichterische Vorahnung des elektrischen Telegraphen.

(1799.)

Und wie des Blitzes Funke sicher, schnell
Geleitet an der Wetterstange [1]) läuft,
Herrscht sein [2]) Befehl vom letzten fernen Posten,

[1]) Ein Anachronismus! Im dreissigjährigen Kriege gab es bekanntlich noch keinen Blitzableiter, da dieser erst durch Benjamin Franklin erfunden wurde.

[2]) Wallenstein's.

Der an die Dünen branden hört den Belt,
Der in der Etsch fruchtbare Thäler sieht,
Bis zu der Wache, die ihr Schilderhaus
Hat aufgerichtet an der Kaiserburg.

(Friedrich Schiller, „Piccolomini", 1. Aufzug.)

Der Telegraph.

Von Karl Mayer.

(1856.)

Der Telegraph leis in der Luft
Gleich einer Aeolsharfe ruft.
Ich wusste nicht, dass ihm dies eigen.
Dem Freund des Schönen will er zeigen,
Dass er, der Börse preisgegeben,
Sich noch bewahrt dies Sonderleben.

Am Telegraphen.

Von Herman Lingg.

(1868.)

Ich schritt, die Nacht war schon genaht,
So vor mich hin, vertieft in Träume,
Da klang vom Telegraphendraht
Ein Tönen durch die luft'gen Räume.

Vom Zug der Abendluft bewegt,
Durchbebte ein melodisch Klingen
Den Leiter, der die Funken hegt,
Der Worte blitzesschnelle Schwingen.

Ha! dacht' ich, spielt so meisterlich
Der Nordwind seine Riesenharfe?
Denn meilenweit erstrecken sich
Die Saiten, die er rührt, der scharfe.

Auf Fittigen des Lichts, zugleich
Mit Noten und Musikbegleitung
Fliegt durch der Melodien Reich
Der Börsencours in seine Zeitung.

Doch in des Markts verworrnen Chor,
In's Pfeilgezisch der Staatskunst fallen
Auch Stimmen ein, die an das Ohr
Wie Ruf des Weltgeschicks erschallen.

Denn wenn in Gluth und Aschengrab
Der Menschen Wohnung stürzt zusammen.
So dröhnt es am metallnen Stab
Und ruft um Hülfe durch die Flammen.

Es tönt von naher Wassernoth,
Mit Warnungsruf die Luft durchjagend,
Es ruft zu Krankenbett und Tod
Wie mit in Trauertönen klagend.

Zum frohen Gruss von Fest und Mahl
Erbebt es, wie wenn angeklungen,
Noch lange nachhallt ein Pokal
Zum Hochruf froh emporgeschwungen.

Und saus't es nicht wie Waffenschall,
Wenn von des Krieges Donnerrollen
Die Flügelboten im Metall
Beschwingte Kunde bringen sollen?

Wenn einst das Licht durch Berg und Fluth,
Zum fernsten Punkt der Länderkarte
Dem Geist und sich die Dienste thut
Von Sternenwart' zu Sternenwarte,

Dann ist sein Flug zwar nur ein Gang,
Verglichen mit dem Licht dort oben,
Doch zu der Sphären Weltgesang
Ein Sprachrohr mehr im Sturmestoben.

(Gedichte. 2 Bd. Stuttgart. 1868.)

Bergfahrt.

Von Dr. Gustav **Mühl** in Strassburg i. E.

(1867.)

1.

Es stieg der Lenz hernieder,
Der Vögel Lied erschallt;
Nach langen Monden wieder
Betret' ich Berg und Wald;
Wie sonst durch's grüne Düster
Fliesst hold das Morgenlicht,
Und aus des Laubs Geflüster
Das alte Träumen spricht.

Ein Summen sanft und süsse
Hebt sich den Tann entlang
Auf's Neu', wie Märchengrüsse,
Wie milder Wiegensang;
Da schweigt dem Herzen mählig
Des Lebens wirr Gebraus,
Ich zieh' so frei, so selig
Durch dieses Tempelhaus.

Doch sieh', wo durch's Gesteine
Herblickt das weite Thal,
Sieh, plötzlich jetzt am Raine
Die Pfähle stramm und kahl!
Fremd durch die Tannenkronen
Herschwingen sie den Draht,
Der bis zu fernsten Zonen
Erstrebt den kecken Pfad.

Ist's möglich, die sonst drunten
Nur kennt der laute Weg,
Nun habt ihr gar gefunden
Den frommen Waldessteg!
Wohl fasst's mich, dass ich grolle
Dem hast'gen Drang der Zeit,
Der selbst in's friedevolle
Geheg euch hier gereiht.

Ihr, denen keine Sprossen
Mehr bringt des Lenzes Saft,
Seit stählend euch durchflossen
Der Erze spröde Kraft, [1]
O wollet nicht verhöhnen
Des Waldes Feierruh',
Nicht flüstert seinen Söhnen
Euer unstet Sehnen zu!

Wie oft bei unsern Fehden
Des Vögleins Loos ich pries,
Das sich auf euern Drähten
Zum Rasten niederliess;
Harmlos grüsst es die Runde,
Indess vielleicht beim Lied
Zu Füssen ihm, als Kunde,
Ein Weltereigniss zieht!

Und schon bei solchem Sinnen
Fasst mich Verstimmung kühl,
Da, seltsam! will zerrinnen
Dies engende Gefühl;
Und leis ist es geschieden,
Als schlösse jetzt der Hain
In seinen hehren Frieden
Auch **diese** Stämme ein.

Als ob geheimstem Horte
Sein Geist entstiegen wär',
So wehn ernstheitre Worte
Aus seinen Wipfeln her;
Er spricht: „Mahnt das Getreibe
Des Tags, nicht gräm' dich drum,
O Dichterherz, ich bleibe
Der Seher Heiligthum.

---

[1]) Die Stangen werden nämlich zum Schutz gegen Fäulniss mit metallischen Salzen imprägnirt.

„Und so wie meine Ranken
Die Pfähle treu umziehn,
Lass du auch die Gedanken
Nicht scheu vor ihnen fliehn;
Lass nur dein Dichten schweben
Mit diesen Fäden weit,
Nur reicher kehrt dein Streben
Zur Waldeseinsamkeit.

„Dann wird dich auch beirren
Nicht länger selbst, mein Sohn,
Der ekeln Nachtbrut Schwirren,
Die mit dem heisern Ton
Der Goldgier und der Lügen
Rastlos den Draht umkreist,
Gern seinen Blitzesflügen
Gemeinste Ziele weist.

„Nein, sei dein Blick nicht enger
Als draus sich dehnt die Welt,
Noch bleibt vor sie der Sänger,
Ein Herold, hingestellt;
Das Werk, das heut sie waget,
Sein Lied verklärt es mild,
— Der Dichterling nur zaget
Vor jüngster Zeit Gebild."

2.

Er spricht's, und muth'ger schreitet
Den Stämmen nach mein Fuss;
Aus ihren Drähten gleitet
Des fernsten Treibens Gruss,
So seltsam jetzt verbunden
Der frischen Bergeslust,
Wie sonst es nie empfunden
Die freie Sangesbrust.

Und ob der Zeit Gestaltung
Mein Geist noch lange sinnt —
Da weicht zurück die Waldung,
Die Dämmerung zerrinnt,
Um sonnig heitre Fluhe
Prangt hehr des Himmels Zelt,
Tief unter dieser Ruhe
Die mächtige, thät'ge Welt.

Stillsel'ge Falter wiegen
Sich in der Blüthen Duft,
Die muntern Vögel fliegen
Sanft zwitschernd durch die Luft,
Des Quelles Spiegel blinken
Vom nahen Felsenbau,
Und Alpenröslein winken
Hinaus in's Aetherblau.

Da horch, welch' seltne Klänge —
Wie ferner Glockenlaut,
Verwehende Orgelsänge,
Wie Harfengrüssen traut!
An hohen Pfahl gelehnet
Steh' ich in Träumerei'n.
Geheimnissvoll sich dehnet
Das Tönen ernst und rein.

Leis lächelnd blick' ich wieder
An kahlem Stamm empor;
Nicht trügt's, von ihm hernieder
Säuselt der geist'ge Chor;
Die Drähte, kaltgeschäftig,
So unscheinbar und stumm,
Jetzt schuf der Bergwind kräftig
Zum sel'gen Spiel sie um!

So eigen tief ergreifet
Mich diese Wandlung nun.
— Der Klang zur Ferne schweifet,
Als sollt' er nimmer ruhn;

Die stolzen Tannen lauschen
Dem neuen Saitenschwung
Und ihre Kronen rauschen
Ihm freudige Huldigung.

(„Aus dem Elsass", Gedichte)

Wondrous Lightning. (Wunder-Blitz.)

Von W. H. Parsons.

Wondrous Lightning, pliant Lightning,
Insulated well with glass,
On our fingers oft' it lingers
As we touch them on the brass.

Mystic current, fruitful current.
„Lo! thy streams" are never dry,
Thou art clever, and forever
Dost thou hide from mortal eye.

Threads of iron thee environ,
Valued help to favor'd man;
Hearts that sorrow come and borrow
From thy founts, the world to span.

Never ceasing, still increasing
Thy dominion o'er the earth;
Ever steady, ever ready,
Blest the mind which gave thee birth!

(Wunder-Blitz, folgsamer Strahl, der durch Glas gut isolirt ist, der zögernd oft an unsern Fingern harrt, sobald wir das Metall berühren.

Geheimnissvolle, fruchtbare Strömung. „Schau! deine Ströme" sind niemals trocken, du bist hurtig und doch dem menschlichen Auge stets verborgen.

Eiserne Fäden umgeben dich, hochgeschätztes Hilfsmittel des begünstigten Menschengeschlechts; Herzen, welche sorgenvoll sind, kommen und schöpfen aus deinen Quellen, um die Welt zu umspannen.

Niemals hört deine Herrschaft über die Erde auf, sie vergrössert sich vielmehr stets; immer getreu, stets bereit, gesegnet sei der Geist, welcher dir das Dasein schenkte.)

Der elektrische Telegraph

Von Karl Elze in Dessau.

(1868.)

Hell leuchtet über's Lenzgefilde,
Wie goldner Schmelz des Morgens Glühn,
Das Vöglein singt, die Luft weht milde,
Und Bäum' und Blumen wollen blühn;
Rings pocht in Feld und Wald ein Drängen,
Des Winters schweren Sarg zu sprengen.

Und knospenlos allein im Kreise
Zieht waldentlang der Eisenpfad,
Und über ihm, erzitternd leise,
Gedankenblitzend, schwebt der Draht,
Drauf mit der Aeolsharfen Süsse
Erschwingen sich des Weltalls Grüsse.

Seid mir gegrüsst, ihr Riesensaiten,
Die ihr von Land zu Land euch spannt,

Und alle Näh'n und alle Weiten
Umschlinget mit des Geistes Band!
In eurem geisterhaften Schwingen
Hör' ich Musik der Zukunft klingen.

Musik der Zukunft, echte, wahre,
Die wirbelnd um den Erdball kreist;
Der Freiheit heller Siegsfanfare
Lauscht schon mein ahnungssel'ger Geist,
Wenn ruhmbekränzt zu ew'gem Siege
Sie heimkehrt aus dem letzten Kriege.

Dann wird sich Völkerlenz gesellen
Zum schönsten Lenze der Natur,
Und wenn die Blumen knospend schwellen,
Prangt ihr auch als ein Schmuck der Flur;
Von Kränzen seh' ich euch umschlungen,
Wenn ihr dies hohe Lied gesungen.

Wie Blut rollt durch der Adern Pforten,
So rollt durch euch des Geistes Schlag;
O schlingt euch weiter aller Orten —
Kein Meer zu tief, kein Fels zu jach —
Bis ihr verbrüdert und befreiet
Die Welt, die sich durch euch erneuet!

(Deutsche Dichter-Gaben, Album für Freiligrath, Leipzig 1868.)

Das unterseeische Kabel.

Von Gustav Mühl.

(1852.)

Nenn' ich den emsig geschwung'nen, den wortbeseeleten Faden,
Keck zu umspinnen bereit, im Dienste des Geistes, den Erdkreis?
Schon, o selt'ner Triumph! durch nächtige Tiefen der Meerflut,
Zwischen den Ungethümen, den ewig stummen des Abgrunds,
Fährt, mit des Blitzes Hast, dahin der Gedanke des Menschen
Spottend des Elements . . . . .

(Schienenweg.)

Post und Telegraph.

1.

(1857.)

Der Telegraph ist ein mit den Schwingen des Blitzes beflügelter Bote, aber er nimmt immer nur **einen** Brief mit. Während die Post mit jeder Transport-Leistung ganze Centner von Briefen zugleich mit derselben Geschwindigkeit befördert wie ein einziges Exemplar, ist an dem Telegraphen jener Vortheil einer bestimmten Art von Arbeitstheilung, durch eine Dienstleistung das gleichartige Bedürfniss vieler Einzelnen zusammen besorgen zu lassen, nicht zu verwirklichen . . . .

Knies, der Telegraph als Verkehrsmittel.

2.

(1878.)

Die Post befriedigt unmittelbar ein allgemeines Bedürfniss; ein Bedürfniss, welches allen Mitgliedern der Volksgemeinschaft eigen ist. Der Telegraph dient hingegen einem speciellen Verkehre; er vermittelt diejenigen Nachrichten, welche eine augenblickliche Spedition erheischen. Zum weitaus überwiegenden Theile sind dies jene Nachrichten, welche sich auf die Preisgestaltung der Welthandelsartikel, dann auf öffentliche Begebenheiten beziehen, ferner die sich daran knüpfenden geschäftlichen Mittheilungen, welche durch die vorbezeichneten Nachrichten angeregt wurden, wie Aufträge zu Kauf und Verkauf und Aehnliches, was auf Ausnützung der momentanen Conjunctur berechnet ist.

Dr. Emil Sax, die Verkehrsmittel in Volks- und Staatswirthschaft.

3.

Der Telegraph ist die unsichtbare Estafetten-Post („par les estafettes invisibles du télégraphe").

Eugène Pelletan.

4.

Die Telegraphie ist nichts Anderes, als eine erweiterte moderne Post. Sie ist zwar die jüngste, aber zugleich die unentbehrlichste Schwester der Post und Eisenbahn, sowie der sämmtlichen Verkehrs-Anstalten.

(Zeitung des Vereins d. Eis.-Verw. 1861.)

5.

Der Telegraph ist ein unbequemer Mitbewerber der Briefpost geworden, denn er wirft seine Depeschen in die Welt, ganz unbekümmert um den Haufen brieflicher Nachrichten und Zeitungen, an denen der elektrische Funke wie spottend vorbeifliegt. Während in Briefen und öffentlichen Blättern noch Alles ahnungsvoll gespannt, aufhorchend ist, giebt der Telegraph mit brutaler Kürze schon das letzte Wort.

Der optische und der elektrische Telegraph.

Die Anwendung der Windkraft verhält sich ähnlich zu der Dampfkraft-Bewegung, wie der optische Telegraph zum elektrischen.

Ernst Kapp, vergl. allgem. Erdkunde.

Die Telegraphie ist die Schreibekunst mit dem Blitze.

Hans Christian Oersted.

Der Telegraph — das idealste Verkehrsmittel.

Von Dr. Max Haushofer.

(1875.)

Der Telegraph ist ohne Frage das idealste der dem Menschen zur Zeit dienstbaren Verkehrsmittel.

Schon der Umstand, dass er nur Gedanken, aber keine Lasten trägt, verleiht ihm diesen idealen Zug; manches Andere tritt noch hinzu. Der Telegraph bedarf keines Fahrzeugs; das Transportobject durcheilt unmittelbar den leichthingesponnenen Weg und weiss nichts von Zeitdauer, denn seine Zeit ist der Moment .. Die Nachricht geht ohne körperliches Sein durch seine

Fäden hin, blos als **sprechende** Kraft. Eine wunderbare Naturmacht, in ein Drahtnetz, das die Welt umspannt, gefesselt und an unzähligen Plätzen zum Sprechen genöthigt.

(Eisenbahngeographie.)

Telegraphische Depesche.

(1865.)

Ich habe mich öfter geweidet
Am Laufe der strömenden Wogen.
Ich habe die Vöglein beneidet,
Wenn schnell sie die Lüfte durchzogen.

Ich wünschte so oft mit den Horden
Der Schwalben mich aufwärts zu schwingen,
Um meiner Geliebten im Norden
Die Grüsse des Südens zu bringen.

Nun send' ich als Boten der Liebe
Electromagnetische Funken,
Als Zeichen, ob hell oder trübe
Mein Stern gestiegen — gesunken.

So zieht denn ihr blitzenden Geister
Vom menschlichen Geiste getrieben,
Euch sendet der Herr und der Meister
In's Haus seiner Treuen und Lieben.

Seht an, wie die Pulse mir schwellen
Vor Wonne, sie baldigst zu schauen,
Schon führen die thönernen Zellen
Den Gruss nach den heimischen Auen.

„Bald halt' ich in fröhlichen Weisen
Dich, Glück meines Lebens, umschlungen,
Wir wollen dann loben und preisen
Den Geist, der die Geister bezwungen."

(„D." in Zeitung des Vereins d. Eis.-Verw. für 1865.)

The Telegram. (Das Telegramm.)

By Sarah E. Henshaw.

(1879.)

Dead, did you say? he! dead in his prime!
Son of my mother! my brother! my friend!
While the horologe points to the noon of his time,
Has his sun set in darkness? is all at an end?
(„By a sudden accident,“)

Dead! it is not, it cannot, it must not be true!
Let me read the dire words for myself, if J can;
Relentless, hard, cold they rise on my view —
They blind me! how did you say that they ran?
(„He was mortally injured,“)

Dead! around me I hear the singing of birds,
And the breath of June roses comes in at the pane;
Nothing — nothing is changed by those terrible words;
They cannot be true! let me see them again!
(„And died, yesterday,“)

Dead! a letter but yesterday told of his love!
Another to-morrow the tale will repeat;
Outstripped by this thunderbolt flung from above,
Scathing my heart, as it falls at my feet!
(„Funeral to-morrow,")

Oh! terrible Telegraph! subtle and still!
Darting thy lightnings with pitiless haste!
No kind warning thunder — no storm-boding thrill —
But one fierce deadly flash, and the heart lieth waste!
(„Inform his friends.")

[Todt, sagtet Ihr? er! todt in der Blüthe seiner Jahre! der Sohn meiner Mutter! mein Bruder! mein Freund! während die Uhr die Mittagsstunde seiner Lebenszeit anzeigt, ist seine Sonne in die Finsterniss getreten? ist Alles zu Ende gegangen!

(„Durch einen plötzlichen Unfall")

Todt! es ist nicht möglich, es kann nicht, es darf nicht sein! Lass' mich die schrecklichen Worte selbst lesen, wenn ich's vermag, unbarmherzig, hart, kalt stehen sie vor meinen Augen, sie verwirren mich, wie sagtet Ihr, dass sie lauten:

(„Ward er tödtlich verwundet")

Todt! rund um mich herum höre ich das Singen der Vögel, und der Duft der Juni-Rosen dringt durch die Fenster hinein, nichts — nichts hat sich von diesen schrecklichen Worten geändert, sie können nicht wahr sein! lass mich sie nochmals lesen!

(„Und starb gestern".)

Todt! ein Brief erzählte erst gestern noch von seiner Liebe! ein anderer wird euch morgen dieselbe Mittheilung bringen; dieser ist durch den von oben geschleuderten Blitz überholt worden, der mein Herz bricht, dass es zu meinen Füssen fällt!

(„Das Begräbniss ist morgen".)

O! schrecklicher Telegraph! glatt und still! der du den Blitzstrahl mit mitleidsloser Hast schleuderst, keine Art warnenden Donners — kein sturmverkündender Laut, nur ein heftiger öder Blitzstrahl, und das Herz liegt verwüstet da!

(„Benachrichtige seine Freunde".]

Grandpa's Telegram. (Grosspapa's Telegramm.)

Von W. H. Parsons.

'Twas a cold, stormy winter's night,
  The time was growing late;
A man sat musing on the past,
  Beside a cheerful grate;
The morn of life to him had gone,
  And evening just begun;
His face was lightly touched by care,
  Like clouds by setting sun.

The wife was reading by his side
  A bible worse for wear;
While playful half-grown kittens three,
  Were playing 'round her chair;
Stretched on the hearth purred pussy cat,
  A picture of content;
The soft light of the study lamp,
  A cheerful aspect lent.

A year ago their Jane had wed,
  And moved from out the State;
The father's thoughts were now of her,
  As he sat beside the grate:
Hark! from the hall the noisy bell
  Disturbs the quiet scene,
On such a night, at such a time,
  What could this visit mean?

The half ope'd door reveals a boy
  Leaning against the jamb,
Who, breathless from the raging storm,
  Holds out a telegram;
With trembling nerves the father placed
  His spec's upon his nose,
All fearful lest some dreaded ill
  The message would disclose.

The dame sat watching, as he read,
 The changes in his face,
She saw the look of fear go out
 And joy come in its place:
Aloud he slowly reads the words,
 „To Andrew Jackson Coy,
Our Jane is doing splendidly,
 And so's the ten pound boy“.

He capers 'round about the room,
 His spec's fly off his nose,
The cat gets up a well-curved back,
 And through the window goes;
He greets his wife with fervent kiss,
 And dances out his joy;
Why not, when Jane is doing so well,
 And he is Grandpa Coy.

Ges. Blainville, d. 1. Febr. 1881. F. C. P.

(Spät war's, in einer Winternacht
 Mit Frost und Sturm, da sass und sann
Und dachte an vergang'ne Zeit
 Am wärmenden Kamin ein Mann.
Sein Lebensmorgen war entfloh'n,
 Just brach sein Abend an; nur leis
Berühret seine Stirn die Sorg',
 Wie scheidend Sol den Wolkenkreis.

In einem abgegriff'nen Band,
 Der Bibel, lesend, sass anbei
Die Gattin, während ihren Stuhl
 Umspielten flott der Kätzchen drei.
Am Herd die Alte schnurrend lag,
 Ein Urbild der Zufriedenheit;
Der Arbeitslampe mildes Licht
 Bot eine heit're Augenweid'.

Ihr Hannchen zog vor einem Jahr
 Als Neuvermählte aus dem Land:
Ihr galt des Vaters Denken, was
 Sie missend, er am Herd empfand....

Da plötzlich unterbrach die Still'
  Der Glocke lauter Ruf vom Flur;
Bei solcher Nacht, so spät Besuch?
  Was mochte der bedeuten nur?

Vom rauhen Sturme athemlos,
  Stand draussen, an den Rahmenstamm
Der Thür gelehnt, ein Bursch und bot
  Dem Oeffnenden ein Telegramm.
Die Brill' heraus! Und zitternd setzt'
  Der Vater sie auf's Nasenbein:
Konnt' auf dem Blatt das Schrecklichste,
  Nicht Krankheit, Tod gemeldet sein?

Die Dame sass und sah gespannt
  Dem Lesenden in's Angesicht;
Des Bangens Schatten schwanden bald
  Verscheucht vom hellen Freudenlicht;
Und langsam las, mit lauter Stimm'
  Er nun: „An Andrew Jackson Cab;
Uns'r Hannchen munter und wohlauf,
  Item der zehn Pfund schwere Knab'."

D'rauf sprang durch's Zimmer er wie toll,
  Dass von der Nas' die Brill' ihm flog,
Die Katz' den schönsten Buckel macht'
  Und jach davon durch's Fenster zog.
Heiss grüsst' und küsste er sein Weib,
  Tanzt' weiter, wie's die Freude gab;
Warum nicht? Ist nicht Hannchen wohl?
  Ist er nicht jetzt Grosspapa Cab?)

Deutsch von F. C. Peterssen.

Die Schweiz.

Die besondere Bedeutung des Telegraphennetzes.

Von Dr. C. B. Arwin Emminghaus.

(1861.)

In verhältnissmässig überaus kurzer Zeit hat sich über die Schweiz ein weitverzweigtes Telegraphennetz ausgebreitet; dasselbe überzieht nicht nur die starkbevölkerten und industriereichen Gegenden des Mittellandes; es verzweigt sich vielmehr selbst in die unwirthlichsten Alpengefilde; hin und wieder steigen die Drähte bis in die Schneelinie hinan, tragen schweigsam den flüchtigen Gedanken durch in ewiges Schweigen gehüllte Einöden, setzen über brausende Gebirgsströme, bilden, als Träger einer vom menschlichen Geiste wunderbar genug gezähmten Naturkraft den seltensten Kontrast zu den ringsum waltenden ungebändigten Naturkräften und eilen dann wieder thalabwärts in die glücklichen, bebauten Niederungen, durch die Stätten fröhlichen und unermüdlichen Schaffens.

Gerade für die Schweiz haben die Telegraphenlinien, ganz abgesehen von ihrem Nutzen für das Wirthschaftsleben, eine ungewöhnliche Bedeutung. Bei der Verschiedenheit der Nationalitäten dieses kleinen Bundesstaates, bei der Unübersteiglichkeit der von der Natur mit unerbittlicher Hand gezogenen Grenzen zwischen einzelnen der verfassungsmässig zusammengehörigen Theile desselben bedurfte es recht sehr auch äusserlicher Bindemittel, um mehr und mehr die Gesammtheit als solche sich fühlen zu lassen. Die Telegraphenlinien haben eine wunderbar einigende Macht; sie überschreiten auch die für den gewöhnlichen Verkehr unüberschreitbarsten natürlichen Grenzen; sie tragen Gedanken um Gedanken mit Blitzesschnelle aus und ein; sie machen jede Entfernung, jede Trennung zu nichte.

(Die Schweizerische Volkswirthschaft. Leipzig 1860—61.)

Italien.

Das Telegraphen-Kabel nach den Inseln Sardinien und Corsica.

Di Giuseppe Regaldi.

A Sir James Hudson.[1])

Torino, gennaio 1855.

Non più fra noi la folgore
È di Giove il furor; quïeta or vola
Per ferrei stami innumeri,
Messaggera fedel della parola,
E porta vita ai più remoti popoli
Del gemino emisfero,
Emulatrice dell' uman pensiero.

O! quante fila aëree
Le cittadi varcando e le foreste
Perennemente annunziano
Con uguale tenor compiante e feste,
Le breve glorie, le battaglie assidue
E le paci bugiarde
E il pianto eterno dell'età codarde.

S'agita e ferve un etere
Misterioso in quei docili stami,
Tempo divora e spazio
Dovunque avvien che uman voler lo chiami;
È lo spirto d'amor che tutto penetra,
Che nella sua parola
Farà del mondo una famiglia sola.

Questo fecondo spirito
Coll' indice magnete all'uom risponde,

[1]) Ehemaliger engl. Gesandter am sardin. Hofe.

Discorre infaticabile
Terre infinite e lanciasi nell'onde,
E vola e guizza e non lo frena l'impeto
Degli avversi elementi,
Mentre le ime viaggia acque muggenti.

Plausero Francia ed Anglia
Sui Cozii gioghi un suon di plauso udissi,
Quando all' industria i subiti
Commerci aprendo, e spinta entro gli abissi
Del ligustico mar la fune elettrica,
Il Piemontese accorto
Stringea di nuovi amplessi Occaso ed Orto.

Piemonte, esser doveano
I parlanti metalli a te fidati,
Perchè tu sei l'oracolo
Da cui propizii Ausonia attende i fati,
E civiltà fra le tue genti armigere
Suda, combatte e spera
All' ombra dell' Italica bandiera.

Gloria a colui che provvido,
Dell' elettro i misteri al mondo apriva
E colla pila ignifera
Della scienza i gradi ardui saliva.
Gloria al savio Lombardo, a lui, che il vigile
Occhio nel buio immerse
Della natura, e ignoto ver scoverse.

Salve, o novel Prometeo!
Tu rapisti la vivida scintilla
Che si propaga e rapida
Sen va come il desio di villa in villa;
E, tua mercè, noi la destiam nel magico
Fremer del miro ingegno,
Che del mio verso agli ardimenti è segno.

Di': sul paterno Lario
Qual gioia in cor ti nacque, allor che intento

Stavi, accoppiando i gemini
Dischi, e flui da triplice elemento
L'occulto foco che distrugge e suscita
La vita, e con eterna
Febbre gli atomi investe e li governa?

Oh te beato! i Superi
Non t'afflisser di rigida sentenza,
Poichè il tesor recondito
Apristi di mirabil conoscenza;
Ma 've Colombo e Galileo riposano
Nel conquistato vero,
Degna di te sede immortal ti diêro.

Dall' ardua stella ove abiti
Vigila il gran trovato, onde alle genti
Sia germe sol di libere
Cittadinanze e di non bassi intenti;
E spazio e tempo e verbo alfin s'accordino
A far secura e lieta,
Dopo tanto patir, l'umana creta.

(An Sir James Hudson.

Nicht Jovis Zorn bedeutet
Uns mehr der Blitz; er fliegt von Ort zu Ort
Gefügig hin durch ungezählte Drähte,
Ein treuer Bote dem lebend'gen Wort.
Er trägt's zu fernen Bruderhemisphären,
Mit des Gedankens Schnelle
Wetteifernd, fort durch Land und Meereswelle.

Wie viele luft'ge Fäden
Zieh'n durch die Städte, zieh'n durch Waldesnacht
In gleichem Tone weithin zu verkünden
Den flücht'gen Ruhm, Sieg und Verlust der Schlacht,
Die herbe Trauer und die Freudenfeste,
Und trügend Friedenswähnen
Und dieser feigen Zeit endlose Thränen!

In den gefügen Drähten
Wirkt eine Kraft geheimnissvoll und still,
Die Zeit und Raum verzehrt: sie folgt dem Menschen,
Wohin sein Machtgebot sie rufen will.
Der Geist der Liebe ist's, der alldurchdringend
Dereinst mit ihren Worten
Die Menschheit wird verbrüdern allerorten.

Mit des Magneten Griffel
Spricht dann zum Menschen dieser rühr'ge Geist,
Durcheilt die Länder, wirft sich in der Wogen
Verborg'ne Tiefen; ohne Macht erweist
Sich gegen seinen Flug durch Meeresgründe,
Empörter Elemente
Wildschäumend Wüthen, das die Länder trennte.

Und Beifallsrufe hört' ich
Von England, Frankreich, von den Alpen her,
Als neue Bahnen dem Verkehr erschliessend
Der Piemontese in's Ligurermeer [1])
Das Seil, das funkenleitende geworfen,
Das nun mit neuem Bande
Den Ost und West umschlingt von Land zu Lande.

Piemont, getreulich müsste
Das redende Metall dir dienstbar sein,

---

[1]) **Am 21. Juli 1855 ward in Gegenwart des Prinzen von Carignan, einiger Minister und der Vertreter Englands und Frankreichs am sardinischen Hofe, das unterseeische Kabel vom Golf von Spezzia nach Sardinien und Corsica gelegt, das in der Folge nach Afrika und Indien verlängert wurde. Ueber diese Feierlichkeit berichtend, drückt sich Giuseppe Massari folgendermassen aus: „Dieser neue glänzende Sieg des Menschengeistes über Raum, Zeit und Meeresfluthen ist unter den Auspicien des Hauses Savoyen und der Tricolore gefeiert worden; dieses Tau ist gleichsam ein verbindender Faden zwischen Italien, Frankreich und England; durch ihn ist Piemont zu dem glorreichen Amt gelangt, einer der Wächter über die Gedanken zu sein, welche die christliche Civilisation dem fernen Osten sendet.“ (Siehe die Zeitschrift: „Il Cimento, Anno II, serie seconda, fascicolo VIII.“)**

Denn günstigen Orakelspruch erwartet
Ausonien fernerhin von dir allein.
In deinem rüst'gen Volke ringt und streitet
Voll Hoffnung, ohn' Ermatten
Der Fortschritt in Italiens Bannerschatten.

Ruhm sei und Preis dem Klugen,
Der des Elektron tiefverborgne Kraft
Der Welt enthüllt und an metall'ner Säule
Erklomm die Stufen hoher Wissenschaft.
Preis dem Lombarden, [1]) der mit scharfem Auge
In's Dunkel eingedrungen,
Und der Natur die Wahrheit abgerungen.

Heil sei, du neuerstand'ner
Prometheus, Dir! Du hast den Funken kühn
Geraubt, der nun, dem schnellen Wunsch vergleichbar,
Forteilt, der Menschen Städte zu durchzieh'n.
Durch Dich ward er erweckt in der Gedanken
Geheimem Wunderweben,
Die mir zum Liede Muth und Losung geben.

Sag', ob am heim'schen Ufer
Des Larius [2]) jubelnd nicht Dein Herz erklang,
Da Dir aus dreigeeinten Elementen
Verbund'ner Scheiben, hell der Funke sprang,
Der tödten kann und wieder neu beleben,
Der ewiges Pulsiren
Atomen leiht, um herrschend sie zu führen?

O Segen Dir! Die Götter
Bestraften Dich mit strengem Urtheil nicht,
Weil Du verborg'nen Schatz der Wissenswunder
Hervorgezogen hast an's Tageslicht.
Nein, wo Columbus einst und Galilei
Der Wahrheit Sitz erklommen,
Da bist auch Du unsterblich aufgenommen.

---

[1]) Alexander Volta aus Como.

[2]) Comer See.

Vom hohen Stern hernieder
O wache ob der neuentdeckten Kraft,
Dass edle Saat nur ihrem Schoss entkeime
Zu Glück und Frieden freier Bürgerschaft,
Dass Raum und Zeit und Wort sich einst verbinden,
Nach so viel Leidenszeiten
Der Menschheit Glück und Frieden zu bereiten.

(Aus dem Italienischen übertragen von B. J.)

Nord-Amerika.

Gesang amerikanischer Telegraphen-Arbeiter.

(1849.)

The mystic wire is in the air,
It winds from shore to shore;
By dark Missouri's turbid tide,
By deep Niagara's roar.
Boys! bear along the lightning thong
Down the O-hi-o.
Four thousand miles already up,
And thousands more to go. [1])

Sink the poles, boys, firm and strong,
Deep and close together;
Solder the joints of the mystic thong
And let it stand for ever!
Shouting still, by rock and rill,
In morning's crimson glow:
Four thousand miles already up,
And thousands more to go.

---

[1]) Der Refrain will besagen, dass damals bereits 4000 englische Meilen Linien im Betriebe waren.

(Der geheimnissvolle Draht ist in der Luft, er spannt sich von Küste zu Küste, über der finsteren, trüben Fluth des Missouri, über dem Gebrause des tiefen Niagara. Jungens! tragt den blitzenden Strang den Ohio hinunter. Vier tausend Meilen sind schon aufgerichtet und bei tausenden hat es noch zu geschehen.

Versenkt die Pfähle, Jungens! fest und kräftig, tief und dicht neben einander, verbindet die Glieder des geheimnissvollen Strang's und lasst ihn für immer stehen! Ausrufend beim Felsen und beim Bache, bei der Gluth der Morgenröthe: „Vier tausend Meilen sind schon aufgerichtet und bei tausenden hat es noch zu geschehen.“)

An operators [1]) prayer. (Telegraphisten-Gebet).

By J. W. B.

When the circuit of years is broken,
And the local of live grown weak,
May we find then a heaven of peace,
In the office that all men seek.
When the crosses of earth fade away,
And the grounds and escapes are no more,
May we not be afraid to report to our chief,
When we cut in at eternity's shore.
When the Ledger of live has been closed,
And live's balance sheet handed in;
Pray God that no error be charged
In the auditor's column of sin.
When the fatal Death message is received,
And Jesus calls us to say
How the office he gave us was managed
May our answer in all truth be O. K.

---

[1]) Die gesperrten Worte sind termini technici (zum Theil specifisch amerikanische) des Telegraphen-Betriebes.

Der Telegraph und die Indianer.

(1864.)

Eine merkwürdige Thatsache ist es, dass der Telegraph, welcher schon geraume Zeit vor der Erbauung der Pacific-Eisenbahnen vom Osten nach dem Westen der Vereinigten Staaten läuft, trotz der Indianer-Unruhen und Verwüstungen ungestört fortarbeitete. Die Drähte blieben unverletzt, und die Telegraphisten sind nirgends gestört worden, wenn sie ruhig und furchtlos bei der Arbeit blieben. Der Grund dieser Erscheinung ist die heilige Scheu, welche die Indianer vor dem „sprechenden Draht“ haben, welchen letzteren sie nicht anzurühren wagen. Folgendes sind die Thatsachen bezüglich des Ursprungs dieses aus Furcht und Verehrung gemischten Gefühls. Als Mr. Creighton die Ueberland-Linie herstellte, traf er bei den Indianern auf keinen ernstlichen Widerstand, doch musste er jeden Augenblick darauf gefasst sein, dass sie die sämmtlichen Stangen umhauen und die Drähte niederreissen würden. Um dem vorzubeugen, beschloss er den Aberglauben der Indianer zu benutzen. Als daher die Linie von Fort Kearney bis Fort Laramie, die etwa 500 Meilen von einander entfernt sind, vollendet war, richtete er es so ein, dass an demselben Tage der Häuptling der Arapaphos-Indianer zu Fort Kearney-Station und der Chef der Sioux-Indianer zu Lamarie anwesend war. Die beiden Stämme gehörten zu den mächtigsten der Ebenen und die beiden Häuptlinge waren mit einander befreundet. Nachdem die beiden Telegraphisten auf beiden Stationen sich durch Signale überzeugt hatten, dass jeder von ihnen einen Häuptling an seinem Ellenbogen hatte, fragte Mr. Creighton, der zu Fort Kearney war, den Arapapho-Chef, ob er nicht Lust habe, Etwas mit seinem Freunde zu Fort Lamarie zu plaudern. Der Indianer grinste ihn ungläubig an, sah aber endlich ein, dass von keinem Scherze die Rede sei, und stellte eine Frage. Der Sioux antwortete, die Unterhaltung wurde immer lebhafter, und Fragen und Antworten flogen hin und her. Beide Häuptlinge waren ausser sich vor Staunen und nach echter Indianer-Weise forschten sie nicht nach Erklärung des Wunders, sondern nahmen die Erklärung der Europäer, dass der Telegraph die Stimme oder vielmehr das Sprachrohr Manitou's, des „grossen Geistes" sei, mit gläubigem Vertrauen an. Um den Eindruck zu vollenden, liess man die beiden Häuptlinge sich gegenseitig einladen, sich halbwegs zwischen den beiden Forts zu treffen. Der Einladung wurde sofort Folge geleistet, als ob es ein direkter Befehl Manitou's sei. Die Chefs ritten auf bereit gehaltenen Pferden 250 Meilen weit, trafen und überzeugten sich, dass es mit der Unterredung, die sie eine Woche zuvor, 500 Meilen weit von einander, gehalten hatten, seine vollständige Richtigkeit habe. Die wunderbare Kunde vom Telegraphen wurde bald unter allen Stämmen bekannt, und von jener Zeit an waren Stangen, Drähte, Stationen, Instrumente, kurz Alles, was zum Telegraphen gehört, den Indianern heilig und blieben unversehrt.

(Vorwärts, Magazin für Kaufleute, herausgeg. v. Dr Amthor.)

Das Project der Legung des transatlantischen Telegraphen-Kabels.

Von Alexander von Humboldt.

Potsdam, d. 26. Oct. 1856.

Mein Verkehr mit Maury ist seit vielen Jahren ein so lebhafter, als ich ein grosses Interesse an Strömungen, Meerestemperatur und Werkzeugen der Sonderungen nehme. Eine herrliche Bestätigung der von Maury veranlassten Sondirungsresultate hat jetzt eben die vollendete Sondirung für das Telegraphic Wire von St. John in Neu-Fundland bis Valentin-Bay in Irland durch Lieut. Berryman gegeben.

Morse schickt mir eben eine 15 Fuss lange Sondirungskarte und versichert, dass der Telegraph in weniger als einem Jahre zur Verbindung beider Continente brauchbar fertig sein werde: „There will be a possibility", schreibt mir der Telegraphen-Morse (London 7. Oct.), „to send you in less than one year a despatch from my home on the Hudson River to Potsdam in less than 5 minutes of time. I look with sanguine hope to this consummation." . . . . . .

(Aus einem Briefe an Herrn Prof. Boettger in Dessau — Archiv für Post und Telegraph 1880.)

Der transatlantische Telegraph.

1.

August 1858.

Seit der Entdeckung Amerika's durch Columbus ist nichts vollbracht worden, was sich im geringsten Grade mit dieser ungeheuren Erweiterung des Spielraumes menschlicher Thätigkeit vergleichen liesse. Jetzt nachdem dieses schwierigste aller Probleme gelöst ist, dürfen wir mit Recht voraussetzen, dass es keinen Punkt auf der Oberfläche der Erde giebt, mit dem wir uns nicht in unmittelbare Verbindung setzen können. Wir wissen jetzt, dass die Mittel einer thatsächlichen Allgegenwart uns zu Gebote stehen. Die Entfernung, als ein Grund der Ungewissheit, wird aus den Berechnungen des Staatsmannes und des Kaufmannes verschwinden. Ohne Uebertreibung können wir uns schmeicheln, dass wir in sehr kurzer Zeit im Stande sein werden, unseren Lesern jeden Morgen eine Chronik von Allem, was den Tag vorher auf dem ganzen Erdballe vorgegangen ist, auf den Tisch zu legen. Die Admiralität wird bis auf ein paar Meilen die Stellung eines jeden Schiffes kennen. Wir werden die Kunde von einem Kaffernkriege und einer indischen Meuterei haben, bevor der erste Tropfen des dabei vergossenen Blutes erkaltet ist. Wir sehen mit nicht unnatürlicher Befriedigung, dass jene Staaten, welche die entlegensten Besitzungen haben, aus der Entdeckung den grössten Vortheil ziehen werden, und dass daher England mehr als irgend einer seiner Nebenbuhler zu gewinnen hat. Es ist gestern zur Befestigung unseres Reiches mehr geschehen, als jemals durch die Weisheit unserer Staatsmänner, durch die Liberalität unserer Gesetzgebung oder die Loyalität unserer Kolonisten hätte bewerkstelligt werden können. Die Entfernung zwischen Kanada und England hat aufgehört. Soweit es auf gegenseitige Mittheilung und Verständigung ankommt, ist der Ocean ausgetrocknet, und wir befinden uns in Wirklichkeit, sowie in unseren Wünschen in einem und demselben Lande. Man kann auch die Stellung, in welche uns der atlantische Telegraph zur grossen amerikanischen Republik versetzt, nicht mit Gleichgiltigkeit betrachten. Er hat die

Erklärung von 1775 halb ungeschehen gemacht und viel dazu beigetragen, uns selbst zum Trotz, wieder ein und dasselbe Volk aus uns zu machen. Zu den Banden gemeinsamer Abstammung, Sprache und Religion, zu den innigen Geschäftsverbindungen und zu der vollkommenen Sympathie, die wir in Bezug auf viele Fragen haben, gesellt sich jetzt die Fähigkeit augenblicklicher Mittheilung. [1]

(Times.)

2.

(1866.)

Von Eduard Schulte in Hagen i. W.

Ein Freudenruf durchschallt die ganze Welt
Und Siegeshymnen tönen uns entgegen! —
Die Säule Volta's nun den Preis erhält,
Es bringt auf's Neu' die Wissenschaft uns Segen!

Das grösste Werk ist herrlich nun vollbracht!
Längst ist dem Zeus der Wetterstrahl entrungen!
Jetzt ist besiegt des Flutengottes Macht,
Denn selbst Neptun, der mächt'ge, ist bezwungen!

Durch sein Gebiet, den weiten Ocean,
Lässt er ein Heer von lichten Geistern ziehen!
Den Sylbenschaaren brachen off'ne Bahn
Galvani's kräft'ge Friedensbatterien.

Das wunderbare Riesenwerk, es krönt
Mit höchstem Ruhm dies ringende Jahrhundert;
Die Völker steh'n erstaunt, entzückt, versöhnt,
Ihr Genius den schönsten Sieg bewundert!

Der grosse Sieg vollbringt die höchste That;
Er führt und drängt die Menschheit fröhlich weiter!
Zum Feuernerv wird der belebte Draht,
Zum Götterboten der metall'ne Leiter! —

Nun sendet mitten durch des Weltmeers Guss,
Von Kanada's so weit entlegnem Ufer,

[1] Die Freude war leider von kurzer Dauer: das atlantische Kabel von 1858 zerriss, nachdem es wenige hundert Telegramme übermittelt hatte.

Die „Neue Welt“ uns ihren Schwestergruss,
Wir hören geistig ihre Vivat-Rufer!

Nun jauchzt der Katarakt am Erie-See
Im Donnersturz und schaumumhüllten Fliehen:
„Mein Bruder Rhein, grüss’ Deine süsse Fee,
O mich bezaubern ihre Melodieen!“

Beseligt wie im hochentzückten Traum
Frohlockt die Menschheit zu des Himmels Sternen:
„Entschwunden ist auf meinem Ball der Raum,
Nur ihr verharrt in hehren Sonnenfernen!“ —

Gepriesen sei und bleib’, o Telegraph!
Blitzfunke, sprüh’! Die schwülen Lüfte fege!
Du schreibst beherzt der Knechtschaft Epitaph,
Zum Segen klingen deine Hammerschläge.

(Deutsche Dichter-Gaben, Album für Freiligrath.)

3.

Von Adolf Stöber.

Menschheit, preise den Herrn! wieder ein Riesenwerk,
Das dein Genius schuf, ward mit Erfolg gekrönt:
    Pol mit Pol verbindend,
    Zuckt durch’s Meer dein Gedankenblitz.

Nein, kein Ocean trennt die alte Welt
Von der neuen, ein Band schlinget um beide sich,
    Unermessliche Seen
    In Minuten der Geist durchmisst.

Kaum von London entsandt, flieget die Botschaft weit;
Eh’ die Stunde verfloss, füllet sie Neu-York schon:
    Klag’ und Jubel erweckend,
    Thut sie Trauer und Freude kund.

Antipoden sogar, jüngst noch einander fern,
Tauschen rasch wie der Blitz ihre Gedanken aus.
    Eines Hauses Genossen
    Sind die Völker von Pol zu Pol.

O dass, gleichwie das Tau sich um den Erdkreis schlingt,
So die Menschen umfass' heiliger Liebe Band!
Wie elektrische Funken.
Sprüh' der Funke des Mitgefühls!

Strahlt die Sonne des Glücks über der alten Welt,
O so freue sich auch drüben die neue mit!
Sinkt in Trauer die neue,
Trage Leid auch die alte Welt!

Nimmer, nimmer entzwei'n sollen die Völker sich;
Krieg zerfleische nicht mehr die Glieder desselben Leibs!
Ein Glied diene dem andern,
Zu des einigen Leibes Wohl!

Und dass, brüderlich eins, Volk sich an Volk' anschliess',
Hange jede Nation, jede Familie fest
Am gemeinsamen Vater,
Der vom Himmel auf Alle schaut!

Wie auf Erden das Tau Westen und Osten verknüpft,
Also fass' das Gebet Himmel und Erd' in Eins:
Bitte steige von unten,
Segen ströme von oben her!

Fest im Vater verknüpft, seien die Brüder eins!
Zum Reichsapfel des Herrn werde der Erdkreis ganz,
Und das Kreuz der Erlösung
Schweb' als Krone der Liebe drauf!

(„**Das transatlantische Tau**", **im Elsäss. Samstagsblatt für 1866.**)

4.

Die sehnlich erwartete Kunde, dass die Legung des atlantischen Telegraphenkabels glücklich vollendet, dass die telegraphische Verbindung zwischen unserem Welttheil und Amerika hergestellt sei, wurde durch das Kabel selbst am 28. Juli (1866) nach London telegraphirt. Am 27. Juli Abends 5 Uhr war das grosse Werk, an dessen Zustandekommen so Viele gearbeitet und Millionen gezweifelt hatten, zu Ende geführt und es blieb nur noch die verhältnissmässig leichte Aufgabe zu lösen übrig, das

Hauptstück mit dem stärkeren Uferende zu schliessen. Um 8 Uhr 45 Min. war auch diese Arbeit gethan und von da an flogen Gratulations-Depeschen mit Blitzesschnelle zwischen Neufundland und Valentia (Irland) hin und zurück. Die Isolirung liess nichts zu wünschen übrig, die Signale kamen rasch und deutlich; das Kabel hatte, seit das überflüssige Stück abgelöst war, an Kraft wesentlich gewonnen. Am 28. Juli, Nachmittags 2 Uhr 30 Min., beförderte es folgendes Telegramm herüber (vom Ingenieur Gooch an den Fabrikanten Glass):

„Unser Uferende ist eben gelegt worden, und ein überaus vollkommenes Kabel stellt, mit Gottes Segen, die telegraphische Verbindung zwischen Europa und Amerika her. Ich kann nicht Worte genug finden, um meine Anerkennung für den unermüdlichen Eifer und die ernste freudige Weise auszudrücken, mit denen jeder an Bord [1]) Befindliche, vom Höchsten bis zum Niedrigsten, die ihm anvertrauten schweren und harten Pflichten in seiner betreffenden Sphäre erfüllt hat. Die unermüdliche Thatkraft und wachsame Sorgsamkeit durch Tag und Nacht, die während der letzten beiden Wochen zur Durchführung des Werks in Anspruch genommen werden mussten, können nur von Demjenigen vollständig beurtheilt und gewürdigt werden, der, wie ich, Augenzeuge gewesen ist. Alle haben sie getreulich ihre Schuldigkeit gethan und freuen sich des Erfolges und schliessen sich mir an in meinen Glückwünschen an unsere Freunde in England, die in verschiedener Weise bei der Ausführung dieses grossen Werks mitgeholfen haben.“

Nachdem am 27. und 28. Juli weitere Versuche mit dem Kabel angestellt und die nöthigen Apparate an Ort und Stelle gebracht waren, wurde dasselbe am 31. Juli dem Verkehr übergeben.

Die erste telegraphische Depesche, die der transatlantische Telegraph nach Paris brachte, war an den dortigen Amerikanischen Gesandten, Herrn Bigelow, gerichtet. Diese Depesche, welche am 30. Juli Abends 11 Uhr aus Neufundland abging, traf des andern Morgens um 5 Uhr auf der Gesandtschaft ein. Sie lautet wie folgt:

---

[1]) Des Riesenschiffes Great Eastern.

„His Excellence the american minister, Paris, Friday 11 P. M. The Atlantic is successfully laid. May it procure blessing to all mankind.
Newfoundland. Cyrus Field."

Reuter's Office empfing, London, 31. Juli, folgende Neu-Yorker Nachrichten vom 29. Juli durch den transatlantischen Telegraphen:

„Tennessee ist am Congress zugelassen. — Der Congress hat sich vertagt. — Course am 28. Juli: Wechselcours 50, Bonds $64^1/_2$, Gold $7^1/_4$, Baumwolle 36, ruhig."

Der Tarif für die vermittelst des atlantischen Kabels nach Amerika zu befördernden Depeschen lautet kurz dahin, dass 100 Buchstaben 20 Lst. kosten, dass jedes Wort darüber von 5 Buchstaben mit 1 Lst. vergütet werden muss, und dass Depeschen von weniger denn 100 Buchstaben ebenfalls 20 Lst. kosten sollen.

Der Zustand des Kabels lässt nichts zu wünschen übrig, ist, wenn den Mittheilungen der Interessenten unbedingt geglaubt werden darf, seit seiner Versenkung durch den auf ihm lastenden Druck der Meeres-Wassersäule in Betreff seiner Isolirung bedeutend besser geworden, und lassen die Signale an Deutlichkeit und Präcision nichts zu wünschen übrig. Seit dem 30. Juli nimmt das Londoner Telegraphenamt Depeschen nach Neufundland, Canada und allen Theilen der Vereinigten Staaten an. Eine directe telegraphische Verbindung jedoch besteht einstweilen nur mit Neufundland, denn nicht allein dass die Landlinie, welche quer durch die Insel streichen wird, nicht fertig ist, mangelt es gegenwärtig noch an der directen Verbindung mit dem Amerikanischen Festlande, da das Kabel, welches die Insel Neufundland mit diesem verbinden soll, entweder nicht gelegt oder zu Schaden gekommen ist. Da die ganze Strecke nur 15 deutsche Meilen in seichtem Wasser beträgt, so wird die Arbeit in wenigen Tagen, spätestens Ende dieser Woche, vollendet sein können. Bis dies geschehen, fährt ein Dampfer die in Neufundland eingegangenen Depeschen nach dem Amerikanischen Festlande und von dort zurück nach der Insel, wodurch jede Depesche zwischen den beiden Continenten eine Verzögerung von mindestens 7 Stunden erleidet. Trotz dieses Uebelstandes sind in London schon viele Privatdepeschen nach Amerika aufgegeben worden, unter ihnen eine officielle Gratulationsdepesche der Königin Victoria an den Präsidenten der Vereinigten Staaten folgenden Inhalts:

„Die Königin wünscht dem Präsidenten Glück zur glücklichen Durchführung eines Unternehmens, von dem sie hofft, dass es als ein neues Band der Einigung zwischen den Vereinigten Staaten und England dienen werde."

Der Engländer vor Allem darf sich der ungetrübten Freude überlassen, dass das grosse Problem befriedigend gelöst ist. Mit freudigem Stolz kann er die Vollendung eines Werks begrüssen, welches, dreimal misslungen, immer wieder von England aufgenommen wurde, und für dessen Beharrlichkeit wie für sein mechanisches Genie ein ehrendes Zeugniss ablegt. — Ein merkwürdiges Zusammentreffen ist es übrigens, dass das transatlantische Kabel, dieses Kind des Friedens, als erste Kunde vom Festlande der Alten Welt zur Neuen von „Friedenspräliminarien" berichtet. Möge, wie Friede sein erstes Wort ist, auch Friede immerdar seine Botschaft sein können.

(Zeitung des Vereins d. Eisenb.-Verw. für 1866.)

Der Telegraph — als Schutzgeist der Eisenbahn.

Von M. M. Freih. von Weber.

(1867.)

Nicht blos Sokrates hatte seinen Eudämon und seinen Kakodämon. Jedem Menschen schreitet sein guter und böser Geist zur Seite, ja sogar zu jeder Einrichtung im Kulturleben, die Eigenartiges genug hat, um individualisirt werden zu können, gesellen sich Kräfte, die sich als ihr gutes und böses, als ihr förderndes und hinderndes Princip kund geben. Kaum war die Kraftgestalt des jungen Eisenbahnwesens in die Kulturkreise civilisirter Völker getreten, so fanden sich auch der weisse und der schwarze Geist ein, die ihm ihre Dienste anboten; der erste eilt, als schnellerer Bote, dem Schnellen voraus, erleuchtet seine Pfade mit dem Blitze des Worts und umschwebt körperlos den gewichtigen Eisenleib des jungen Riesen; der andere wirft ihm tückisch die unsichtbare Schlinge langgedehnter Kontrolen um die Flügel, verstrickt seinen flüchtigen Fuss im dornigen Gestrüpp des Schreibereigeschnörkels, verirrt ihn im Labyrinthe der Regulative und Aktenfascikel und biegt und verstümmelt ihm die gewaltigen Glieder, um ihn in das Prokrustesbett obsoleter Formen einzupressen. Wer hat sie nicht schon errathen, diese Geister! Die leuchtende Tochter des Blitzes und der Idee, die Telegraphie! und den Sohn von Vater Usus und Mutter Tinte, den engbrüstigen, büreaukratischen Schlendrian! Das sind der Eudämon und der Kakodämon des Eisenbahnwesens.

(Das Telegraphen- und Signalwesen der Eisenbahnen.)

Die Zeitung im Verhältniss zur Eisenbahn, zur Post und zum Telegraphen.

1.

Was die Eisenbahn für unser materielles Leben, ist für unser geistiges Leben die Zeitung geworden.

2.

Die Zeitung hat den Anforderungen einer neuen Cultur-Epoche entsprochen, deren schnelle Entwickelung durch die Wissenschaft und ihre Wunder sich verzehnfacht, verhundertfacht hat. Die Presse hat einen der Dampfkraft und der Elektricität parallel laufenden Weg verfolgt. Sie muss mit Eilzugs-Geschwindigkeit sprechen und schreiben und gleichsam einen photographischen Abdruck der Tages-Geschichte liefern. Es mag wohl sein, dass die Reife des Gedankens und die Reinheit der Sprache bei diesem hastigen Arbeiten leiden, aber wie viele Gedanken würden ohne diese schnelle und unaufhörliche Aufzeichnung verloren gehen? . . . . Solchem Bedürfniss entspricht die

Zeitung, und deshalb nimmt die Journalistik heutzutage eine so hervorragende Stelle ein.

John Lemoinne, Rede bei Aufnahme in die franz. Akademie.

3.

Ohne Transport könnten die Zeitungen keine „öffentlichen Blätter“ sein. Was aber leisten nicht Alles Zeitungen mit den Posten, Eisenbahnen und Telegraphen im innigsten Bunde, indem sie den Meinungs- und Nachrichten-Verkehr der Welt vermitteln und die civilisirte Welt in Eine grosse tägliche Gemeinschaft aller edlen und unedlen Leidenschaften und Bestrebungen versetzen, — Telegramme an der Spitze, Raisonnement in der Mitte, den grossen bunten Beiwagen im Nachtrab .... Die Presse ist ein vollendetes Organ der öffentlichen und Privatökonomie.

Dr. A. E. F. Schäffle, gesellsch. System der menschl. Wirthschaft.

Das erste telegraphische Büreau für Zeitungen etc.

Von E. Frensdorff.

(1872.)

Die Ehre der ersten Idee eines telegraphischen Büreaus für die Zeitungen etc. gebührt unbestreitbar Dr. Bernhard Wolff in Berlin. Er eröffnete sein Büreau im Herbst 1849, an demjenigen Tage (?), an welchem die Telegraphenlinien der Benutzung des Publikums übergeben wurden [1]). Damals äusserte

[1]) Es geschah vielmehr erst im November 1849. Das Büreau ging 1865 in den Besitz der zu diesem Zwecke gegründeten Continental-Telegraphen-Compagnie über, deren General-Direktor Dr. B. Wolff bis zum Jahre 1871 verblieb. Er war gleichzeitig Mitbegründer und seit 1850 Besitzer der National-Zeitung in Berlin.

Havas in Paris eröffnete sein telegraphisches Büreau im Jahre 1851.

Der Deutsche Julius Reuter versah 1850—51 von Aachen aus, im Dienste Dr. Wolff's, eine von Letzterem eingerichtete Tauben-Post zwischen Aachen und Brüssel. Erst 1852 ging Reuter nach London. Nach dem einer der ersten Berliner Finanziers, er habe Dr. Wolff bis dahin für einen leidlich gescheidten Mann gehalten, sehe aber jetzt ein, dass er reif für das Irrenhaus sei! Der misstrauische Bankier konnte sich allerdings später mit der Analogie Napoleons I. trösten, der bei der Production des ersten Dampfschiffsversuchs auf der Seine dem Schauspiel ärgerlich den Rücken kehrte und ausrief, man solle ihn mit solchen Kindereien verschonen! — Dieselben Leute, die über die ersten telegraphischen Anfänge die Nasen rümpften, stellten nach einigen Jahren an die Leistungen der Privat-Telegraphie die unglaublichsten Anforderungen. Schon die Abonnenten in Berlin sind schwer befriedigt. Der Eine bemerkt, der Curs des holländischen Käses habe für ihn eine besondere Wichtigkeit und werde doch niemals telegraphirt. Der Andere, ein wohlgestellter kluger Bankier, meinte ganz ernsthaft, die Reden Louis Napoleons hätten gewiss ihr Interesse, aber wichtiger wäre doch, wenn zuweilen auch die Gedanken des französischen Souverains rechtzeitig angedeutet würden und man darnach seine Vorkehrungen für die Ultimo-Regulirung treffen könnte! Seit Sedan wird dieser Herr wohl um die Idées napoléoniennes kein graues Haar sich mehr wachsen lassen. Aber an den seltsamsten Anforderungen der Blätter soll noch immer kein Mangel sein. Vollkommen glaubwürdig wird erzählt, dass Jemand, dem der Depeschen aus Madrid zuviel wurden, verdriesslich zu wissen gethan habe, er verbitte sich jede spanische Ministerkrisis, während ein Anderer, welchem das Hinscheiden eines grossen Gelehrten nicht gemeldet war, pietätsvoll nach Berlin schrieb: „Der Tod grosser Männer ist uns stets willkommen!"

(Gegenwart 1872.)

Werke „The newspaper press" von Grant soll das Büreau des Reuter erst im October 1858 eingerichtet worden sein.

Während des deutsch-französischen Krieges (1870—71) ging die Londoner Zeitung „Daily News" dazu über, für die Nachrichten ihres Kriegs-Correspondenten Forbes einen besonderen Telegraphen-Draht zu benutzen. Dieses Verfahren ist seitdem von mehreren grösseren englischen, deutschen etc. Zeitungen nachgeahmt worden.

Verkehrs-Erleichterung und Wissenstrieb.

Von Ludwig Adolph Thiers.

(1868.)

Die beiden gebieterischsten Bedürfnisse unserer Zeit sind thatsächlich Verkehrs-Erleichterung und Aufklärung.

Im vorigen Jahrhundert reiste man mit der Landkutsche: man brauchte fünfzehn Tage, um von Paris nach Rheims, zwanzig, um von Paris nach Bordeaux zu reisen. Heutzutage würden Sie eine ähnliche Art des Reisens nicht ertragen.

Ehedem war man damit einverstanden, vier bis fünf Tage auf einen Brief aus Marseille zu warten; man will ihn heute in 24 Stunden erhalten; man verlangt einen solchen in 48 Stunden von Berlin, in 3 Tagen von St. Petersburg, in 9—10 Tagen von Washington.

Dieselben Anforderungen werden auf demjenigen Gebiete gemacht, welches ich hier mit „Verlangen nach Aufklärung" bezeichne. Man wünscht zu wissen, was überall geschieht und zwar mittels dieser elektrischen Fäden, welche unsern Planeten bereits nach allen Richtungen hin umspannen. Man hat sie anfänglich über der Erde, ein wenig über unsern Köpfen angebracht, alsdann hat man sie auf den Boden des Meeres gelegt, um London und Paris zu verbinden und im letzten Jahre [1]) hat man sie sogar in die Tiefe des Atlantischen Oceans versenkt, um London und Washington zu verbinden. . . . . .

Wenn ich es versuchen dürfte, in Einzelheiten einzugehen, so würde ich unsere Erde vergleichen mit dem menschlichen Körper — der von Nervenfäden durchzogen ist, die ihm Kenntniss von allem Aeusseren bringen, der also mit einer Empfänglichkeit für alle äusseren Eindrücke ausgestattet ist — zumal unsere Erde eine Art belebten Wesens zu werden verspricht, sie auch mit Empfindung für Alles ausgestattet ist, was auf ihrer Oberfläche geschieht, jedoch mit dem Unterschiede freilich, dass, anstatt wie der Mensch nur einen Kopf zu besitzen, sie deren so viele hat, als es civilisirte Völker auf ihr giebt.

---

[1]) Genauer im Sommer 1866.

Wenn es aber damit so bestellt ist, so handelt es sich nicht mehr um blosse Neugierde, die ihre Befriedigung erhält, nein! es wird vielmehr nichts Heilsameres für den Menschen geben, als die Betrachtung durch den Menschen, und wenn die Welt unaufhörlich durch Alle geprüft wird, so wird sie auch friedlicher, gastfreundlicher, sicherer, bewohnbarer werden.

(Discours sur la liberté de la presse.)

Der Telegraph — ein Ruhestörer.

Von Hermann Lessing.

(1879.)

An der Spitze der heutigen Ruhestörer steht der Telegraph, der uns täglich seine elektrischen Schläge versetzt, der den Vorhang der Weltbühne zerrissen hat und uns zu Bürgern aller Welttheile macht. Was früher nur Symbole, Bilder waren, Ideale des Denkens, das ist zur sichtbaren Wirklichkeit geworden; die Metaphern von dem Flug des Gedankens und der Allgegenwart der Fama, von der Vernichtung von Zeit und Raum, von dem Band, das die ganze Menschheit umschlingt — alle diese Träume der Philosophen sind jetzt mit den Sinnen fassbare Dinge, und der Baum der Erkenntniss senkt seine Zweige bis in die niedrigsten Hütten.

Katholische Formel für Einsegnung eines Telegraphen.

Deus qui ambulas super pennas ventorum, et facis mirabilia solus, concede ut cum per vim huic metallo inditam fulmineo ictu celerius hac absentia et huic alio praesentia transmittis, ita nos inventis novis edocti tua gratia opitulante, promptius et facilius ad te venire valeamus. Per Christum dominum nostrum. Amen.

(Deinde aspergitur Telegraphus aqua benedicta.)

(Festgestellt durch Decret vom 6. April 1865 von der h. Congregation der Riten.)

Merkwürdige Bibel-Sprüche.

Kannst du Blitze auslassen, dass sie hinfahren und sprechen: „Hier sind wir?"

Hiob 38. V. 35.

Ihre Schnur gehet aus in alle Lande, und ihre Rede an der Welt Ende. . . . .

Psalm 19. V. 5.

Der Telegraph um die Erde — die verkörperte Schlange der Mythologie.

Von Samuel Smiles.

(1866.)

Als Galvani die Entdeckung machte, dass ein mit verschiedenen Metallen in Berührung gebrachter Froschschenkel in zuckende Bewegung gerathe, konnte unmöglich geahnt werden, dass eine scheinbar so nichtssagende Erscheinung jemals wichtige Folgen nach sich ziehen könnte. Und doch lag in ihr der Keim des elektrischen Telegraphen, der mit Gedankenschnelle den geistigen Austausch zwischen den Völkern und Welttheilen vermittelt und in nicht mehr ferner Zeit den ganzen Erdkreis umgürten wird: eine wundergleiche Verkörperung der mythischen Midgardschlange, welche nach den Vorstellungen unserer tiefsinnigen heidnischen Altvordern in ungeheurem Ringe um die Erde geschlungen lag.

(Self-Help, bearbeitet von J. M. Boyes.)

The wires universally. (Der Welt-Telegraph.)

Von Lanigan.

The wires loquuntur:

We bring glad news to inland homes
Of ships upon the sea;
We hurry along the murderer's trail —
His Nemesis are we.
We watch all night the roaring trains,
When the sleepless sounder clicks

A caution for Number Seven past
To wait for Number Six.
We are knitting land to brother land,
And hurrying on the day
When the clouds about the glorious stars
Shall all be rolled away;
When the people shall learn war no more,
Nor again the cymbal clash,
And all the nations speak one speech —
The telegraph dot and dash.

(The telegraph wires.)

(Wir bringen gute Nachrichten in die Heimath, von den Schiffen auf der See; wir verfolgen die Spuren des Mörders, wir sind seine Nemesis. Wir wachen jede Nacht hindurch über die rollenden Bahn-Züge, wenn der ruhelose Elektromagnet den abgegangenen Sieben-Zug zur Vorsicht mahnt, damit er Zug Sechs abwarte. Wir verbinden das Land mit dem Bruder-Lande und beschleunigen ungestüm denjenigen Tag, an dem die Wolken alle von den strahlenden Sternen hinweggetrieben sein werden, wenn das Volk nicht mehr danach trachten wird, den Krieg zu erlernen, noch die Trommel zu schlagen, und alle Völker eine

Sprache reden — gleichwie der Telegraph [1]) es durch Punkt und Strich thut.

Humoristisches.

Der Telegraph als Packet-Post.

Dem Vater schrieb ein Bauersohn
Weit aus der Fremde her:
„Schickt ein Paar neue Stiefel mir
Recht schnell; ich brauch' sie sehr."

Der Alte denkt: das kann gescheh'n,
Und kauft die Stiefel schnell,
Und grübelt: wie bekomm ich sie
Nur flink an Ort und Stell'?

Da fällt ihm ein: der Telegraph
Bringt sie in kürz'ster Frist,
Der flinker noch als Eisenbahn,
Als Post und Bote ist.

Er eilt schnell in das Feld hinaus,
Wo sich die Drähte zieh'n,
Und hängt die Stiefel gleich daran,
Und legt sich dann in's Grün.

Denn in den Stiefeln liegt ein Blatt:
„Mein lieber Kasimir,
Sobald du diese Stiefel hast,
Schick' deine alten mir."

Inzwischen schläft der Alte ein,
Denn ihm war heiss und schwül,
Und in dem Schatten war es so
Recht angenehm und kühl.

---

[1]) In Amerika wird die Schrift vom Telegraphen-Beamten nach dem Gehör aufgenommen.

Ein Handwerksbursche kommt des Wegs,
Und sieht die Stiefel da;
„Ei“, denkt er, „die sind herrenlos:
Das passt sich trefflich ja!“

D'rauf zieht er seine Stiefel aus,
Die längst zerrissen sind,
Hängt sie anstatt der neuen auf,
Zieht diese an geschwind.

Dann macht er aus dem Staube sich,
So eilig er nur kann.
Erst als er in der Ferne schon,
Erwacht der alte Mann.

Die ganz zerriss'nen Stiefel nun
Der Alte jetzt erblickt:
„Ei, seht, da hat der Junge schon
Die alten mir geschickt.“ — N.

Der Telegraph und seine sinnbildliche Erklärung.

(In alemannischer Mundart.)

Vum Telegraphe-Büro chunt
Do letzt der Seppli gloffe,
Het ufem Heimweg, vor der Stadt,
Den Vetter Hans atroffe.
„E grüess di Gott!“ redt Hans ihn a,
„Was hesch do usse z'schaffe gha?“

„Drum han i hüt bim Zieh [1]) mim Franz
E hochi Nummre zoge,
Jez isch si scho als Telegramm
Uf Karlsrueh abe g'floge,
Nit länger als mir rede do,
I wett mit dır, er het si scho.“

---

[1]) Looziehung der Rekruten.

„E! sisch doch wirkle sunderbar,
I cha's schier nit begriffe,
Des werkli Ding isch schneller jo,
Als wie der Wind thuet pfiffe;
Jez sag' mir doch, wie goht's au zue,
Dass er's scho weisst in Karlisrueh?"

„Die Sach isch eifach, denk' dir, Hans,
Anstatt em Droht durs Ländli
E Hund, der z'Karlisrueh der Chopf
Und hie [1]) der Schwanz het endli.
Jez tritsch [2]) do druf, verstand' mi wohl,
So bellt er drunte jedesmol."

„Ah!" ruft der Hans, „jez isch's mir klar,
Wie du mi thuesch belehre;
S'chönnt's eim kei G'lehrte uf der Welt
Natürlicher erkläre.
O Sepp! du bisch e Sakkerlot,
I dank dir schön, — un b'hüet di Gott."

(Lahrer Hinkende Bote.)

Ein Kabel-Roman. [3])

(1866.)

London, 1. August 1866, Mittags. Lieber Jonathan. Ich will heirathen. Die Engländerinnen langweilen mich. Suche mir eine Amerikanerin, die mir gefällt. — Neu-York, 12¹/₄ Uhr. Lieber John. Ich habe gerade etwas Passendes vorräthig. Blaue Augen, weisse Zähne, schwarze Haare, feine Taille (nicht mager), Ordnung und Sparsamkeit — ein wahrer Schatz. — London, 1 Uhr. Ich traue Dir ganz und gebe Dir Vollmacht, zu unterhandeln. — Neu-York, 2 Uhr. Ich habe Dich ihr lobend erwähnt. Sie

[1]) Station Müllheim. [2]) trittst.

[3]) Um den so überaus lang ausgesponnenen Sensationsromanen zu entgehen und die Sache kürzer abzumachen, hat „Punch" die Einführung eines Kabel-Romans vorgeschlagen, der vielleicht in der vorliegenden Gestalt als allerneuester Literaturzweig floriren könnte.

will von Herzen gern solchen Gatten — wünscht aber vorher Photographie. — London, halb 3 Uhr. Ich lasse den Casellischen Apparat an den Telegraphen-Draht schrauben. Anbei das verlangte Portrait. — Neu-York, 3 Uhr. Sie findet Dich ungeheuer nett, willigt ein, Dich zu nehmen. Hier hast Du, durch denselben Process hergestellt, das Portrait von Miss Jenny, Deiner Zukünftigen. — London, 3½ Uhr. Angebetete Jenny! Vom ersten Augenblicke an, wo ich Ihre reizenden Züge erblicke, gruben sie sich tief in mein Herz. Wollen Sie mein Glück auf ewig begründen? — Neu-York, 4 Uhr. Ja — ich willige ein, lieber John. Auch Ihr Bild hat auf mich einen sehr wohlthuenden Eindruck gemacht. Aber schneiden Sie sich den Cotelettenbart ab. —

London, 4¼ Uhr. An Jonathan. Kaufe für 10,000 Pfund Sterling Brillanten beim besten Juwelier Neu-York's und biete sie in meinem Namen der Geliebten an. — An Jenny. O theures Weib, nimm diese Juwelen als Zeichen der Liebe. Ihr Feuer ist nur ein Schwefelholzstückchen gegen die Gluth, die mich verzehrt. — Neu-York, 5½ Uhr. Lieber John. Ich bin tief gerührt von dem herrlichen Geschenk. Den Weg zu meinem Herzen hast Du gefunden. Ich liebe dich von ganzem Herzen. — London, 6 Uhr. Ich bin im siebenten Himmel. Mein Engel, ich sehne mich schrecklich danach, Dich als mein Weib in meine Arme zu drücken. Diese Nacht schiffe ich mich auf dem Cunard'schen Postdampfer ein, um zu Dir zu eilen. Auf baldiges Glück. — Neu-York, 8 Uhr. Lieber John. Es ist unnöthig, Dich einzuschiffen. Als ich Miss Jenny bei meiner Freiwerbung kennen lernte, verliebte ich mich in den Engel. Ich habe ihr mein Herz geöffnet — sie gab mir den Vorzug. Um Mitternacht lassen wir uns copuliren. —

London, 8½ Uhr. Goddam, Jonathan, Du bist ein Schuft Diese Beschimpfung fordert Blut. Ich wähle als meine Zeugen in Neu-Nork Johnson und Adams. — Neu-York, 9 Uhr. Meine Zeugen in London sind Smith und Stuart. Du bist der Beleidigte und kannst die Waffen wählen. Rasch — ich muss um Mitternacht heirathen. — London, 10½ Uhr. An Johnson und Adams. Folgendes sind meine Bedingungen: Die Waffe ist der elektrische Draht. — Jeder schickt seinem Gegner einen starken Stoss. — Das Loos entscheidet — wer zuerst mit der elektrischen Batterie losfeuern soll. — Neu-York, 11 Uhr. Das Loos hat für Jonathan entschieden. Johnson und Adams. — London, 11½ Uhr. Wir sind bereit — wollen Sie uns zwei Minuten zuvor Ihre Stellung mittheilen. Smith und Stuart. Neu-York, zwei Minuten vor Mitternacht. Genau um Mitternacht lassen wir den Draht spielen. Achtung! Johnson und Adams. — London, Mitternacht, John ist zerschmettert gefallen. L'honneur est satisfait. Smith und Stuart. —

Auf diese Weise hat sich der ganze Roman in einem halben Tage abgespielt. Der Held desselben wurde binnen zwölf Stunden geliebt — verrathen und getödtet.

(Punch.)

Das Telephon oder der Fernsprecher.

The telegraph and telephone. (Der Telegraph und der Fernsprecher.)

Von C. B. Cranch.

(1879.)

Fleeter than time, across the continent,
Through unsunnend ocean depths, from beach to beach,
Around the rolling globe thought's couriers reach.
The new-tuned earth, like some vast instrument,
Tingles from zone to zone; for Art has lent
New nerves, new pulse, new motion — all to each
And each to all in swift electric speech,
Bound by a force unwearied and unspent.
Now lone Katahdin talks with Caucasus,
The Arctic ice-field with the sultry south;
The sun-bathed palm thrills to the pine-tree's call,
We for all realms were made, and they for us
For all there is a soul, an ear, a mouth;
And time and space are naught. The mind is all.

(Atlantic Monthly.)

(Schneller als die Zeit, das Festland hinüber, die unbesonnten Tiefen des Oceans hindurch, von Strand zu Strand, rund um den rollenden Erdball reichen die eilbotartigen Gedanken. Die neu-abgestimmte Erde, einem ungeheuren Instrument ähnlich, tönt von Zone zu Zone, denn die Kunst hat ihr neue Nerven, einen neuen Puls, eine neue Bewegung verliehen — das All mit dem Einzelnen und der Einzelne mit dem All in schnellem elektrischen Gespräche, verbunden durch eine unermüdete und unerschöpfliche Kraft. Jetzt spricht der einsame (Berg) Katahdin mit dem Caucasus (-Gebirge), das nördliche Eisfeld mit dem schwülen Süden; die sonnendurchglühte Palme antwortet bebend dem Rufe des Fichtenbaumes, wir sind für alle Reiche da und sie sind für uns, denn für Alle giebt es eine Seele, ein Ohr, einen Mund, und Zeit und Raum sind nichts. Der Geist ist Alles.)

The Telephone. (Das Telephon.)

Von B. F. Taylor.

(1879.)

The world stood still for a thousand years,
And crept for a thousand more;
This wonderful world with wings for ears,
Like the Messenger god of yore —

And winged feet and winged wand,
  And a wing on its either hand,
And more than Mercury wore.

It bridles and rides a furnace's foal,
  With iron and hammer for sire,
Great clouds of white from their nostrils roll,
  And it feeds its horses fire!
They are blooded stock, the engines swift;
  Beneath their heels the distances drift
Like snows from the Arctic Pole!

They rattle across the meridian lines,
  And down the parallels play;
They marry together the palms and pines,
  A thousand miles in a day.
The world has trained a wonderful wire,
  A nerve of a route for articulate fire,
And taught the lightnings to say:

„Dear Mary, be mine!" — „Car-load of swine" —
  „One ton of cheese" — „Maria dead" —
„Joy! it's a boy!" — „I'm coming to dine" —
  „Send soap" — „She's married to Fred."
The humblest of words, like angels fly,
  A thousand miles in the flash of an eye,
You hear before they are said!

What happened at ten you know at nine,
  And you away in the West;
They distance along the lightning line
  The sun in his golden rest;
They talk to-day in audible tone,
  The telegraph turns the telephone,
And parted lovers are blest!

Think of a girl in a lonely hour,
  No beau in forty miles;
She sits by the tube of talking power,
  She thinks a minute, and smiles.

„I'll call my John,“ you fancy her say,
„He lives but a hundred miles away,
And banish the weary whiles.“

Behold them at the ends of the line,
This John and his black-eyed boon;
His head and her's to the wire incline,
And she sings him Bonny Doon.
He sighs for the only thing amiss,
He has no voice, but then he can—kiss!
He might as well be in the moon!
For emptier than an east wind's laugh
Is a lover's kiss by telegraph!

(Die Welt stand still wohl ein tausend Jahr
Und schlich dann ein tausend so fort;
Doch heute, o Wunder! — ein Flügel-Paar
Beschwingt das Gehör, beflügelt das Wort —
Mehr Flügel wie einst zu eiligem Flug
Merkur am Stab, an den Füssen trug,
Beflügeln sie heute, fürwahr!

Sie zügelt und reitet ein feuriges Pferd,
Dem Eisen und Hammer entstammt,
Weiss dampfen die Nüstern, mit Glut ernährt
Sie die feurigen Rosse, beseelt und entflammt
Zu schnellen Maschinen den leblosen Guss;
Nun jagen sie Fernen mit flüchtigem Fuss,
Wie Schnee vor dem Nordwinde fährt.

Sie rasseln quer über den Meridian
Und die Breiten hinab und hinauf;
Sie lassen die Fichte der Palme sich nah'n
Durch tausend von Meilen in täglichem Lauf.
Und die Welt umspann sich mit Wunderdraht,
Einem Nerv, der das Feuer zur Strasse hat,
Und der Blitz nun zu reden begann:

„Maria, sei mein!“ — „Zu Tisch bin ich da!“ —
„Eine Tonne mit Käse.“ — „Ein Wagen mit Vieh.“ —

„Mit Friedrich vermählt." — „S'ist ein Junge! Hurrah!" —
„Schickt Seife sofort." — „Heute starb uns Marie." —
Wie Engel durchfliegen die Worte den Raum,
So schnell, du zuckst mit dem Auge kaum, —
Eh' gesprochen noch, sind sie dir nah', —
Ihr dort im Westen erfahrt die That
Um neun, die um zehn erst gethan;
Und das Wort eilt am Blitze führenden Draht
Selbst der strahlenden Sonne voran.
Heut' spricht es fürwahr auch in hörbarem Ton,
Der schreibende Draht ward zum Telephon:
Der Liebe ein köstlicher Pfad!

Nun stellt euch ein einsames Mädchen vor,
Kein Jüngling weit in der Rund';
Sie sitzt am redemächtigen Rohr
Und sinnt, doch jetzt lächelt ihr Mund:
„Ich rufe mir John," — so spricht sie vielleicht,
— Denn hundert Meilen [1]) sind schnell erreicht, —
„Und sing' ihm zur Kurzweil was vor!"

Nun den John und sein schwarzäugig' Liebchen seht
An den Enden des Drahtes allein,
Wie Jedes gebückt, voll Erwartung steht,
Und sie singt: „Bonny Doon" ihm hinein.
Er seufzt, denn er kann ja nicht singen! — Wie gern
Ersetzt er's durch küssen! doch ach, er ist fern,
Und könnt' auf dem Monde auch sein!
Denn leerer als luftiger Windhauch ist,
Wenn man durch den Draht sein Liebchen küsst!)

(Deutsch von B. J.)

Jetzige und künftige Leistungen.

Längst umwandert auf einem Drahtnetz von fast einer Million Kilometer Länge über Land und See, und auf mehreren hundert Kabeln unter dem Meere, der von Raum und Zeit fast ganz befreite Menschenwille, in einer den Völkern aller Zungen gleich geläufigen Hieroglyphenschrift, die Erde in allen Richtungen

[1]) Englische Meilen.

durch den Morse'schen Telegraphen; bald wird das individuelle Wort, wird der Ton der Liebe, des Zorns, der Beschwörung vom lebenden, redenden Munde in der alten Welt zum lauschenden Ohre und Herzen in der neuen durch das verbesserte Telephon hinüberklingen, wird man das dem Auge unsichtbare, dem unbewaffneten Ohre unhörbare, knisternde Verfallen alternder Cathedralen, das Rieseln und Tropfen des Lebens im Innern der Pflanzen, das geheimnissvollste Tönen des Schaffens der kleinsten Thierwelt durch das Mikrophon belauschen, wird der leuchtende elektrische Strom die Menschenseele, die Menschenarbeit vom Druck und Hinderniss der nordischen Winternacht entlasten.

M. M. von Weber, die Entlastung der Culturarbeit durch den Dienst der physikalischen Kräfte. Berlin 1880.

Humoristisches.

Das Telephon.

(Versus memorialis.)

(1877.)

Viele Wörter giebt es schon
Auf gut Deutsch für Telephon:
Fernhinsprecher, -Töner, -Singer,
Surrschnur, Säus'ler, Meilenklinger,
Plapperfaden, Klingklangflitze,
Plaudertasche, Wörterblitze,
Redebüchse, Plapperschlange,
Plauderschnur, selbst Klapperschlange,
Klatschhorn, Schallhorn, Aeolslauscher,
Hausspion, Eilwortaustauscher,
Langohr, Nah- und Fernsprachleiter,
Sprachstrick, Blitzfink, Klangverbreiter,
Klingohr, Plauderklappe, Sprechdraht,
Unglücksnachricht bringend: Pechdraht,
Weitschwatz, Kilometerzunge,

Stubenhorcher, Meilenlunge,
Ohrenbläser, Welttrompeter,
Schwabbelmordsschwätzschwerenöther,
Schallgespinnst, Besuchersparer,
Tonstrick, mündlicher Verfahrer,
Fernsprech, Kehlschnur, Tonwandbrecher,
Doppelstahlblechzungensprecher,
Klinggestrippe, Sprechpost, Töne-
Leiter, Olifant, Sirene,
Musikalisch Luftgedudel,
Endlich Sprechanismusnudel.

(Heidelberger Familienblätter.)

„Briefschreiben“ — telegraphiren — fernsprechen.

Von Jules Claretie in Paris.

(1880.)

Ihre Majestät die Wissenschaft ist die Alleinherrscherin unserer Zeit, eine unbestrittene und ultra-constitutionelle Herrscherin, weil sie ihre Erfindungen unter allen Verfassungen und bisweilen trotz gewisser Verfassungen verfolgt. Wie ich glaube, ist es wohl erlaubt, sich zu fragen, welche ungeheuren Veränderungen der Fortschritt in unseren Sitten, in unserer Art des Sprechens, des Fühlens, ja selbst des Denkens herbeiführen wird; und ich sehe und sage heute voraus, dass beispielsweise die Einrichtung der Fernsprecher und der Gebrauch der Telegramme den Untergang einer feinen und reizenden Kunst, der Briefschreibekunst, — dieser Plauderei mit der Feder in der Hand — herbeiführen wird.

Es ist klar, dass, wenn man von einem Ende von Paris zum anderen sich wird verständigen können, ohne aus seinem Zimmer hinauszugehen, das Briefpapier beinahe ein unnöthiger Gegenstand sein wird. Man versichert, dass bereits zwei- oder dreihundert Fernsprecher um uns herum aufgestellt seien. Dies bedeutet so viel, als dass acht- bis neunhundert Personen bis zu einem gewissen Punkte ihr Dintenfass unbenutzt lassen. Wenn in Paris erst zwei- oder dreitausend Fernsprecher mit einander verbunden sein werden, dann geht es mit dem Geplauder mittels der Briefe zu Ende: die grosse Stadt wird alsdann einer grösseren Versammlung von Personen gleichen, die an Schwerhörigkeit leiden und von Morgens bis Abends über ihren akustischen Hörnchen gebeugt stehen. Und welche Ueberraschung! Sogar die Persönlichkeit wird daselbst verschwinden. In dem ungeheuren fernsprechenden Concert wird man nur noch eine eingeschriebene Nummer sein, wie beim Regiment oder im Kerker der Galeerensclaven; man wird nach der Central-Station, wie ich annehme, den Wunsch aussprechen, mit der Nummer 1700 in Verbindung gesetzt zu werden. Und wer weiss, was hinter dieser Nummer 1700 für Unruhe, für fieberhafter Eifer, für glühende Eile, Etwas zu erfahren, verborgen ist? Es ist eine bewunderungswürdige Erfindung, ich leugne es nicht, und von einer schreienden Nützlichkeit („d'une utilité criante"), es möge dies ohne Wortspiel gesagt sein. Ich begrüsse diesen Fernsprecher wie ein wunderbares Ereigniss, und der Erfinder desselben nimmt in meiner Einbildung die ungefähre Gestalt des Geistes in den arabischen Märchen an, aber ich bleibe nichtsdestoweniger bei meiner Meinung, dass, wenn die Unterredung dabei gewinnt, die Briefschreibekunst und die gewöhnlichen Höflichkeitsformen dabei verlieren.

Wozu dienen denn beispielsweise die Besuche, wenn man im Besitze eines Fernsprechers ist? Eine einfache, durch den Raum ausgesandte Anfrage: „Geht es Ihnen gut?" — „„Sehr gut, danke!"" und Alles ist gesagt. Das Instrument wird wieder still und der Höflichkeit ist Genüge geschehen. Vom besonderen Gesichtspunkte der Briefschreibekunst, einer ächt französischen und ächt weiblichen Kunst, ist der Fernsprecher im Ganzen weniger unheilvoll, als der Telegraph. Das Telegramm ist gleichzeitig das Ersatzmittel und die Geissel des ehemals zur Stadt-Post gelieferten Briefes. Der Telegraph ist für die Briefschreibekunst, was die Berichterstattung für die Literatur ist. Er beschleunigt und unterdrückt sie. Man kann nicht viel Redeblumen anwenden, wenn man irgend eine Mittheilung in zwanzig Worte zusammendrängen will. Die Eigenschaftswörter werden unnöthig, die malerischen Beiwörter sind eine entbehrliche Beigabe und dazu kostspielig. Man ersetzt also diese klare und brillante französische Sprache, welche auf diesem Gebiete auserlesene Meisterwerke besitzt, durch die kindliche Sprache der Neger. Wer kann denn sagen, ob wir die Briefe der Frau von Sévigné besitzen würden, wenn der Telegraph schon zur Zeit Ludwigs XIV. erfunden wäre? Zweifelsohne würde die Marquise mit ihrer Vorliebe für die Feder und deren Geplauder nicht vollständig davon Abstand genommen haben, schon, um ihren Freunden zu zeigen, dass sie Geist besass und es verstand, einen hübschen Brief zu schreiben. Sie würde aber zumeist den Telegraphen benutzt haben, um schnell mit ihrer Tochter zu sprechen und anstatt dieser zärtlichen Plauderei mit Frau von Grignan, welche bei uns grosses Mitgefühl und eine ganze Welt geläuterter Empfindungen hervorruft, würden wir heutzutage seltsame Handschriften-Sammlungen besitzen, in denen Frau von Sévigné sich etwa so ausgedrückt hätte:

„Imgrande, 12. Mai 1680.

Grignan Paris.

Angekommen. Schönes Wetter. Loire superb. Nachtigallen. Wollte Herrn von Angers besuchen. Keinen Brief erhalten. Werde morgen in Nantes sein. Dort Euere Briefe vorfinden. Lebewohl. Sévigné."

Nun lese man den aus dieser stillen Landschaft abgesandten Brief, in dem Frau von Sévigné sich zeigt „lesend, in der Ferne über alle Arten Neuigkeiten träumend, sodann über ihre Gedanken nachsinnend" und mache sich klar, was wir verloren haben würden!

Indessen, trotz dieser Klagen, ist es nothwendig, dass die Geschicke sich erfüllen, und das Geschick der Völker besteht darin, den materiellen Fortschritt und den Wohlstand der grossen Mehrheit zu verwirklichen. Es kann sich nicht darum handeln, ob die Empfindsamen dabei verlieren. . . . Der Telegraph wird im Laufe der Zeit — das steht wohl fest — eine ganze Gattung der Literatur beseitigen, und die Aufgabe eines Biographen der Zukunft wird sich darauf beschränken, Telegramme zu entziffern. Dagegen ist nichts zu sagen und nichts zu thun. Die Welt bewegt sich vorwärts und Niemand wird sie in ihrem Laufe aufhalten.

(La vie à Paris. 1880.)

Rückblick auf die neuen Kräfte, die Verkehrsmittel und ihre Wirkungen.

Wer sie nicht kennte,
Die Elemente,
Ihre Kraft
Und Eigenschaft,
Wäre kein Meister
Ueber die Geister

Goethe, Faust.

Riese Dampf.

(Song of Steam.)

Zwingt nieder mich nur mit eisernem Band,
Doch wahret Rippen und Sicht,
Denn ich breche die Fessel der kecken Hand.
Wie der Sturm ein Rohr zerbricht!

Oft hab' ich, verborgen im Tiefen, gelacht
Mit sprudelndem Hohn, manche Stund',
Wenn ich dachte der kindischen Menschenmacht,
Ihres stolzen Gebahrens ohn' Grund.

Wenn ich schaute zu Land verzettelt das Heer
Träg schleichen im Schneckenlauf,
Wenn ich sah die Flotten im windstillen Meer
Erwarten der Brise Wachauf.

Wie dauert es mich, wenn das Bäuerlein
Sich müht' mit Spaten und Pflug,
Am Strohstuhl sich quält', unter ächzender Pein
Mit dem Flegel auf Aehren schlug.

Wenn der keuchende Renner vorüberflog,
Der da brachte des Königs Befehl —
Der Bote der Liebe die Strasse zog —
Und beide gelangten doch fehl!

Da jauchzt' ich und dacht' in verbissenem Grimm:
O kennte die Welt meine Macht,
Nicht ständ' es heut um euch Liebende schlimm,
Nicht wäre verloren die Schlacht!

Und sie fand sie, sie band sie mit eisernem Zwang,
Und setzt auf den Thron mich im Spott;
Doch als ich mein furchtbares Scepter schwang,
Da ward ich vom Sclaven zum Gott.

Verwandelt die Welt ward mit einem Schlag,
Erobert, was stark ist und weit —
Durch mich herein bricht früher der Tag,
Ich überfliege die Zeit.

Ueber Länder und Meer', im Fluge des Sturms,
Hintrag' ich Tausende nun,
Ich hebe den Strom auf die Spitze des Thurms
Und lasse den Sclaven ruhn.

Es zittert vor meinem durchdringenden Pfiff
Der ehrsame Schlendrian;
Es bricht nach meinem Gebote das Schiff
Durch ewiges Eis sich Bahn.

Ich trage das Wohl und die Schätze der Welt,
Die Gedanken trag' ich an's Ziel,
Ich bringe den Quell vor das durstige Zelt,
Und hemme der Wogen Spiel.

In der Erde Schooss, in den dunkelen Schacht
Hinab greift wühlend mein Arm,
Wo niemals Licht und Sonne gelacht,
Erweck' ich das Leben warm.

Was die Gnomen tief unten zusammengescharrt
An Gold und köstlichem Schein,
Das hol' ich zu Tag', und athemlos harrt
Das Volk der Thaten mein.

Die Bälge blas' ich und schmiede den Stahl,
Treib wuchtiger Hämmer Fall,
Ich lass' aus dem Erz in schimmerndem Strahl
Entfliessen das Edelmetall.

Ich mahle das Korn, ich web' und ich spinn',
Die Räder beweg' ich ohn' Ruhn,

Das Alles dem Menschen, dem schwachen, Gewinn,
Der einst, was ich schaffe, musst' thun.

Nicht schlafft mir der Muskel, erlahmet die Brust,
Nicht werden die Glieder mir matt,
So lang' mich nähret der Flamme Lust,
So lang' an Wasser ich satt.

Doch zwinget ihr gleich mich mit eisernem Band,
So wahret doch Rippen und Sicht —
Denn ich breche die Fessel der kecken Hand
Wie der Sturm ein Rohr zerbricht!

Aus dem Englischen übersetzt von Dr. Wilhelm Hamm.

Die Dampfkraft als Wohlthäterin der Menschheit.

(Vor 1852.)

Wie viele Jahrhunderte des Fortschritts im Vergleich mit der Vergangenheit hat die Dampfkraft, dieses einzige mächtige Agens, in den kurzen Zeitraum von fünfzig Jahren zusammengedrängt! Ueberall anwendbar, überall wirksam, ist ihr Arm stärker als der des Herkules, und die menschliche Erfindungsgabe vermag diesem Arme tausendmal mehr Hände zu leihen, als Briareus deren besass. Der Dampf erscheint in siegreicher Thätigkeit auf dem Meere, und durch seine Kraft getrieben, bietet das schmucke Schiff mit festem Kiel dem Winde und der Fluth Trotz. Er ist auf den Flüssen, und der Schiffer mag, auf sein Ruder gelehnt, ausruhen. Er ist auf den Landstrassen und arbeitet auf den Verkehrswegen. Er ist in den Tiefen der Schachte; tausend Fuss unter der Erdoberfläche, in den Mühlen und in den Werkstätten der Industrie. Er rudert, pumpt und gräbt, er trägt, zieht, hebt und hämmert, er spinnt und webt und druckt. Er scheint zum Menschen zu sagen: „Lass ab von deiner Handarbeit, gieb die leibliche Plage auf, wende deine Geschicklichkeit und deinen Verstand allein noch dazu an, meine Kraft zu lenken, und ich will die Mühe tragen, ohne dass mir ein Muskel ermattet, ein Nerv erschlafft, die Brust schwach wird."

Daniel Webster.[1]

Die Eisenbahn und der Postillon.

Von Feodor Löwe.

(1875.)

Schwer liegt's dem Postillon im Sinn,
D'rum reitet er verdrossen
Im Frühlingsstaub die Strasse hin
Mit seinen müden Rossen.

An bunter Quaste hängt sein Horn,
Doch hat's verlernt zu schallen;
Schwingt er die Geissel, ist's wie Zorn
Und giebt kein lustig Knallen.

Vom fernen Waldsaum kommt heran
Ein Schnauben und ein Pfeifen —
Die Hälse reckt das Dreigespann
Und fuchtelt mit den Schweifen.

Dort jagt der lange Wagenzug
Den neuen Pfad von Eisen, —
Die Zeit hat nicht mehr Zeit genug,
Um mit der Post zu reisen.

Sie spannt sich an den Kettenstrang,
Ein riesig Ungeheuer,
Die Sturmeseile ist sein Gang,
Sein Futter ist das Feuer.

So keucht's dahin die eh'rne Bahn,
Von Wolken Dampfs begleitet,
Und hat's dem Burschen angethan,
Dass er so finster reitet.

[1]) Nordamerikanischer Staatsmann.

Er führt die Post seit Wochen schon
Nur noch auf Nebenstrassen:
Dort mag ein wackrer Postillon
Kein lustig Lied mehr blasen.

(Neue Gedichte.)

Die Verbesserung des Fuhrwesens und die „fliegenden" Post-Aemter.

Die Fortschritte in allen technischen Fächern, insbesondere die Ausbildung der Maschinenlehre, die erleichterte Bearbeitung des Eisens durch Anwendung der Dampfkraft, die minder kostspieligere und schleunigere Beschaffung der Rohmaterialien, die glücklichen Ergebnisse der praktischen Richtung im Gebiete der Naturwissenschaften, namentlich der Physik und Chemie, die Verbesserung der Wege, die anerkannten Vorzüge der Arbeitstheilung, noch erhöht durch eine planmässige Einrichtung der grossen Werkstätten der Industrie, waren auch für die Vervollkommnung eines so alltäglichen Gegenstandes, wie unser Fuhrgeräth ist, von ganz vorzüglichem Nutzen. Und in der That, welch' ein Abstand ist nicht zwischen der Russischen Telege oder Narte, die von Rennthieren oder Hunden durch die Schneesteppen von Ochotsk geschleppt wird, und einem unserer Eisenbahn-Salonwagen, auf dem wir leicht und schnell, wie auf einem Faustischen Zaubermantel, die halbe Welt durcheilen können.

Die Eisenbahn-Postwagen bergen in ihrem Innern ein ganzes Postamt [1]) mit Expeditions-Büreau, Flur, Packkammer, Tischen, Spinden, Repositorien, Lagerstätten, Heiz- und Erleuchtungs-Apparaten und allen zum Postbetriebe erforderlichen Zurüstungs-Gegenständen, so dass ein Personal bis zu sechs, und

[1]) Das erste „fliegende" Post-Amt (travelling Post-office) wurde am 1. Juli 1837 zwischen Liverpool und Birmingham eingerichtet. In Deutschland ist der amtliche Name desselben Bahnpost. — Aehnliche Einrichtungen bestehen auch auf einigen Dampfschifffahrts-Kursen, z. B. in der Schweiz etc. Der Reformator des englischen Postwesens, Rowland Hill will bereits 1826 den Gedanken gehabt haben, dass eine Bearbeitung der Briefe in den Postkutschen eine ziemlich wesentliche Beschleunigung in der Bestellung nach sich ziehen würde.

im Nothfalle mehr Beamten und Unterbeamten, während die schnellsten Courierzüge Berge und Wälder durchsausen, in diesem fliegenden Postbüreau Tausende und aber Tausende von Briefen, Schriften, Zeitungen und anderen Postgegenständen expediren, und den Transport zahlreicher Packet- und Geldsendungen dergestalt regeln kann, dass ihre Beförderung mit der Schnelligkeit des Eisenbahnganges völlig gleichen Schritt hält. . . . Auch für solche Stationen, wo die Schnell- und Courierzüge nicht anhalten, wurde vermittelst einer besonderen Vorrichtung an den Eisenbahn-Postwagen — Fangapparat — die Uebergabe der Correspondenz ermöglicht; der Zug saust vollen Laufes an dem Stationsgebäude vorüber, aber schon hat der Postwagen seinen eisernen Arm ausgestreckt, der im Moment den auf einen Pfahl gehängten Briefsack erfasst und ihn zum Fenster des fliegenden Postbüreaus hineinreicht.

H. Stephan, Geschichte der Preussischen Post. Berlin 1859.

Vielseitigkeit der heutigen Reise-Arten [1].

Von Pierre Jean de Béranger.

(Um 1840.)

Viens, m'ont dit vingt chars rapides;
Le feu nous pousse à travers
Bois épais, cités splendides,
Monts et prés, champs et déserts
Faisant honte aux hirondelles,
Tu croiras, sur nos essieux,
Que la terre a pris des ailes
Pour passer devant tes yeux.

Viens, me crie un beau navire,
Voir l'homme en tous les climats,
Voir en germe quelque empire,
Des ruines voir l'amas.

---

[1]) Zu Lande, getrieben durch Kraft des Feuers, zu Wasser und durch die Luft.

Par un caprice de l'onde,
Tu peux, voguant avec moi,
Ajouter un nouveau monde
A ceux dont le nôtre est roi.

Des astres je sais la route,
Viens, dit un aérostat;
Monte à la céleste voûte
Pour en juger mieux l'éclat;
Sur maint problème à résoudre,
Dans mon vol audacieux,
Viens au-dessus de la foudre
Sonder l'abîme des cieux.

Partez tous. Ici ce reste,
Heureux d'un monde borné,
D'oiseaux, de fleurs, monde agreste,
D'ombrages environné.
Quand la nuit étend son voile
Et qu'au ruisseau transparent
Vient se mirer une étoile,
Oh! que l'univers est grand!

(Komm! rufen mir zwanzig rasche Wagen,
Uns jagt das Feuer durch die Welt;
Durch Wälder wollen wir dich tragen,
Ueber Berg' und Wiese, Haid' und Feld.
Wie Schwalben fliegen wir über die Hügel;
Du glaubst, wenn über dir wirbelt der Rauch,
Die Erde habe Schwingen und Flügel,
Um hinzugleiten vor deinem Aug'! —

Komm! ruft mir ein Schiff, das die Wellen wiegen,
Sollst Menschen an fernen Küsten sehn;
Sollst Reiche seh'n, die in Trümmern liegen,
Und Reiche, die wachsen und erst entstehn.
Und wie dich tragen die launischen Wellen,
Und alles Bekannte sich hinten verliert:
Soll eine neue Welt sich dir stellen
Zu denen, die unsere Welt regiert.

Komm! sagt mir ein Luftballon. Den Sternen
Folg' ich auf ihrer Bahn durch's Blau;
O steige mit mir zu den himmlischen Fernen
Und labe die Seele an himmlischer Schau.
In kühnem Flug, auf sicherem Sitze
Sollst du die Räthsel der Schöpfung versteh'n;
Komm — über dem Donner und über dem Blitze
Die ganze Tiefe des Himmels zu seh'n!

— O, wandert dahin! und lasst mich bleiben
Glücklich in meiner beschränkten Welt;
Lasst mir die Vögel, die Blumen — die Scheiben,
Durch welche der duftige Schatten fällt.
Wenn nun die Nacht herauf mir dunkelt,
Und in des zitternden Bächleins Schoss
Einer von jenen Sternen funkelt —
O, wie wird dann die Welt so gross!)

(Deutsch von Julius Rodenberg.)

Die Bedeutung der Dampfkraft, der Elektricität und der Maschinen.

Von Justus Liebig.

Welchen unendlichen Einfluss hat die Erforschung des Dampfes und der Elektricität und die Anwendung dieser Kräfte für das Leben der Gegenwart geäussert. Kein Staatsmann von Einsicht glaubt heutzutage noch, dass die Vertheilung des Reichthums in der Bevölkerung anderen Gesetzen folge als seine Erzeugung, dass durch Steigerung der Production ein Volk verarmen könne, dass die Anwendung von Maschinenkräften in Fabriken und Manufacturen, welche die Arbeit der Menschen erleichtern und vervielfältigen, einem Staate schädlich sein, oder dass ein Gewerbe ohne die anderen sich entwickeln könne, oder dass man den Widerstand in den gewerbtreibenden Classen vermehren oder erhalten könne durch einen Druck, der ihre Productionskraft beeinträchtigt, und der die anderen Classen der Bevölkerung ärmer macht. Thatsache ist, dass durch den ganzen ungeheuren Zuwachs von Arbeitskraft in unserer Zeit, welcher dem von vielen Millionen Menschen und Pferden gleichgesetzt werden kann, die menschliche Kraft an Werth nicht ab-, sondern zugenommen hat; der Arbeiter für das Haus und Feld ist mehr gesucht und theurer als je, und ein mässiger Grad von Geschicklichkeit oder Fleiss verschafft ihm heute Annehmlichkeiten des Lebens, die im Mittelalter selbst den Reichsten nicht zugänglich waren.

The Victory. (Der Sieg.)

Von Rossiter Johnson.

When Man, in his Maker's image, came
To be the lord of the new-made earth,
To conquer its forests, its beasts to tame,
To gather its treasures and know their worth,
All readily granted his power and place,
Save the Ocean, the Mountain, and Time, and Space;
And these four sneered at his puny frame,
And made of his lordship a theme for mirth. . . .

But one morning he made him a slender wire,
And an artist's vision took life and form,
While he drew from heaven the strange, fierce fire,
That reddens the edge of the midnight storm;
And he carried it over the Mountain's crest,
And dropped it into Oceans breast;
And Science proclaimed from shore to shore,
That Time and Space ruled man no more.

Then the brotherhood lost on Shinar's plain
Came back to the peoples of earth again.
„Be one“ sighed the Mountain, and shrunk away;
„Be one“ murmured Ocean in dashes of sprey;
„Be one“ said Space „I forbid no more“;
„Be one“ echoed Time, „till my years are o'er.
„We are one“ said the nations, and hand met hand
In a thrill electric from land to land.

(Als der Mensch, nach seines Schöpfers Ebenbild, geschaffen war, um der Herr der neuen Erde zu sein, ihre Wälder zu erobern, ihre wilden Thiere zu zähmen, ihre Schätze zu sammeln und ihren Werth zu erforschen, räumte ihm Alles seine Macht und seine Stellung ein, mit Ausnahme des Oceans, des Gebirges, der Zeit und des Raums; diese vier spotteten seiner winzigen Gestalt und machten sich über seine Herrschaft lustig. . . .

Eines Tages machte der Mensch jedoch einen dünnen Draht, und das Traumgesicht eines Künstlers nahm Gestalt und Leben an, während er dem Himmel das seltsame rasche Feuer entriss, das den Rand des Mitternachtssturmes röthet; und er führte ihn über den Gipfel des Gebirges und warf ihn in die Tiefe des Oceans; und die Wissenschaft verkündete von Küste zu Küste, dass Zeit und Raum den Menschen nicht mehr beherrschen.

Da kam die auf Sinear's [1]) Ebene verloren gegangene Brüderschaft zu den Völkern der Erde wieder zurück: „Seid eins!“ seufzte das Gebirge und schrumpfte zusammen; „Seid eins,“ murmelte der Ocean unter seinen Schaumkronen hervor; „Seid eins,“ sagte der Raum, „ich verhindere es nicht mehr; „Seid eins,“ echo'te die Zeit, „bis meine Jahre erfüllt sind.“ „Wir sind eins,“ sagten die Völker, und Hand ergriff Hand mit elektrischem Schlage von einem Lande zum anderen.)

Die älteren und die neueren Verkehrsmittel.

Von Alfred de Foville.

(1880.)

L'application de la vapeur au transport des voyageurs et des marchandises, tant sur mer que sur terre, l'emploi de l'électricité pour la transmission des correspondances, le perfectionnement des anciens procédés de locomotion accompagnant l'invention des procédés nouveaux, ont tout d'abord produit deux choses considérables: 1) l'accélération des transports, 2) la réduction du prix des transports. Augmentation des vitesses

[1]) Nämlich beim Thurmbau zu Babylon, 1. Mose, 11 V. 2.

et diminution des dépenses, voilà le double phénomène que l'on commence par constater quand on compare les moyens de communication actuellement en usage à ceux qu'ils ont supplantés.

(La transformation des moyens de transport.)

Die Wandlung der Zeit und der Menschen.

1.

Von Emanuel Geibel.

(1863.)

Wie lag im gold'nen Märchenduft die Ferne,
Da uns noch eng der Heimath Bann umgab;
Vom ersten Berg schon sah'n wir and're Sterne,
Und Zaubergerte schien der Wanderstab.
Sehnsüchtig wuchs das Herz, wenn seine Weisen
Das Posthorn sang im nächt'gen Waldrevier —
Jetzt pfeift der Dampf und lässt im Sturm uns reisen;
Verwandelt ward die Zeit und wir mit ihr.

Von Ort zu Ort die traute Liebeskunde,
Die Grüsse, die der Freund dem Freunde rief,
Wie bang erharrten wir sie Stund' um Stunde,
Und zum Ereigniss ward der späte Brief.
Verhallend selbst, als Echo nur, empfingen
Der Weltgeschichte Donnerbotschaft wir —
Jetzt trägt der Blitz das Wort auf Feuerschwingen,
Verwandelt ward die Zeit und wir mit ihr.

2.

Von Alexander Büchner.

(1853.)

Im Morgen-Sonnenscheine fliegt der Zug,
Von Erz und Messing glänzet die Maschine
Und wirft aus hohem Rohr, im raschen Flug,
Des Wasserdampfes blitzende Lawine.

Vorbei die Stadt! Der Menschen eng Gewühl
Verschwindet und verstummt in weiter Ferne,
Auf Thurm und Dächern glänzet noch das Spiel
Des Sonnenstrahls, wie matte Morgensterne.

Die Brücke naht, mit Quaderarmen ballt
Der schwere Stein sich durch den Strom hinüber,
Die Fluthen gleiten drunten trüb und kalt,
Doch oben braust es im Triumph vorüber.

Des Waldes Schweigen ruht so still und bang
Und grünes Laubwerk schattet tief und dunkel;
Wo früher einsam nur die Büchse klang,
Rollt jetzt der Zug mit hellem Lichtgefunkel.

Da naht ein Berg — ein Eber, wild im Streit,
Bricht die Maschine ein in seine Seiten
Und stürmt hindurch; da dehnt ein Thal sich weit,
Auf schwindelnd steiler Höhe muss sie gleiten.

Hart an der Bahn zieht sich im Bogen hin
Des eil'gen Telegraphen Drahtgehänge,
Er zuckt unmerkbar, und am Faden flieh'n,
Schnell, wie das Licht, die unsichtbaren Klänge.

Auf Polstern drinnen wiegt den trägen Leib
Der reiche Mann, die pelzverhüllte Dame,
Auf offnem Wagen steht ein armes Weib
Und drückt ihr Kind an's Herz in stillem Grame.

O Geist der Zeit! wie gleicht Dein rascher Flug,
Dem trotz'gen Gang der keuchenden Maschine!
Kein Strom, kein Berg, kein Thal hemmt Deinen Zug!
Im Rollen wächst Dein Lauf wie die Lawine!

Du nimmst sie mit Dir, niedrig oder hoch,
In Kronen die, und die im Lumpenkleide,
Du baust Dir Brücken, sprengst der Berge Joch
Und des Gedankens Blitz fliegt Dir zur Seite!

Dass von Bewegung das Gefühl entschwand
Den Fortgetragenen, so eilst Du schnelle,

Und Manche weckst Du auf mit rauher Hand,
Wenn die Maschine pfeift: wir sind zur Stelle!

(Hausschatz deutscher Lyrik seit 1849.)

3.

Schneller und überwältigender, als es von der kühnsten Phantasie gehofft oder gar vorausgesetzt werden konnte, haben die neuen Verkehrsmittel die Völker aus ihrer Vereinsamung gerissen: halb ahnungslos, halb widerwillig sind wir in ein Welt-Zeitalter eingetreten, in dem keine Nation sich mehr stolz oder bescheiden auf sich selbst zurückziehen kann.

Die Verkehrsmittel als Träger und Beförderer der Cultur.

1.

Wer sah der Riesenpalmen Wald,
Den der stürzenden Berge Gewalt
In der Kohle Herbarium prägt? —
War auch das Fundament gelegt,
Blieb Alles wüst und ordnungslos,
Bis aus des Chaos schlammigem Schooss
Der Wille und das Wort erstehn
Und Fäden ziehn von Gut und Schön.
Nun steigen Tempel und Städte empor,
Die Märkte zieret der Künste Flor.
Das Schiff durchkreuzt die salz'ge Flut,
Trägt nach dem Norden der Tropen Gut.
Der Sturmwind webt, das Bächlein spinnt,
Eh' es als Strom das Land durchrinnt.
Den Traum des Dichters macht zur That
Des Dampfs Getrieb, Galvani's Draht.

R. W. Emerson. (Deutsch von F. Friedeberg.)

2.

(1871.)

In den Vereinigten Staaten von Nord-Amerika öffnen die Eisenbahnen der Cultur den Weg des Vordringens in die unermesslichen Wildnisse, deren Reichthum an vegetabilischen und Mineralschätzen durch die Dampflinien erschlossen, ja oft erst bekannt wird. . . .

Merkwürdig ist es auch, wie sehr die Eisenbahnen zur Entstehung und Vergrösserung der Städte beigetragen haben.

Chicago[1]), vor 20 Jahren noch ein indianisches Fischerdorf am blauen Michigan-See, verdankt sein riesiges Wachsthum, seine Grösse und Bedeutung nebst der Schifffahrt, welche es sowohl mit dem Atlantischen Ocean als mit dem mexikanischen Meerbusen verbindet, wesentlich und hauptsächlich den Eisenbahnen, deren dreizehn ihren Knotenpunkt daselbst finden.

Max Freih. v. Kübeck, Reisekizzen aus den Verein. Staaten von Nordamerika.

3.

(1865.)

Kein Zweig alles menschlichen Wissens und Schaffens seit Jahrhunderten war eingreifender und umgestaltender auf das bürgerliche und staatliche Leben der Völker, hat schneller civilisirend als alle philosophischen Lehren seit dem Bestande des Menschengeschlechts eingewirkt und ein gemeinsames, verbrüderndes Band um alle Nationen geschlungen, keine Erfindung, keine geistige oder völkerrechtliche Umwälzung hat je diesen politischen und socialen Umschwung hervorgebracht und ganze Völker auf die leichteste und bequemste Weise zum unmittelbarsten persönlichen Austausch so genähert, kein Zeitalter hat die unaufhaltsame Zeit so gebändigt und verwerthet, als das moderne Verkehrswesen. Insbesondere die Eisenbahnen mit Dampfkraft verbinden alle Nationen und Länder, tragen überall

---

[1]) Ein interessantes Seitenstück zu Chicago bietet in Deutschland die Stadt Oberhausen im Reg.-Bez. Düsseldorf. In einer recht öden Gegend befand sich an deren Stelle noch in den Vierziger Jahren ein einsames Postgebäude. Nachdem Oberhausen jedoch ein wichtiger Knotenpunkt der Eisenbahnen geworden war, und Bergbau sowie Fabrikthätigkeit in Folge dessen sich mächtig entwickelten, entstand dort seit 1862 eine Stadt, die heute bereits gegen 17,000 Einwohner zählt.

hin Civilisation und Aufklärung, Fortschritt und Freiheit. Wo die beiden Eisenstäbe gelegt werden, und das Dampfross darauf braust, ist die grosse Leuchte aufgegangen, die keine Macht mehr verdüstern kann. Die nächsten Folgen dieser bewegenden, Alles mit sich fortreissenden Kraft sind Arbeitsamkeit, belohnter Fleiss, Wohlhabenheit, Selbstvertrauen, Menschlichkeit, allgemeine Bildung, und dann Aufschwung ganzer Völker, die vorher im Sumpfe der Trägheit, Dummheit, Armuth und Bedrückung lagen. „Wenn einmal die ganze Erde mit eisernen Bändern umschlungen sein wird," prophezeit ein jüdischer Seher, „dann wird ein Hirt und eine Heerde sein." Nur die gegenseitige rascheste Verbindung der Menschen, nicht die schriftliche, das ungehinderte persönliche Zusammenkommen macht einig. Der Austausch der Ideen verbrüdert; der Austausch der Waaren, der Handel und die dem Handel zu Grunde liegende industrielle Thätigkeit macht wohlhabend und froh.

Die Presse kann unterdrückt, alle Errungenschaften auf dem Gebiete der verschiedenen Wissenschaften, die zur Aufklärung und zum Fortschritte der Menschheit dienten, können verdunkelt, unterbunden und gehemmt werden, die Eisenbahnen und ihr Verkehr nun und nimmermehr; das geflügelte Rad ist einmal den Göttern entrollt, unaufhaltsam eilt es fort und fort; kein Machtspruch kann es mehr zurückrufen oder aufhalten; was sich entgegenstemmt, wird zermalmt; befruchtend, cultivirend, aufklärend durchfliegt es den Erdkreis. Wer vermag die ungeheuern Veränderungen und Umgestaltungen für die Zukunft zu ermessen? Ja, dieses Zeitrad kann um keine Speiche mehr zurückgedreht werden, denn Mercur selbst, der Schelm, hat zum Verdruss der olympischen Bewohner die Hand im Spiele! Auch Neptun, Vulcan, Minerva und andere Genossen sind herabgestiegen und haben sich mit der winzigen Menschheit verbunden. Alle sind bemüht, in menschlicher Gemeinschaft an dem geflügelten Ungeheuer zu hämmern, zu pumpen, zu schüren, zu treiben. . . . . ."

(Zeitung des Vereins d. Eis.-Verw. für 1865.)

Wirkungen der neuen Verkehrsmittel auf das Landvolk und den Ackerbau.

(1843.)

Als wir an ein Ackergebreite an der Eisenbahn kamen, sagte der Bauer: „Sie können sich gar nicht vorstellen, was für Geschrei und Aberglaube überall auf den Dörfern war, als man die Eisenbahn anlegte. Man wird's in hundert Jahren nicht mehr für wahr halten, was man davon fabelte; denn jetzt schon kommt es Einem vor, wie ein Traum nach einem Rausch. Noch jetzt, wenn man so am Geländer steht und der Bahnzug braust daher, ist es Einem, als ob der ganze Zug zermalmend auf Einen losfahre; damals aber haben die Leute wirklichen Schwindel davon bekommen. Ich will dessen gar nicht gedenken, dass man wirklich und wahrhaftig geglaubt hat, der Teufel allein habe den Bau zu Stande gebracht und er fahre dahin und käme über's Jahr wieder, um seine Opfer zu holen; der jüngste Tag sei vor der Thüre. Die Leute sagten sogar, das Saatfeld ginge davon zu Grunde, die Bäume sterben ab und die Dörfer werden in Brand gesteckt und jetzt — sehen Sie, das gehörte zu meinen schlechtesten Aeckern und nun ist es einer von den besten. Die Bergwasser, die da herunterkommen, haben den Boden zum ertrunkenen Lande gemacht, und ich habe meine Nachbaren nicht dazu bringen können, dass wir eine gemeinsame Ableitung anlegten; da hat die Eisenbahn einen Durchzug gemacht und wir haben den besten, fetten Boden, der fast gar keinen Dünger braucht. Im Bestellen und Einheimsen der Ackerfrucht ist die Eisenbahn freilich hinderlich, weil die Bahnwärter mit ihrem Staatsdiener-Stolze keinerlei Rücksicht wollen gelten lassen, aber das wird sich mit der Zeit schon geben, und die Eisenbahn ist jetzt unsere beste Uhr, und es hat doch etwas Prächtiges, dass man ganz genau weiss, wieviel es an der Zeit ist, und die Genauigkeit und Pünktlichkeit, an die man sich durch die Eisenbahn gewöhnen muss, ist in allen Dingen von grossem Nutzen, so wenig man das auch noch deutlich bemerkt. Und tagtäglich sieht man, von wie vielen Dingen man noch nichts weiss, und das thut auch gut. Besonders die Kinder können sich die Eisenbahn gar nicht aus dem Sinn oder gar nicht hinein bringen. Meine Kinder wollen immer wissen, wie das mit dem Dampfwagen u. s. w. eingerichtet ist und wie man das macht, und ich selber, wenn ich dastehe und den Zug vorbeibrausen sehe und wenn ich mir den Telegraphen-Draht da betrachte, der sich dahinzieht, muss oft denken: es ist doch eine grosse Sache, was Menschenverstand zuwege bringt. Ich habe mir drinnen auf der Hauptstation die Gläser und Kolben zeigen lassen, mit deren Ausströmung der Draht beständig gefüttert wird; ich muss sagen, ich verstehe es doch noch nicht recht, aber das habe ich behalten, was mir der Telegraphen-Mann sagte: „Heutigen Tages ist der Mensch so weit gekommen, dass er mit Sonnenstrahlen malt, mit Dampf reist und mit Blitzen spricht.“ Und wenn ich mir so denke: Jetzt, in diesem Augenblick, laufen unhörbar und schneller, als man's sagen kann, Worte durch den Draht dahin, und ein Land spricht mit einem andern, und ich sehe nichts und merke nichts davon, da macht mich das Geheimniss hier fast andächtig. Vor Zeiten hätte man diese Dinge nicht Geheimnisse, sondern Wunder genannt, aber jetzt wissen wir, dass sie das nicht sind: die Einen verstehen sie und die Anderen nicht; und es wird eine Zeit kommen, wo wiederum Neues offenbar ist. Und ich denke an die grossen Geheimnisse, die in der Welt und über ihr noch verborgen sind, und Alles ist so gross, dass ich's nicht fassen und nur anstaunen kann, und ich danke meinem Geschicke, dass ich in einer Zeit lebe, in der die Geheimnisse der Welt uns ganz nahe gerückt sind, und seit ich das weiss, bin ich glücklicher. Ueber meinem Acker hin ziehen unsichtbare Worte und auf meinem Acker auch steht das grosse Räthsel der ganzen Welt, zu dem wir in Andacht aufschauen.“

Berthold Auerbach, Schatzkästlein des Gevattersmanns.

Der Islam und die neuen Verkehrsmittel.

(1872.)

Wenn man sich in die Vorstellungen versetzt, welche den Geist des Propheten erfüllten, als er, durchdrungen von der religiösen, politischen und Verkehrsbedeutung jährlicher allgemeiner Versammlungen der Gläubigen, die Vorschriften über die Mekkawallfahrt erliess; und wenn man damit die jetzige Gestaltung derselben in Aegypten vergleicht: die Pilger in den Eisenbahnwaggons und Wartesälen der Bahnhöfe oder auf den Verdecken der Dampfschiffe zusammengedrängt, mit Extrazügen wie eine Ladung Eilgut befördert, ihre Zahl fast alle Jahre im Abnehmen begriffen, während zugleich die zunehmende Anzahl der Verkehrswege den grossen Pilgerstrom in immer kleinere Verzweigungen zersplittert und die Gemeinsamkeit untergräbt, welche aus längerem Zusammensein, namentlich in der Wüste, entsteht: — so drängt sich auch hierbei die Betrachtung auf, dass das Gebäude des Islam von dem Geiste der Zeit und den Schöpfungen der abendländischen Cultur in leiser, aber beständig fortschreitender Weise ergriffen wird.

H. Stephan, das heutige Aegypten.

Die Verkehrsmittel zur Zeit des Krieges.

Von General-Lieut. J. von Hartmann.

(1874.)

Gleichwie der Riese Antäus durch die Berührung mit seiner Mutter Erde stets neue Kraft erlangte, so hat auch das deutsche Heer während der Kriegszeit in Frankreich in den Jahren 1870—71 mittels der Verkehrsmittel, im Besonderen der Post und des Telegraphen, andauernd neue Kräfte gewonnen, indem sie dasselbe mit der Heimath in steter inniger Verbindung erhielten.

(Aus einer Rede.)

Die Kriegs-Telegramme.

Die Eisenbahn und der Telegraph beim Sieges-Einzuge in Berlin.

Von Arnold Wellmer.

(1871.)

Die Triumphstrasse unter den Linden war durch die kunstgeübte Hand des Professors Gropius und durch die berühmtesten Maler Berlin's besonders reich und sinnig geschmückt. Zu beiden Seiten unter dem Lindengrün erzählten 514 eroberte französische Geschütze, darunter 84 Mitrailleusen und 8 Festungsgeschütze, stumm und doch wunderbar beredt von deutschen Kriegen und Siegen auf fränkischer Erde. Zwischen den Kanonen ragten schlanke weiss bronzirte Kandelaber mit grossen Feuerbecken bei der glänzenden Illumination am Abende von rothem Feuer überflackert, dazwischen dreiseitige Postamente mit den 190 rothen Siegesdepeschen, die während des Krieges von 172 Tagen Berlin's Augen so oft und stolz und dankbar hatten aufleuchten lassen, und Fahnengruppen und weissgoldige Ehrensäulen, den friedlichen Kräften geweiht, die unsern Kriegern so wacker siegen und ausharren geholfen und die ihnen in's rauhe Kriegsleben auch manche freundliche Blume aus der Heimath gestreut hatten.

Da gebührt der Eisenbahn der Ehrenplatz! Nur durch ihre Hilfe konnten Deutschlands Heere in vierzehn Tagen gerüstet am Rhein stehen und den Franzmann hindern, wieder seine Pferde aus dem deutschen Strom zu tränken, wieder das goldene Blut unserer Reben zu trinken, wie vor 60 bis 70 Jahren, worauf Alfred de Musset's französisches Rheinlied noch heute pocht — ohnmächtig!

„Der uralte Streit
Von Raum und Zeit!
Ihr fliegt —
Und habt beide besiegt."

Ihr, die Eisenbahnen, die Errungenschaften unserer Zeit, unserer Wissenschaft, unseres erfindenden Geistes. Und

„Euer Fleiss war eisern
Gleichwie Eure Wege.
Ihr halft zum Gelingen
Mit Schaffen und Bringen:
Dem Feinde den Krieger,
Dem Krieger das Brod;
Ihr flogt mit dem Sieger
Durch Krieg und Noth;
Gefunden die Gabe,
Dem Wunden die Labe
Rastlos durch Morgen- und Abendroth!"

— und nicht zu vergessen die Tausende von ehernen Mauerbrechern und die Hunderttausende von Bomben und Granaten, die uns Toul und Strassburg, Soissons, Neubreisach und Diedenhofen und endlich auch die Thore und Forts der Riesenfestung Paris aufschlossen. Und wenn wir lesen, wie mühselig und langsam unsere Grossväter ihre Kanonen und Munition, ihre Proviant- und Lazarethwagen und sich selber durch die zerfahrenen und zerstampften Wege bis zum Einzuge von Paris schleppten, dann müssen wir doppelt dankbar gegen die Erfindung der Eisenbahnen sein.

Aber auch gegen die deutsche Energie und Thatkraft, die

während des Krieges in Frankreich mit wunderbarer „Affengeschwindigkeit“ dort Eisenbahnen baute, wo sie Noth thaten. So:

„Von Remilly nach Pont-à-Mousson!
Durch Sumpf und Wald
Ihr fuhret gar bald —
Und wär's in Pacific-Façon“,

— so auch um den gesprengten Eisenbahntunnel bei Nanteuil herum, meilenweit in wenigen Wochen. Und mit der Eisenbahn half treulich der Feld-Telegraph, Hand in Hand, mit dem Motto:

„Kurz und klar,
Warm und wahr!“

und mit dem anderen: „Wahrhaftig sein, behütet den König.“ (Sprüche Salomonis 20. V. 28.)

Im stillen Denkstübchen des grossen Hauptquartiers sass General Moltke über Karten und Plänen und sann und rechnete und marschirte und manövrirte mit Bleistift und Meilenmass.... Halt! Jetzt stimmt's auf die Minute und auf die Quadratruthe, — und der Telegraph spielte, und die Heere marschirten und manövrirten 20, 50, 100 Meilen davon, ebenso präcis wie der Stift des Schlachtensinners auf der Karte, und was das Beste ist: die Heere siegten draussen auf den fernen Schlachtfeldern ebenso sicher, wie Moltke im stillen Denkstübchen, — und dann hat der Telegraph wieder „kurz und klar, warm und wahr“ nach Deutschland

„Hundert Siege berichtet!
Alle erfochten, keiner erdichtet.“

Hurrah! Es lebe der Sieges-Telegraph.

(Berliner Sonntagsblatt für 1871.)

Eine Telegraphen- und Eisenbahnlinie um die Erde.

(Januar 1866.)

Dem 20. Jahrhundert ist nach Victor Hugo die Erfindung des lenkbaren Luftschiffes vorbehalten. In sechs Tagen fliegt dann der Passagier ohne Zoll und Marken über den Atlantischen Ocean. Die heranwachsende Generation wird über die Richtigkeit der Hugo'schen Hypothesen dereinst ihr Urtheil fällen können. Unser 19. Jahrhundert hat sich auf dem Gebiete der Locomotion die Aufgabe gestellt, mit der Schiene und dem Telegraphendraht den Erdball zu umspannen und mittels des Dampfes (oder der comprimirten Luft) und der Volta'schen Säule die Unterschiede des Raumes möglichst aufzuheben.

Eine Eisenbahn- und Telegraphen-Linie rings um die nördliche Halbkugel der Erde mit vielen namentlich nach Süden laufenden Adern jener Haupt-Pulsader, welche die zwei grossen Verkehrsnetze Mittel-Europa's und der Nordamerikanischen Union bildet, sodann tägliche Dampfer-Verbindung in den beiden Lücken, welche der Atlantische und Pacifische Ocean zwischen jenen beiden grossen Verkehrsnetzen der alten und der neuen Welt nothwendig macht — das scheint das zum grossen Theil bereits in der Ausführung begriffene Ziel der jetzt lebenden Generation zu sein. . . . .

Der Telegraph, welcher als leichter Pionier der Eisenbahn voraneilt, hat in der Zeit von wenigen Jahren die Aufgabe bis auf jene zwei submarinen Lücken und eine verhältnissmässig kurze Strecke in Sibirien bereits gelöst: Die Telegraphen-Station St. Franzisco am Pacifischen Ocean spricht seit Frühjahr 1865 direct mit der fast 4000 Engl. Meilen entfernten Station Neu-York am Atlantischen Ocean und weiter nach Cap Race auf Neufundland, während auf der östlichen Halbkugel der Telegraph von der Westküste Irlands (Cap Valencia) bis tief nach Sibirien (Warkhneudinsk und Kiächta) spielt und bald in Nikolajefsk die vom Pacifischen Ocean umspülte Ostküste Sibiriens erreicht haben wird. Und während das verflossene Jahr bereits den Telegraph nach Ostindien via Bagdad-Buschir und via Teheran in voller Thätigkeit sah, so dass London und Petersburg mit Calcutta telegraphiren können, wartet das neu begonnene Jahr mit Spannung den Ausgang der wiederholten Versuche, das in dem Atlantischen Ocean zu versenkende Telegraphen-Kabel zum Sprechen zu bringen und damit den Gürteltelegraph um die nördliche Hemisphäre zum grössten Theil zu schliessen. . . . (Ist im Juli 1866 geschehen.)

Wie steht es aber mit den Aussichten auf jene den Erdball umschlingende Eisenbahn? . . . .

Noch nicht in Angriff genommen ist allerdings die Linie durch Mittel-Asien, welche — wenn sie dem Sibirischen Telegraphen folgt — von Nischnei-Nowgorod bis Sofiisk oder Nikolajefsk an der Mündung des Amur immer noch eine Länge von ca. 100 Grad auszufüllen hat.

Vor Allem muss man bei den Gedanken an die Ausführbarkeit dieses Projects allerdings auf die Einsicht der russischen Regierung bauen, welche die Wichtigkeit einer engen Handelsverbindung zwischen den verschiedenen Theilen ihres gewaltigen Reichs seit dem Regiment des jetzigen Kaisers so vollkommen einsieht, dass sie in kurzer Zeit den Plan eines grossartigen Telegraphen- und Eisenbahnnetzes bereits zur Ausführung gebracht hat.

Hoffen wir, dass es ihr gelingt, in nicht zu ferner Zeit, wenn auch mit pecuniärer Unterstützung Seitens des Staats, die Unternehmer für eine solche Sibirische Bahn zu finden, und dass die Einfuhr nach China und Japan so gut via Amur oder via Kiächta als via Cap der guten Hoffnung und via Cap Horn ausführbar werde. — Man sage nicht, dass dies chimärische Pläne sind; vor nicht vielen Jahren wurde die Erschliessung China's und Japan's für den Handel, ja die Ueberland-Verbindung mit Ostindien via Suez nicht weniger als sanguinische Phantasien angesehen, als der Gedanke, die Pacificische Westküste mit der Altlantischen Ostküste des grossen Nordamerikanischen Continents durch Kupfer- und Eisenlinien zu vermählen.

(Zeitung des Vereins d. Eis.-Verw.)

Wirkungen der Buchdruckerkunst und der Dampfkraft.

(Vor 1863.)

Aus der Erfindung der Buchdruckerkunst ist die Freiheit des Glaubens hervorgegangen, wie aus der Erfindung der Dampfkraft die bürgerliche Freiheit hervorgehen muss.

Jakob Grimm.

Die Dampfkraft und ihr weitreichender Einfluss.

Von Dr. Ernst Engel.

(1880.)

Unleugbar treibt unsere Generation etwas Raubbau. Gerade den Dampf, den wir mit so viel Vortheil verbrauchen, erzeugen wir auf Kosten der allmählichen Erschöpfung der Kohlenfelder, die nicht nachwachsen. Aber der Erfindungskraft des menschlichen Geistes ist kein Ziel gesetzt. Mit demselben Rechte, wie die englische Nation dem eigentlichen Begründer des Dampf-Zeitalters, James Watt, die vom Lord Brougham verfassten schönen Worte auf sein Denkmal setzte (man vergl. S. 33) mit demselben Rechte kann und wird die englische oder eine andere Nation früher oder später einem anderen Genius huldigen, der einen vortheilhaften Ersatz für die Kohlen oder für die Dampfkraft fand. Indem England George Stephenson, den eigentlichen Urheber der Dampf-Eisenbahnen, fast in gleicher Weise ehrte, gab es der Ueberzeugung aller denkenden Menschen einen monumentalen Ausdruck dahin, dass, so lange die Erde bewohnt ist und die Kunde davon reicht, es keine andere Erfindung, kein anderes von Menschenhand herbeigeführtes Ereigniss gab, welches einen solchen Einfluss auf die Geschicke der Menschheit übte und noch übt wie die Verwendung des Dampfes, kein Ereigniss, dessen Vortheile sich so rasch verbreiteten und Gemeingut wurden. In der That, der Dampf beherrscht heute nicht blos das wirthschaftliche, sondern auch das geistige und sittliche Leben unserer Zeit vollständig, obgleich der eigentliche Anfang seiner Herrschaft kaum ein halbes Jahrhundert hinter uns liegt.

(Das Zeitalter des Dampfes.)

Die neuen Verkehrsmittel und das Entstehen einer grossen menschlichen Gesellschaft.

Von Frédéric Passy.

(1866.)

Heutzutage liegt die Welt gewissermassen offen da, denn nicht mehr die Herrscher und die Vorsteher der Cabinette allein, sondern der Geringste von uns verfügt über Quellen der Mittheilung, die zwar nicht immer unfehlbar und stets ganz rein, aber rasch und unermüdlich sind und dabei unaufhörlich der Prüfung unterliegen. Ein Jeder erfährt täglich oder kann doch ohne Anstrengung und ohne Kosten erfahren nicht nur, was geschehen ist, sondern auch, was geschieht, und zwar am Tage des Geschehens selbst, bald sogar in derselben Stunde und wenn es sich auch an den äussersten Enden der Welt zutragen sollte. Er sieht, wenn es ihm zusagt, inmitten seiner Arbeiten oder im Hintergrunde seiner Zurückgezogenheit die ganze menschliche Gesellschaft vor sich handeln, denken und empfinden.

Geschieht es etwa zufällig, dass sich dergestalt sichtbar aus so vielen vor Kurzem noch zerstreuten oder feindlichen Theilen diese universelle Gesellschaft bildet, die sich in dem Maasse fester knüpft, als sie sich erweitert? Ist es etwa umsonst, dass der Erdball von allen Seiten nach dieser Richtung hin, bei dem wachsenden Ausströmen des Gedankens und der menschlichen Regungen, durchdringbar wird, und kann man, ohne Schwärmer zu sein, von diesen immer schneller sich gestaltenden Verkehrs-Beziehungen nicht ebenso umfassende materielle als grosse moralische Ergebnisse erwarten? Was sage ich? sehen wir sie nicht schon auf allen Enden sich erfüllen? machen die Brüderlichkeit, im Verein mit der Freiheit und Gleichheit nicht täglich Fortschritte, welche die Macht des einsichtsvollen Gewerbefleisses unter tausend Gestalten in die Weite verbreitet? Es sind nicht nur die Körper allein, sondern auch die Seelen, die mit einander in Berührung kommen, und wenn die Interessen der Arbeiten sich mit einander verbinden, so werden sie sich verschmelzen und bis zu dem Punkte mit einander gelangen, an dem sie von einander nicht ohne Schmerz mehr getrennt werden können. Die Gedanken und Gefühle erhalten höheren Schwung und vergeistigen sich auch in dem Maasse, als sie allgemeiner werden, und wenn jedes Ding zu jeder Zeit den Augen und dem Urtheile Aller unterworfen sein wird, so sind es nicht mehr, wenigstens nicht mehr in demselben Grade, Leidenschaften und individuelle oder materielle Vorurtheile; es ist vielmehr alsdann das unparteiische Urtheil und die uneigennützige Meinung, welche die Oberhand gewinnen. Ein allgemeines Bewusstsein bildet sich, das mächtiger und sicherer als das Bewusstsein der Einzelnen ist, und mehr und mehr wird es dies sein, das zur Erscheinung gelangt. Selbst die Wissenschaften waren ehemals örtlich und vereinzelt, und man konnte bei jeder dieser verabredeten Grenzen, welche die Zwischenmauern der Eifersucht und des Hasses bildeten, schmerzlicher Weise das Wort Pascal's wiederholen: „Wahrheit diesseits, Irrthum jenseits!" („Verité en deçà, erreur au delà!") Man wird es bald nicht mehr können; die Dampfkraft und die Elektricität, indem sie die Staatsgrenzen auf ihre geographischen Begriffe zurückführen, werden es dahin bringen, die noch zu lebhaften Spuren der alten Gegnerschaft und des hergebrachten Egoismus auszulöschen. Zweifelsohne aus dieser Veranlassung hat ein berühmter Prälat (der Bischof Landriot von la Rochelle) als er vor Kurzem einige dieser neuen Strassen feierlich segnete, welche vor ihm nur zu oft durch weniger weise Stimmen verwünscht wurden, sie ganz offen und in grossartiger Weise gepriesen als „einen der grössten Beweise des Rechts des Menschen über die Schöpfung", „von der Vorsehung dazu bestimmte Mittel der Annäherung ebenso wohl der Geister als auch der Entfernungen überhaupt", und zu gleicher Zeit als Kräfte und Vorläufer des „Triumphes der universellen und vollkommenen über die unvollkommenen und zerstückelten Wahrheiten."

(Les machines et leur influence sur le développement de l'humanité.)

Die neuen Verkehrsmittel und die Geschichte.

(1863.)

Ist es wirklich nur ein Zufall, wenn seit der Anwendung der elektrischen Telegraphen die Begebenheiten rascher vorrücken als früher, oder geschieht dies in Verbindung mit dieser neuen Entdeckung und aus innerer Nothwendigkeit?

Es war eine Zeit, und man braucht noch gar nicht so alt zu sein, um sie miterlebt zu haben, als es weder elektrische Telegraphen noch Eisenbahnen gab und auch diese später höchstens nur einige der Hauptstrassen des Verkehrs, die grossen Hauptstrassen der Länder mit einander verbanden. Als damals die Postkutschen und die Diligencen im bequemen Trab auf der

Landstrasse einherrollten, wurden natürlich auch die Nachrichten von Ort zu Ort um eben so viel langsamer befördert, und mit der grösseren Schwierigkeit des Verkehrs gab es auch weniger Briefe und Zeitungen. . . . . .

Nun stelle man sich die heutige Zeit vor. Im Eisenbahnverkehr legt man jetzt mehr Werth auf Viertelstunden wie einst auf halbe Tage. Die Eisenbahn kann ungeheure Packete von Briefen und Zeitungen auf einmal befördern, ganze Wagenladungen voll, nicht kleine bescheidene Winkel, wie in der ehemaligen Postkutsche. Trotzdem jedoch blieben zwischen Abgang und Ankunft der Wagenladungen noch immer Stunden, die in weiterer Entfernung zu Tagen wurden.

Der elektrische Telegraph sollte dieses gründlich umgestalten. Längs den Eisenbahnen und auch auf den Landstrassen laufen die langen dünnen Drähte, welche geheimnissvoll und unsichtbar das Wort, den Gedanken von Ort zu Ort tragen, in einer Schnelligkeit, welche fast den Blitz überholt . . . .

Ein König eröffnet sein Parlament, er wechselt seine Minister, das Parlament fasst einen denkwürdigen Beschluss; es stirbt ein berühmter Mann, eine einflussreiche Persönlichkeit, oder es geschieht sonst ein Ereigniss von grösserer Bedeutung und Tragweite: nicht mehr, wie früher, sickert es langsam durch alle Poren des Verkehrs hindurch, sondern an den entferntesten Enden des Drahtnetzes weiss man die Sache fast eben so schnell als da, wo sie geschehen war. Man erfährt sie auf allen Mittelstationen, sie geht von Mund zu Mund, von Draht zu Draht nach allen Richtungen zugleich weiter und allenthalben mit grosser Schnelligkeit; sie geht in die Zeitungen über, sie gelangt auch schnell in die Nebenkanäle, wohin kein Draht mehr geht; sie wird, ehe kaum eine oder mehrere Stunden verflossen sind, Gemeingut von ganz Europa. Die Meldung war vielleicht halb oder ein bischen unrichtig, sie hat aber doch die Aufmerksamkeit geweckt, Gedanken, Hoffnungen oder Befürchtungen hervorgerufen und jedenfalls eine gewisse politische Regung herbeigeführt. Damit wird aber auch die Wechselwirkung zwischen den Ereignissen und den nicht unmittelbar betheiligten Menschen eine andere; noch während das Neue vor sich geht, ehe es noch in sich abgeschlossen ist, kann man es geistig von weiter Ferne her beeinflussen, man kann es vielleicht nachahmen oder sich dagegen rüsten.

Wie ganz anders können heutzutage auch Unterhandlungen zwischen den Diplomaten der einzelnen Staaten geführt werden! Von seinem Kabinet aus kann sich so zu sagen der Staatsmann des einen Landes mit dem des anderen in unmittelbare Verbindung setzen, kaum, dass er noch eine Zwischenperson gebraucht. Eine Regierung kann ihrem Vertreter bei einem fremden Kabinet rasch neue Instructionen nachsenden oder die früheren verändern, je nach dem Lauf der Begebenheiten; sie kann entstandene Zweifel oder Bedenken umgehend beseitigen lassen, noch ehe die unterhandelnden Diplomaten am fremden Orte sich getrennt haben; sie kann hier und dort Erkundigungen über Dinge einziehen, die Hunderte von Meilen entlegen sind, die aber zum Lauf der Unterhandlung gehören.

Dabei hat sich das Kapitel der Ueberraschungen gewaltig vermindert. Kaum, dass die Regierungen noch im Allein-Besitze Dessen sind, was sie selbst zunächst thun wollen, auch dahinter ist manches Mal der Telegraph gekommen und theilt es der ganzen Welt mit; jedenfalls wissen sie Das, was geschehen ist, kaum noch besser und vollständiger, als andere Menschenkinder. Ja es kommt vor, dass die Regierungen von den Zeitungen, und dass diese wieder von einzelnen Privatleuten in Betreff des Allerneuesten überholt werden.

Wenn in dieser Weise nun Alles rascher geworden ist, wenn die diplomatischen Führer wie die Völker dem Geschehenen und Geschehenden unmittelbar nahestehen können, wenn die grossen und kleinen politischen Berichte rasch ein europäisches Gemeingut werden, wenn erst der Telegraph so zu sagen die rasche Skizze einer Begebenheit giebt, wenn der rollende Dampfwagen schnell hintendrein das Material liefert, um auch deren Details zu verstehen, wenn Wirkung und Wechselwirkung einander im ewigen Kreislauf des Verkehrs gedankenschnell ergänzen, dann muss auch die Menschengeschichte selber im rascheren Schritt einhereilen. Welch' reiche Weltgeschichte liegt in den wenigen Jahren seit 1848, welche Veränderungen hinauf und hinunter; man erkennt seine Welt vor noch wenigen Jahren kaum wieder. Wer es kann, versuche einmal auch nur in Gedanken die Eisenbahn und den Telegraphen sich aus dem Verkehr hinweg zu denken und sich vorzustellen, wie es in den Zeitungen und in der Tagesgeschichte dann aussehen würde; der blosse Vergleich wird ihm keinen Zweifel über die Einwirkungen dieser beiden Verkehrsmittel lassen.

Hieran schliesse ich ein Sonett des Geheimen Ober-Regierungsraths Ad. Fr. Karl Streckfuss vom Jahre 1837, das mit dem Vorstehenden in einigem Zusammenhange steht:

„Die Sieben-Meilen-Stiefeln.

Ihr hörtet wohl von jener Wundermär
Der Sieben-Meilen-Stiefeln öfters sagen,
Und wisst, mit einem Schritt geh'n, die sie tragen,
An sieben Meilen weit durch Land und Meer.

Sie sind wie leichte Schuh', nicht steif und schwer —
Wie wär' auch sonst damit so schnell zu jagen?
Daher es wohl auch holde Frauen wagen,
Und geh'n mit ihnen durch die Welt einher.

Die Dichtkunst trug sie einst — jetzt ist sie zahm,
Schleicht langsam träumend hin, und die Gedichte
Sind, gleich der guten Mutter, matt und lahm.

Doch sagen uns die sichersten Berichte,
Dass wiederum sie eine Dame nahm,
Und diese, werthe Freund', ist die Geschichte.“·

Die Dampfkraft und die Telegraphie allegorisch dargestellt.

(1862.)

Es ist trotz allem Jammer über die trockene Prosa unserer Tage eine unglaubliche Fülle von Poesie im modernen Leben, aber sie bleibt blöden Augen verborgen wie manches Andere. Wer freilich in der Locomotive nichts weiter sieht als ein System von Hebeln, im elektromagnetischen Telegraphen nichts als

Kupferdrähte und Walzen, der wird schwer von der Richtigkeit unserer Behauptung zu überzeugen sein.

Die bildende Kunst ist bis jetzt nur schüchtern an das Neue herangegangen und hatte eine gewisse Scheu davor, die Gedanken der Neuzeit in ihrer Art zu verkörpern, und so, möchte ich sagen, zum zweiten Mal zum Gemeingut der Menschheit zu machen. Diese Scheu war freilich eine leicht erklärliche; galt es doch, die breitgetretenen Wege des Hergebrachten und Vorgedachten zu verlassen und neue Pfade zu finden und gangbar zu machen. Dazu aber fehlt Vielen der Muth, weitaus den Meisten aber noch mehr die Kraft. Um so erfreulicher und dankenswerther ist es, dass ein Künstler, der durch die Ungunst der äusseren Verhältnisse in früheren Jahren weniger genannt wurde, als er verdient hätte, mitten in's moderne Leben griff und mit sicherer, fester Hand seine Stoffe herausholte.

Schon im vorigen Jahre (1861) schmückte M. Echter aus München die Durchfahrten des Staatsbahnhofes daselbst mit Fresken, welche die Verbindung der Völker durch die Eisenbahnen und den Verkehr des Handels und der Gewerbe in ebenso geistreicher als anmuthiger Weise zur Anschauung bringen. Seit einigen Wochen erhielt derselbe Bahnhof einen neuen, höchst werthvollen Schmuck in zwei grösseren Fresken von desselben Künstlers Hand, indem er im Innern der grossen Einsteigehalle den durch Dampf vermittelten Weltverkehr und die Telegraphie darstellte.

(Wir geben von diesen Darstellungen zwei Holzschnitte S. 19 und S. 331.)

Auf dem ersten Blatte stürmt uns in wilder Hast ein geflügelter Dämon entgegen. Dichter Dampf entströmt seinem keuchenden Munde. Seine Arme und Beine theilen in wüthenden Stössen die Luft, Alles in den Staub werfend, was sich ihm hindernd in den Weg stellt. Aber der Dämon ist gekettet. Ein üppig gebautes Weib, durch den Stab mit dem Flügelrade gekennzeichnet, hält seine Ketten in sicherer Hand, während sie ihr Knie auf seinen Nacken gestützt, ihrer Herrschaft bewusst, stolz das Haupt erhebt. Vor der Kraft des Gewaltigen ist die Schranke zersplittert, die zwei benachbarte Völker trennte. Sein blosser Athem warf den trockenen Pedanten nieder, der kaum weiss, wie ihm geschieht, da Thorzettel und Wanderbuch, Reisepass und Controlregister, seines Lebens höchste Ideale, vor seinen bebrillten Augen in alle Winde zerstreut werden. Auch der Schnecke wird bang um's Herz und sie streckt ihre Fühlhörner lang aus, um Erkundigung einzuziehen, woher und welche Gefahr ihr etwa drohen möge. Mit hochgeschwungenem scharfen Beile fliegt der eine Knabe neben dem schönen Weibe, niederzuschmettern, wo sie befiehlt; aber auch sein milderer Bruder fehlt nicht, der aus unerschöpflichem Wunderhorne des Friedens Segnungen streut. Vielleicht fällt selbst in des armen Pedanten Schoss eine seiner Rosen oder blanken Münzen! Ist doch auch er ein Theil des Ganzen, über das der Segen ausströmt.

Betrachten wir nunmehr die Telegraphie: Aus scharfkantigen Erzstufen steigt bis zum halben Leibe ein gewaltiges Weib empor. Ihr ernster Blick schaut in die Ferne, ihr Haar wird vom elektrischen Strome, der sie durchzieht, und von ihr ausgeht, flatternd emporgetrieben. Ihre weitausgestreckten Arme, von bärtigen Gnomen unterstützt, scheinen die Welt umspannen zu wollen, wie die Drähte des Telegraphen sie wirklich umspannen. Dem Beschauer wird dabei nicht entgehen können, wie charakteristisch der geistreiche Künstler selbst den, malerischer Behandlung so mächtig widerstrebenden äussern Apparat zu verwerthen, wie entsprechend er denselben für seine Zwecke umzubilden verstand. Zu beiden Seiten sitzen schöne Frauengestalten. Die zur linken flüstert dem ersten von fünf reizenden, geflügelten Knaben Etwas in's Ohr, während der letzte derselben die Botschaft der Frauengestalt zur Rechten überbringt. Die neugierige Geschäftigkeit, der Pflichteifer der prächtigen Jungen lässt sich nicht anmuthiger wiedergeben als unser Künstler es gethan.

(Illustrirte Zeitung für 1862.)

Die ideale Bedeutung der neuen Verkehrsmittel.

Die Oceandampfer, die Eisenbahnzüge, das sind die Weberschiffe, deren Hin- und Wiederschiessen unablässig am lebendigen Kleide der von der Körperarbeit mehr und mehr befreiten

Menschheit webt, und die Parallellinien der Eisenbahngeleise, der Telegraphendrähte, das sind die Notenlinien, auf welche die in der Technik verkörperten inductiven Wissenschaften bereits ihre Jubel-Ouvertüre der Zukunft geschrieben haben, und auf die sie dereinst, nach neuen Siegen im Kampfe für die Befreiung des Geistes vom Körpergewicht, auch ihre Symphonia Eroica schreiben werden.

M. M. v. Weber, die Entlastung der Culturarbeit durch den Dienst der physikalischen Kräfte.

ANHANG.

Die Luftschifffahrt.

Versuch mit einem Luftballon (Montgolfière) in Versailles am 19. September 1783.

Les Anglais, nation trop fière,
S'arrogent l'empire des mers.
Les Français, nation légère,
S'emparent de celui des airs.

(Quatrain du temps.)

(Zum Herrschen über Meeresfluth
Glaubt sich der Britte stolz berechtigt,
Und der Franzosen leichter Muth
Hat sich des Luftreviers bemächtigt.)

Die missglückte Luft-Reise des Ikarus.

Nach Publius Ovidius Naso.

Von Johann Heinrich Voss.

Dädalus hasst indessen die kerkernde Kreta, wohin ihn
Lange verbannt das Geschick, und, gelockt von der Liebe der Heimat,
War er umschlossen vom Meer. So werde denn Land und Gewässer,
Rief er, gesperrt; doch öffnet der Himmel sich: dort sei die Laufbahn!
Alles beherrsch' auch Minos, die Luft beherrschet er doch nicht!

Sprach's; und wendet den Geist auf unerspähete Künste,
Und schafft neue Natur. Dann in Ordnung leget er Federn,
Wo zu der kleinsten hinab die kürzere folget der längern,
Dass ein wachsender Flügel erscheint. So hebt sich dem Landmann
Eine Syring' allmählich mit sanft aufstufenden Röhren.
Lein nun bindet sie mitten, und Wachs an der unteren Spule.
Also gefügt, empfahn sie die leise gebogene Krümmung,
Dass sie genau nachahmen die Fittige. Aber der Knabe
Ikarus stand, und fühlt' unwissend die eigne Gefahr an;
Bald, mit lächelndem Antlitz, erhascht er die hüpfenden Flaume,
Welche das Lüftchen bewegt; bald knetet er weich mit den Fingern
Gelbliches Wachs, und störte mit kindlichem Spiele des Vaters
Wundergeschäft. Nachdem er die letzte Hand der Erfindung
Angelegt, da erhob auf wägende Schwingen der Künstler
Selbst den eigenen Leib, und schwebt in bewegten Lüften.

Dann wird gerüstet der Sohn: Ich warne dich, Ikarus, sprach er,
Flieg' auf der mittelsten Bahn; dass nicht, wenn gesenkter du hinfährst,
Wasser die Fittige laste; wenn steigender, Glut dich versenge.
Schwebe von beiden entfernt. Nicht Helice, oder Bootes
Schaue mir rechts, noch links das gezogene Schwert des Orion.
Hinter mir eile den Weg. — Zugleich die Gebote des Fluges
Lehrt er, und fügt an die Schultern die ungewohnte Beschwingung.

Während er schafft und ermahnt, wird nass die Wange des Greises,
Und es erbebt dem Vater die Hand. Noch küsst er das Söhnlein,
Das nie wieder dem Kusse sich beut; und mit Schwingen sich hebend,
Fliegt er voran, voll Angst um den Folgenden: so wie ein Vogel
Hoch aus dem Nest ausführet die schwächliche Brut in die Lüfte.
Und er ermahnt den Begleiter, und lehrt ihm schädliche Künste;
Selbst die seinigen regt er, und schaut auf die Flügel des Sohnes.
Mancher, indem er Fische mit schwankendem Rohre sich angelt,
Oder gelehnt auf den Stecken ein Hirt, auf die Sterze der Pflüger,
Sahe die Beiden erstaunt, und wähnete, Himmlische wären's,
Welche die Luft durcheilten. Und schon die junonische Samos
War zur Linken vorbei, auch Delos geflohen, und Paros;
Rechts Lebynthos vorbei, und die honigreiche Kalymne:
Als sich der Knabe begann des verwegenen Fluges zu freuen,
Und den Führer verliess, und, gereizt von Begierde des Himmels,
Höhere Bahn sich erkor. Die Gewalt der näheren Sonne
Weichte das duftende Wachs, das der Fittige Spulen gefüget:
Bald war geschmolzen das Wachs; und er schwingt die nackenden Arme;
Auch nicht fängt er ein Lüftchen, entblösst der rudernden Flügel;
Und sein Gesicht, wie umsonst des Vaters Namen er ausrief,
Taucht in die bläuliche Flut, die hinfort von jenem genannt wird.
Aber der Vater voll Grams, nicht Vater noch: Ikarus, ruft er;
Ikarus, ruft er, wo bist du? wo soll ich dich suchen, du trauter
Ikarus? ruft er laut, und erblickt in den Wogen die Federn.
Und er verwünscht die eignen Erfindungen; dann in das Grabmal
Bringt er den Leib: und es trägt des Bestatteten Namen das Eiland.

(Aus: Verwandlungen, 2. Theil. XXXV. Braunschweig 1829.)

Possunt etiam fieri instrumenta volandi, ut homo sedens in medio instrumenti revolvens aliquod ingenium, per quod alae artificialiter compositae aërem verberent, ad modum avis volantis.

Roger Baco, (1214—1294) de mirabili potestate artis et naturae.

Eines Dichters Luft-Reise auf einem Unthier.

Von Dante Alighieri (1265—1321).

„Sieh' dort das Unthier mit dem spitzen Schweife,
Das Berge übersteigt und Wehr und Mauern
Zertrümmert! Sieh, was alle Welt mit Stank füllt."
Also begann mein Führer mir zu sagen,

Und winkt' ihm, dass es zu dem Ufer käme,
Dem Schluss nah' des betret'nen Marmorpfades.
Und jenes widerliche Bild des Truges
Kam nun herbei, anlandend Haupt und Bruststück,
Doch zog es seinen Schweif nicht mit zum Strande.
Sein Antlitz war wie des Gerechten Antlitz,
So mild von aussen schien die Oberfläche,
Indess sein Rumpf sonst einer Schlange Leib glich.
Zwei Pratzen hatt' es, haarig bis zur Achsel,
Und Rücken, Brust und beide Seiten waren
Mit Kreisen ihm und Schleifen bunt bemalet.
Im Wollzeug woben nimmermehr mit Farben
Tataren so als Türken Grund und Einschlag,
Noch zog Arachne auf ein solch' Gewebe.
Wie öfters wohl am Ufer steh'n die Barken,
Zum Theil im Wasser und zum Theil am Lande,
Und wie bei jenen Schlemmern dort, den Deutschen.
Zu seinem Kampfe sich der Biber anschickt,
So stand hier das heillose Ungeheuer
Am Rand, der steinern rings das Sandmeer schliesset.
Ganz in den leeren Raum schlug's mit dem Schweife
Und krümmt' empor die gifterfüllte Gabel,
Den Stachel auf Scorpionenart bewaffnend.

. . . .

Hier fand ich meinen Hort, der auf die Croupe
Des grausen Thiers bereits war aufgestiegen
Und so zu mir sprach: „Jetzt sei stark und herzhaft"
Von nun an geht's herab durch solche Stiegen.
Sitz' auf vor mir, ich will die Mitte halten,
Dass dir der Schweif zu schaden nicht vermöge."

. . . .

D'rauf sprach er: „Geryon, wohlan, mach' auf dich,
In weiten Kreisen senk dich langsam nieder;
Gedenk', welch' neue Last dir auferlegt ist!"
Wie von dem Standort rückwärts abgestossen
Der Kahn wird, zog von hier hinweg sich Jener,
Und als er nun sich ganz im Freien fühlte,
Wandt' er den Schweif hin, wo die Brust gestanden,
Und streckt' ihn aus, bewegend wie ein Aal ihn,
Und rudert zu die Luft sich mit den Tatzen,
Nicht grösser, mein' ich, ist die Furcht gewesen,
Als Phaeton die Zügel fallen lassen,

Weshalb, wie noch zu schau'n, gebrannt der Himmel;
Noch als die Lenden Ikarus, der Arme,
Sich fühlt entfiedern ob des Wachses Schmelzen,
Da ihm sein Vater rief: „Dein Weg ist unrecht";
Denn meine war, als ich von allen Seiten
Mich in der Luft sah und jedweder Anblick
Dem Aug' entschwunden war, als nur des Unthiers.
Und langsam, immer langsam schwimmt's von dannen,
Es kreist, es senket sich und nichts bemerk' ich
Als nur das Weh'n im Antlitz und von unten.

(Göttliche Komödie, die Hölle. 17. Gesang, übersetzt von Philalethes — König Johann von Sachsen.)

Die Gebrüder Montgolfier und ihre „aerostatischen Kugeln". [1]

(Sommer 1783.)

Von Gudin de la Brenellerie.

Non, ce n'est point Icare, osant quitter la terre,
Ce n'est point d'Archimède un enfant téméraire,
Dont l'audace effrayante et l'inutile effort
Franchit un court espace, à l'aide d'un ressort;
C'est la nature même, à l'étude asservie,
Et qui prête aujourd'hui ses ailes au génie.
Je ne la brave point, j'obéis à sa voix,
Et je suis dans les airs ses immuables lois.
Ce globe qui s'élève, et qui perce la nue,
De l'empire des airs nous ouvre l'étendue.
L'homme de qui l'instinct est de tout hasarder,
Dont le sort est de vaincre et de tout posséder,
Lui qui dompta les mers, qui, méprisant l'orage,
Mit un frein à la foudre et dirigea sa rage,
Que peut-il craindre encor? le roi des éléments
Dans son vol à son char attellera les vents,

[1]) Die von den Gebrüdern Stephan und Joseph Montgolfier in Annonay im Juni 1783 bezw. von Robert und Charles in Paris im August d. Jahres in die Luft abgesandten aerostatischen Kugeln (Montgolfièren) waren noch nicht bemannt. Die ersten Reisenden bei einem in Versailles in Gegenwart des Königs, Ludwig XVI., angestellten Versuche waren: ein Hammel, ein Hahn und eine Ente. Der Holzschnitt auf Seite 423 stellt diesen Versuch dar.

Et des monts aplanis l'impuissante barrière
Ne l'arrêtera plus dans sa noble carrière.
D'un nouvel océan, argonautes nouveaux,
De Colomb et de Cook surpassez les travaux;
Suivez ce Montgolfier, qui d'une main certaine
A de la pesanteur enfin brisé la chaine,
Partez, volez, cherchez dans les plaines d'azur
Un air moins variable, un horizon plus pur,
Glissez d'un vol léger sur les glaces australes,
Jouez-vous au milieu des flammes boréales;
Les champs de l'atmosphère, autrefois interdits,
Ouverts par nos efforts, vont nous être soumis;
Agrandissez l'enceinte à nos aïeux prescrite
Et du globe atteignez la dernière limite.
Les peuples éperdus vous prendront pour des dieux;
Imitez-les en tout, soyez justes comme eux.
Par la rapidité rapprochez les distances,
Répandez les bienfaits plus que les connaissances;
Des sauvages humains adoucissez les mœurs,
Vous les avez instruits, vous les rendez meilleurs.
C'est l'espoir qui me luit; c'est votre destinée,
Que j'annonce en ce jour à l'Europe étonnée.
J'anticipe le temps, je lis dans l'avenir,
Je prédis les succès dont vous allez jouir.
  Vous, timides esprits, pour qui tout est prodige,
Vous, détracteurs jaloux, que tout succès afflige,
Frémissez, mais voyez, ce que l'art peut tenter,
Concevez ce qu'un jour il peut s'exécuter.
N'allez pas à mes vœux alléguer l'impossible,
Au travail qui s'obstine il n'est rien d'invincible
Cook marche au fond des mers, Montgolfier vole aux cieux,
Ouvrez-moi les enfers, j'en étendrai les feux.

(Chr. Kramp, Geschichte der Aerostatik. Strassburg 1784.)

(Kein Ikarus verlässt mit dreistem Wagen
Die Erde dort, kein Archimedes schafft
Ein kühn Gebild, das, kurz emporgetragen
Herabsinkt nach erschöpfter Federkraft;
Natur leiht selbst dem Geiste ihre Schwingen:
Der sie erforschte, weiss sie zu bezwingen.
Wir bieten ihr nicht Trotz, wir folgen nur
Dem ewigen Gesetz im Reich' der Lüfte,

Und dieser Ball, der durch die Wolken schiffte,
Erschloss uns nur ein neu Gebiet, Natur.
Der Mensch, den es zu jedem Wagniss treibt,
Den das Geschick zum Siegen, zum Besitzen
Bestimmte, der das Meer bezwang, der Blitzen
Den Eisenzügel angelegt, was bleibt
Ihm noch zu fürchten? Schon zu neuem Lauf
An seinen Wagen spannt der Fürst der Elemente
Die Winde an, wo die Gebirgswand trennte,
Hält Nichts hinfort die kühne Reise auf.
Mehr als Columbus habt ihr, mehr als Cook gethan,
Ihr, Argonauten heut' auf neuem Ocean!
Nun folgt dem Montgolfier; es ist gescheh'n:
Zerbrochen ist der Kettendruck der Schwere,
Fliegt auf und sucht in blauen Aetherhöh'n
Den weiter'n Blick, die rein're Atmosphäre;
Schwebt flüchtig über das Polargefild
Und taucht euch in des Nordlichts Flammenbild! —
Das ihr durch eig'ne Kraft euch aufgethan,
Das Luftreich, giebt hinfort euch freie Bahn;
Vergrössert wird der Horizont der Alten,
Des Erdenballes fernster Pol erreicht,
Die Völker werden euch für Götter halten;
Nun seid wie Götter auch gerecht und gleicht
In Allem ihnen; näher rückt die Weite:
So tragt die Wohlthat, tragt die Wissenschaft
Zu wilden Völkern, dass sich mild verbreite
Auf rohe Bräuche der Gesittung Kraft.
Die Hoffnung leuchtet mir, und dem erstaunten Blick
Europa's künd' ich, was durch Muth und Glück
In künftgen Zeiten ihr vollbringen sollt.
Doch ihr, für die gleich Alles Wunder heisst,
Ihr Neider, die ihr dem Erfolge grollt,
Erzittert nur, doch seht, wohin der Geist
Sich wagte, was die Kunst vermochte zu vollenden.
Sucht kein: „Unmöglich“ — heut' mehr einzuwenden,
Nichts hält der Arbeit eisern Wollen auf!
Durch Wolken schifft, wie Cook durch Meeresfluten
Jetzt Montgolfier: — Schliesst mir die Hölle auf
Und löschen will ich ihre Feuersgluten!“)

(Uebersetzt von B J.)

Die erste Luft-Reise mit der „aerostatischen Maschine“.[1])

(Am 21. December 1783.)

Von Gudin de la Brenellerie.

Le voilà donc trouvé, ce secret étonnant,
Qu'on chercha tant de fois, et toujours vainement:
Le secret de planer dans la vaste atmosphère.
Si le premier mortel qui franchit l'onde amère,
Insensible à l'effroi, renfermait dans son sein
Un cœur de diamant armé d'un triple airain,
Quelle intrépide audace avez-vous donc dans l'âme,
Vous, qui franchissez l'air sur des ailes de flamme;
Qui bravez à la fois ces éléments fougueux,
Qui, domptant l'un par l'autre, enchaînez tous les deux;
Qui, portés les premiers au séjour des orages
Avez volé longtemps au-dessus des nuages!
Je n'exagère rien. D'Arlandes! de Rozier! [2])
Disciples généreux qu'a formés Montgolfier.
Rendez-nous familier cet art qui vient de naître!
De tous les éléments, que l'homme enfin soit maître
Tous les arts aujourd'hui doivent vous célébrer;
Le pinceau sur la toile en l'air doit vous montrer:
Tout cœur, né pour sentir votre noble courage,
Doit demander au bronze, au marbre votre image.
Qu'entre vous Montgolfier par lès muses placé,
Vous montre quel chemin son audace a tracé.
C'est lui qui vous ouvrit cette route effrayante:
Sur un brasier ardent il a posé sa tente;
Dominant en vainqueur l'élément le plus fier,
Sa voix commande au feu de la porter dans l'air.
Le feu brille, elle part; et s'élançant de terre
Flotte majestueuse au sein de l'atmosphère.
En la suivant de l'œil dans son vol étonnant,
En la voyant percer ce mobile élément,

---

1) So wurde der Luftballon damals genannt.

2) Marquis d'Arlandes und Pilatre de Rozier waren die beiden ersten Luftschiffer.

En voyant ce brasier, ce feu qui le couronne,
J'ai cru, je l'avouerai, j'ai cru voir de mes yeux
La tente du dieu Mars et l'autel de Bellone,
Que d'Eole soumis les fils impétueux,
A l'aspect de la paix, rapportaient dans les cieux.

(Ch. Kramp, Gesch. der Aerostatik.)

(Auch du Geheimniss, dess' verborg'ne Spur
So oft gesucht ward mit vergeb'nen Müh'n,
Geheime Kunst, die Lüfte zu durchzieh'n,
Du bist nun unser! Wer zuerst befuhr
Des wilden Meeres unbekannte Wogen,
Trug, dreifach wohl mit blankem Erz umzogen,
Ein Demantherz im Busen. Aber ihr,
Die ihr die Luft durcheilt auf Flammenschwingen,
Welch' unbeugsamer Muth muss euch durchdringen;
Die zweier Elemente Leidenschaft
Gefesselt, eines durch des andern Kraft,
Dass sie euch, angespannt am luft'gen Wagen,
Durch Wolken über Blitz und Donner tragen!
Ihr Schüler Montgolfier's, ich preise nicht zu laut,
Macht uns wie Rozier, wie Arlandes, vertraut
Mit dieser jungen Kunst; des Menschen Geist
Beherrsche endlich die Naturgewalten.
Und wie man eure Heldenkühnheit preist,
So müsse jede Kunst, euch zu gestalten,
Hinfort sich mühen. Hoch in Lüften schwebend
Zeig' Leinwand euch und Pinsel, jedes Herz,
Bei eurem edlen Muthe froh erbebend,
Wünsch' euer Bild in Marmor oder Erz.
Und Montgolfier mag in der Musen Reigen,
Den er gebahnt, den kühnen Weg euch zeigen.
Er öffnete zuerst die grause Strasse,
Auf heisser Luft [1]) baut' er ein Zelt sich auf,
Er zwang als Sieger diese stolze Masse,
Er sprach zum Feuer: — Trage mich hinauf!
Die Flamme glüht, der Luftball steigt nach oben,
Durchschifft des Aethers Raum voll Majestät. —

---

[1]) Die ersten Luftballons wurden mit warmer Luft gefüllt, erzeugt durch das Verbrennen von Stroh und Schafwolle.

Und als ich staunend sah, den Blick gehoben,
Wie sicher er durch leichte Lüfte geht,
Vom Feuerschein der wilden Glut erhellt:
Bellona's Altar da und Ares' Zelt
Meint' ich zu schau'n in prangend stolzer Schöne,
Die Aeolus bezwung'ne, wilde Söhne,
Den kaum erkämpften Frieden zu besiegeln,
Gen Himmel trugen auf den starken Flügeln.

(Uebersetzt von B. J.)

Joseph Montgolfier und seine Erfindung.

Von H. B. de Saussure.

(1784.)

Joseph Montgolfier verbindet mit einem wirklich originellen Erfindungs-Vermögen eine Stärke des Geistes und eine sehr schöne Ordnung in seinen Begriffen und Vernunftschlüssen, die äusserst selten und ungemein schätzbar ist. Um so viel mehr Bewunderung verdient sein sehr einfaches, ungekünsteltes und liebenswürdiges Benehmen und seine Bescheidenheit, die für solche Talente und Verdienste, wie die seinigen sind, nur zu gross ist. . . . .

Es ist unmöglich, die Montgolfier'schen Erfindungen einem glücklichen Ungefähr zuzuschreiben; und wenn je eine nicht vorhergesehene vortheilhafte Vereinigung günstiger Umstände den Erfinder darauf geführt haben kann, so müssen doch selbst seine Feinde gestehen, dass sehr wenige Menschen sein würden, die diese glückliche Idee mit so viel Stärke und ausdauerndem Fleisse verfolgt und bis zu dem Grade der Vollkommenheit gebracht hätten, zu dem er sie gewiss noch erheben wird. Mein einziger Wunsch, sowohl für ihn, als für die sehr merkwürdige Familie, deren Haupt er ist, wird noch dieser sein, dass die Vervollkommnung der aërostatischen Maschinen ihn nicht zu weit führe; dass er den wahren Nutzen seiner Erfindung erreicht und seine Bemühung mit Ruhm gekrönt sehen möge.

Faust's Luftreise.

Von J. W. von Goethe.

(1808.)

Faust.

Wie kommen wir denn aus dem Haus?
Wo hast du Pferde, Knecht und Wagen?

Mephistopheles.

Wir breiten nur den Mantel aus,
Der soll uns durch die Lüfte tragen.
Du nimmst bei diesem kühnen Schritt
Nur keinen grossen Bündel mit.
Ein bischen Feuerluft, die ich bereiten werde,
Hebt uns behend von dieser Erde.
Und sind wir leicht, so geht es schnell hinauf;
Ich gratulire dir zum neuen Lebenslauf.

(Faust, I. Theil.)

Aus: An den Aether.

(Hymne in antiker Form.)

Von Joh. Chr. Fr. Hölderlin.

(1798.)

Thöricht treiben wir uns umher! Wie die irrende Rebe,
Wenn ihr der Stab gebricht, woran zum Himmel sie aufwächst,
Breiten wir über den Boden uns aus und suchen und wandern,
Durch die Zonen der Erd', o Vater Aether, vergebens;
Denn es treibt uns die Lust, in deinen Gärten zu wohnen.
In die Meerfluth werfen wir uns, in den freieren Eb'nen
Uns zu sättigen, und es umspült die unendliche Woge
Unsern Kiel, es freut sich das Herz an den Kräften des Meergotts,
Dennoch genügt ihm nicht! denn der tiefere Ocean reizt uns,
Wo die leichtere Welle sich regt — o wer dort an jene
Goldenen Küsten das wandernde Schiff zu treiben vermöchte!

(Zuerst abgedr. in Schillers Musen-Almanach für 1798.)

Der Luftballon.

1.

Von P. D. E. Lebrun.

Que vois-je? o merveille suprême!
Un air plus léger que l'air même
Ravit l'homme au ciel le plus pur;
La Seine en frémissant admire
Le cours de ce premier navire
Qui des airs fend le vaste azur.

(Aus: „Les conquêtes de l'homme sur la nature".)

2.

Von Victor Hugo.

(1859.)

L'homme est d'abord monté sur la bête de somme;
Puis sur le chariot que portent des essieux;
Puis sur la frêle barque au mât ambiteux;
Puis, quand il a fallu vaincre l'écueil, la lame,
L'onde et l'ouragan, l'homme est monté sur la flamme;
A présent l'immortel aspire à l'éternel;
Il montait sur la mer, il monte sur le ciel.

(Légende des sièoles.)

(Das Lastthier hat der Mensch zuerst bestiegen,
Sodann den Wagen, der auf Rädern rollt,
Die Barke dann mit stolzem Mast und Wimpel,
Und dann, um Riff und Strudel, Sturm und Flut
Zu überwält'gen, hat der Mensch die Flamme
Bestiegen. Der Unsterbliche begehrt
Nun stolz sich dem Unendlichen zu nah'n.
Er stieg in's Meer, er steigt hinauf zum Himmel.)

(Uebers. v. L. Seeger.)

Eine Luftfahrt von England nach Frankreich im Jahre 1785.

Blanchard errang den Preis der Kühnheit durch seine am 7. Januar 1785 unternommene und glücklich ausgeführte Ueberfahrt von England nach Frankreich [1]). Auf klassischem Boden schiffte er sich ein, auf dem steilen Felsrande, von dem bei Shakespeare — König Lear — der blinde Vater, an des wackern Edgar Hand hinaufgeleitet, so wähnt er, hinabzuspringen meint, während der rettende Führer ihm sein Lebewohl zuruft. „Now fare ye well, good Sir" wurde hier auch unserm Blanchard nachgerufen, als er wirklich von der jähen Klippe über den schauderhaften Abgrund hinaus furchtlos abstiess. Und glücklich ging die Fahrt, auf der jedoch die Reisenden -- D. Jefferies, ein Amerikaner wird er genannt, Anglo-Américain von Andern, fuhr mit — sogar ihre Kleider übrr Bord werfen mussten, um nicht in's Meer zu gerathen. Man weiss nicht zu sagen, was den Ball über dem Wasser so niederzog, denn so wie er über

[1]) Blanchard führte seit dieser Reise über den Canal la Manche den Spitznamen „le Don Quichote de la Manche".

das feste Land kam, hob er sich von selber wieder sehr bedeutend . . . . Sie landeten in Frankreich, nahe bei Calais, auf Grund und Boden der Stadt Guisnes, wo noch jetzt ein Denkmal steht, mit folgender wohlklingenden Inschrift:

Regnante Ludovico XVI.
Anno MDCCLXXXV.
Joannes Petrus Blanchard, Gallus
Comite Joanne Jefferies, Britanno,
Die VII. mensis Januarii
Hora II. post meridiana
Ex arce Dubrensi
Machina aerostatica
In sublime evectus
Fretum Britanniam inter et Galliam
Primus superavit
Et post horas duas aerii cursus
Hoc in loco consedit.
Audaciam mirati novam
Cives Guisnenses hocce monumentum
Posuerunt.

Aug. Wilh. Zachariä, Geschichte der Luftschwimmkunst 1828.

Der Luftschiffer Blanchard in Frankfurt am Main im Jahre 1785.

Von Belli Gontard.

Wie gewaltig die, obgleich noch unvollkommene Erfindung der Luftschifffahrt alle Gemüther in Frankfurt am Main in Anspruch genommen, beweisen die vielen Anzeigen darüber in den Zeitungen und Anzeigeblättern . . . . .

Unter den Deutschen haben sich Professor Reichard und seine Gattin als Luftschiffer einen Namen gemacht, unter den Franzosen Blanchard und Garnerin.

Im Jahre 1785 kam Blanchard hieher (nach Frankfurt). Die Stadt war mit Fremden überfüllt, um dies nie gesehene Wunder zu beschauen. Am 27. September war die Luftfahrt an dem Grindbrunnen bestimmt. Der Erbprinz von Darmstadt und ein französischer Officier, Namens Schweizer, wollten mit in die höheren Regionen steigen. Der erste Platz für die Zuschauer kostete einen Carolin, der zweite die Hälfte, und der letzte einen französischen Thaler. Sie waren alle gleich stark besetzt.

Um den Verschlag war das Volk versammelt, welches auf 100,000 Menschen geschätzt wurde. Der Ballon war gefüllt. Der Prinz, Schweizer und Blanchard sassen schon in der Gondel, nur die Stricke waren noch zu lösen, als aus einem Hinterhalte, wahrscheinlich von dem Maine, mit einer Windbüchse in den Ballon geschossen wurde, welcher einen Riss bekam und durch das Ausströmen der Luft zusammensank. Blanchard hatte anfänglich aus Schreck die Sprache verloren. Die getäuschte Menschenmasse wurde unruhig und wollte ihn zur Rechenschaft ziehen. Es gelang, Blanchard in dem Wagen des Fürsten von Weilburg mit starker Militärbegleitung in seine Wohnung im goldenen Löwen in der Fahrgasse zurück zu bringen. Am 3. October hatte Blanchard eine zweite Fahrt angekündigt, jedoch wollte er sie nun ohne Begleitung vornehmen. Diesmal stieg er auf der Bornheimer Heide majestätisch in den reinen Himmelsäther, begrüsst von tausendstimmigem Jubel. An der Bockenheimer Warte liess er in einem Fallschirm seinen Hund herunter mit einem Schreiben, welches die Bitte aussprach, denselben in seiner Wohnung abzugeben. Ein starker Wind trieb ihn schnell, und er erreichte eine Höhe von 6500 Fuss und legte 14 Stunden (7 Meilen) in 39 Minuten zurück. In der Nähe von Weilburg liess er sich nieder, blieb über Nacht dort und fuhr andern Tages mit einem herrschaftlichen Wagen wieder hieher zurück. Hier besuchte er das Theater und wurde mit Pauken und Trompeten empfangen. Die Schauspieler waren alle festlich gekleidet und bei dem Aufziehen des Vorhanges begrüssten sie Blanchard mit einem französischen Gedichte. Seine Büste war auf dem Theater aufgestellt, und zwei Schauspieler setzten derselben unter grossem Beifall des Publikums einen Lorbeerkranz auf. Der Russische Gesandte nahm den Künstler nach der Vorstellung mit zur Abendtafel. Den folgenden Tag war von den ersten Personen der Frankfurter Gesellschaft ein Mittagessen im Römischen Kaiser dem kühnen Schiffer gegeben worden. Eine Menge Menschen hatte sich vor dem Gasthofe versammelt, und um Blanchard ein Vergnügen zu machen, wurde Geld unter dieselben geworfen. Abends erneuerten sich die Scenen im Theater, nur mit dem Unterschiede, dass er von dem Volke statt von Pferden gezogen wurde. Den folgenden Morgen war Rathssitzung. Blanchard machte seine Aufwartung und wurde mit grosser Auszeichnung empfangen; es wurde ihm gemeldet, dass die Stadt alle seine Unkosten übernähme und ihm ein Geschenk von 50 doppelten Krönungsthalern überreicht.

Noch nie war ein Sterblicher hier so ausgezeichnet worden.

(Leben in Frankfurt am Main. Frankf. 1850.)

General Bonaparte und die Luftschifffahrt.

(1793.)

General Bonaparte verabsäumte nicht, das wunderbare Schauspiel der Luftschifffahrts-Versuche den am Nil wohnenden Völkern vorzuführen, welche er nicht nur durch Schrecken, sondern auch durch Erstaunen sich unterwerfen wollte. Gelegentlich der in Kairo zum 9. Vendémiaire veranstalteten Festlichkeiten stieg eine dreifarbige Montgolfière von 45 Fuss Durchmesser majestätisch in die Luft.

Man sieht auch, welchen Nutzen Bonaparte von der Ueberlegenheit der europäischen Aufklärung und dem Geheimniss der neuen Entdeckungen über den Verstand der gelehrtesten Muftis ziehen wollte, aus einer Unterredung, welche er mit mehreren dieser in der grossen Pyramide des Cheops am 25. Thermidor des Jahres VI hatte:

Mussamed: „Edler Nachfolger des Scander (Alexander), Ehre sei deinen unbesiegbaren Waffen und dem unerwarteten Blitze, der aus der Mitte deiner Krieger zu Pferde hervorbricht!"

Bonaparte: „Glaubst du, dass dieser Blitz ein Werk der Menschenkinder sei? glaubst du es? Allah hat ihn durch den Geist des Krieges in meine Hände geben lassen."

Ibrahim: „Wir erkennen aus deinen Waffen, dass es Allah ist, der dich sendet. Würdest du Sieger sein, wenn Allah es nicht erlaubt hätte? Das Delta und alle benachbarten Länder hallen von deinen Wundern wieder."

Bonaparte: „Ein himmlischer Wagen wird auf meine Befehle bis zum Aufenthaltsorte der Wolken steigen; und der Blitz wird an einem Metallfaden entlang bis zur Erde kommen, sobald ich es werde befohlen haben."

(Nach der Schrift: „Marion, les ballons et les voyages aériens.")

Offener Himmel.

Von Victor Hugo.

(1859.)

In höchsten Aetherhöh'n, der Nacht, dem Meer
Unendlich fern, durch einen Wolkenriss,
Der einen Blick in's heit're Himmelsmeer
Erlaubt, erscheint ein Punkt, verschwommen, matt.
Der Punkt bewegt, vom Himmelshauch umweht.

Sich fort im lichten Raum, er ist belebt,
Er schwebt, er steigt, er fällt, ganz, wie er will,
Er nähert sich, gewinnt Gestalt, er kommt
Herab. Es ist ein Ball, ein Himmelswunder,
Rund wie ein Weltball, wie ein Aar beschwingt,
Es ist ein Schiff, das durch den Aether fliegt.

Wie? Ist's ein Traum? — Ein Stück von einem Berg
Scheint dort zu schwimmen. Sind dem Gipfel Schwingen
Im Himmelslicht gewachsen, und er fliegt?
Hat endlich jene grosse Schicksalsstunde
Geschlagen, wo zum Schiff die Wolke wird?
Erscheint die Märchenwelt vor unsern Augen?
Hat seinen Schlauch der alte Aeolus
Von sich geworfen? Müssen nun die Winde
Gezähmt dem neuen Herrn im Raum gehorchen?
Hat der Magnet sich mit dem Blitz verbunden,
Und mit der Luft, ein Himmelsboot zu bauen?
Kommt ein Besuch aus azurblauen Höh'n?
Ist's ein Verklärter, der, der Erde ledig,
Auf einem lichtumfloss'nen Feuerwagen
Dem Grab entschwebt und dann zuweilen wieder
Zur schwarzen Welt sich senkt, damit sie schaue,
Wie arm, wie flüchtig ihre Freuden sind?

Es ist kein Berg, ist nicht der Schlauch, in den
Ein Fabelgott den Schwarm der Winde bannte,
Kein Spiel des Blitzes, kein Phantom, kein Geist
Vom rosigen Himmelsdom herabgestiegen,
Kein Engel, der, dem offnen Grab entschwebt,
Auf lichten Schwingen sich Jehovah naht,
Ist kein Gebild des Fiebertraums. Was ist
Dies Wunder aller Wunder denn? —

Der Mensch.

Es ist der grosse, gottgefällige Aufruhr,
Der heil'ge falsche Schlüssel zu dem blauen,
Verhängnissvollen Reich. Die Isis ist's,
Die ihren Schleier jäh empört zerreisst.
Es ist Metall und Holz und Hanf und Leinwand,
Es ist die Schwere, die entfesselt fliegt.
Es ist die blinde Kraft, dem lichten Menschen

Vermählt, der stolz aus seiner ew'gen Kette
Den Thon befreit, es ist der Stoff, beseelt
Vom Menschenfunken, ein erlöster Geist,
Der selig, zum Erstaunen aller Himmel.
Die nun weit offen stehen, im Raume schwebt.
O Menschenkühnheit! Toben des Gefangnen,
Der seinen Kerker sprengt mit starkem Arm,
Und aus dem Käfig fliegt! Was braucht dies Wesen,
Dies Lichtatom, um das zu überwinden,
Was weder Grund noch Ufer hat, noch Ende,
Um Wind und Wasserhose, Sturm, Lawinen,
Und Wellenschaum zu überwältigen? —
Ein Brett zur See, im Himmel ein Stück Leinwand.

(La légende des siècles; deutsch von L. Seeger.)

Die Luftfahrt.

Von Gustave Nadaud.

Zerrissen ist das letzte Band,
Das mich gefesselt an die Scholle;
Leicht ist mein Schiff und hoch mein Stand,
Empor in's Reich, das äthervolle!

Gefahrlos, sonder Ruck und Stoss
Steigt das mit flücht'gem Gas geschwellte,
Vom Wind geführte, ruderlos
Aus leichtem Zeuge hergestellte.

Weitab liegt schon der Erde Saum.
Sanft von der klaren Luft getragen
Schweb' ich im weiten Weltenraum,
Seh' ich den Abgrund sonder Zagen.

Das Dachroth, Wassers Silberblick,
Der Wiesen Grün, das Gold der Garben,
Welch' glänzend schöne Mosaik,
Welch' wechselvolles Bild von Farben!

Geseh'n durch eine Nebelschicht,
Entfärben sich die grauen Städte;
Ihr dumpfer Lärm, ihr düst'res Licht
Geht unter in des Nichtes Lethe.

Seht dort der Leidenschaften Brut,
Das lügnerische Kirrgetümmel,
Der niedern Ehrsucht feile Gluth,
Es ist ein artiges Gewimmel.

Leb', Erde, wohl, ich flieg' zur Stund'
In unbekannte Himmelszonen,
Mein Fuss berührt nicht mehr den Grund,
Ich mess' der Wolken Regionen.

Dort winkt gestirnet der Zenith,
Der weite Horizont verschwindet;
Mich däucht, dass hier mein Gott mich sieht
Und mir die Ewigkeit verkündet . . .

Jedoch die dünn're Himmelsluft,
Gedämpft hat sie mein Flugesfeuer;
Mich fröstelt, und ein feuchter Duft
Verhüllt mein Auge wie ein Schleier.

Ach, aus ist's; Unermesslichkeit,
Du bist nur da für höh're Geister;
Ich fühl' es wohl, die Menschlichkeit
Ist stät noch meines Wesens Meister.

Am Grund, den stolz beschritten ich,
Verweilen Wesen, die ich liebe,
Erwarten gute Freunde mich,
Die hoch ich schätze, nie betrübe.

Der Sonnenschein, wie hell und klar!
Ich will, ich will zurück zur Erde,
Zur Erde, die meine Wiege war,
In deren Schooss zu Staub' ich werde.

O Erde, Erde, sei gegrüsst!
Mein stilles Heim, ich seh' dich wieder;
Sei, Mutter, Schwestern, seid geküsst,
Dem Wald und Rain nun meine Lieder!

(Deutsch von F. C. Peterssen.

Die Vögel und der Vogelflug.

1.

Die Vögel.

Von Robert Hamerling.

(1859.)

Selig sind die Geflügelten,
Denn sie wohnen im Elemente des Klanges!
O Mutter Erde, wie du
Die Blumen theilen musst mit dem Hades,
So mit dem Aether die Vögel!

Ich preise sie,
Die Leichthinschwebenden, immer Beweglichen,
Die Losgelösten vom Mutterbusen, woran
Wir andern Kinder
So ängstlich kleben; sie aber vertrau'n sich
Dem starken Vater, dem Aether,
Der in der Höhe sie tränkt mit seinem Herzblute,
Dem Licht, und stärket auch die Brüste der Schwächsten.
. . . .

2.

(1880.)

Wenn der Mensch durch die Luft reisen will, so ist es erforderlich, dass er sich den Vogel zum Muster nehme.

Le Ballon, bulletin de l'école aéronautique française.

3.

Der Vogel braucht nur schwache Bewegungen mit den Flügeln zu machen, um sich durch die Luft zu bewegen.

Buffon (1707—88), discours sur la nature des oiseaux.

4.

Es war Borelli (de motu animalium), der sich durchaus im Einklange mit dem Holländer Nieuwentyt (Wunder der Natur 1715) befindet, wenn er berechnet, dass die Anstrengungen, welche der Vogel beim Fliegen macht, zehntausend Mal das Gewicht seines Körpers übersteigen, oder mit anderen Worten, er schreibt den Muskeln der Flügel einer sechs

Pfunde wiegenden Gans eine Kraft von sechzigtausend Pfund zu, was derjenigen von fünftausend Menschen oder fünfhundert Pferden entspricht.

Der Akademiker Coulomb verlangt sogar für einen Menschen Flügel von zwölftausend Quadrat-Fuss Oberfläche und einhundertundachtzig Fuss Länge.

Der leidenschaftliche Lalande, nicht zufrieden damit, ihm die von Coulomb verlangten Flügel von zwölftausend Quadrat-Fuss aufzubürden, hält dafür, dass man für gewisse Zeitpunkte diese für so unwahrscheinlich anzusehende Oberfläche verdoppeln, wenn nicht verdreifachen müsse. Lalande schliesst, indem er sagt, dass die Unmöglichkeit, sich in der Luft aufrecht zu halten, indem man die Flügel bewegt, so gewiss sei wie diejenige des Hebens luftleerer Körper vermöge des specifischen Gewichts.

Nadar, le droit au vol. Paris 1865.

5.

Ach! zu des Geistes Flügeln wird so leicht
Kein körperlicher Flügel sich gesellen.

Göthe, Faust, I Theil.

6

Dass künstliches Fliegen möglich ist, wird ohne Zweifel bewiesen:

1) durch die Thatsache, dass Fliegen eine natürliche Bewegung ist, und

2) weil es bereits gelungen ist, die natürlichen Bewegungen des Gehens und Schwimmens nachzuahmen.

Pettigrew.

7.

Der Flug des Vogels ist die köstlichste, erhabenste aller Bewegungen: bald ein ruhiges Schweben, bald ein pfeilschnelles Stürmen, bald ein Wiegen, Schaukeln, Spielen, bald ein Gleiten, Dahinschiessen, ernstes Eilen, bald ein Reisen mit Gedankenschnelle, bald ein Lustwandeln, langsam, gemächlich; bald rauschen die Wellen des Aethermeeres unter ihm, bald hört man keinen Laut, auch nur den geringsten, leisesten; bald erfordert er schwere Flügelschläge, bald keine einzige Flügelbewegung; bald erhebt er den Vogel zu Höhen, von denen uns Menschen nur träumt, bald nähert er ihn der Tiefe, dem Meere, dass dessen Wogen die Fittige netzen mit ihrem Schaume. Er kann so mannigfaltig, so verschieden sein, als er nur will, immer bleibt und immer heisst er Flug. Bloss das Flugwerkzeug des Vogels nennen wir Flügel; nur mit ihm begabt der Künstlergedanke die entfesselte Seele: — mit der Flughaut der Fledermaus verhässlicht er den Teufel, die tollste Missgeburt kindischen und krankhaften Wahns.

Brehm.

Der Vogelflug und die Luftschifffahrt.

1.

Der Mensch ist nicht gemacht, zum Himmel aufzufliegen,
Die Flügel fehlen ihm, sich vogelgleich zu wiegen,
Und hätt' er Flügel auch und fehlt ihm nichts am Schwunge,
Kein Vogel würd' er doch mit seiner Menschenlunge.
Auf hohen Bergen schon geht ihm der Athem aus,
Behaglich ist er nur auf mittlern Höhn zu Haus.
Und füllt er seinen Ball mit Lüften oder Feuern,
Und lernt durch's Meer der Luft als wie durch's andre steuern;
Was hilft's ihm, wenn er auch nicht füllen zum Verbrauch
Der Luftfahrt kann mit Luft zum Athmen einen Schlauch?
Als wie ein Schiffer, eh' er auf die bittern Bronnen
Hinaus sich wagt, zuvor mit süssen füllt die Tonnen,
Bis er sein Schifflein legt an einem Eiland an,
Wie jener an den Rand des Mondes seinen Kahn!
Drum lieber lasset uns von fern des Mondes Nachen
Beschauen in der Nacht, wenn wir gerade wachen,
Und wenn wir schlafen, uns, gefittiget vom Traum,
Schwingen empor zu ihm und jedem höhern Raum.

Friedrich Rückert, Weisheit der Brahmanen.

2

Der Vogel fliegt; wird der Mensch jemals im Stande sein, zu fliegen wie der Vogel?

Schon seit uralten Zeiten haben die Menschen daran gedacht, sich nach Art der Vögel in die Luft zu erheben. Man ahmte den Bau des Flügels nach, man machte rohere und sinnreichere Versuche; man wagte Leib und Leben. Allein mit allem dem kam man nicht weiter; kaum gelang es etwa einem Verwegenen, sich von einem höheren Punkte nach einem niedriger gelegenen hinabzuschwingen, so dass die künstlichen Flügel eigentlich bloss dazu gedient hatten, das Fallen zu verlangsamen. Wie ein Vogel zu fliegen, sich vom festen Boden in das Luftmeer zu erheben und es in ungehemmter Freiheit zu durchschweifen: das hat bis jetzt noch Niemand vermocht.

Erst die Luftschifffahrt hat dem Menschen die Möglichkeit eröffnet, sich von der Scholle aufzuschwingen, und es gilt seitdem der Erfindung eines Apparates, mit dessen Hilfe es dem Luftschiffer gelingen könnte, sich ebenso selbständig über dem Boden und über dem Wasser fortzubewegen, wie es auf der Oberfläche dieser beiden Körper geschieht. Mit anderen Worten: es bleibt noch die grosse Aufgabe, den Ballon wirklich zu lenken.

M. C. Flammarion.

Aussprüche über die Luftschifffahrt.

1.

(1783.)

Einer der scharfsinnigsten Gelehrten unseres Jahrhunderts, der verehrungswürdige Vater so unendlich vieler Entdeckungen, der grosse Franklin, hat mit einem Worte über den künftigen Werth der Montgolfier'schen Entdeckung selbst folgendes rühmliche Urtheil gefällt: „Es ist das Kind, das soeben zur Welt gekommen ist.“ („C'est l'enfant qui vient de naître.“) Kramp, Geschichte der Aërostatik.

2.

(1783.)

. . . . Ergötzen Dich nicht auch die Luftfahrer? Ich mag den Menschen gar zu gern etwas gönnen, beiden, den Erfindern und den Zuschauern . . . .

Joh. Wolfg. von Goethe, in einem Briefe an Lavater.

3.

(Vor 1831.)

Wer die Entdeckung der Luftballone mit erlebt hat, wird ein Zeugniss geben, welche Weltbewegung daraus entstand, welcher Antheil die Luftschiffer begleitete, welche Sehnsucht in so viel tausend Gemüthern hervordrang, an solchen längst vorausgesetzten, vorausgesagten, immer geglaubten und immer unglaublichen, gefahrvollen Wanderungen Theil zu nehmen; wie frisch und umständlich jeder einzelne glückliche Versuch die Zeitungen füllte, zu Tagesheften und Kupfern Anlass gab, welchen zarten Antheil man an den unglücklichen Opfern solcher Versuche genommen. Dies ist unmöglich selbst in der Erinnerung wiederherzustellen, so wenig als wie lebhaft man sich für einen vor dreissig Jahren ausgebrochenen höchst bedeutenden Krieg interessirte . . . .

Joh. Wolfg. von Goethe (I. Band der Quart-Ausgabe seiner Werke; zuerst 1836 gedruckt).

4.

(1862.)

Keine Entdeckung, welche man der Wissenschaft verdankte, hatte seit Menschengedenken das Publikum so aufgeregt, als die Erfindung des

Luftballons .... Die kühnsten Träume der Phantasie waren plötzlich durch die Wirklichkeit übertroffen. Auf der deutschen Erde kroch die Schneckenpost im Tage etwa vier bis fünf Meilen durch die Schlagbäume und Grenzzeichen zahlloser Souveränetäten, jetzt flog der Wagende in geflochtener Gondel höher als der Adler über Wolken, Meer und Berge. Man erwartete von der neuen Erfindung die grösste Ausbeute für die Wissenschaft, die stärkste Revolution in dem Verkehrsleben der Erde. Das Poetische der Idee, das Erstaunliche des Anblicks, der edle Triumph wissenschaftlicher Entdeckung hoben die Seelen nicht nur der Gebildeten; das ganze Volk nahm fast leidenschaftlichen Antheil an dem neuen Funde des Menschengeschlechts. In die Seelen Unzähliger kam es wie das Ahnen einer Befreiung von hundert beengenden Schranken der Erde, wie das Vorgefühl einer totalen Umwandlung des menschlichen Lebens .... Damals wurde der unternehmende Mann, welcher sich mit Erfolg dem Wagniss der neuen Entdeckung aussetzte, wie ein Held und Reformator angestaunt.

Gustav Freytag, Bilder aus der deutschen Vergangenheit.

5.

In der Aëronautik liegt etwas Grosses, das uns erhebt und fortreisst; sicherlich steckt in dieser, für jetzt noch in ihrer Kindheit begriffenen Wissenschaft der Keim grosser Entdeckungen.

Green (Luftschiffer).

6.

Hauteville-House, den 9. März 1869.

Ich glaube, mein Herr, an jeden Fortschritt. Die Luftschifffahrt ist eine nothwendige Folge der Seeschifffahrt; wie das Wasser, muss der Mensch sich die Luft unterthan machen. So weit wir zu athmen vermögen, so weit werden wir in der Schöpfung vordringen. Unsere einzige Grenze ist die des Lebens ....

Sicherlich gehört der Luftschifffahrt die Zukunft, und die Pflicht der Gegenwart ist es, an der Zukunft zu arbeiten ....

Victor Hugo (in einem Briefe an Gaston Tissandier).

Der Seeschiffer und der Luftschiffer.

(1828.)

Dem Luftfahrer geht es wie dem Seeschiffer: so lange er von der Woge geschaukelt wird, sehnt er sich nach festem Lande; und ist er gelandet: nicht Ruhe nicht Rast lässt's ihm, treibt ihn hinaus, er weiss nicht Wer, ein gaukelndes Spiel um Leben und Tod noch einmal zu wagen.

Zachariä, Geschichte der Luftschwimmkunst.

Die Luftschifffahrt und die Dampfmaschine.

Von Aug. Platte.

(1879.)

Die culturellen Folgen der Verwirklichung der Luftschifffahrt wären so grossartig, dass, wenn nur einmal bestimmtere Aussicht auf Erreichung des Zieles gegeben ist, nicht zu zweifeln ist, dass gerade auf diesem Gebiet in rascher Aufeinanderfolge sich Erfindung an Erfindung reihen würde.

Die Dampfmaschine wurde ebenfalls erst vervollkommnet, als man den Weg vor sich sah, wie die Dampfkraft zur Arbeit verwendet werden kann. Vor Watt kannte man den Dampf und seine Kraft, aber man wusste nichts anzufangen mit ihm; erst als Watt lehrte, wie der Dampf nutzbar zu machen ist, entstand in kurzer Zeit unsere jetzige so vollkommene Dampfmaschine. Genau so ist es mit der Luftschifffahrt. Man kennt den Flug der Vögel und ihre Kräfte, aber man fand nicht den Weg, die den Flug bewirkenden Kräfte so anzuwenden, wie sie angewendet werden müssen; man wird auch hier den richtigen Weg finden und dieses grosse Problem mit demselben Riesenerfolg lösen, den die Benutzung der Dampfkraft der Menschheit brachte; aber nur — mit vereinten Kräften!

(Aëronautische Betrachtungen.)

Die für die Luftschifffahrt anzustrebenden Verbesserungen.

(1874.)

Die Verbesserungen, welche zunächst am Ballon anzustreben sind, würden sich darauf zu richten haben, dass man die Ortsveränderungen in der Vertikale, also das Heben und Senken, ohne Ballastausschüttung bezw. ohne Ventilöffnung, mithin ohne Gasverlust, ermöglicht. Ferher, dass man das zur Speisung des Ballons nöthige Gas unterwegs selbst fabricirt, z. B. durch eine entsprechende Zersetzung der Luft auf chemischem Wege, und dass man die Kraftmaschine mit demselben Gase speist, wie den Ballon . . . . .

Die Hauptsache bleibt aber die Erfindung einer hinlänglich starken Kraftmaschine von möglichst geringem Gewicht und Feuerungefährlichkeit. Dampfmaschinen genügen nicht; auch die calorische Maschine ist nicht brauchbar befunden worden.

Dr. Stephan, Weltpost und Luftschiffahrt.

Der Dichter und der Luftschiffer.

1.

Dans les airs s'il est glorieux
D'ouvrir des routes inconnues,
Il est beau de monter aux cieux,
Mais triste de tomber des nues.

(Wenn es ruhmvoll ist, durch die Luft neue Wege zu eröffnen, so ist es auch schön, in den Himmel zu steigen, aber traurig, aus den Wolken herabzufallen.)

2.

Demain le poëte Raton,
Devant nombreuse compagnie,
Doit partir avec le ballon;
Pourquoi? Pour s'élever une fois dans sa vie.

(Morgen wird der Dichter Raton vor einer zahlreichen Gesellschaft mit dem Luftschiff abreisen. Warum? nun, um doch einmal in seinem Leben erhaben zu sein.)

Eine Luft-Reise nach ein paar Jahrtausenden.

Eine Vision.

Von Hans Chr. Andersen.

(1862.)

Ja, in ein paar Jahrtausenden wird man auf Flügeln des Dampfes durch die Luft herüber kommen über das Weltmeer.

Die jungen Bewohner Amerika's werden dann die Besucher Europa's sein. Sie werden wegen der historischen Denkmäler in Europa und wegen der dann bereits wieder untergehenden Städte Europa's herüberkommen, gerade so, wie wir jetzt nach den untergegangenen Herrlichkeiten von Indien und von Süd-Afrika pilgern.

In ein paar Jahrtausenden werden sie von Amerika herüberkommen!

Die Themse, die Donau und der Rhein strömen noch dahin, der Montblanc steht noch da mit seinem schneebedeckten Riesenhaupt, der Purpur des Nordlichts umstrahlt noch wie am heutigen Tage die scandinavischen Gebirge, doch eine Generation nach der anderen ist indessen zu Staub und Asche geworden, und versunken und vergessen sind dann die Grossen und Mächtigen des Tages, von denen jetzt Europa spricht, vergessen wie Diejenigen, die bereits unter dem Hügel ruhen . . . .

„Nach Europa hinüber!“ rufen die jungen Söhne Amerika's — „nach dem Lande der Väter, dem herrlichen Lande der Denkmäler und der Phantasie, hinüber nach Europa.“

Das Luftschiff kommt; es ist mit Reisenden vollgepfropft, denn die Fahrt ist ungleich rascher als zur See; der elektromagnetische Draht unter dem Weltmeer hat bereits im Voraus das Aviso gebracht, wie gross die Luftkaravane ist, und wieviel Personen die Fahrt mitgemacht haben; — schon ist Europa in Sicht und zwar ist es die Küste von Irland, die man erblickt, doch die Passagiere schlafen noch und wollen erst geweckt sein, wenn sie sich bereits über England befinden: dort betreten sie den Boden Europa's im Heimathlande Shakespeare's, wie es bei den Söhnen des Geistes heisst, — im Lande der Politik, im Lande der Maschinen, — wie die Anderen es nennen.

Da bleibt man denn einen ganzen Tag, denn mehr Zeit hat das hastige Geschlecht jener Tage nicht für England und Schottland zusammengenommen. Die Fahrt geht weiter durch den La-Manche-Tunnel nach Frankreich, dem Lande Carls des Grossen und der Napoleone; Molière wird mit Stolz erwähnt, die Gelehrten reden von einer klassischen Schule des fernen Alterthums, man jauchzt und lässt Helden, Dichter und Männer der Wissenschaft leben, von denen unsere Zeit noch nichts weiss, die indessen im ungeheuren Krater von Europa, in Paris, noch geboren werden sollen.

Das Luftdampfschiff fliegt dann über das Land (Spanien) hin, von welchem Columbus seine Weltfahrt antrat, wo Cortez geboren war, und wo Calderon in wogenden Versen seine Dramen schrieb; üppige Frauen, mit feurigen, schwarzen Augen leben noch da in den blühenden Thälern, und die ältesten Lieder preisen noch den Cid und die Alhambra. Weiter geht es durch die Luft nach Welschland hinüber, dorthin, wo in uralter Zeit das ewige Rom lag; es ist verschwunden, still und todt liegt die öde Campagna da; nur von dem ehemaligen Dom von St. Peter zeigt man dem Wanderer noch einige winzige Mauerreste, an deren Aechtheit indessen Niemand mehr recht glaubt.

Nun nach Griechenland, um eine Nacht in dem prächtigen Hôtel auf dem Gipfel des Olymps zu schlafen, dann ist man doch dagewesen!

Die Fahrt geht weiter zum Bosporus, um da ein paar Stunden zu rasten und die Stelle zu sehen, wo einmal Constantinopel gestanden; an denselben Ufern, woran nach einer Sage die hängenden Gärten des türkischen Serails lagen, breiten nun arme Fischer ihre Netze aus.

Ueber die Reste mächtiger Städte am Rhein und an der Donau, Städte, von denen unsere Zeit noch nichts wusste, fliegt man dahin, nur hie und da, — an einem einzigen Denkmal, welches jetzt noch nicht steht lässt die Luftkaravane sich nieder und hebt sich dann wieder empor.

Dort unten liegt Deutschland — welches vor Zeiten von einem dichten Netze von Eisenbahnen und Kanälen durchzogen war, das untergegangene deutsche Reich, wo Martin Luther sprach, wo Wolfgang Goethe sang und wo Mozart's himmlischer Genius einmal das Scepter der Töne schwang! Grosse Namen strahlen da in Wissenschaft und Kunst, von denen wir noch nichts wissen. Einen Tag Aufenthalt für Deutschland, und einen für den Norden, für die Heimath Oersted's und Linné's (Schweden), und für Norwegen, das Land der Wikinger und der Nationalitätskämpen; die Insel Island wird auf der Rückfahrt im Fluge besucht; der uralte Geiser kocht dann schon längst nicht mehr und der Hekla ist erloschen, doch eine ewige Steintafel der Sage wurzelt die einsame Felseninsel auch dann noch fest im brausenden Weltmeer.

„In Europa ist doch recht Vieles zu sehen“, sagt einer von den jungen Amerikanern, „und wir haben es in acht Tagen gesehen, und das kann man auch nach dem Manual des grossen Reisenden“ — hier wird der Name angeführt, — „in seinem berühmten Reisehandbuche: „Ganz Europa in acht Tagen“.

(Märchen und Geschichten, herausg. von Leinburg und Andechs.)

Register.

Druckfehler.

Seite	29	Zeile	5 von oben zu lesen:	1736 statt 1738.
„	33	„	12 „ „ „ „	Commons statt Commoners.
„	142	„	3 „ „ „ „	1814 statt 1813.
„	350	„	17 fällt fort.	
„	361	„	1. von unten zu lesen:	Telegraphie statt Telegraph.
„	372	„	7 „ oben „ „	Rennes statt Rheims.